汇添富基金·世界资本经典译丛

融合分析

——运用基本面分析、技术分析、行为金融与量化分析组合获取风险调整超额收益

V. 约翰·帕利卡 著
（V. John Palicka）

益 智 益岱珺 译

上海财经大学出版社

图书在版编目(CIP)数据

融合分析:运用基本面分析、技术分析、行为金融与量化分析组合获取风险调整超额收益/(美)V.约翰·帕利卡(V. John Palicka)著;益智,益岱珺译. —上海:上海财经大学出版社,2022.1
(汇添富基金·世界资本经典译丛)
书名原文:Fusion Analysis:Merging Fundamental,Technical,Behavioral,and Quantitative Analysis for Risk-Adjusted Excess Returns
ISBN 978-7-5642-3861-2/F·3861

Ⅰ.①融… Ⅱ.①V…②益…③益… Ⅲ.①投资-研究 Ⅳ.①F830.59

中国版本图书馆 CIP 数据核字(2021)第 195871 号

□ 责任编辑　李成军
□ 封面设计　南房间

融合分析
——运用基本面分析、技术分析、行为金融与
量化分析组合获取风险调整超额收益

V. 约翰·帕利卡　著
(V. John Palicka)
益　智　益岱珺　译

上海财经大学出版社出版发行
(上海市中山北一路 369 号　邮编 200083)
网　　址:http://www.sufep.com
电子邮箱:webmaster@sufep.com
全国新华书店经销
上海叶大印务发展有限公司印刷装订
2022 年 1 月第 1 版　2022 年 1 月第 1 次印刷

787mm×1092mm　1/16　23.75 印张(插页:2)　388 千字
定价:118.00 元

V. John Palicka
Fusion Analysis:Merging Fundamental, Technical, Behavioral, and Quantitative Analysis for Risk-Adjusted Excess Returns, FIRST EDITION
ISBN 9780071629386
Copyright © 2012 by The McGraw-Hill Companies, Inc.

All Rights reserved. No part of this publication may be reproduced or transmitted in any form or by any means, electronic or mechanical, including without limitation photocopying, recording, taping, or any database, information or retrieval system, without the prior written permission of the publisher.

This authorized Chinese translation edition is jointly published by McGraw-Hill Education and **Shanghai University of Finance & Economics Press**. This edition is authorized for sale in the People's Republic of China only, excluding Hong Kong, Macao SAR and Taiwan.

Translation Copyright © 2022 by McGraw-Hill Education and Shanghai University of Finance & Economics Press.

版权所有。未经出版人事先书面许可,对本出版物的任何部分不得以任何方式或途径复制或传播,包括但不限于复印、录制、录音,或通过任何数据库、信息或可检索的系统。

本授权中文简体字翻译版由麦格劳－希尔(亚洲)教育出版公司和上海财经大学出版社合作出版。此版本经授权仅限在中华人民共和国境内(不包括香港特别行政区、澳门特别行政区和台湾)销售。

版权© 2022 由麦格劳－希尔(亚洲)教育出版公司与上海财经大学出版社所有。

本书封面贴有 McGraw-Hill Education 公司防伪标签,无标签者不得销售。

上海市版权局著作权合同登记号:09-2021-0927

总 序

书犹药也,善读之可以医愚。投资行业从不乏聪敏之人,但是增智开慧乃至明心见性才是成长为优秀投资人的不二法门,读书无疑是学习提升的最佳方式。

常有人说投资是终身职业,但我认为投资更需要终身学习。很多人投资入门多年,依然不得其道;终日逡巡于"牛拉车不动,是打车还是打牛"的困境,不得要领。从业多年,我接触过太多这样的投资人士,个中缘由不尽相同,但有一点却非常普遍:或是长期疏于学习,或是踏入"学而不思则罔"的陷阱。

我认为,学习大致有三个层次,亦是三重境界:

第一重是增加知识,拓展基础的能力圈。着眼点是扩大个人对于客观世界的认知积累,这是大多数人的学习常态,这一重固然重要却不是学习的本质。

第二重是提高逻辑,改进个人的认知框架。达到这一境界,已经可以将刻板知识灵活运用,但仍然仅可解释过去却无法指向未来。

第三重是强化洞见,思考从个人出发,无视繁复的信息噪声干扰,穿透过去、现在和未来,最终开始正确地指导现实世界。在这一境界,学习已不只是追求知识,更是追求"知识的知识"。这是无数积累之后的茅塞顿开,更是质量互变之际的醍醐灌顶,不断思考感悟尤为重要。

书籍浩如烟海,书中智慧灿若繁星,而若能由自己抽丝剥茧得到"知识的知识",将会终身受益。二十多年前,我还是一名上海财经大学的普通学生,对投资有着浓厚的兴趣,可惜国内的投资业刚刚起步,相关资料远没有今天互联网时代这样发达，此时财大的图书馆像是一个巨大的宝库，收藏着大量有关投资的英文原版书籍。我一头扎进了书丛，如饥似渴地阅读了许多经典，通过这一扇扇大门，我对西方资本市场发展窥斑见豹，其中提炼出的有关投资理念、流程、方法的内容潜移默化地影响并塑造了日后的我。时至今日，常有关心汇添富的朋友问起，为什么根植于国内市场的汇添富，投资原则和方法与外资机构如此类似？我想多少应该与我当年的这段经历有关。

今天，我依然非常感恩这段时光，也深深地明白：那些看过的书、走过的路对一个人的人生轨迹会产生多大的影响，特别是在以人才为核心的基金投资行业。今年恰逢中国基金行业二十周年，二十年斗转星移，正是各路英杰风雨兼程、夙兴夜寐才有了今天的局面，汇添富基金是见证者，也有幸参与其中。这些年，我总试图在汇添富重现当年我学生时的氛围，鼓励同事们有空多读书、读好书、好读书。在此，奉上"汇添富基金·世界资本经典译丛"以飨读者，希望大家能够如当年懵懂的我一般幸运：无论外界如何变化，我们都可以不断提升进化自己。

是以为序。

张　晖
汇添富基金管理股份有限公司总经理
2018 年 12 月

仁者见仁,智者见智
——一部证券投资领域的学术作品的翻译
(代译者序)

股票市场就是和平年代的修罗战场,所谓的贸易战、金融战、货币战、股东董事会席位争霸战都会投射影响到股市,要想战胜市场,即使经过一番看不见的比长津湖战役还惨烈的血拼,也不一定能够稳操胜券。翻看本书的读者,恭喜你,你将有可能成为一个对自己的投资决策负责的明白人。股票市场最干净,世俗世界里面的任何"装",装大爷、装学问和装专业,只要到股市里面摸爬滚打一番,估计都会"装孙子"。

《融合分析》属于证券投资领域的专业学术读物,主要面向意欲战胜市场的高阶股票投资者,如果没有一定的理论和实践的积累,建议您买了就放在书房或者办公室的书架上,一定会显得高大上。作者指出,合理运用融合分析技巧的前提是精通基本面分析、技术分析、行为金融理论并且能够将之建模程序化的CFA和CMT(他本人就是这两本证书的拥有者),而且最好是在基金公司等专业投资机构工作五年以上的熟手。至于大小散户等业余投资者,基于有效市场理论、前景理论、处置效应等实证研究,长期而言是不可能战胜市场的,所以选一些管理费率较低的被动式投资指数基金就行了,因为主动分析决策的任何一个环节出问题都可能给投资结果带来灾难。

本书作者对投资的融合分析过程做了详尽而系统的阐述,还通过对个别上市公司、黄金和房地产市场的案例研究反复解读,将我们平时买卖股票过程中灵光一闪的组合拳系统化为"武术套路",甚至可以作为一本手把手的投资学教科书。但笔者觉得本书最大的作用并非是让我们学习怎么具体地编程序,输入各种影响上市公司估值的变量因素以及相应的权重,而是关键强调了在投资决策过程中的"开放、包容、均衡"的思维,其中对于宇宙的奥秘、哲学信仰的探讨十分有趣,类似我们在投资时受到的各类暗示,是普遍联系原理的实际应用。费心劳力地考虑了那么多影响因素,实际上融合分析就是挑战自我、采取主动性管理旨在战胜股票市场平均预期收益的过程,所以作者强调这种方法最好是做小盘股投资,对于管理中小盘基金十分适合,量化建模过程是其核心灵魂,在输入了基本面、技术面和情绪行为等因素后,如何运用数学计量方法通过计算机编程建模达到遵守投资纪律,"客观"地程序化投资就是融合分析的投资过程,这看起来很精巧自洽的闭环无疑是受到计算机、人工智能等科技创新的鼓舞,但我们面对的是融合了经济、社会、政治、科技进步、人性等各种复杂因素的股票市场,千万不能滥用形式上科学的计量建模手段而以为可以穷尽股票运行的规律,这种致命自负会导致深重的投资灾难。

之所以我们说这是一部学术性著作,是因为融合分析的过程充满了假设:假设对上市公司未来现金流的估计是正确的;假设对贴现率或者资本市场回报率的估计是正确的甚至假设未来若干年还是个常数;还假设对上市公司业绩未来的增长估计是合理的,为了计算方便也会把预期的增长率设为常数;更为有趣的是对影响上市公司未来估值(技术面、基本面、人的行为等)的权重也主观地设置,这么多假设通过精巧的数理统计建模计量编程,很容易出现 GIGO(垃圾进垃圾出)效应,得出的炒股建议最多也就是获胜的概率比"小白"高一些罢了。作者是一位资深的中小盘基金经理,深谙基金管理的潜规则,书中的字里行间不断提及:客户之所以委托基金公司炒股是对其专业勤勉尽职的信托,基金公司应该通过不同方式展示这些特质,即使某些展示与投资绩效相关性不大。他举了一个例子,基金公司都喜欢聘用 CFA,因为 CFA 最难的第三级里面有关于对客户忠诚守信的道德考试,而现实却是许多金融公司的高管甚至美联储官员乃至总统都时常爆出内幕交易、操纵市场的丑闻。

融合分析采用的主要方法是因果分析,2021 年诺贝尔经济学奖由美国加州大学伯克利分校经济学教授戴维·卡德(David Card),美国麻省理工学院福特经济学教授乔舒亚·D. 安格里斯特(Joshua D. Angrist)和美国斯坦福大学经济学教授吉多·W. 因本斯（Guido W. Imbens）因他们对于因果关系分析的方法论的贡献而分享。卡德的研究领域主要在劳动经济学，但他用的方法主要是因果推断；而安格里斯特和因本斯的获奖理由主要是因果推断，但他们也都在劳动经济学的问题上有所探究，从这个意义上讲，这次诺奖就是颁给了"用因果推断的方法在劳动经济学领域中的实证研究"。很多老百姓都很羡慕得诺贝尔奖，奖金每次约700万元人民币，其实无论从学术水平和奖金来说都很一般。炒股票常用的法玛-弗兰奇的主成分分析法是典型的因果分析，而且早在2013年就获得诺贝尔经济学奖，对于法玛的有效市场假说，索罗斯曾指"有效市场假说已经破产"；巴菲特也说过，"如果市场总是有效的，我只能沿街乞讨"。法玛-弗兰奇三因子模型认为股票的回报率与贝塔、市值和估值三个因子有关，高贝塔和低市值的小盘价值股会带来更好的投资回报；巴菲特之所以能靠股票投资致富，是因为他买的股票的波动率比较低（贝塔低），而且是当大盘股股价低迷时候买进，并且使用了大约1.6倍的融资杠杆，其成功的秘诀是低贝塔、低估的大盘股加适度杠杆；资本大鳄索罗斯更是以其凌厉的高杠杆高频交易手段攫取暴利而成名。我们认为，无论是学术上还是实践中，各种理论和方法都是见仁见智，不必妄自尊大，也不必妄自菲薄，如履薄冰摸索到适合自己的就好。

　　本书完成于2012年，美国股市刚刚从次贷危机的泥沼中走出来，片面的长期价值投资理念崩溃，因此作者总结了其之前操作小盘股基金的成功经验，特别提出了以量化分析为线索的融合分析思路，试图通过主动管理小盘股投资组合战胜市场，降低持仓风险。但是从近十年来美国股市的表现来看，美三大指数不惧各种危机（新冠疫情、阿富汗败退、TAPER、加息甚至政府关门），从2009年见底以来不断地创出数百次历史新高，道琼斯指数从6 400多点持续涨到目前的35 600多点，成为笔者2016年不断撰文指出的"6125ing理论"的忠实践行者（具体内涵可见笔者的自媒体文字以及《建设银行报》上"财富之旅""益教授"专栏文章的阐述）。而美股指数不断创新高的背后是大盘科技股的集中持续上涨，许多小盘股的交易量和股价都在被边缘化，因此这十年融合分析方法在美国市场并不适用，买入新能源、新材料、科技基金被动式持有才是更好的策略。然而，同样的十余年，政治、经济、社会欣欣向荣的中国股市却从上证指数的最高6 124点震荡回落至3 500多点，中美两国主要股票指数起点相似，结果却相差十倍，但许多中国股票增长数倍十倍上百倍的也有许多，所以我们觉得融合分析倒是非常适合目前我国的市场。2021年中国大陆股市量化交易泛滥导致成交量每天上万亿元的连续天数创了新高,而且趋同的量化交易策略也容易造成个股和板块暴涨暴跌踩踏行为,触发系统性市场风险,已经受到了规范管理的监管要求。

  融合分析过程中最令人头疼的是关于个股的估值及其无数的影响因素,即所谓"失之毫厘,谬以千里"。其实股票投资过程中最重要的是如何获取和认知各种各样的真实信息,股票市场最核心的制度安排就是"信息披露"的三公原则(公开、公平、公正)。尽管都是老生常谈,由于缺乏抓手,证券市场至今仍旧乱象丛生。2018年11月5日习近平总书记在上海的首届进博会上宣布试行注册制、设立科创板,随后深圳的创业板整体试行注册制,2021年9月6日习近平总书记在中国国际服务贸易交易会全球服务贸易峰会上宣布设立北京证券交易所,支持中小企业创新发展,深化新三板改革,打造服务创新型中小企业主阵地。中国以前属于学习型经济,金融体系是以银行贷款为主的间接金融,即使是20世纪90年代初设立的沪深股票市场也采取以重资产和盈利性要求为主的核准制;目前祖国已经进入创新型经济,科技创新和服务型中小企业没有什么可以抵押的资产,只有改变未来的技术和模式,需要直接融资为主的风险投资、股权投资以及主板、创业板、科创板、新三板等各种层次的证券交易所市场。然而要融资的企业千千万,其中良莠不齐,注册制背景下如何高效准确地甄别并且使造假的惩罚机制精准有效呢?"信息披露"无疑是注册制推进的核心灵魂,只有信息披露真实有效及时,才能维护证券市场的运行秩序,也给融合分析提供了坚实的研究基础。知易行难,目前全球的股票市场缺乏的就是一个执行的抓手,趁着我国大规模试行注册制的东风,我们在上海证券交易所以及浙江省软科学重点基金等的资助下开展了"技术创新审计披露制度平台"研究,试图在传统的财务信息披露的基础上把握融资企业的科创属性,运用金融科技手段解决科技金融困境,将传统的时点存量式财务信息审计披露转化为时空全域的流量式技术、专利、研发、经营效率等方面的技术创新审计披露。技术创新审计披露平台将突破地域限制,成为全国乃至世界上所有想要融资的企业的自愿信息披露中心,在融资金额和时间的需求约束下自愿设定信息披露的力度,我们称之为"信披宝"。淘宝想让天下没有难做的生意,信披宝将让世界没有难融的资金,而且为股票估值研究提供了更为可靠的基础。

  这里插一句,基于信披宝的课题研究,笔者在浙江财经大学提出针对注册制背景下我国资本市场信披人才短板开设"信息披露治理"专业,俗称"董秘证代班",培养有着数十万的拟上市公司和各证券交易所已上市公司的董事会办公室或证券部人才,依托技术创新审计披露制度平台,扎实做好上市公司的信息披露工作。可喜的是,浙江财经大学与中国社科院浙江研究院合作的硕士研究生班已经根据笔者的建议开设了相关前沿课程,并打算发展成为一门融合金融、财务、法律、科技、管理、产业经济以及金融科技等知识的交叉创新专业。希望今后董事会秘书、证券事务代表乃至董事会成员的培训应该也不会是草台班子草草培训两天发个橡皮图章证书了,而是依托技术创新审计披露制度平台,采用金融科技手段,像当初办公自动化 OA 系统一样实时、规范、可追溯地集成高效操作关于各自上市公司的可披露应披露信息,这个产业的衍生产品大家可以自行脑补。

未来祖国的股票市场将是创新创业的科技服务型企业的竞技场,融合分析的研究思路必将大有用武之地,但在股票投资实战应用时切忌教条主义、纸上谈兵。股票市场瞬息万变,即使建模计量统计分析得头头是道,辅之以机器人智能炒股,在开放式的亿万人参与的股市中挂一漏万、百密一疏也绝对是大概率事件,投资决策过程中兢兢业业、心存敬畏、感恩庆幸是铁律。谷歌研发的 AlphaGO 旗下的 DeepMing 团队近期发文称:其研发的人工智能交易系统 AlphaStock 已经在中国 A 股潜伏交易了 36 个月,机器人在股市中自我学习、自我进化之后,最后居然不断亏损,交易频率和波动区间大幅波动,明显出现异常交易(精神失常),该团队已经停止该项领域的研究。AlphaGO 曾经打败人类围棋第一高手,围棋等棋类运动虽然是高智商复杂博弈,但由于处于一个封闭系统,各种对策是可以穷尽的,因此人工智能必然战胜人类;而股票市场则是一个开放市场,随时会有黑天鹅、灰犀牛和白牦牛等突发事件的冲击,试想谁会料到国家最高领导人居然是在两次国际贸易会议上宣布国内资本市场的两件革命性举措呢?

笔者已经在证券期货、资本市场研究领域翻译了十余部世界经典:《按图索骥》《与狼共舞》《至臻掘金》《嘉利图形》《擒庄秘籍》《顺势而为》《超级银行》《备兑认购的新洞见》《理查德·威科夫操盘术》《量价秘密》(再版 5 次)以及《民主进程与金融市场:资产定价政治学》(当代世界学术名著)、《与趋势在一起》《压力测试:对金融危机的反思》(美国前财政部部长盖特纳的"诛心"之作,再版 7 次)等。然而,居然有某个学术评价部门在某一天突发奇想设立了一个非学术性翻译的标准,在某一天之后出版的上述翻译统统被定为非学术类,可以推测认定者一定看不太懂这些书,而且是属于内心十分排斥真正的证券期货研究的,对于实战炒股更是十指不沾阳春水了。奇幻的是,为什么他们有资格来认定呢?难道在国外的平台上用外文发表一篇绝大多数中国人看不到也看不懂的股票SCI论文就有学术性?且不说自然科学领域的SCI论文造假抄袭概率不低,我认为股票投资领域用数理模型写就的SCI论文也有不少属于"口水文"(严谨的探讨详见浙江大学公共政策研究院头条公众号,《财经领域的SCI论文作者基本上是科研奖励驱使下的造假者,急需改革》,2020年2月24日)。不知是否巧合,几乎就在上文刊发的同时,教育部科技部就发文取消了SCI的指挥棒地位。

估值对于股票投资是最重要的事,其实其他领域的评价、评估也无处不在:小朋友的三好学生、五讲四美好少年,成年人的职称、级别等都需要估值,但是标准不同得出的结论大相径庭。有许多数理化学得不好的人员转行金融,用复杂的方法解读一些显而易见的财经道理甚至建立一个自己都不敢用的投资模型,然后用八股式的外文在海外刊物平台发表SCI论文,就可以获得奖励、晋升职称,抢到各种人才帽子,至少在金融研究领域是一个荒谬的现象。股票投资涉及巨额财富的转移与再分配,每天A股市场就有上万亿元人民币的成交量,如果真想赚钱,就应该绞尽脑汁学习从股市赚钱的本领,股票投资短期是投票器,长期是称重机,把握好节奏,即使诺贝尔的那些奖金也是无足轻重的。所以作为一位研究股票教学生投资的专业教师,翻译成果尽管短期内受到指鹿为马式的评价,但为了多多引进国外先进经验,我还会甘于坐冷板凳,做好金融专业翻译。

有人说都什么时代了,翻译早就人工智能了,谷歌腾讯的翻译不是可以瞬间完成吗?呵呵,这些翻译软件做日常交流没有问题,但如果做金融专业翻译,你看到文字后就会像AlphaStock智能炒股一样不知所云,精神崩溃。一位好的翻译家必须是三好学生,即"母语好""外语好""专业好",乾隆以后中国经济探底,积弱贫穷两百年,许多先进的知识文化都是翻译引进而来。著名的经济学家基本上都是著名的翻译家,陈望道翻译《共产党宣言》;蒋学模是《资本论》研究泰斗,20世纪40年代的译本《基督山恩仇记》竟然是他翻的;陈彪如是开创中国现代西方经济学研究先河和国际金融研究范式的第一人,其学术涵养完全离不开系列经典翻译,有幸成为蒋老和彪老直系徒孙的我理当继承他们的衣钵,还要发扬光大。

做研究要因为热爱,避免仅仅是为职称、待遇甚至混工资的应付和交差;教育要从小培养、寻找学生的兴趣领域,并通过参加各类训练加以强化(像许多小朋友打游戏上瘾一样),使其为之热爱,甚至狂热,避免训练学生如何应付考试,取得高分通过,使得教育的重点变成应付。翻译名著和炒股票也是一样的道理,我经常和我的研究生们说,大家既然以证券投资作为专业方向,首先就要将投资列为自己想做的事并付诸实践。实践中要勤于思考,要养成全天候学习的习惯,要真正成为成功的投资者,必须时刻学习和思考复盘。很累是吗?炒股票只需要手机上手指点几下,不累怎么对得起能量守恒定律呢?

衷心感谢上海财经大学出版社总编辑黄磊先生和资深编辑李成军先生的支持与鼓励,持续给我运来如此美味的进口精神食粮,还迫使我反复咀嚼。也同时感念上海财经大学出版社社长金福林先生的心有戚戚,20世纪90年代我作为《上海证券报》记者就与时任出版社编辑的他及同事策划了以书代刊的《财经》大开本杂志,由于种种原因出了两期就停办了,后来名震华夏的《财经》杂志估计在取名方面借鉴了"先驱"。当时上海证券报社还是上海证券交易所的一个部门,我是上海证券交易所的第143号员工,这还是从上海证券交易所成立五周年的时候颁发的一盎司大银币上发现的。今年是《上海证券报》创刊30周年,谨以《融合分析》作为贺礼,希望本书大卖,就像当初《上海证券报》在上海的早晨印发的时候引起的洛阳纸贵,也以此追忆似水年华,纪念那火红的年代。

益　智

浙江财经大学金融学教授、博导

浙江大学/浙江省公共政策研究院研究员

2021年10月17日于杭州西溪

致　谢

作为一种特殊的感恩，我想起了早先在保诚集团工作时遇见的三位导师。在入职的那几年里，我的第一位导师是雷·库尔茨(Ray Kurtz)，他是一位优秀的技术分析师；第二位导师是比尔·兰金(Bill Rankin)，他是一位资深学术导师，领我入门；第三位导师是爱德·辛巴格(Ed Zinbarg)，他辅导我撰写一本观念新颖的金融教材，并给予了大量的学术指导。在比尔和雷去世后，我接管了基金，并强化了我们正在使用的融合分析方法。我感谢所有保诚基金的后台支持人员和分析师，也很感激家人对我的支持，特别是我的妻子辛迪(Cindy)，还有许多在世界各地学习融合分析课程的学员。我也要感谢NYIF的课程主管帕特·斯巴乐(Pat Spara)给我机会教授融合分析课程。我还要感谢我的朋友伊萨姆·哈萨尼(Esam Hassanyeh)帮我把课程传播到了海外，他是个网球高手。谈到网球，我更要感谢我的亲密伙伴里奇(Rich)、欧尼(Ernie)和佐兰(Zoran)，他们提出的问题给我带来诸多启发。当然，书中的任何错误都由我负责。

目 录

引言/1

第一部分　大框架

第一章　预测经济/3

第二章　好问题：市场向何处去/16

第三章　技术分析决策与基本面分析决策/32

第二部分　市场波动

第四章　基本面分析中的估值方法/57

第五章　估值仅仅是开端/87

第六章　投资、交易和黄金/113

第七章　黄金和纸币/134

第三部分　嘀嗒作响的时钟：同心圆扩张

第八章　决定论、投资和交易/155

第九章　重温时光旅行/171

第十章　其他经济周期/183

第十一章　情绪与技术工具/207

第十二章　艾略特波浪理论和房地产：
　　　　　技术分析工具和基本面分析工具的组合运用/223

第四部分　融合分析过程

第十三章　量化系统/257

第十四章　金融和情绪混合的交易策略/273

第十五章　衍生品的介入和交易策略/288

第十六章　建模/298

第十七章　融合分析过程和史蒂夫·马登制鞋案例研究/312

第十八章　融合分析演示：新理念和必要的投资新知识/332

结论：未来和金蝴蝶/342

附录一/348

附录二/353

延伸阅读/355

译者简介/358

引 言

投资赚钱最好的方式是什么

任何投资者都会问这个问题，不管他是"普通"投资者、专业理财师、学者还是基金顾问。这些人中有些人很天真，对投资了解甚少；而有些人却知识渊博，他们的投资目标范围很广，从最保守、最理性的投资到最具投机性的日内交易、高抛低吸，应有尽有。

在大多数情况下，资金都是积极管理的。虽然指数基金及其他类似交易所交易基金（ETF）正在迅速成长，但投资者仍试图主动积极地管理资金，以期望获得超过市场平均回报的优势，我们称为寻求风险调整后的超额收益，从而促使投资者选择投资策略。投资策略应该会带来比市场回报更高的回报。撇开热点提示、指数化投资、预感等，专业的理财经理一直在探寻类似的投资策略。基金经理对照业绩基准，如一个指数，检验其投资策略，来看看结果是否更好。这一分析的出发点包括基本面分析或者会计分析的方法以及其他有助于估值的财务信息，如公司收入，甚至包括消费类公司的品牌形象等定性因素。

然而，对于那些只依赖基本面分析的基金经理而言，结果并不太好，因为绝大多数人无法战胜他们的业绩基准，尤其是当他们的收益经过风险调整后。正如我们所看到的，市场变得相当有效，因为许多专业投资人士都在寻求最优的回报。当然也有令我们吃惊的情况存在，例如，我们被卡特丽娜飓风造成的破坏欺骗了。这一事件的结果和事件最终的损失比任何人预期的都要大得多，因此保险公司的价值就被高估了。

不止步于基本面分析

越来越多的基金经理意识到单纯的基本面分析并非是最好的投资方式，因此也开始综合利用技术分析、行为金融以及量化分析。正确使用基本面分析技术是获得风险调整后超额投资收益的必要条件，然而，对于使用技术分析的机构投资者或者短线交易者而言，必须依赖非基本面信息来获取市场择时交易和交易成本最小化等活动的另一种视角。

在看上市公司财务报告的财务数据时，基本面分析师变得更加谨慎了，因为即使经过大型会计师事务所审计的安然公司也在2001年的财务造假中破产，灰飞烟灭。那么哪些数据值得信任呢？例如，中国的成功究竟是真实的，还是政府凭空捏造了那些数字。

技术分析包括对图表、成交量和其他市场统计数据的研究，几乎不考虑基本面因素。行为金融是对心态和情绪的研究。近年来，这些分析方法，而不是基本面分析，已成为投资决策的驱动力。技术分析也利用投资者心态（技术分析师称之为情绪）进行分析，因为有的时候技术分析和行为金融是近亲；而量化分析把数字代入一些数学公式来做决策。

还有一种观点认为市场是不理性的，情绪会影响投资决策，因此提升了投资者对行为金融和技术分析学习的兴趣。同样量化分析也很受欢迎，因为人们认为量化分析可以通过对数据的依赖从而消除这些情绪的影响。当然，对行为金融而言，基金经理有时可能会有遇到例外的情形，而这可能会导致他们陷入麻烦。

基金经理在基本面分析之外寻找方法的另一个原因在于市场是波动的。基本面分析似乎无法捕捉到这些波动，正如我们在2008年和2009年看到的那样。消息面看起来不错，但市场却在下跌，然后坏消息似乎降临，市场却大幅反弹。对于某些人来说，技术分析可以很好地应对这种情况，在这方面比基本面分析做得更好。在所有这些选项中，这些数据可以根据基本面分析、技术分析和行为金融混合。因此，交易市场越来越倾向于某种程度上吸纳适当的技术分析。

融合分析

本书描述了如何将主要投资方法融合为一体的方法。这种方法在主流投资中并不常用，但我认为，它可以为投资者提供各自所不能提供的优势。本投资方法包括如何将基本面分析、技术分析和行为金融适当地混合到一个量化模型。我把这种投资方法称为融合分析。（不要与"融合"这个词的其他用法相混淆，"融合"在今天的其他领域包括制造口红、汽车和烹饪等都有应用。）融合的过程既令人兴奋又富有挑战性，因为它覆盖了未知的领域。

当一些投资者表示，他们发现很难证明将技术指标与基本面结合起来是合理的，人们只能感到好笑。一些基本策略已经通过研究整合了技术分析、行为金融和定量分析。例如，低市盈率策略已经有一个量化标准。低市盈率可能意味着股票价格很低，因为投资者已经对基本面前景持谨慎态度，他们的悲观情绪意味着他们不会抬高股票价格。而高市盈率可能恰恰相反，因为巨大的预期和看涨意味着他们可能愿意抬高股票价格，超出真正的基本面要求。

一些投资者随后声称，"我们尝试了基本面分析，我们尝试了技术分析，并将它们组合在一起，但它们不起作用，所以我们只要坚持基本面分析就行了"。这样的说法类似于足球教练说，"我尝试了进攻和防守，但是把它们放在一起是不起作用的。所以我只会进攻"。很有可能的是，混合分析对这些投资者来说并不管用，因为有时技术分析和基本面分析会相互矛盾。当基本面消息不好时，技术面可能非常好。因此，投资者需要知道如何混合这些分析，因此，我使用量化分析。可以打一个这样的比方：如果你有一颗纽扣和一块布，它们不会神奇地自动结合在一起，你需要用一根线把纽扣钉到布上，可以把这根线视为融合分析过程中的量化部分。

为谁而写

"这本书是面向训练有素的专业人士还是初学者?"问得好。它实际上是为已经具备资本市场知识的严肃投资者而设计的。然而，初学者可能会获得最大的价值，因为融合分析方法表明，"夏威夷衬衫"式的热门投资方式最好留给喜欢新颖的初学者，而不是严肃的投资者。融合分析旨在帮助专业人士获取真实的经济回报。对于试图挑战传统投资理念的新入门的投资者来说，这也是一个很好的选择。阅读本书的最低知识门槛是 CFA 1 级和完成 CMT 课程计划的投资者，另外，在本书中我将试图在某些领域给新手培训的同时仍然进行一些专业水准的讨论。

融合分析将主要面向股票投资者，但将涵盖一些其他资产类别，如固定收益、房地产、外汇交易和大宗商品等。然后，它将尝试把所有方法中最好的方法融合到一个成功的投资策略中。当然我们不保证绝对有效，但希望这种分析方法的逻辑会吸引投资者，并引起投资者的思考。

我的背景

那么，我会给大家带来什么呢？你为什么要关心我对融合分析的看法和知识呢？

从 20 世纪 70 年代我的投资生涯起始之初，我就把基本面分析和技术分析进行融合，之后行为金融和数量分析也纳入了我对中小盘投资分析的重要考量。我当时是英国保诚集团(现在称保德信金融集团)的子公司米德科投资公司(Midco Investors)的小盘股首席基金经理，我和我的团队近 12 年来管理了 15 亿美元的资金。在保诚集团，我们管理的数十亿美元的基金的业绩排名最高，相对于基准指数具有显著的溢价，每四年我管理的客户资金就翻一番，不到 12 年我们使美国小盘股基金规模从大约 5 000 万美元增长到 15 亿美元，基金的收益每年超过罗素 2000 指数和竞争对手的收益 600 个基点(过去的业绩表现并不能保证未来的成绩)。请看附录材料，您可以在迈特公司(Mite Corporation)和 FCA 国际有限公司(FCA International LTD)的分析报告中找到我最早的融合分析建议。正如你将看到的，这些报告是在我加入保诚集团之前编写的，我从 20 世纪 70 年代起就一直在使用融合分析方法。

离开米德科投资公司以后，我开办了自己的公司——全球新兴成长资本(Global Emerging Growth, GEGC)，用我自己的钱继续开展融合分析投资研究。1990 年，我在 GEGC 开始了自己的资产管理业务，到 2011 年 9 月 30 日年均回报率达 13.7%。GEGC 也试图进军其他金融领域，然而因为我的资产相对保诚集团的资产微乎其微，所以以放弃告终。13.7% 的回报率超过了有代表性的业绩基准标准普尔全球小型股指数的8.3%和理柏全球小盘基金的7.4%,应该说是大大超过了标准普尔500指数8.3%的回报率。因此,我很高兴,当然,过去的业绩并不代表未来。所以我在很长一段时间里都在做学术研究和实务操作。

我在投资中实践融合分析方法。值得一提的是,我曾在美国和国外的头部资产管理投资公司、商学院和公开的研讨会上为不同层次的学生讲授过融合分析的主要内容和观点。基于我的教学评估,这些年来的同行评议都非常正面。这些课程既包括实际的融合分析整体内容,也包括一些类似"一叶知秋"的部分,例如投资组合理论、公司财务、技术分析和证券分析等,还包括我的特别课程,如全球小盘股投资方法、基金评价方法、隐形算法交易、动产财富投资以及黄金投资等。此外,有些学生想考CMT和CFA证书,因为相关的课程材料也是融合分析课程中固有的一部分,所以我们将在整本书中看到这些课程的一些特点。

越来越多支持融合分析的证据

对融合分析越来越感兴趣的证据比比皆是。例如基金经理,特别是对冲基金的管理者使用融合分析方法者显著增加。一些著名的对冲基金运用各种类型的量化分析方法并且获得了许多追捧。越来越多的人参加基本面分析考试,申请CFA证书的同时,也参加考核技术分析水平的CMT考试,许多人因此同时获得专业的CFA和CMT证书。此外,从事量化分析的基金经理也参加他们自己的金融工程认证考试。许多商学院也开设了越来越多的金融工程课程,而多年来一直流行的是基本面分析。

对会计和其他基本面因素的进一步不信任使得投资者深入探讨会计和财务问题。例如,我为一家主流会计师事务所讲了一次关于自由现金流的课程,帮助他们将基本会计数字调整为更实际的经济数据,这就是融合分析的一部分。融合分析并不一定以面值的形式获取基本面数字,相反,它以同样的方式根据经济现实对它们进行调整。

越来越多的学术研究证据支持同时运用行为金融和技术分析。这些研究不一定是由技术分析师而是由金融专业人员完成的,因此,别有用心的"持斧待磨综合征"就会少很多。最近,诺贝尔经济学奖认可了行为金融学的贡献,越来越多的投资成功策略主要使用定量方法。也有许多共同基金和对冲基金使用量化分析或类似的机器人投资。

大多数主流的MBA学校和前沿的教科书现在专门设置关于技术分析的章节。我在哥伦比亚大学和巴鲁克学院教课时使用的教材是博迪(Bodie)、凯恩(Kane)和马库斯(Marcus)主编的《投资学》，就有一章专门讨论行为金融和技术分析。目前CFA 1级考试也有关于技术分析的考题。

技能集合

很少有人能够同时熟练使用技术分析和基本面分析，更不用说还同时对行为金融和量化分析很在行的。即使在纽约，也只有少数人同时拥有CFA和CMT证书，尽管人数正在增加。虽然有将上述方法相结合的愿望，但在课程和教科书中实际上是不存在的。事实上，学术期刊还没有关于融合分析方法结果的研究，而只是侧重于某一种投资方式，如基本面分析或行为金融。

本书的愿景

接下来，我将在整本书中介绍投资理念，然后利用案例来说明融合分析方法的主题。我还将讨论其他不总是被认为是常规投资分析方法的问题，以佐证对融合分析能力的看法。本书不一定是一门学习投资知识所有基本模块的教科书，然而我们偶尔会通过革命性分析来更新基本面分析和技术分析的工具，然后，为了把握方向，会提出潜在的问题，而各种传统分析方法细节可以在相关的教科书中找到，就好比当我展示如何使用锤子、钉子挂一幅画时，我会把钉子成分的压力测试留给工程师负责。

在本书的结尾，你会意识到单独使用基本面分析或行为金融或量化分析或技术分析知识的局限性。并且，你将理解将这些方法融合分析所能发挥的力量。你还应该能够利用融合分析来更好地进行择时投资决策。基本面估值技术和技术分析工具将用于创造价格目标。量化模型将提供投资机会，同时有助于避免错误的行为金融分析陷阱。总的来说，融合分析可以最大限度地提高交易胜率，严格执行保本技术并且在风险调整的基础上战胜市场，让你的投资总是赚钱。

接下来，就让我们开始吧。

第一部分　大框架

　　股票市场与GDP的增长密切相关。标准普尔500指数中的所有公司表现都很好地反映了经济状况,尽管有一些大型非上市公司不在该指数中。该指数由金融、科技和消费类等不同行业组合而成。在美国,我们有丰富多样的公司类型,但是没有纳入服务类公司,似乎服务类公司有着更大的风险敞口。有些人甚至会说今后我们将纳入更多的数据和智能型的公司。我称这些公司为"正确拐点"(未来型)公司,因为这些公司的工作技能属于许多均值方差标准化测试中第一个标准差之外的范围。虽然对于销售和创造力的重要技能的需求不会消失,但要求较低的技能可能会越来越多地通过自动化处理,也可能外包给低工资国家。

　　其他国家的股票指数可能不会像美国的标准普尔500指数有那么多行业的广泛多样性。新兴市场国家的股票指数可能会有更多的大宗商品权重,如智利的铜,或者俄罗斯的股票指数主要由能源和矿产公司组成。但是,这些国家很可能会发展能够促进其他行业成长的技能,包括那些"正确拐点"(未来型)的工作。

自上而下和自下而上的分析方法

　　上涨的市场抬高所有的股价(一人得道,鸡犬升天),下跌的市场自然会拖累股价(覆巢之下,焉有完卵),这通常被称为自上而下的分析思路。要运用自上而下的分析方法,首先必须对宏观经济做出准确的预测。在人们预测繁荣时期经历经济衰退,可能意味着股市将下跌,而不是上涨。因此,采用自上而下的投资方式将会在股市中蒙受亏损。

自上而下的分析预测宏观经济形势，确定了那些在这方面表现最好的行业，最后选择合适的个股。例如，如果你觉得经济正在走向繁荣，可能会选择交通运输和住房等消费类行业，然后挑选优秀的汽车制造公司和房屋建筑公司。既然这样，你就会在投资指数中加码这些行业，因此，如果在中性状态下非必需品消费类股票占指数的20%，你就可能会赋予其更多的权重，比如说，25%。

现在，如果你觉得经济衰退即将到来，可以选择找出防御性行业，比如医疗保健或消费类必需品行业，然后选择一个特定的公司，比如凯洛格（Kellogg）。预计凯洛格在经济衰退时会有更稳定的销售和利润，而不会像市场那样下跌。在这种情况下，你会超配必需品的股票，而减配非必需品的消费类行业的股票。

虽然像下一代的谷歌或苹果这样的优秀公司仍有可能逆势而行，但这些公司将因其迅速获得市场份额的产品和服务创新而繁荣起来。对这些公司用自下而上的分析思路比较合适。

在自下而上的分析中，你会预测公司发展前景。虽然宏观经济形势可能会对公司的收益产生一些影响，但其自身产品的前景可能是未来股价走势的关键或主导因素。例如，一家提供疾病治疗方法的生物技术公司可能会在FDA批准其产品后导致其股价飙升。然而，在公告的当天，由于整体经济状况不佳，市场实际上可能会下跌。因此，虽然自下而上分析出来的公司可能会受到经济形势的冲击，但公司的前景很可能将与其产品紧密相关。在这个例子中，在一个看似滞胀的经济中，特效药的问世极有可能是一个大赢家。

在过去，我们曾经有像联邦快递、箭牌公司（Wrigley）和可口可乐这样的公司从经济疲软的泥沼中脱颖而出，成为雇用数千人的大型企业。看来，真正GDP成长的未来在于鼓励和培育新的、有活力的公司。我把这些公司称为"朝阳企业"，而相对的则是经历过好日子的"夕阳企业"。对某些朝阳企业使用自上而下的分析更容易理解，但从长远来看，它们创造了一个巨大的市场，往往能够克服经济造成的波动。

很难判断哪一个是朝阳企业还是夕阳企业。即使是股票分析专家也常常会失手。兰芷萧艾的情形经常在上演，想想诸如戴尔、花旗银行和通用汽车这些过去的"香草"，所有这些后来都变成了"杂草"。许多投资者错过了投资苹果和麦当劳的早期阶段。这些现在处于后期阶段的公司是否也会变成"杂草"呢？

第一章　预测经济

我们可以通过观察 GDP 的涨跌或者通过研究过去的趋势(即经济繁荣和萧条的情景)预测经济。通常情况下,人们在预测过程中会精细化已经感知到的方向。例如,你可能预测 GDP 上涨 3.2%,而专家的共识估计是 3.0%。这意味着股市的估值水平过高或过低,取决于经济的实际增长程度。如果标准普尔 500 指数在 1 200 点,而估计值只差了 10 点,误差的程度就很小——这种情况比相差 300 点这样的情景要愉快得多。如果你预测到经济繁荣,股市却下跌了几百个点,事实上,深度衰退将会发生,这将迫使股市暴跌。

由于大多数投资公司使用自上而下的分析方法,预测 GDP 增速(以及公司利润)就可能是一个重大挑战。CNBC 等电视频道的名嘴们可能会与公众分享他们的金融专业知识,而最终也只是请来一位重要的市场分析大咖提供不同意见。这位市场分析大咖可能是一个提供更准确信息的、受人尊敬的、长期的市场观察家,或者他也可能是一个符合"本月风味短线交易"、只是一时备受追捧的策略师或者经济学家。有这么多来自不同来源的海量信息,很难知道该关注谁或关注什么。有时,预测经济就形同盲人摸象。

无论这种说法受到挑战与否,为什么公司倾向于采用自上而下的分析方法都是可以理解的。标准普尔 500 指数等主要指数中的大多数成分公司都是成熟企业,尽管随着规模的扩大,它们的技术不一定是尖端的。

因此，这些主要的股票指数被用来跟踪经济的健康状况。这意味着基金公司管理的数万亿美元中的大部分必须投资这些公司。虽然某些公司可能会将其资金分成自上而下和自下而上两类基金，其他公司则会使用这两种策略的某种混合。例如，基金经理可能有一只平均市值超过100亿美元的大盘股基金，同时有一只平均市值低于10亿美元的小盘成长型基金。大盘股基金可以管理数十亿美元，而小盘股基金可能只管理数亿美元。虽然小盘股基金可能自下而上的权重更大，但一些基金可能会在自上而下策略中投放更多的权重。根据我与基金经理会谈的经验，许多基金两者都有。

市场择时

有证据表明，掌握市场时机并不容易，且世界上并不存在任何可以告诉投资者市场是被高估了还是低估(意味着市场是否会迅速暴跌或上涨)的神奇公式。无论是经济学家、策略师还是基金经理，专家通常都会错误地估计市场时机。通常情况下，基金公司会在底部持有过多的现金，而在顶部现金太少。基金的贝塔值往往在底部较低，而在顶部则很高，但实际上应该采取相反的做法以顺"市"而为获取最大的收益。如果预期市场上涨，那么应该满仓投资，而不是被闲置现金拖累。同样，在所有情况相同的情况下，贝塔更高的股票涨幅将高于贝塔较低的股票。所以，之前看起来很棒的"短线交易"专家和名嘴的意见突然之间都会被证明是完全错误的。

正确地做出市场时机预测是极度复杂的，因为消息面往往在市场顶部都是好的，而在底部时却都很糟糕。一方面，当消息面暖风频吹的时候，人们会感觉更好，因此在购买股票时会信心满满；而另一方面，坏消息导致人们对自己的投资变得谨小慎微，即使他们不卖出自己的股票，至少也不会买任何股票。

基本面分析师会用模型显示情况有多糟糕，并说服投资者远离市场，在2002年的秋季就发生过这样的情况。另一种情形是，消息面可能非常乐观，分析师会试图说服投资者购买股票，因为他们预测经济正在进入一个"繁荣的新时代"，1929年和2000年都分别发生了这种情况。1929年，著名经济学家欧文·费雪(Irving Fisher)说，"国家正向着永久的繁荣高歌猛进"。5天后，市场崩盘。同样，人们可以回忆起2007年年末市场对经济展望积极乐观，而之后道琼斯指数只有一年多一点的时间就从 14 000 点一路下跌到不到 7 000 点。

信奉行为金融的技术分析师和投资者实际上可能会提供相反的建议,行为金融主义者可能会说,过度的幸福感表明市场应该卖出而不是买进。技术分析师可能会使用相反的观点确认市场转折点。因此,虽然经济信息可能是非常积极的,但股票投资者的眩晕心理可能表明市场上充溢太多的牛市气氛。技术分析师会根据这种情况判断,市场暴跌转折点山雨欲来。

基本面分析指标和技术分析指标之间显而易见的所有这些矛盾都可能发出相互冲突的信号。你究竟应该相信哪些?此外,正如马丁·J. 普林(Martin J. Pring)在其《技术分析释疑》(*Technical Analysis Explained*)中所提到的那样,投资是基于概率而不是基于确定性,即使有一个在过去大体上有效的指标体系,我们也不能确定它在未来是 100% 准确的。此外,你也不知道是否还有更多的因素需要分析。

基本面分析信奉者可能不得不修改他们的模型。例如,使用刚公布的市盈率确定市场吸引力可能不够。因为非经常性或异常事件扭曲真实回报存在潜在影响,所以此类收益可能必须调整。

技术分析师可能还想确认是否使用相反理论的观点就已经足够。人们普遍认为,虽然相反的观点对估计市场转折点有用,但确切的时间和幅度并不可预测。因此,技术分析师可以使用头部和肩部等图表形态来更好地估计市场走向,并帮助回答有关价格变化幅度的问题。行为金融信奉者可能会感觉到市场行为过度,但没有合适的工具衡量价格变动的目标,不同的方法可能导致不同的价格变化幅度。

投资者可能会感到沮丧:这个问题将从何下手?融合分析会尝试解决这个问题。

建模

进行自上而下的决策分析的方法之一是比较各种资产类别(即股票和债券等)随时间推移的回报率。通常可以在多种来源编撰的教科书中找到这些信息。此外,还有一些教授有自己的计算方法,还有由诸如罗杰·伊博森(Roger Ibbotson)和雷克斯·辛克菲尔德(Rex Sinquefield)这样的权威处理类似的统计分析。

融合分析

当查看很长一段的历史时间数据并随后定期更新数据时,可能会看到如表1.1所示的内容,该表显示了股票、债券和国库券的年度回报。国库券被认为是无风险的,因为大家预期美国政府不会违约,无论如何,它再不济也总是可以印刷更多的钱来还债。出于估值目的,美国长期政府债券利率被视为无风险利率,它们的期限为10年,正好符合投资的要求。然而,由于长期而言我们会面临浮动利率,长期政府债券与期限更短的国库券(一年或更短)相比的确有更多的波动风险。此外,请注意比较表1.1中资产收益与国库券收益。

表1.1　　1926—2005年各类资产收益率和风险的统计数据

	美国小盘股	美国大盘股	世界大盘股	美国长期国债	美国国库券	美国通货膨胀率
几何平均值	12.01	10.17	9.85	5.38	3.7	3.13
算术平均值	17.95	12.151	11.46	5.68	3.75	3.18
标准差	38.71	20.26	18.57	8.09	3.15	4.29
超过国库券平均利润	14.20	8.39	N/A	1.93	N/A	N/A

注:上述数据以百分比形式表示;美国的通货膨胀收益率是一个估计值。

资料来源:Bodie,Kane,Marcus. *Investments*,NewYork:McGraw-Hill/Irwin,7th edition 2008,pp.132,146,148。

在看表1.1时,我们要特别关注两件事:收益(和超额收益)与风险。换句话说,看待奖励或回报只是故事的一部分。还必须看看表中的风险,即标准差。标准差就是波动率,相对于平均值上涨或下跌,可以用数学方法调整。标准差或波动率越大,显示的风险就越大。

我们可以看到,美国小盘股的回报率最高,分别为17.95%(算术)和12.01%(几何),但它们相应也有最大的风险与最大的标准差。几何平均显示的回报率较低,因为它们反映了几何复利效应;算术平均夸大了回报率是因为它们只是简单的算术平均值。资产管理公司通常使用几何平均回报率来跟踪评价共同基金。根据CFA协会的全球投资绩效标准(Global Investment Performance Standards,GIPS),传统基金的业绩衡量都需要采用这种方法。

CFA协会主管的资格项目授予学员特许金融分析师(CFA)称号,其中要求包括通过三个级别的考试,涵盖会计、经济、统计和金融等领域的诸多商业主题。(CFA考试在第十八章详细讨论。)

我们知道国库券是比美国小盘股更安全的投资,但是如表1.1所示,虽然最安全的投资是美国国库券,但它们的回报率只有 3.70%(几何)和 3.75%(算术),收益率的波动性也最小,标准差为 3.15%。美国小盘股则有高达 38.71% 的标准差。换句话说,一个人可能会短时间内在美国的小盘股上损失很多钱。特别是回顾 2008 年可以让我们又重温这些损失,当时许多小盘股指数大幅下跌,其中罗素 2000 指数下跌幅度达 33.8%。

所以想要鱼与熊掌兼得,在经典投资的情形下是不可能的。高回报要求承担高风险。从票据到债券再到股票,相对于国债的超额平均回报率也会增加。请注意,债券处于中间,因为美国长期国债的年均回报率为 5.38%(几何)和 5.68%(算术),低于股票(无论是大盘股还是小盘股),但高于美国国库券,然而,美国长期国债的标准差为 8.09%,比美国国库券风险大,但比股票风险小。

更高的回报意味着更高的风险。当然,如果能获得更高的回报,但风险更低,那当然是最理想的。

夏普比率

有一些方法帮助我们计算风险和回报之间的权衡,例如回报率与波动率的比值,通常称为夏普比率。这一比率将资产相对于无风险收益的超额收益除以资产的标准差,即(资产回报率—无风险收益率)/标准差。数字越大,交易就越合算。

用这种方法时,我们可以得到下面的数据[1]:

投资对象	夏普比率
美国小盘股	0.36
美国大盘股	0.41
世界大盘股	0.41
长期美国国债	0.24

因此,买大盘股是一个更好的投资,因为它们的夏普比率高于美国的小盘股和美国 10 年期国债。一般来说,尽管股票看起来比债券是一个更好的投资选

---

〔1〕 Zvi Bodie, Alex Kane, and Alan Marcus. *Investments*, 7th ed. (New York: McGraw-Hill/Irwin, 2008), 132, 146, 148.

择，但还有其他风险可能会影响决策，例如流动性和偏度。偏度表示不对称的下行收益与上行收益的比较情况。负偏度会比正偏度表示更多的下行风险，所以这也需要在风险平衡中考虑。小盘股的负偏度较小，为－0.22，而美国大盘股为－0.80，世界股票为－0.61。债券的偏度为＋0.23。

尽管如此，股票的夏普比率似乎比债券更高。因此，如果债券收益等于甚至高于股票收益，并且所有的风险都相同，那么债券将是一笔更好的交易；反之亦然。这种做法是为了帮助决策是应该投资新兴市场的股票还是新兴市场的债券，同样的论点可以用于与各种资产类别比较。

无论最终的风险衡量标准是什么，我们的直觉是债券的风险较小，但收益率较低，而股票的回报率较高，但风险较大。当试图确定资产配置的最佳计划时，这是一个很好的开始。接下来，我们需要熟悉各种各样的估值方法，例如美联储估值模型。

美联储估值模型

美联储估值模型比较的是股票的回报率和长期美国政府债券的回报率。它根据债券回报率给出了买入或卖出股票的信号。当标准普尔 500 指数的远期收益率低于 10 年期国债收益率时，股票就变得过于昂贵。爱德华·亚德尼（Edward Yardeni）在担任保诚证券的经济学家时开发了该模型。尽管该模型是基于他对美联储先前分析的研究，但并未得到联邦政府的背书。

技术分析师发现将股票收益率与债券收益率比较可以作为投资情绪的代表。当投资者看涨股票时，股票价格指数将会比公司收益更大幅上涨，导致股票收益率下降。如果投资者同时卖出债券，那么随着债券价格的下跌和债券收益率的上升，导致股票收益率变低，债券收益率变高，股票暴跌就离你不远了。当然，即使债券收益率没有上升，股票收益率仍然会大幅下降，从而导致债券收益率相对于股票收益率更加具有吸引力。

基本面分析工具

常用的基本面分析工具之一是市盈率，即通过将公司的股票价格或价格指数除以股票每股收益而得出。例如，公司 XYZ 每股交易价格 10 美元，每股收益

1.00美元，则其市盈率为10。假设所有其他因素都相同，那么市盈率高表明股票价格昂贵，为获取相同的收益付出成本太多；市盈率低则表明交易合算。如果一个公司的盈利增长率高，成长性好，投资者就愿意支付更高的市盈率。但是，这种情况可能导致对股票市场的高估；反之亦然。

价格与账面价值比（P/B）或者市净率分析属于同样类型的基本面分析。净资产（有时称为账面资产）是资产负债表的资产减去所有负债。在这种情况下，可以将每股价格除以每股净资产。高市净率表明，人们对单位净资产付出太多，因此股票价格过于昂贵。低市净率（例如股价接近或甚至低于净资产）表明支付单位股票价格可以买到更多的资产，同样，如果预计公司现金流收入上升，就可以支付较高的市净率；相反，如果预计未来现金流较低，市净率较低则比较合理。

许多基本面分析信奉者使用市盈率和市净率再结合其他因素来确定估值水平。这一领域最为著名的是学术大牛尤金·法玛（Eugene Fama）和肯尼思·弗兰奇（Kenneth French）的研究，他们创建了描述市场行为的法玛-弗兰奇模型。研究表明，低市盈率结合公司规模大小的混合分析（就市值而言，较小的公司规模提供了更好的成长前景）也是估值考虑的重要因素。分析师可以组合运用美联储模型、市盈率和市盈率等指标以更好地把握市场走势的大方向。

除了确定市场价格是便宜还是昂贵之外，人们可能还想确定投资小公司是否比投资大公司更划算。在这个领域，我们可以使用T.洛维·普莱斯（T. Rowe Price）市盈率模型来处理小盘股。虽然这种方法应用在其他市场指数时有所变化，但可以比较小盘股指数和大盘股指数的市盈率。多年来，T.洛维·普莱斯一直运营着一只投资小盘股的共同基金。如今，随着小盘股指数的增加，可以使用同样的分析方法比较罗素2000指数与另一个大盘股指数（如标准普尔500指数）。（此外，还可以考虑运用贝塔分析或者股票对市场指数的波动率分析。）

技术工具

技术分析一般使用图表形态，如头肩形态等。技术分析师也会使用其他形态，如双重和三重顶/底、三角形和矩形，以及卖出高峰。这些股票形态通常意味

融合分析
10

着看涨或看跌，反映 K 线的牛熊市争斗的模式，对图形的解析指示着指数或者证券价格的演进方向。此外，我们将探讨一些类似的概念，如趋势、支撑/阻力、移动平均线、资金流以及情绪指标等。

就像基本面分析方法中存在各种各样的思想流派一样，例如现金流贴现分析与比较分析，在技术分析中也有各种各样的思想流派。一些技术分析师使用形态、某些情绪指标、某些动量指标，还有一些使用了更为奇特的指标，如江恩和艾略特波浪（分别会在第十一章和第十二章进一步讨论）。有些人会组合使用几种方法，但是再一次强调，每种方法的权重以及使用哪种方法都因人而异。另外，行为金融分析师会在试图分析投资者心理的同时纳入一些技术分析方法。

所有这些基本面分析和技术分析工具的组合对于短期和长期投资者均适用。这就带来了更多挑战，因为长期前景可能会与短期机会相冲突。在开始分析所有这些因素之前，我们将关于美联储估值模型的讨论作为跳板，必须决定是否值得对此进行分析。自上而下的分析会有用吗？如果没有，还有什么替代方案？应该花费宝贵的时间（和费用）来判断市场的走势，还是应该把这项工作委托给他人？这导致了对有效市场假说（EMH）的讨论。你是否真的能够战胜市场？

有效市场假说

通常，有效市场是指证券价格反映所有可获得的信息和相应风险的市场。因此在这种市场上是不可能买到便宜货的。看似便宜的证券要么是有缺陷的，要么就是不便宜，但给了你便宜的错觉，这种情况下投资者很快就会发现它的定价是合理的（因为它没有看起来那么好）。对昂贵的证券价格也可以进行同样的分析。虽然每个投资者都试图找到便宜货，但你不太可能在一个有大量参与者以同样方式分析信息的市场中找到它。为什么你偏偏会那么幸运能够买到便宜货？答案已经不言而喻了。或许你确实是幸运的，碰巧发现了它。

对股票买卖的有效市场分析可以与购买另一件商品（比如衣服）比较。例如，顾客总是希望以便宜的价格购买衣服，即购买低于正常零售价格的衣物。我们假设你正在购买一件在麦迪逊大街上以 80 美元出售的绿色 IZOD 衬衫。你可以等待打折销售并获得 20% 的折扣，但打折时间并不总是确定的，并且可能只会在一年中的某些时间发生。如果这个周末就需要穿这件衬衫,那么就要想办法在其他地方找到它。

如果你在另一家商店的购物卡上充了一定金额的现金,那家店可能会打折,但你可能不愿意充值,因为充值后你可能会购买不需要的东西。你决定放弃那家卖储值卡的商店,但你又听说了一家奥特莱斯折扣店,其 IZOD 衬衫只卖 50 美元一件,但这家店很远,要坐很久的车过去。

在想到所有这些情景之后,你会决定在麦迪逊大街上按市场价格支付全款并且对此感到满意,通过这种方式,即使以全价购买了商品,但也避免了舟车劳顿。在财务方面,你避免了交易成本并物有所值,但是你没有打败市场,因为你支付了公允的"市场"价格。

那么我们能得出什么结论呢? 在一个有效的市场中,我们不太可能找到一个容易讨价还价的理想商品。但当我们加上交易成本和情绪化购物行为的可能性时,这又是可能的,但我们可能不会真的得到便宜货。我们在选择证券时也面临着类似的挑战,寻求廉价股票的信息可能需要付出交易成本,例如研究成本。还记得运输费用吗?我们可以将之与流动性限制比较,因为我们可能无法在没有摩擦的情况下买入和卖出股票。

因此,有效市场假说倾向于显示市场的效率如此之高,以至于我们不能轻易地获取交易优势,或者从经济学的角度来说,风险调整后的超额回报率等于市场的收益率。

有效市场假说信息的类型

有效市场假说有三种特定信息的类型:弱式、半强式和强式。

在弱式信息类型下,历史的股票价格、成交量以及 K 线图表形态对于预测未来的价格没有用。因此,这种信息类型认为技术分析无效,所有的股票价格都是随机的[基于伯顿·G. 马尔基尔(Burton G. Malkiel)在其《漫步华尔街》一书中的理论]。马尔基尔认为,未来股票的价格是随机的、无法预测的,因为它们只能对未来的信息做出反应。很明显,马尔基尔并不热衷于技术分析。[1]

---

[1] 批评者如伯顿·G. 马尔基尔支持有效市场假说,反驳技术分析,行为金融和基本面分析的价值。参见 Burton G. Malkiel, "The Efficient Market Hypothesis and Its Critics", *Journal of Economic Perspectives* 17, no. 1(Winter 2003):59—82。

当然，并不是所有人都认同消息是随机的以及随机漫步的股票历史价格是无用的。某些股票价格表现出序列相关性以及初始动量和趋势性。这是因为不是所有投资者都会平等地吸收、消化信息。当市场产生信息时，并不是所有的投资者都以同样的方式处理信息。有些人可能自己并没有足够的知识来正确解释信息，因此选择等待其他人做出解释，例如在新闻发布会中。随着越来越多的人开始理解信息，一种趋势便开始了。可以说最早开始行动的是创新者，然后是模仿者，最后是傻瓜。技术分析师经常会说，"顺势而为，直到趋势终结"。因此，便宜的东西可能会变得更便宜，而昂贵的东西可能会变得更贵。

半强式信息类型认为，历史的基本面信息（例如券商报告、年度报告和证券交易委员会文件）没有用处。市场早已吸收消化了数据并实时调整了价格，因此，在阅读完报告后才想到要去买到便宜股票为时已晚。有证据表明，券商的投资价值分析报告不会产生扣除交易成本后的风险调整回报（即战胜市场的收益率）。[1] 另外，公开的基本面信息的其他用户也不会战胜市场，这些其他用户指的是共同基金，作为一个整体它们往往表现不佳，虽然个别会有一些业绩优秀者。

强式信息类型认为，即使拥有非法的内幕消息，仍然无法战胜市场。这是最严格的信息类型。尽管经济学家们似乎都倾向于相信弱式和半强式信息类型，但他们在强式信息类型上却持不同意见。出于这个原因，防止内幕信息泄露，并严厉处罚违规者就非常重要。专业基金经理收取基金资产的管理费用，而怀疑反对者会将这些费用视为非生产性费用。他们会建议投资者投资指数化的基金，支付较低的管理费，这些基金运营的透明度甚至比普通基金更高。

各种研究表明，有效市场假说的例外情况为业绩导向型投资者提供了机会。在弱式信息类型下，小盘股和新兴市场股票具有序列相关性。此外，技术分析师使用200日移动平均线来创建买入和卖出信号也已经找到了一些学术支持。在最简单化的操作模式中，当股价升至200日移动平均线以上时，就是买入信号；当价格跌破200日移动平均线时，就是卖出信号。学术研究表明这个操作模式具有风险调整后的超额回报率（诺贝尔奖得主夏普在标准金融教科书中也引用

---

[1] Brad Barber, Reuven Lehawy, Maureen McNichols, and Brett Trueman, "Can Investors Profit from the Prophets? Security Analyst Recommendations and Stock Returns", Summarized by Bruce D. Phelps, *CFA Digest* 31, no. 4 (November 2001):5—7.

了这个案例)。[1] 基于道琼斯工业平均指数 25 000 个交易日的统计,买入和卖出决策之间的差异为 16.8%,相对于零具有显著的统计学意义。对于其他技术指标,如头部和肩部形态,也进行了研究,同样发现有可预测的优异表现。[2]

在半强式信息类型中,已经发现财务因素可以预测风险调整后的超额收益。例如,法玛和弗兰奇的研究发现,使用公司规模和账面价值比等因素分析是创造风险调整后超额收益的一种方法。此外,盈利公告等事件发生时股价并不总是立即调整反应,投资者有时间利用这类消息获取超额收益。

在强式信息类型下,上市公司的内部人士和股票做市商能够获取高于市场平均水平的回报;当然,如前所述,他们的行为受到法律严格管制。

学术文献检验了许多类型的投资,对有效市场假说反复进行实验。这类研究往往比仅仅根据指数衡量回报率更为复杂,而且包括各种合适衡量真正风险的方法。例如,一家对冲基金宣称它以 12% 的回报率战胜了 10% 的标准普尔 500 指数回报率。虽然表面上这可能看起来不错,但可能有一些因素表明该基金的回报率实际上证明了糟糕的结果。对冲基金可以使用大量杠杆,因此在上升的市场中,预期风险增加当然会产生比市场更好的回报。如果根据杠杆调整,可能发现业绩不佳,特别是当杠杆率为 2∶1 时。对冲基金可能有更多的发散性收益,与市场回报呈负偏差,在低迷时期,对冲基金的业绩往往会大幅跑输市场。

可以用来在风险调整的基础上捕获这些回报率的一个指标是夏普比率,即基金在无风险收益率基础上的超额收益率除以基金的标准差。因此,如果超额收益除以大的标准差,则夏普比率可能较低,并且反映了较差的业绩指标。例如,风险溢价率超过 7%(12%－5%)的回报率除以 28% 的基金的标准差,得到夏普比率为 0.25。这比市场超额回报 5% 除以 15% 的市场标准差更差,因为此时的夏普比率是较高的 0.33。

另外,行为金融分析师者可能会怀疑有效市场假说的效率。资本资产定价模型(CAPM)用于计算股票等资产相对于市场的预期收益,它是许多金融公司使用的经风险调整的超额回报的基准。在这种情况下,股票经过风险调整后的收益就是贝塔(β)。β 是证券相对于整个市场的波动性——波动性越大,风险就

---

[1] Gordon J. Alexander, William F. Sharpe, and Jeffrey V. Bailey, *Fundamentals of Investments*, 3rd ed. (Upper Saddle River, NJ: Prentice Hall, 2001), 291—292.
[2] Charles D. Kirkpatrick and Julie R. Dahlquist, *Technical Analysis* (Upper Saddle River, NJ: Pearson Education, 2007), 161—164.

越大。

资本资产定价模型通过以下公式计算风险调整后的超额收益：预期收益等于无风险收益率加上 β 乘以市场超额收益的乘积。因此，如果无风险收益率为 5%，β 值为 2，市场超额收益率为 6%，则预期回报率为 5%＋2×(6%)，即 17%。

到目前为止似乎很容易计算证券的预期收益，然而最有争议的是 β 是如何计算测度的。人们需要追溯到多长时间才能衡量波动率？而且可能会随时出现改变波动率的新情况(例如管理层的变动)。此外，还有一个异曲同工的计算公式，β 等于股票与证券市场的协方差除以市场的方差。这意味着公式中会有标准差计算。这就是问题所在。高于预期收益的标准差可能不等于低于预期收益的标准差。换言之，牛市过程和熊市过程的波动率及其预期收益可能不相等，即投资者在牛市氛围和熊市氛围中的预期可能并不理性。他们在牛市中会变得贪婪，在熊市中会变得恐惧，并据此采取相应的行动。因此，真正的风险可能无法衡量，这就需要针对行为心理因素调整资本资产定价模型。

然后我们还会遇到其他问题，比如复制模仿情形。例如，每个人都运用技术分析，或者都使用基本面分析中的市净率模型预测股票价格，那么所有人都会得到相同的价格。从某种意义上说，这是事实，如果大家都用相同的方法预测，这些方法就会失去效力。例如，12 月买入受打压的亏损股，然后在 1 月反弹时抛出这些股票的 1 月效应已经被用烂了。

但是这种情形在仅仅使用技术分析的情况下可能不会发生。首先，相对于主要依靠财务数据分析的基本面分析师而言，技术分析师的数量相对较少。即便如此，在技术分析领域还有许多不同的技术方法，从情绪分析到图表分析再到动量分析。不是所有的技术分析师可以就"正确"方法达成一致，即使他们在使用方法上达成一致，技术分析的参数也有一些主观性：比如应该使用 200 日移动平均线还是 50 日移动平均线？

基本面分析师本身也有他们自己的问题，比如有些使用未来现金流贴现法，而另一些使用比较分析；即便如此，有些人使用 GAAP 财报数据，但另外一些人会使用不同类型的数据调整分析。

与技术分析和行为金融学相比，基本面分析的历史更为悠久并且似乎更加正宗，尽管一些技术分析方法已有 100 多年的历史，例如道氏理论，但大多数人更加认同 20 世纪 30 年代格雷厄姆和多德的开创性基本面分析。这并不是说证券从业人员在那个时候不接受技术分析和行为分析等因素,只是说他们评估股票的主要方法还是基于基本面分析方法。

因此,商学院和金融出版物都把教学研究重点放在了基本面分析上,即对财务报表的研究,如根据上市公司的收入和现金流数据,对其做出适当的股票价格估值。然而,一些财务数据本身也可能需要适当的解释处理,不能仅仅从表面现象去理解。

如今技术分析和行为金融分析逐渐变得越来越重要。(这让一些经济学家懊恼不已,他们认为有效的市场不会奖励那些紧盯着图表分析或进行情绪分析的家伙。)几年前,诺贝尔经济学奖授予在行为金融学和市场投资泡沫方面的研究工作。其实技术分析师很早就意识到了这一点,查尔斯·麦基(Charles MacKay)在19世纪中叶出版的《非同寻常的大众幻想与群众性癫狂》(*Extraordinary Popular Delusions and the Madness of Crowds*)一书中提到了狂热。市场技术分析师协会有自己的技术分析考试系列。通过考试后,就可以获得特许市场技术分析师称号(CMT),其中涵盖了从图表形态分析到情绪分析的各种技术方法,以及K线图、艾略特波浪理论等更加特别的分析方法。我们将在本书后面进一步讨论CMT以及CFA。技术分析和行为金融分析跃然纸上。

第二章 好问题：市场向何处去

在这个阶段，我们应该对一个热门话题开展一些融合分析：市场择时。"市场向何处去？"是投资者讨论最多的问题之一。一般而言，绝对的股票回报率与正确的资产配置联系紧密。如果不是全部，这个决定也占了绝对回报率的75%，理由很简单。

例如，如果市场大幅上涨进入牛市并持续了几年，投资者投资于股票指数基金的回报率自然会比投资于传统的低收益现金资产(如货币市场基金)的回报率更高。相反，在市场大幅下跌(或熊市)的情况下，投资者的现金资产回报率将会更好。在股市高峰期卖出股票并转为现金资产显然会比一直持有股票资产有更好的回报。这是任何投资者都欣赏向往的"低买高卖"理论。但是，我们如何才能学会精明地抓住市场转折点呢？

像诸多寻找长生不老药的人一样，世界上也不乏尝试抓住市场时机的芸芸众生，其中包括成千上万的共同基金、券商和政府机构里面的经济学家和市场分析师。总的来说，他们市场择时的集体成绩都不好，但仍然乐此不疲并且从中赚了许多钱。例如，共同基金在市场底部持有大量现金，如果股票上涨时，基金的收益率就会下降，而如果在市场顶部时增持现金，则可缓冲市场下跌的损失。经济学家总是不断调整预测并不断错过市场拐点，他们可能会采用资产配置策略，卖出资产走强的板块，买入走弱的板块，以保持现金和证券的一定平衡。还有一些基金公司使用自下而上的分析方法，寻找具有良好成长机会或特殊投资收益机会的公司，这些公司并不像自上而下的分析方法所要求的那样依赖经济的整体健康。比如，他们可能会寻找能够生产治愈某种疾病药物的公司，或者处在发展初级阶段能够规避经济风暴的公司（如麦当劳和可口可乐公司）。当然，也存在经济表现很好的公司，一家好公司变成了坏公司，或者更糟，甚至出现了像安然公司这样的欺诈行为。

市场择时有很多流行的分析方法，但总的来说，利润的向好趋势有利于以适当的估值方法做出购买股票的决策，以确保不会支付过高的价格。下面我们介绍基本面分析师和技术分析师都认同的美联储估值模型。

美联储估值模型示例

美联储估值模型（见图 2.1）试图判断股市是高估还是低估。根据市场利率进行股市决策的主要方法是计算标准普尔 500 指数的预期收益率（即标准普尔 500 指数的预期每股收益除以标准普尔 500 指数价格）。如果每股收益是 40 美元，指数是 1 000，股票市场的收益率是 4%。然后，美联储估值模型将之除以 10 年期美国国债收益率，假设 10 年期国债收益率为 4.5%，结果就是 0.89（0.04/0.045）。然后，美联储估值模型的用户可以据此创建买入和卖出区域，即股票市场便宜或者昂贵的区域。

尽管确实有一些学术支持[1]，但并非所有投资者都喜欢用美联储估值模型。对此模型的一个反对意见在于债券收益率存在某种通货膨胀幻觉[2]，因此应该用通货膨胀保值贴补国债（TIPS）而不是 10 年期的美国国债以更好地反映通货膨胀效应。也有人会质疑预期收入的可靠性，因为收入可能存在会计偏差，或包括许多可能扭曲真实情况的一次性业绩操纵。比如有一家豆制品厂会根据工厂利用率等各种因素调整和微调收入。为了克服收入波动，有些人可能会长期追踪收入的变化规律。有些专家如耶鲁大学的经济学家罗伯特·席勒（Robert Schiller）甚至拿标准普尔 500 指数价格与过去 10 年平均标准普尔收益比较。

---

[1] Jacob Thomas and Frank Zhang, "Don't Fight the Fed Model", April 2008 version, http://www.som.yale.edu/Faculty/jkt7/papers/fedmodel.pdf (accessed October 5, 2011).

[2] Jonathan Clements, "The Fed Model: Fix It Before You Use It", *Wall Street Journal*, May 1, 2005, http://online.wsj.com/public/article/SB111491292409921442.html (accessed October 5, 2011).

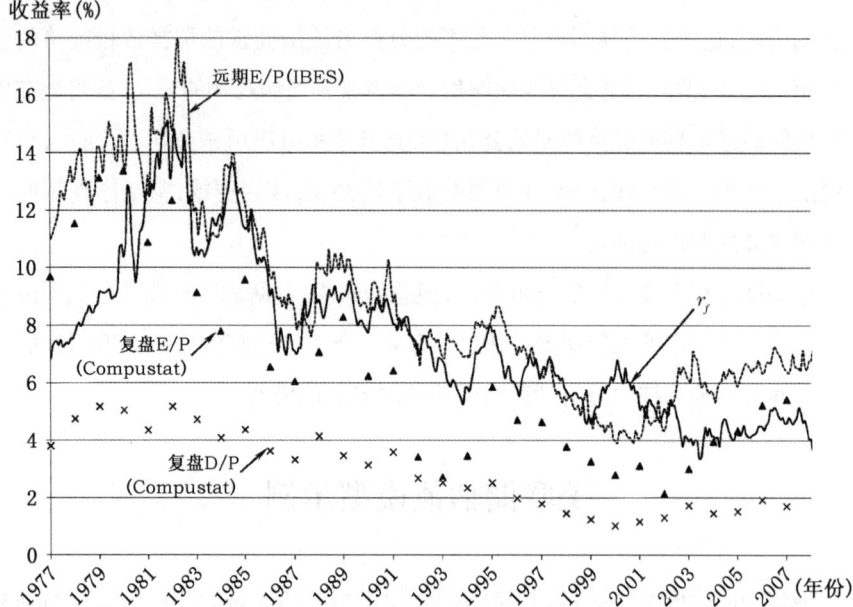

资料来源:"不与美联储模型作对"(Don't Fight the Fed Model)授权使用,雅各布·托马斯(Jacob Thomas)、弗兰克·张(Frank Zhang),2008年4月版,http://www.som.yale.Edu/Factional/jkt7/Papers/fedmodel.pdf。

图2.1 国债收益率(远期和复盘)、股息收益率和10年期美国无风险利率(1976年1月—2007年3月)

无论怎样,还是有多种方法可以解决这个问题。请注意如图2.1所示的美联储估值模型。

如果我们观察1999—2003年,可以看到远期市盈率(虚线)和债券收益率以及无风险收益率(黑线)之间的背离。回忆一下1999年的互联网泡沫,当时股市在2000年年初触顶。债券收益率远远高于股息收益率,因为投资者在预期收益强劲成长的情况下继续买入。因此,即使市盈率很高(或收益率相当低),投资者仍在继续买入。一旦市场抛售,市盈率下降,股息收益率就会上升。然后,市场上就会出现对股息增长的悲观情绪,当投资者认为股票增长前景较差时,股价就会进一步走低,然后,股息收益率就会高于债券收益率,表明良好的买入机会来了——与2000年的情形相反,行情反转。

请注意图2.2中标准普尔500指数在此期间的涨跌。

资料来源：StockCharts.com 授权使用。

图 2.2　1997 年至 2003 年的标准普尔 500 指数

现在注意图 2.3，它组合了图 2.1 和图 2.2。通过这一举措，我们可以把基本面分析和技术分析融合在一起。

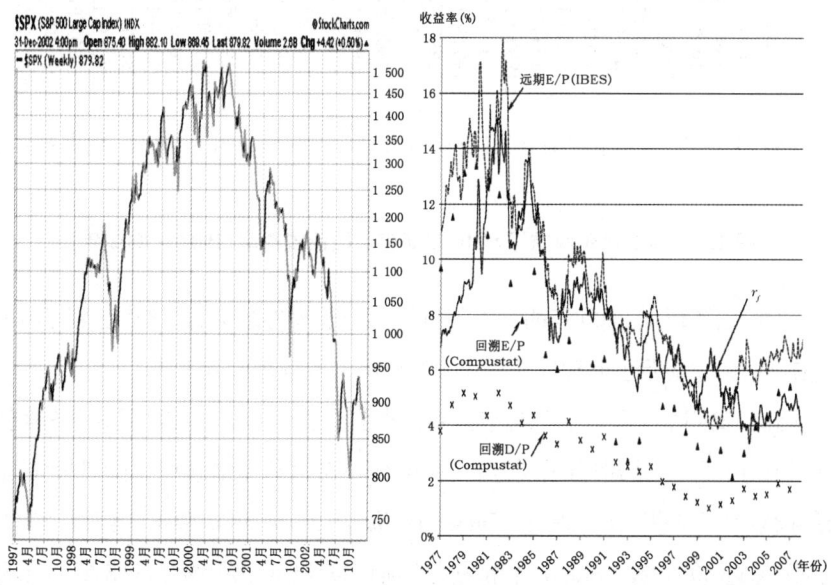

图 2.3　国债收益率（1977 年 1 月至 2007 年 3 月）和标准普尔 500 指数（1997—2003 年）

理查德·谢弗(Richard Shaffer)很好地利用了这种分析,他展示了1988年到2002年10月的区间范围。因此,从历史上看,这个数字更倾向于悲观的结局。图2.4中的黑线证明了这一点,黑线是基于一个标准差范围的悲观区域的阈值。令人感兴趣的是市场的极端情况在2000年达到顶峰,然后在2002年秋季暴跌至低点。在此期间,股票市场的平均价格暴跌。道琼斯指数从2000年3月的11 600点暴跌至2002年10月的7 500点左右。

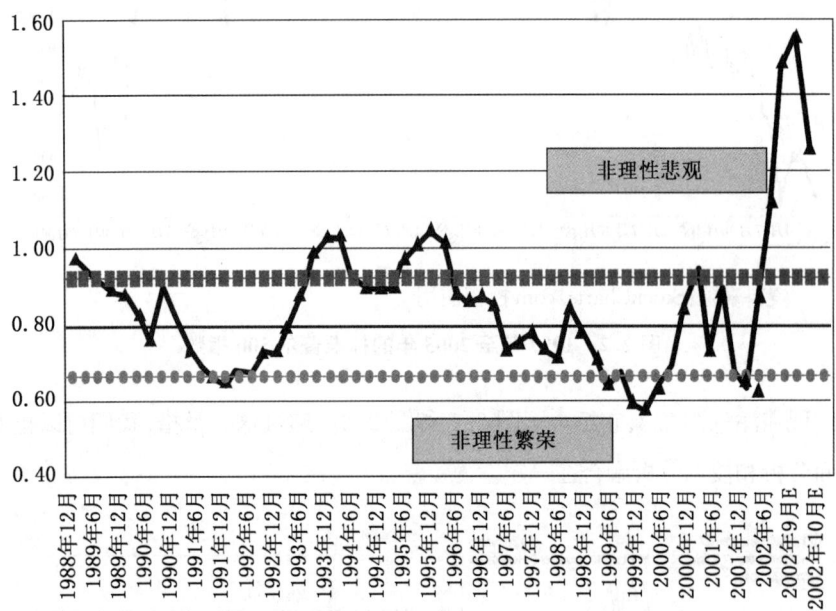

资料来源:查特韦尔咨询公司(Chartwell Consulting)CFA理查德·谢弗授权使用。

图2.4　标准普尔收益率与10年期美国国债收益率(1988—2002年)

请注意,市场在2000年的顶部附近显示出非理性繁荣,且该线达到了0.60。然后在底部,它显示出非理性悲观,2002年10月的读数接近1.60。

因此,我们基于美联储估值模型可以得到买卖信号。在此期间,经济学家和分析师在市场顶部都相当乐观,当然在市场底部时则非常悲观。衡量投资者情绪的指标可以从《投资者情报》(*Investors Intelligence*)这本杂志中获得,2002年年底时超过60%的投资者认为市场处于熊市,意味着悲观情绪非常高。技术分析师会将此作为相反指标来买入,这本来就是正确的决定。

使美联储问题复杂化的是如何衡量实体经济的收益。标准普尔500指数的收益可能需要调整平滑，因为可能会有突发的非经常性事件。例如，会计的大幅减记可能会人为地压低收益，而急剧上涨的油价可能会给石油库存带来暂时的利润。在优化收益时，爱德华·亚德尼博士可能会用穆迪A级公司债券收益率代替国债收益率，以体现固定收益率与公司收益率之间的更好权衡。此外，收益可能会因规模产能问题而调整。

在2008年的经济衰退中，人们也必须考虑这些问题才能获得真正的收益。注意，标准普尔500指数的收益是根据美国国际集团（AIG）信用违约互换（CDS）的减记等因素调整的。在预测股票收益时，人们必须认识到，从根本上讲，一旦估计了油价，分析师可能会逆转先前的冲销，甚至可能调整石油公司的库存利润。这些只是估计，这意味着可能存在行为偏差，乐观的人会认为收益"玻璃杯"是半满的，而悲观的预测者则认为它是半空的。[1]因此，"半满"的分析师可能会用比悲观的分析师更多的收益来装满玻璃杯。

回顾图2.4，注意到在2002年的市场底部，当道琼斯工业指数在7 500点附近时，美联储估值模型显示了非常高的市场悲观情绪。如上所述，与股价高涨，道琼斯工业指数接近11 600点的1999年12月相比，这是一个有吸引力的买入点。

回顾表2.1中标准普尔的详细解释。请注意报告和调整收益之间的差异。

表2.1　　　　　标准普尔指数服务；标准普尔500盈利和预测报告

标准普尔500公司收益和预估报告

报告收益	美国国际集团2008年第四季度报告亏损617亿美元（创了纪录）；美国国际集团每股股价下跌22.95美元，指数影响为每点下跌7.10美元（为有史以来指数的第一个负增长季度），收益的增长率为−28%，报告公布的486家中有138家的每股收益为负；该季度指数损失大于之前发行49宗债券的累计损失10亿美元。
经营收益	美国国际集团经营亏损为282亿美元（创了纪录）；美国国际集团股价每股下跌10.49美元，指数影响为每点下跌3.24美元（为有史以来指数的第一个负增长季度），收益的增长率为−20%。在公布收益的494家公司中，有99家的每股运营收益为负；18宗债券累计损失10亿美元，季度亏损52亿美元，其中金融类亏损1 013亿美元；非金融股因此盈利。
销售额	销售额（基于报告的现有公司）下降了8.78%；年度同比上升的有42%（平均+6.64%），年度同比下降的有58%（平均−18.12%）

---

[1] Conrad de Aenlle, "Model Contrasts Stocks and Bonds to Find Under- and Overvalued Markets; A Fed Formula Tests for Exuberance", New York Times, December 1, 2001.

续表

市盈率	巨额收费扭曲了市盈率(field H33),远期价格则更为重要——但许多投资者缺乏对估计的信任
评论	评价现金流现在高优先级,削减派息以"保存现金",安然渡过风暴→公司都很担心随着刺激计划/问题资产救助计划/住房/预算细节的公布,预计数据尚未出现重大变化 标准普尔高级指数分析师霍华德·西尔弗(Howard Silverblatt)

截止日期: 2003 年 3 月 25 日
标准普尔 500 指数收盘点位: 813.88
股息率(过去 12 个月:2008 年 2 月)   3.43%
股息率(基准利率)   2.70%

季度结束	股价估计	每股经营收益(美元,从下而上估计)	每股报告收益(美元,从上而下估计)	每股经营收益(美元,从下而上估计)	经营收益市盈率(美元,从下而上估计)	报告收益市盈率(美元,从上而下估计)	经营收益市盈率(美元,从上而下估计)
					(使用当前股价估计市盈率)		
2010 年 12 月 31 日			8.77	11.79		19.62	16.80
2010 年 9 月 30 日			9.79	11.50		19.78	16.66
2010 年 6 月 30 日			11.63	12.88		20.26	16.32
2010 年 3 月 30 日			11.30	12.27		21.83	16.42
2009 年 12 月 31 日		17.61	8.43	12.19	13.05	23.43	16.60
2009 年 9 月 30 日		16.79	8.81	12.54	18.23	258.37	22.16
2009 年 6 月 30 日		14.96	8.75	12.57	18.58	199.97	20.28
2009 年 3 月 31 日		13.00	8.75	11.72	17.74	99.50	18.25
2008 年 12 月 31 日	903.25	−0.11	−23.16	−0.11	16.45	54.37	16.45
(99%)					18.25	60.34	18.25

(基于 12 月 8 日股价计算的市盈率)

资料来源:http://www2.standardandpoors.com/spf/xIs/index/ SP500EPSEST.XLS。

我们应该还要注意自上而下和自下而上分析方法之间的差异。例如，2009年12月31日的美国国际集团财务报告公布的每股8.43美元与分析师预测的每股收益12.19美元之间存在很大差距，更不用说2009年用自上而下和自下而上方法分析预测之间的差异了。那么2009年9月30日美国国际集团市盈率很高，为258.37倍，而2009年6月30日则为199.97倍，这反映了2008年第四季度美国国际集团的经营损失。分析师将这些数据进行了平滑处理，2009年9月30日的市盈率为22.16倍，而2009年6月30日的市盈率为20.28倍。

意识到其他人会微调这些收益，所以当我们做自己的美联储估值模型比率时，我们在收益、市盈率和估值上有潜在的"偏好"，各有所爱。如前所述，一些经济学家(如耶鲁大学的席勒)使用过去10年的平均收益来对市场市盈率进行估值，而其他经济学家则使用现金流、EBITADA等。所以你看到的可能不是真的收益率！

一旦做出合理的盈利预测，就可以使用美联储估值模型。现在引入其他参素，因为我们融合了技术分析和基本面分析方法。

移动平均线：收敛—背离

移动平均线的收敛—背离(即异同移动平均线，MACD，见图2.5)显示标准普尔500指数(图2.5的上半部)在2001年9月1日和2002年7月中旬接近严重超卖的状态。注意MACD的正向背离，因为2002年10月的低点并未被MACD确认为更低的低点。在这里，还可以使用标准普尔500指数作为市场参照，请注意，2002年10月11日出现市场低点时MACD出现了正向背离。因此，流行的基本面分析方法(即美联储估值模型)得到了技术指标的确认，如MACD。市场在2002年10月见底，但MACD的高点更高，在此期间，来自《投资者情报》调查的情绪数据也报告了市场浓厚的熊市气氛。

我们也可以使用绝对市盈率构建量化模型。例如，股票市场的市盈率范围在10倍到20倍之间波动，其中10倍是便宜的，20倍是昂贵的。在1997—2003年间，股票市场的平均市盈率远远超过20倍。

另一个用途是T.洛维·普莱斯小盘股估值模型，其中小盘股相对于大盘股的市盈率在接近一倍时就是良好的买入机会，在接近两倍时就是高估状态了(如

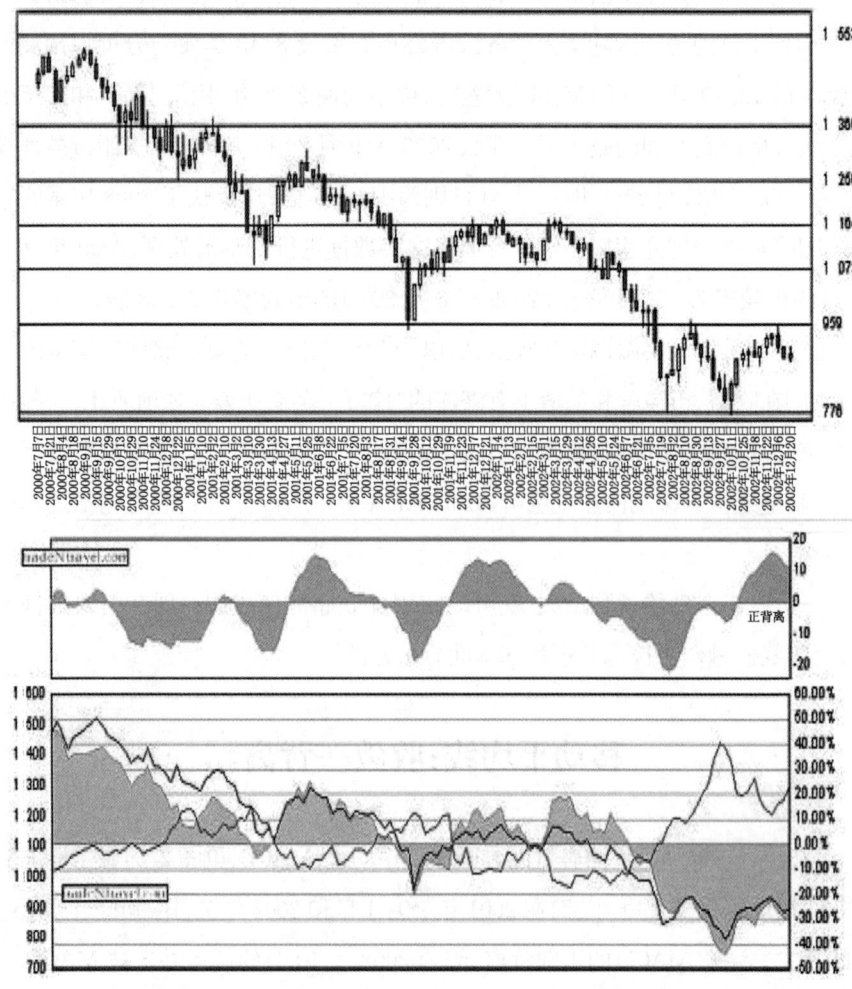

资料来源:格雷格·坎贝尔(Greg Campbell)先生授权使用,tradeNTravel.com。

图 2.5 2000 年 7 月至 2002 年 12 月标准普尔 500 指数

前所述,所有这些都假设预期收益的估测是正确的)。

下一个问题是,在股票买入和卖出的信号显示方面,基本面分析方法是否会与技术分析方法和行为金融分析方法发生冲突。请注意,基本面分析方法可能会显示股票收益是好的还是差的,而技术分析方法则可能会显示相反的情况。例如,在 2002 年的股票市场底部区域,股票市场收益被基本面分析师严重低估,盈利前景糟糕;然而技术面却发出积极的信号,如极低的牛市情绪、MACD 的背离等(见图 2.6)。图 2.5 的下半图显示了标准普尔 500 指数(相对于左纵轴上面的曲线)的潜在收益(相对于右纵轴下面的曲线)的低估部分(图 2.5 中的阴影区域)。因此,在 2002 年秋季,阴影区域面积很大,当标准普尔 500 指数接近 800 点底部区域时,这条线(相对于右纵轴下面的曲线)显示出高达 40％的正回报率。这与 2000 年 7 月至 2000 年 10 月期间的高估形成对比,当时较低的线(相对于左纵轴)表示负回报。不久之后,在 1 500 点附近见顶的市场开始跌入谷底。

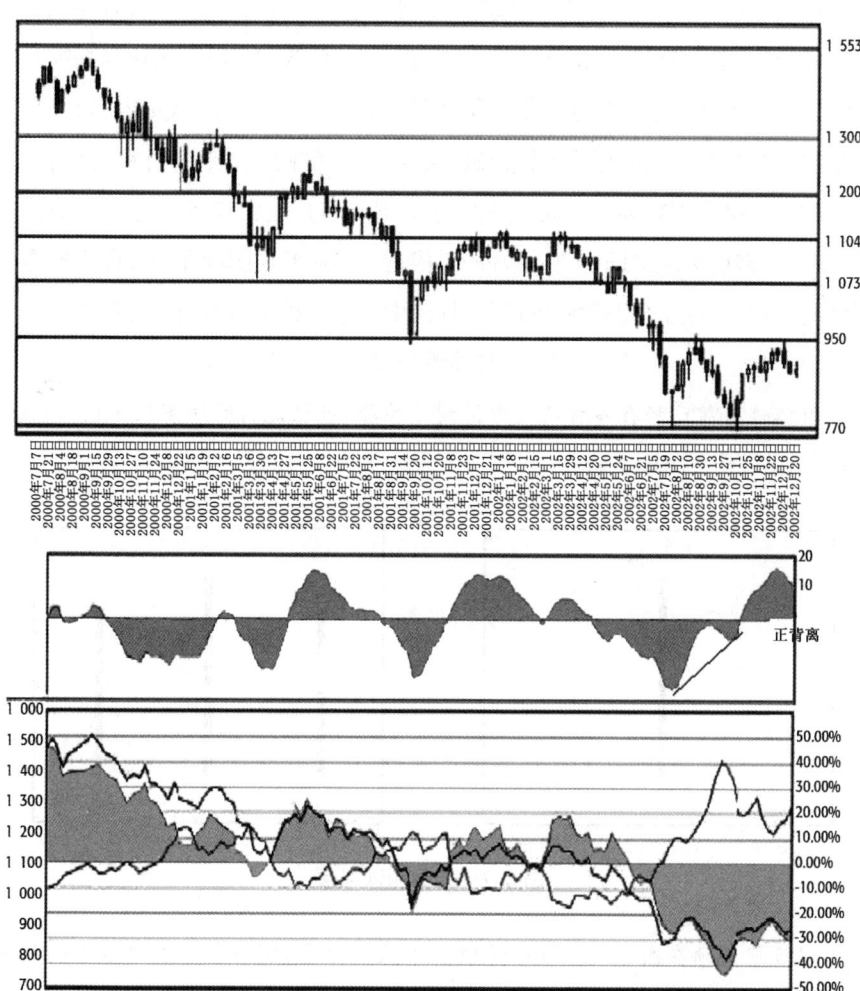

资料来源:格雷格·坎贝尔(Greg Campbell)先生授权使用,tradeNTravel.com。
图 2.6 2000 年 7 月至 2002 年 12 月 MACD 正背离

羊群效应、趋势和相反的观点

由于许多基金公司采用自上而下的分析方法,因此通常需要由投资决策委员会或者类似的指挥流程达成决策共识。例如,投资决策委员会中可能有策略分析师、经济学家、基金经理以及其他专业人士共同预测市场前景。这个委员会存在的问题很多:他们是否有集体思维倾向?他们是否独立行事,或者他们是否愿意成为掌握其未来职业机会的领导的应声虫?低级职员能否表达与高级职员(或老板)的不同意见?是否屈服于集体思维模式要比打破现状更容易?另外,如果客户和基金经理的想法大相径庭,又该如何选择?如果客户认为目前不是投资的好时机而更想要持有现金呢?你会得罪客户吗?或者你是否会说:"是的,我们会密切关注市场,会在更好的时候进入市场?"当团队开始以同样的方式思考时,我们发现了羊群效应的迹象,从而引入了一种可能的趋势分析法。

群体性思维

群体性思维已经在各种研究中得到了检验,包括流行的所罗门·阿希(Solomon Asch)线条测试实验。

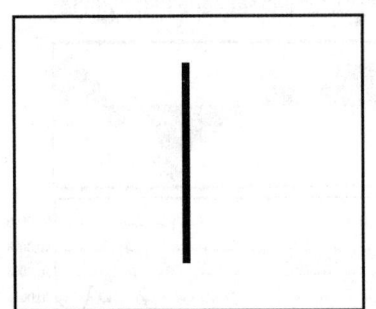 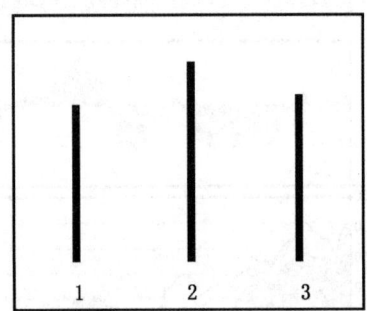

图 2.7　线条测试实验

假设您必须在图 2.7 右框中的线条中做出决定,哪一个与左边框中的线条的高度最匹配?通过观察这些线条,人们只能得出结论,即第 2 条线是正确的,尽管其他线条相当接近。

现在假设一个受试者和一些人都在一个房间里,在受试者不知晓的情况下,这些人事先被告知要在大多数时间里选择一条不正确的线条(比如,18 人中有

12人)。不知情的受试者被告知,这个实验测试了某种视觉准确性,但实际目的是看这个人是否会屈服于群体还是会坚持自己的立场认为其他人发生了幻觉。令人惊讶的是,在36.8%的时间里,受试者确实符合误导性的群体思维解决方案。如果一个人不同意另外一个人的意见,就会坚持自己立场,但如果一个人孤身一人,不同意见人的数量逐渐增加,他就会更有可能迎合大多数人的观点,屈服于从众心理。

在投资世界中出现羊群效应从众心理有一些关键的原因。即使你不知道答案,也希望投资判断是正确的。所以,如果这个集体认为油价会下跌,那么你也认为油价会下跌的说法就会得到某些尊重,特别是如果你还赞同这个团体的判断逻辑的话。此外,你内心可能希望被他们接受(或者至少不被拒绝)。你可能不希望制造波澜,秉承一个符合群体性思维的观点意味着你在那里很容易被接受,即三观合。

因此,看到对上市公司或主题投资概念的预测达到创纪录水平的一致性并不令人惊讶,这些公司或主题投资对群体性思维起到了推波助澜的作用。例如,人们可能会看到在酒店会议室召开的一个热门上市公司路演的现场人山人海,同样的,在一个房地产专家的PPT报告会上也会大受欢迎,因为投资大众都是想快速买卖资产牟取暴利的乌合之众。

这种集体性思维可能会蔓延到更为广泛的产业链,比如私募股权基金。比如投资者可能觉得商业地产是便宜货,私募股权基金的群体性思维可能会坚持购买更多商业物业,甚至愿意略微提高估值。现在,基金客户可能会要求你拿更多的钱,因为某些客户,如捐赠基金和公共就业退休系统(PERS)账户已经收到了他们的顾问或者董事会的集体性决策的指示。靠借贷做生意的银行家也会恳求你考虑做更大的交易和借入更大额的贷款,因为他们也受到群体性思维的影响,更多的贷款意味着更多的奖金,更多的资产管理意味着更多的管理费。此外,还有"门当户对"这一说法,"赢家"都与"赢家"交往。如果你在聚会上炫耀某家对冲基金管理你的资金取得了高额的收益,同行们会纷纷称赞你的精明,因为"所有人"都知道这是正确的投资方式。

这最终可能导致行为金融分析师发现市场泡沫和技术分析师早就指出的重要市场顶部。因此,技术分析师会使用相反理论的观点(他们会说"乌合之众不可取")。虽然你可能更像一个人在行动,但市场行为似乎表明,当涉及投资情绪数据和追逐下一个投资热点时，我们实际上像羊群一样集体行动。

已经有证据表明关于股票市场的预测可以愚弄专家，一些财经网站甚至警告说，预测股票市场走势可能相当于预测抛硬币的结果。[1]尽管有些预测者是正确的，但同时有另一些是错误的，所以他们的观点互相抵消。一些股票预测者随着市场的上下波动而频繁改变他们的观点，因此产生的效果就像试图要抓住一匹飞奔的马的尾巴一样。华尔街的股票分析师对于股票走势的预测都倾向于看涨，以安抚那些信任公司销售队伍或经纪人的投资者。学术研究运用贝塔和现金持有量作为看涨或看空衡量标准，而技术分析师也使用现金持有量作为看涨和看空的指标。

2008年的投资者情绪

一件有趣的事实是，在2008年市场大崩溃来临之前，股票策略分析师们高度看涨。《巴伦周刊》(Barron's)调查了大约12名分析师，他们都预计2008年股价会上涨，尽管他们的预期收益率差异很大，从3％到18％不等。平均而言，这个分析师团体"看到"标准普尔500指数在第二年年底前达到1 640点，比当时最近的1 486点高出约10％。多头的论点是基于全球经济成长和低水平的利率。

高盛策略分析师艾比·约瑟夫·科恩(Abby Joseph Cohen)当时表示："我们预计美国经济将在2008年年初面临楼市低迷和信贷市场混乱的压力。但由于出口的强劲以及企业和政府的资本支出，经济衰退可能会避免。"

瑞士信贷(Credit Suisse)股票策略分析师乔纳森·莫顿(Jonathan Morton)表示，"经济硬着陆的条件——比如劳动力市场的疲软和疲软的资产负债表——基本上仍不存在"。

《巴伦周刊》认为海外投资估值过高。美林首席投资策略分析师理查德·伯恩斯坦(Richard Bernstein)也认为存在海外投资流出过度现象。[2]

标准普尔500指数结果实际上并没有上涨，而是大幅下跌，在2008年年底收盘时跌破1 000点，与此前预测的1 640点相去甚远。

2002年股票市场的下跌证明那些由《巴伦周刊》调查的重量级市场策略分析师

---

〔1〕参见"Stock Market Gurus and Their Forecasts: Can You Use Them or Should You Just Flip a Coin?" The Motley Fool, December 22, 2007, http://caps.fool.com/blogs/stock-market-gurus-and-their/27516 (accessed October 5, 2011)。

〔2〕www.tradethenews.com, December 12, 2007.

所预测的这一切都是错误的。正如其中一位分析师写道:"在 2001 年巴伦圆桌会议上,12 位预测者中只有 2 位接近实际市场年末收盘点位。2002 年,11 位巴伦圆桌会议的与会者中也只有 2 位的预测点位与实际非常接近。在 2000 年发行的《商业周刊》上,预测标准普尔 500 指数年终收盘点位的 55 位专家中有 52 位(95%)是错误的。2002 年年初,《商业周刊》再次对华尔街最聪明的分析师进行了调查。54 名参与者对标准普尔 500 指数的一致预测是 1 292 点,而实际收盘点位下跌了 32%,为 880 点。没有一位受人尊敬的参与者的预测接近实际收盘点位。"[1]

到 2002 年秋天,经济形势继续恶化,股票平均价格从前一年的收盘价一路下降(这是在 2001 年下降之后的下跌)。2001 年 12 月,联邦储备银行圣路易斯分行副行长兼经济顾问丹尼尔·L. 桑顿(Daniel L. Thornton)表示,此前对经济增长速度的共识被大幅下调。例如,他提到,"9 月份基于蓝筹共识的对 2001 年第三季度和第四季度经济增长率的一致性预测分别为 1.6% 和 2.6%——这不是衰退的迹象"。当然,"9·11"事件对美国的实体经济和经济情绪造成了打击。然而,正如桑顿所说,"2001 年第三季度和第四季度的 10 月份蓝筹共识预测被大幅下调至 -0.6% 和 -1.3%。这一事件似乎已经导致蓝筹共识预测者将他们对下半年经济增长的预期修正了 3 个多百分点——从 2.1% 下调到 -1.0%。"[2]悲观的前景降级肯定是由"9·11"事件引发的,正是这种情绪带来了下行趋势的风向。

经济形势恶化,正如桑顿所说,"无论是否采取先发制人行动,联邦基金利率目标的相对较大和激进的削减似乎只对经济活动产生了温和的影响。尽管到 2001 年 6 月底将联邦基金利率目标下调了 275 个基点,但经济继续深陷衰退——而且情况似乎变得更糟了,而不是好转了。就在上周,对第三季度实际国内生产总值(GDP)增长率的估计从 -0.3% 下调至 -1.1%。此外,大多数分析师认为,第四季度的增长速度还会更慢"。

这一定是导致 2002 年秋季股票市场触底的压力。虽然桑顿预测 2003 年经济将出现反弹,但他对经济反弹的强度保持更为谨慎的态度,他说:"总的来说,

---

[1] Dave Young, "Market Forecasting: Investor Beware", December 20, 2007, http://ezinearticles.com/? Market-Forecasting—Investor-Beware&id907205 (accessed October 5, 2011).

[2] Daniel L. Thornton, "Economic Outlook—2002", Remarks Made at the Annual "Power in Partnership" Meeting of the Paducah Kentucky Chamber of Commerce, December 6, 2001, http://research.stlouisfed.org/econ/thornton/economicoutlook2002.pdf (accessed October 5, 2011).

我认为经济前景相当好。在技术的推动下,我预计在下一次经济扩张期间,平均经济增长率将接近3.5%,这一扩张很可能在2002年上半年开始。这是历史上较为快速的增长,但比20世纪90年代后期4.25%的经济增长率要慢得多。我预计经济将在2002年从货币政策和财政政策中获得上行动力,但不会有超越性发展。然而,全球其他地区的经济增长似乎正在放缓,这一事实可能在很大程度上或完全抵消了上行动力的影响。"

因此,我们在股票市场顶部都有略为乐观的经济预期,而在底部则都相对悲观,但从技术上讲,我们看到了其他一些东西。记住,这是2000年互联网泡沫破灭后的市场底部。我们的情绪从极度看涨转变为看空,其中宏观经济的基本面前景被大幅下调。许多购买互联网公司的人购买了几乎没有销售和收入的公司。它们被称为"做梦"的股票。

资料来源:Stockcharts.com 授权使用。

图 2.8　2002 年 8 月至 2003 年 7 月 S&P 500 SPDR(SPY)

注意图 2.8 中标准普尔 500 指数在 2002 年 10 月见底。然后在 2003 年 3 月,我们又有了一个底,但并不是新的低点。如果我们将底部连接起来,那么 MACD 实际上是趋势上涨。这里有一个正向的背离,3 月的低点超过了 2003 年

2月的低点,但是注意MACD的低点在不断抬高。正如我们所提到的那样,这就叫作背离,并且由于股票指数并没有创新低,因此这里的背离是正值。

如果我们看图2.9中《投资者情报》调查的多空指标,会看到看多情绪在底部非常低。请注意,多空差处于超过−10以上的非常低的水平。这种极端的悲观情绪也会导致技术分析师使用相反理论的观点买入股票,而不是卖出股票。

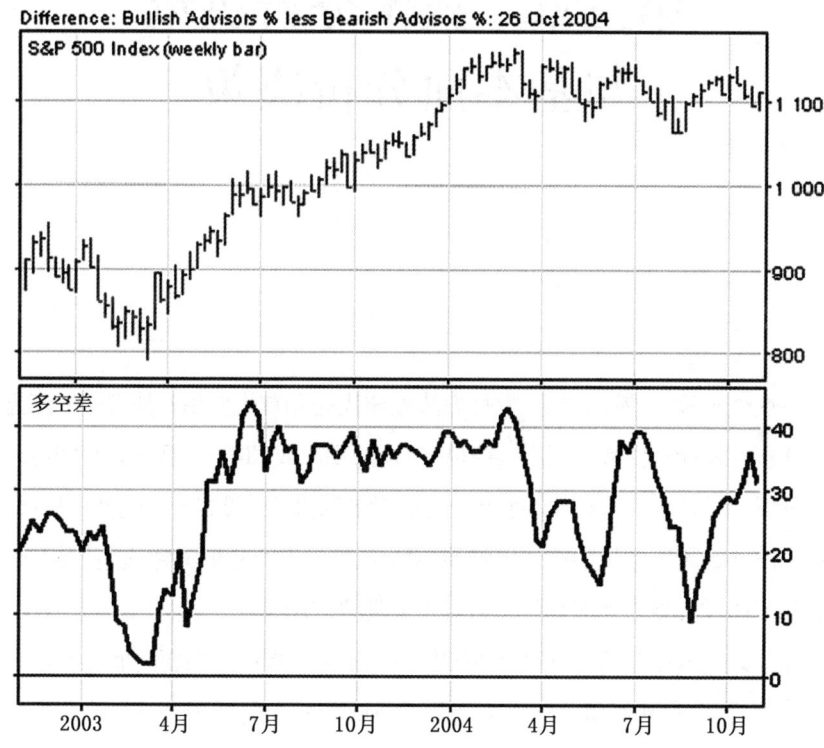

资料来源:经《投资者情报》许可,在其网站上公布:www.investorsintelligence.com。

图 2.9　2003 年至 2004 年标准普尔 500 指数

如前所述,情绪并不是一个精确的市场择时工具,因为技术分析师会将数据平滑处理。它可能预示着市场很快将走向相反的方向,但不一定是第二天或者是下周。在这个悲观气氛弥漫的时期,早已经有积极因素表明股票市场将转向上行。4月的晚些时候,当指数超过200日移动平均线时,我们看到了另一个买入信号。2003年5月,随着50日移动平均线突破200日移动平均线,我们又收到另一个买入信号。技术分析师称之为移动平均线双重交叉分析法(Murphy, 2003)。

第三章　技术分析决策
与基本面分析决策

在这个阶段,关键问题是:哪种方法应该优先和首先使用?技术分析还是基本面分析?为什么?换句话说,在股票市场的底部或顶部,你是更有可能遵循基本面分析还是技术面分析?在股票市场的底部或顶部,投资者会仍然保持谨慎,并对牛市开始阶段常见的市场反弹持怀疑态度。技术分析师称这是"攀升焦虑之墙"(市场在犹豫中上涨),所以会对未来股票市场看涨。

如果以基本面分析为基础,改变关于股市的牛熊观点需要时间吗?市场上涨至更高的高点,基本面分析信奉者会逐渐认为利润的杯子变得半满吗?詹姆斯·蒙蒂尔(James Montier)是一位作家,也是全球股票策略分析师[之前在伦敦的德累斯顿克莱因沃特(Dresdner Kleinwort Wasserstein)工作],他在其行为金融分析评论中指出,分析师会随着市场方向变化调整他们的现金流估计,他们可能会将一只股票的估值锚定在现有的股票市场价格上面。[1]这是否意味着他们在市场走向改变的时候也会采用相同的投资解决方案?有没有可能出现基本面数据不支持可能导致市场走势变化的技术面走势?看起来你会在市场变动的预期中买入;然而,在这一点上,基金经理可能想知道其股票分析师是否真的有用,或者只是在报道其在报纸上读到的或在电视上看到的内容。想象一下这种情

---

[1] James Montier, *Behavioural Finance: Insights into Irrational Minds and Markets*. (Hoboken,NJ:John Wiley & Sons,2002),79.

景,技术分析师只是在纸上谈兵地抨击市场的不确定性或者投资者情绪的积极指标,而基本面分析师却在根据缓慢变化的、与经济有关的统计数据(例如失业率水平和疲软的产出数据)喋喋不休、鹦鹉学舌。要回答这些问题,我们必须回顾基本面、技术面、行为金融和定量分析的概念,回顾它们的各种方法和不确定性。

虽然依据我们看到的各种股票分析师自吹自擂行情研判永远正确的广告,选择股票市场方向的走势似乎看起来很容易,但这也很可能是群体性思维的反应。我经常被问道:"如果所有的交易者都这么看问题,为什么他们不都在底部买入呢?"首先,并不是所有的分析师或基金经理都使用相同的估值模型。某些人可能关心股票收益,另外一些人则关注股票收益的变化,甚至还有人关心现金流。但即使估值方法的类型千变万化,基本面分析模型也可能揭示出股票市场处于高估还是低估状态。然而,麻烦来了,虽然估值模型说对了一次,但总是可以有这样的说法"这一次是不同的"来进行第二次猜测。投资情绪的变化可能会导致投资者改变态度,对一些事实视而不见。如果这种情况发生,当估值模型显示应该卖出时,那么他们很可能会继续买入股票或者至少不卖。这就是1929年和1999年投资者所谓的理性判断,因为我们进入了新时代,旧的规则已经不再适用。同样的理由也被用来在1990年接近30 000点的日经指数(Nikea)的顶部区域购买日本股票,虽然日本股票平均市盈率远高于美国,但投资者狂热追捧日本股票,就好像旧的估值模型与规则不再适用一样,因为许多基金错过了20世纪80年代末日本股市上涨的旧船票。

在较长期的研究基础上,我们可以看到52周移动平均线所发出的买入和卖出信号。通常,技术分析师会在一段时间内努力选取最好的移动平均线参数,因为太短的时间参数会导致过多的高频交易,从而导致过高的交易成本。他们将坚持买入或者卖出的决策,直到移动平均线给出相反的信号。因此,如果股票跌破200日移动平均线,就会出现卖出信号。技术分析师会建议顺势而为,因为在顶部和底部区域通常会过度买入或者卖出,便宜的东西可能会变得更便宜,而昂贵的东西可能会变得更贵。

在股票市场暴涨暴跌的过程中,投资者在行为上是会逆势而行,还是会被卷入漩涡?常识会告诉我们与过去市场波动相似的波动点并不能帮助我们准确识别拐点。这一点在1996年12月6日时任美联储主席艾伦·格林斯潘关于非理性繁荣(措辞借用席勒教授)的著名演讲中可见一斑,当时他警告股市处于顶部区域而且从基本面上被高估,虽然股市应声下跌,但后来就有所回升,并在接下来的几年里持续创出新高。

投资者不能相信股票市场会在坏消息频出的环境下上涨,当然也不相信股票市场在经济仍然健康的情况下会下跌。我们听说这只是一次健康的回调修正;便宜货又来了,千金难买牛回头等。一些技术分析师称之为"希望之梯",因为随着股票市场的持续上涨,投资者会一直留在股市里,这与将投资者拒之门外的"焦虑之墙"相反。这种恐惧和贪婪的情绪循环通过顶部的买入和底部的卖出不断伤害股票投资者。

在股市处于顶部区域之后的几年里,人们不相信1929年美国股市见顶之后股票市场会下跌。政府官员和证券公司认为这只是一次调整修复,经济运行状况良好。就在1929年股市崩盘之前,欧文·费雪(Irving Fisher)的"永久高原论"预测声称,市场正处于长期上涨活动的边缘。遗憾的是,几天后股票市场就崩盘了,开始了通往1932年低点的漫长旅程。同样的情况也发生在1972年、2002年和2007年的股市顶峰时期。以房地产泡沫为例,泡沫被戳破后房价的暴跌令许多人感到惊讶、惶恐,黄牛党投机者们当然感觉就像他们把手指伸进了电插座。从行为金融的角度看,房屋卖家觉得他们不能在价格下降的情况下卖出自己的房子,因此会坚持下去,结果只能看到价格进一步下跌。因此,他们陷入了处置效应,即过早卖出盈利的资产而持有亏损资产太久的经历。[1]

交易员和投资者

一般来说,交易是指专业人士的买卖股票行为,因为频繁交易所导致的交易成本通常使得业余人士失去任何赢得利润的希望。更专业的交易者会使用非常复杂的交易系统,其中可能包括诸如随机指标、艾略特波浪等技术指标甚至其他更加稀奇古怪的分析方法。

在20世纪90年代末,日内高频短线股票交易者的账户成交量开始占各证券交易所和纳斯达克交易相当大的比例(超过10%)。许多散户因为自以为是

---

[1] Ryan Garvey and Anthony Murphy, "Are Professional Traders Too Slow To Realize Their Losses?" *Financial Analysts Journal* 60, no. 4. Quoted in www.cfapubs.org, July/August 2004, 35–43.

的频繁交易而贡献了高额的交易成本,其中一些人与证券公司签约每天按指定的优惠佣金费率进行一定数量的交易,另外一些人则参加了某些券商一到两个小时的技术分析课程,据说这门课程会向交易者传授所有的赚钱秘诀。不出所料,许多人最终都因损失惨重而不再敢继续短线交易了。

北美证券管理协会(North American Securities Administrators Association)的报告称,"70%的散户不仅会亏损,而且几乎会损失所有的资金,只有11.5%的被观察到的账户证明有能力进行有利可图的短线交易"。[1] 证券公司的广告误导股民在股票交易中赚钱是多么容易,线上的互联网券商替代了线下的股票经纪人,可以更好地控制股票交易者狂热的情绪。我们也在外汇交易和房地产投机买卖中看到了类似的场景。

据《纽约时报》报道,2010年的日内短线交易有所回升。[2]《纽约时报》援引证券公司查尔斯·施瓦布(Charles Schwab)的研究报道称,2010年短线交易量为2000年水平的一半。(施瓦布公司倡导削减交易佣金,如今提供一系列广泛的金融服务。)加州大学戴维斯分校金融学教授布拉德·M. 巴伯(Brad M. Barber)援引一项正在进行的研究报告称,中国台湾地区在1992年至2006年间进行的数千万笔交易中,"只有1%的交易是盈利的"。

散户的股票买卖不应与大型证券公司的交易行为混淆,这些交易中有一些属于特殊交易,可以依靠专门的交易策略赚取收益。还有一些代理交易,证券公司可以通过订单匹配获得差价收入赚大钱。2010年5月12日,《纽约时报》报道称,四家大银行(即美国银行、花旗银行、高盛和JP摩根)实现了连续61天的完美盈利纪录。每家银行都在这段时间连续保持盈利,没有一天亏损。这虽然很难经常做到,但在理论上,做市商可以通过在自己的出价和要价进行交易持续实现这一点。例如,客户会在10美元每股的出价附近买入,在9.75美元每股的出价附近卖出。做市商(或银行)将获得0.25美元的利润。很容易看出,散户就是处于优势地位的大银行的盘中餐,他们只想要自己的份额。可怜的散户却不能成为做市商,因为他们实力太弱,资本也很少(更不用说符合监管要求了)。实际上他们必须在未来价格变动的投机中低价买入,高价卖出。对于散户而言,这

---

[1] Report of the Day Trading Project Group, North American Securities Administrators Association, August 9, 1999, 1.

[2] Sandy Huffaker, "Day Traders 2.0: Wired, Angry, and Loving it", *New York Times*, March 28, 2010, New York edition, BU1.

通常是不可能完成的任务。

如果我们使用月度移动平均线,在20世纪90年代初的股票市场底部给我们带来了不错的利润,直到股票价格在2001年初跌破月度移动平均线时。通常,波动较大的股票价格在对数尺度上可以更精确地显示,因为以50为基数的5个百分点的变动(10%)小于以25为基数的5个百分点变动的百分比(20%)。再一次强调,我们需要股票市场走出趋势时才能从移动平均线分析中获益,我们当然看到了SPDR标准普尔500 ETF(SPY)的涨跌,因为它从底部上涨了一倍多,然后从2000年的峰值下跌了超过三分之一。

我们确实在历史上看到过股票市场的趋势变化,例如在1929年、1970年和2000年,但是在这些时期,市场估值分析使用了各种工具确定股票价格。当然,衡量标准之一是股票市场本身的市盈率,其中20倍的收益是昂贵的分界线,10倍是便宜的分界线(见图3.1)。估值的极值倾向于接近长期移动平均线的交叉点。

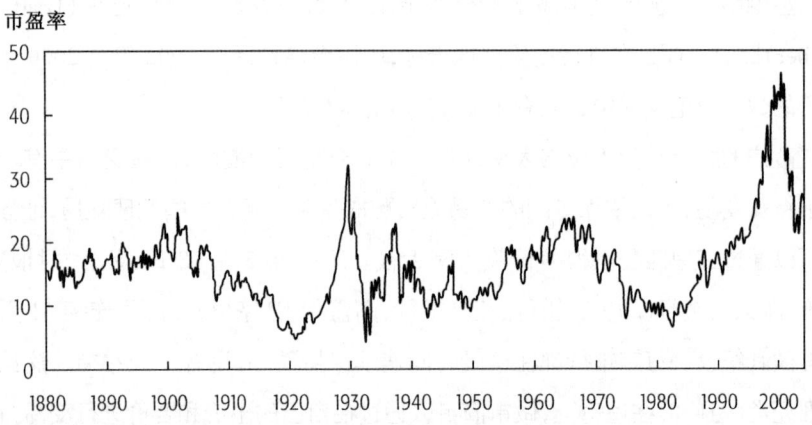

资料来源:Clifford S. Asness,"The Future Role of Hedge Funds",CFA Institute,2006,p.2。

图3.1　标准普尔500指数的市盈率:1880—2004年股息率与10年期国债收益之比

从历史数据看,当标准普尔500指数市盈率超过20倍时,就像在2000年时超过很多时,未来10年股市回报往往趋于很差。[1] 见表3.1。

---

[1] Clifford S. Asness,"The Future Role of Hedge Funds",*CFA Institute Conference Proceedings* Quarterly 23,no.2(June 2006)。

表 3.1　与实际股票市场相关的市盈率范围未来 10 年回归(1927 年 1 月至 2004 年 2 月)

市盈率范围	未来 10 年实际股票市场回报(%)	
	中值(年度)	最差(合计)
5.2～10.1	10.9	46.1
10.1～11.9	10.7	32.0
11.9～14.6	10.0	4.0
14.6～17.2	7.6	−20.9
17.2～19.9	5.3	−32.0
19.9～31.7	20.1	−35.5

注:市盈率是基于当前价格除以过去 10 年通货膨胀调整后的平均收益。

资料来源:Clifford S. Asness,"The Future Role of Hedge Funds",CFA Institute, June 2006,p. 2。

在使用月度移动平均线时,很容易做出买入和卖出的决策。1994 年开始做多,只要在 2001 年初卖出即可,因为那时股票指数跌破了 36 个月移动平均线。再一次强调,月度移动平均线分析法在这里起作用是因为存在着一个主要趋势。如果趋势不明显,甚至波动很小,几乎是平的,月度移动平均线就不会那么有用了。虽然技术分析师可能会不断尝试较短周期的移动平均线,但他们可能面临着高频锯齿形交易而蒙受过高交易成本的风险,如果移动平均线的周期较长,这些分析方法就会变得不那么有用。200 日移动平均线是技术分析师主要使用的趋势线,但其他一些接近 200 日的趋势线也会被使用。

回到日内短线交易,股票分析师也会使用 50 日移动平均线。当 50 日移动平均线向上越过 200 日移动平均线(在后来 2003 年 3 月黑线越过灰线)时,买入信号进一步确认,被称为金叉。当 50 日移动平均线击穿 200 日移动平均线,卖出信号确认,这时被称为死叉。一些技术分析师将只把跨越 200 日移动平均线作为买入和卖出的判断信号,因为这往往是最重要的。某些人会等待交叉效应出现以便得到更多的确认,但往往会承受支付更高价格的风险。还有一些人将等到 200 日移动平均线趋势向上的方向出现,也是为了更好地确认股价走势。200 日移动平均线的向上或者向下的方向并不重要,因为股价向上穿过下行的移动平均线仍然会给出买入信号。

您可以使用指数移动平均线,其中近期的数据的权重大于远期数据的权重。

它们比所有数据都同等加权的普通移动平均线上涨或下跌的速度更快。您可以设置各种移动平均线的实践参数边界,以提供更加明确的买入或卖出信号,从而导致更奇异精巧的测度方法,例如包含统计标准差分析的布林线。交易员还可以使用三重交叉平均线,时间参数可以设置成为更加短的4日—9日—18日。技术分析书籍会详细介绍这些策略。

移动平均线分析法经过多种情况下的测试,但通过200日移动平均线进行买卖决策的简单分析给出了一些有效的确认。

移动平均线分析法挑战了弱式有效市场模型。在大学教科书中,我们可以找到表明200日移动平均线会产生买入和卖出信号的有效信息。诺贝尔奖得主威廉·F. 夏普(William F. Sharpe)在其金融教科书中介绍了这些信息。[1] 使用道琼斯指数200日移动平均线,基于25 000个交易日的统计,其中买卖决策之间的差异为16.8%——显然具有非零统计显著性。股票价格超过200日移动平均线就买入;股票价格低于200日移动平均线就卖出。

如前所述,因为都是基于趋势或者概率,任何技术分析方法都不可能100%保证正确。因此,技术分析师很可能混合多个指标判断。同样,考虑到移动平均线的各种用途,人们可能会看到各种各样的技术指标在学术期刊中的有效形式或者无效形式。无论如何,移动平均线是技术分析师的基础工具,并且经常被用作投资计划的谈资。

在看这个练习时,我们可以看到技术分析和基本面分析之间可能存在冲突。从技术面上讲,我们得到了买入信号,但基本面上策略分析师有着严谨的展望。此外,交易员和长期投资者也可能会以不同的方式观察市场。

头肩形态

技术分析师有各种工具,如头肩形态(HS)指标,用于确认市场拐点。从基本面分析而言,20倍或者更高的股票市场市盈率表明股票市场估值过高,市场拐点将至。1999年年末,当标准普尔指数市盈率远远超过20倍,纳斯达克指数突破40倍时,这一拐点便出现了。你也可以使用小盘股和大盘股的相对市盈率

---

[1] Gordon J. Alexander, William F. Sharpe, and Jeffrey V. Bailey, *Fundamentals of Investments*, 3rd ed. (Upper Saddle River, NJ: Prentice Hall, 2001), 291—292.

分析,这个方法已经由T.洛维·普莱斯使用了很多年。当小盘股的市盈率接近大盘股的2倍时,往往就是过度高估了,随后的表现必然逊于大盘股;当小盘股市盈率接近10倍时,其日后的表现会很好,非常有吸引力。

图3.2检验了道氏理论。道氏理论是最早试图通过确认和运用成交量预测市场转折点的技术理论之一,虽然不是所有的技术分析师都认同,但仍然有很多拥趸。

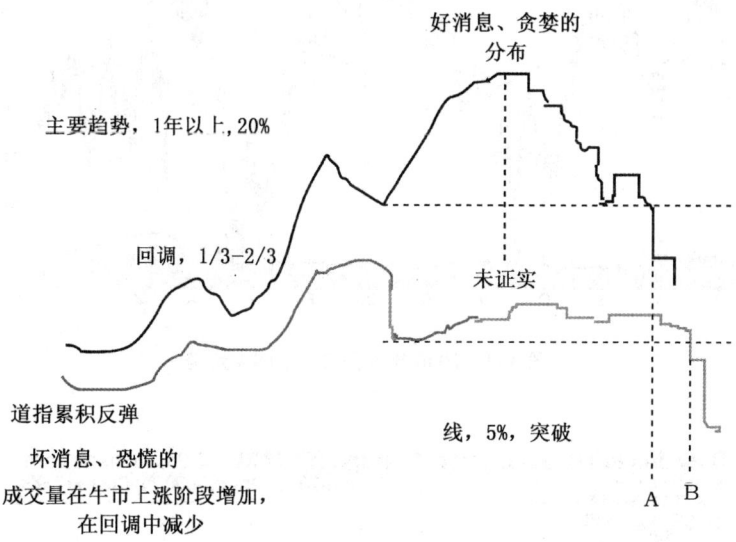

图3.2 道氏理论强调市场的一般趋势

请注意,随着道琼斯铁路(现在被称为运输)指数的上涨,我们可以确认上升趋势来临(见图3.2),随后我们看到道琼斯指数创新高,但道琼斯铁路指数并没有确认。这是一个警示信号,表明上涨趋势不可持续,可能正在逆转。道琼斯指数首先在A点发出熊市趋势的信号,因为之前的低点被打破了。然而这种熊市趋势不会得到确认,直到道琼斯铁路指数也随后在B点创新低。注意,在B点,道琼斯指数已经远离其高点,在确认熊市时并没有得到真正的顶部和底部。然而,即使有这些不足,道氏理论仍不失为一个很好的分析工具。

从图3.3和图3.4中可以看出,道琼斯指数(使用ETF作为道琼斯平均指数DIA的替代。DIA ETF是道琼斯指数的1/100)在2000年年初达到峰值,但其高点并没有被道琼斯运输指数的新高所确认。1999年8月,道琼斯运输指数接近3 500点,但当道琼斯指数在2000年年初达到高点时,道琼斯运输指数仅处于 3 000 点的水平。当运输指数 2001 年 3 月在随后的低点确认道琼斯指数进入熊市时,就发出了卖出信号(此后,股票市场出现了普遍暴跌,道琼斯指数从 2000 年年初的约 11 000 点下跌到 2002 年年末的 7 500 点左右)。

图 3.3　2000 年 6 月 23 日 DIA 走势

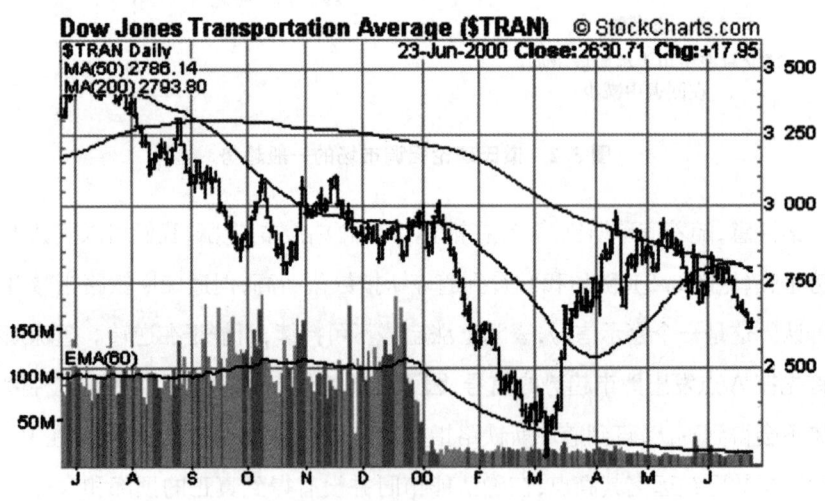

图 3.4　2000 年 6 月 23 日道琼斯运输平均指数走势

虽然许多技术分析师仍在使用道氏理论,但有些人并未将其用作主要方法。还有一些人对道氏理论做了修正,取而代之的是标准普尔 500 指数和罗素 2000 指数,以用较小上市公司成长的前景反映大型上市公司股票价格走势。

第三章 技术分析决策与基本面分析决策

就在不久以前,市场暴跌令 2007 年年底看涨的市场分析师感到意外。他们有基本面支持的理由,但这些理由是否与技术分析存在冲突?技术分析师认为,"便宜的东西可以变得更便宜,而昂贵的东西可能会变得更昂贵"。2007 年 12 月,《巴伦周刊》调查的依据基本面分析的知名市场分析师都看好股票市场。然而股票价格 K 线图正在形成怎样的不祥形态?这给出了不利因素的预测准则吗?

从图 3.5 我们可以看到一个头肩顶形态,左肩形成于 2007 年 7 月左右,9 月为头部,右肩在 11 月。技术上这是一个卖出信号(虽然这在研究中得到了很好的支持,但不会经常发生)。

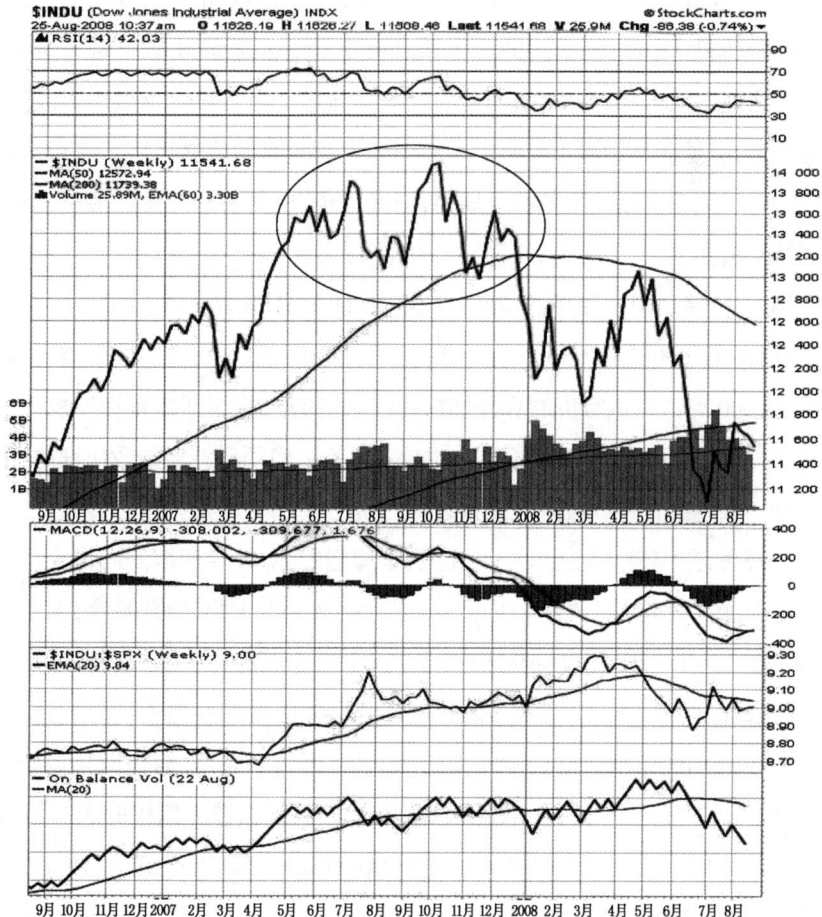

资料来源:Stockcharts.com 授权使用。

图 3.5　2008 年 8 月 25 日的道琼斯工业平均指数

头肩顶形态预测显示卖出信号的原因有很多种。当我们进入右肩时,上涨趋势被打破。然后头部出现在上涨之后(反向的头肩底形态将会相反并且会向下运动)。投资者由于"焦虑之墙"效应而在犹豫中错过了上涨,他们终于会在头部买入股票从而泥足深陷,因为他们一旦看到头部超出了左肩的顶峰,就会急得晕头转向。为了弥补之前犹豫导致的失利,他们都会蜂拥而至——通常还会透支进行保证金交易。最后,右肩变成了残存希望的最后堡垒,但由于不会超过新的高点而令人失望。

快速浏览一下图 3.5 中的头肩顶形态,可以看出头部区域是 14 200 点减去 12 900 点颈线位,区间是 1 300 点。从 12 月的 12 900 点减去 1 300 点,我们得出目标价位是 11 600 点,在 2008 年 6 月触及。当然,股票市场会进一步走低,没有什么理由阻止其不能继续朝着新低方向前进。当然股价指数也可以筑底,然后反弹,但是这个预测工具给出了一个务实而即时的价格目标。这意味着长线投资者可能正在缩减股票持仓规模,退出市场,交易员这时候应该开始补空,即回补空头头寸。

例如,交易员可以使用道琼斯平均指数(DIA)ETF 基金在 12 900 点左右做空,然后在 11 600 点处平仓。由于没有百分之百的确定性,你可以做空,但应该按约 13 000 点价格执行价的看涨期权对冲。我的经验法则是看涨期权应该是即将到期的,几乎没有 θ 或时间价值虚值,因为头肩顶形态会导致快速的、即期的下跌。我也会在颈线位附近以接近执行价格买入,因为这可能是最关键的阻力位。最后,在资金分配上 3∶1 的比例是理想的,即做空获取的回报金额应该至少是看涨期权成本的 3 倍。因此,如果我们转而做 ETF 指数基金,如果股票指数下跌 13 点,行权价的期限只有一两个月,1.3 点的看涨期权成本才是合适的,这里的比例为 10∶1。例如,如果市场分析师使用期权估值,假设行权价为 130 美元,当前的市场价格是 129 美元,如果两个月后到期,道琼斯指数的标准差为 20%,无风险利率为 3%,股息收益率为 2%,那么看涨期权的成本为 3.81 美元。因此这个比例是 13∶3.81,即比例超过 3.4 倍。当然,我们必须进行概率分析,看看这种分析方法有多少次起作用,多少次不起作用。由于头肩形态预测方法被认为是相当可靠的,在这种情况下有相当大的用武之地。(有兴趣的读者可以回顾一下 1929 年的股票 K 线图,该图表是一个颈线向下倾斜的头肩顶形态,股票价格随后急剧下跌创出新低。)

基本面分析或者技术分析与纳斯达克市场

还是老问题,基本面分析和技术分析中哪种方法可以更加有效地选择市场时机?到目前为止,我们已经使用标准普尔500指数进行分析。我们现在将对纳斯达克指数(NASDAQ)进行相同的操作,然后将基本面分析和技术分析结合起来进行下一层级分析。

为什么投资者会对纳斯达克指数更加感兴趣,而不仅仅是标准普尔500指数?这个问题的答案涉及投资风格策略以及与这些投资策略相关的概念。一些投资者青睐成长型股票,另一些投资者则青睐价值型股票,还有一些人更希望利用两种类型股票之间的差异,因为它们在性价比方面可能会接近或相距很远。

纳斯达克指数成分股更倾向于成长型股票,因为其中包含有更多的科技股和成长型服务股票。成长型股票以市盈率和市净率较高以及业绩成长率高而著称。价值型股票在成长性、市净率和市盈率方面往往低于成长型股票。

通常当标准普尔500指数与纳斯达克指数比较时,股票分析专家经常使用通用的指数构建方法比较成长型股票与价值型股票。有些人可能会使用不同的罗素指数:罗素2000指数、罗素2000成长指数,以及罗素价值指数。其他人可能偏好英国《金融时报》指数或者标准普尔指数。

罗素系列指数可以作为评估大盘股和小盘股以及价值型股票和成长型股票的共同基础。希望被动投资某些特定指数的共同基金也可以使用罗素指数作为投资标的。在2010年的官网上,罗素指数公司表示有超过4.3万亿美元是根据罗素指数进行指数化投资的,这意味着这笔钱是以复制某些指数的方式投资的。尽管这种投资方式的管理费用非常低,然而一些投资者愿意支付更高的费用给积极主动管理型基金,但会发现许多基金的业绩很可能相对于指数基金表现不佳,指数基金给他们提供了更好的选择。

罗素3000指数涵盖了最多的成分股,该指数跟踪按市值计算的3 000家最大的上市公司,涵盖了98%可投资的美国上市公司。罗素2000指数的成分股是市值最小的2 000家公司,也是美国小盘股指数的主要衡量标准,其市值占罗素3000指数的8%。[1]

至于价值型指数和成长型指数，罗素公司在官网上将"较高的市净率和预期较高的业绩成长(成长型公司)和较低的市净率和预期较低的业绩成长(价值型公司)进行了分类。当公司股票特征不允许绝对风格区分时，罗素的指数将它们同时作为成长型股票和价值型股票"。

通常情况下，各种指数供应商对成长型和价值型的分界线有更多的细节描述。对这些分类的一个批评是在市盈率和业绩成长率之外还有什么是成长型和价值型的判断标准。此外，股票指数可能会在牛市中"成长过快"，而可能会在熊市中"价值过高"，因为这些比率往往会扩张或者收缩。因此，一些基金经理可能认为微软是一只成长型大盘股，而另一些人则认为它仅仅是一只大盘股，这样我们便会遇到投资策略风格旋转的问题。

采取不同的投资策略风格和市场规模的组合可以改善投资组合业绩；这被称为"风格绩效漂移"。在这一点上，投资基金与基准指数的相关性下降，晨星(Morningstar)等基金评级机构可能开始将该基金贴上中小盘股甚至大盘股的标签，而不是采取基金自己原先对自身投资风格的归类。成熟的机构投资者可能会看穿这股烟雾，但普通投资者可能看不到，特别是如果基金业绩只是稍稍提高，超额的基金业绩表现可能造成的提升差别很大，关系到在基金竞争性排名中处于上游还是下游。

让我们回顾一下表3.2中的罗素2000指数。

表3.2　　　　　　　投资风格指数：罗素2000，小盘股

广阔的市场	市净率	股息收益率	市盈率(去除负收益)	IBES LT 成长	最大的板块
罗素2000价值	1.22	1.9	15.8	9.17	金融服务
罗素2000成长	2.74	0.5	19.2	16.48	卫生保健

资料来源：罗素投资，2010年1月31日。

当比较罗素2000指数等小盘股指数时，我们看到价值型公司的市净率为1.22倍，低于成长型公司的2.74倍。成长型公司的市盈率19.2倍大于价值型公司的15.8倍。此外，IBES预测的成长型公司的市盈率为16.48倍，而价值型公司为9.17倍。我们可以对大盘股做同样的比较。在这种比较中，请注意，亏

---

[1] Russell Style Indexes, Russell Investments, January 31, 2010, http://russell.com.

损公司的负收益不包括在市盈率的计算中。

有些人会更多地用苹果等公司的业绩增长作为纳斯达克市场的成长指标。但是对于哪些公司的盈利成长率真正高于平均水平当然一直存在争议。罗素指数显示每年的业绩与风格表现有一定的差异。[1]例如,2009年罗素2000价值指数的回报率为20.58%。然而,罗素2000成长指数的回报率为34.47%,如果基金公司能够在成长型公司里面分一杯羹,那就太好了。

假设基金经理在所述的业绩基准中完全匹配具有相同风险的价值型指数,显然,他不能因为其出色完成的工作收取基金管理费,因为他根本就没有做任何工作。复制股票指数的ETF称为IWN。现在,如果基金经理将其投资组合的10%投资于成长型指数基金(IWO),就可以额外获得1.39%[(34.47−20.58)的10%]的收益。嘿,为什么仅仅投资10%?为什么不投资15%、20%,以及更多?原因是一些基金受到外部监管机构的指引,加上这些基金自己的章程规定。机构监管要求定期提供数据,以查验业绩漂移的证据,但基金经理在投资策略风格转换方面仍有回旋余地。

当然,持怀疑态度的人可能会质疑基金经理是在事后还是在过程中采取行动。实际上,基金经理的投资行为是渐进的,因为他们可以逐步实时地看到基金业绩的利润厚度在扩大,而不必仅仅等到一年结束才知道。基本上,他们是看着后视镜在开车(散户和机构投资者选择基金莫不如此)。[2]

当然,基金经理们不知道其利润的厚度什么时候会崩溃。回想一下2006年和2007年,罗素2000价值型基金在第一年的表现优于成长型基金。2007年的价值型基金的收益率为23.48%,而成长型基金为13.35%。价值型基金由于在前几年累积的基础上表现良好,因此经理可以放心地在成长型投资组合中增加价值型的组成部分,然后在2007年,梆的一声暴雷了!令我们震惊的是,我们看到价值型基金业绩下降了9.78%,而成长型基金业绩上升了7.05%。这原本是不应该发生的,我们最好在价值型公司降低投资组合回报的时候增加对成长型公司的投资。2008年,又一次暴雷!价值型指数仅下降了28.92%,但成长型指数为−38.54%。这就是问题所在——我们在做投资策略风格漂移时受到的影

---

[1] Russell Style Indexes, Russell Investments, January 31, 2010, http:// russell.com.
[2] Scott D. Stewart, John J. Neumann, Christopher R. Knittel, and Jeffrey Heisler, "Absence of Value: An Analysis of Investment Allocation Decisions by Institutional Plan Sponsors", *Financial Analysts Journal* 65, no. 6 (2009).

响就像来回被扇了很多次耳光。基金改变其投资策略风格只会导致可怕的后果,这种情况并不少见。[1]

纳斯达克指数与标准普尔500指数的技术分析原理相同。在图3.6中,纳斯达克指数也打破了200日移动平均线的上轨,并且在2003年4月左右产生了一个金叉。纳斯达克指数与标准普尔500指数高度相关,因此应该不会大惊小怪。然而,一个指数可以比另一个指数表现得更好。因此,如果觉得股票市场会反弹,你可能会猜测纳斯达克指数在上轨的表现会更好。纳斯达克的贝塔系数也相对较高,比贝塔系数为1的标准普尔500指数的波动性更大。我们可以在纳斯达克市场上用ETF投资QQQQ,同时也可以投资复制标准普尔500指数的SPY基金,当然也可以在罗素指数上玩ETF。

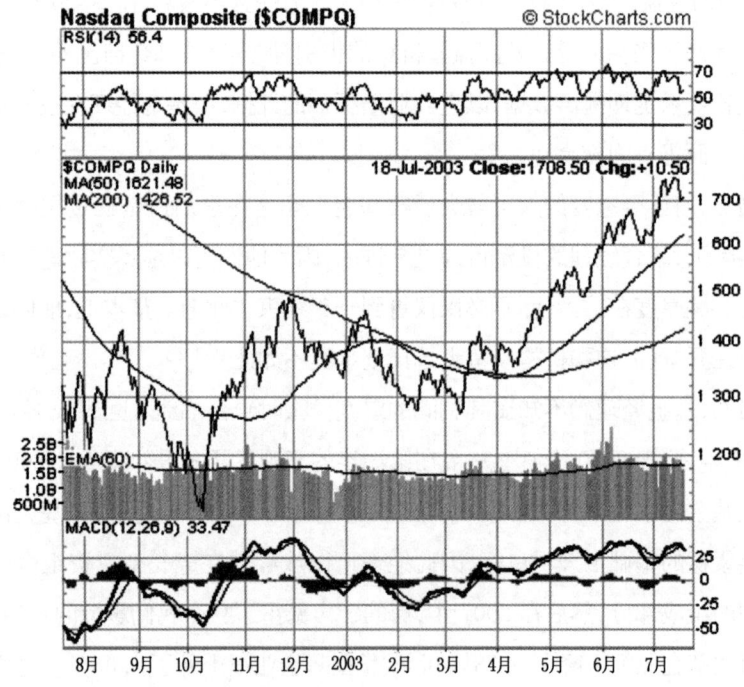

资料来源:Stockcharts.com 授权使用。

图3.6 2002年8月至2003年7月纳斯达克综合指数

你也可以在比较投资小盘股和大盘股时提出同样的问题,正如投资罗素

---

〔1〕 James M. Clash and Mark Tatge, "The Fund That Lost Its Way", *Forbes* (November 26, 2007). This article gives a good example of switching styles.

2000指数和标准普尔500指数时。如前所述,投资时比较分析同一指数中的类别哪一个更好,以保持分析思路的清晰。

图3.7显示了与我们在标准普尔500指数中看到的相似的技术指标信号。这对于相关(或一起移动)的指数来说并不奇怪。再回顾一下2000年股票市场基本面在顶部的乐观情绪和底部的焦虑情绪。注意纳斯达克综合指数自峰值以来首次突破200日移动平均线时,在基本面焦虑期间技术面是如何相应地配合发展的。这个交叉信号在2003年1月短暂出现,但很快就失败了,给出了决策性的买入信号,然后又出现了卖出信号。但是到了2003年3月,我们看到了一个买入持有信号。还要注意,通常我们可以使用200日移动平均线(以及其他移动平均线)作为技术分析师的支撑线和阻力线。

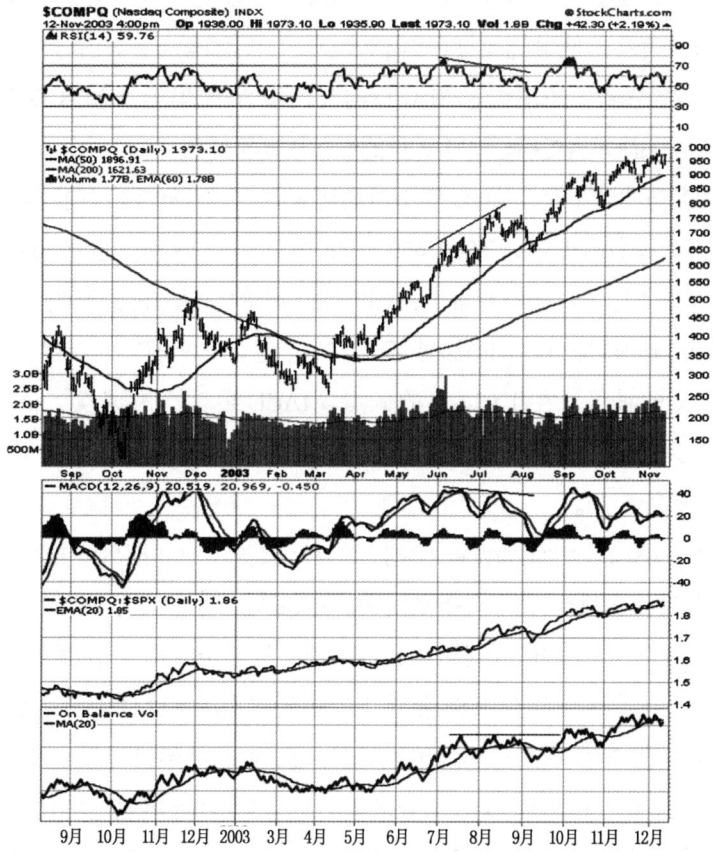

资料来源:Stockcharts.com 授权使用。

图3.7　2002年9月至2003年11月纳斯达克综合指数

注意,在2002年11月,纳斯达克指数在遇到阻力时撞上了200日移动平均线。然而,在2003年3月下旬,它成功地在200日移动平均线上找到了支撑,然后在图3.7中显示的那一天之后的几个月里持续处于买入区域。目光如炬者可以发现,到2003年7月,纳斯达克指数创下了新高,但相对强弱指数(RSI)的峰值较低,这意味着会有回调,从而引起交易员的兴趣。这是一种背离,在这种情况下,是一种负背离。

那么发生了什么呢?是的,股票市场暂时下跌,给了交易员一个很好的短线机会。请注意,纳斯达克指数的峰值正在上升。(虽然我们通常通过连接底部而不是顶部来绘制上升趋势,但这里我们显示上升的峰值,以便识别确认或非确认的信号。)现在重点关注RSI,它正处于下降的趋势,但没有确认信号。虽然纳斯达克指数在6月和7月均创下新高,但RSI并非如此。技术分析师还会观察OBV指标或者称为能量潮指标(如扁平线所示)没有确认上涨信号,因此,应该提高卖出的警惕性。还请注意MACD的背离和2003年7月MACD发出的实际卖出信号,在那里它跌破了MACD的9日移动平均线。

行情走势的结果是从2003年7月初到8月初,市场停滞不前,实际上是下跌了,在股票指数从1 775点到1 650点的过程中空头获利。因此,我们在着眼于大的、长期的行情走势的背景下,有了一个小小的交易方面的经验教训。在下跌到1 650点的过程中,从1 680点到1 755点还有一次短暂的反弹,也考验了短线交易员的神经。在1 650点的低点,MACD中再次出现买入信号,因为OBV移动到了其移动平均线之上。RSI不再处于卖出信号模式,并显示中性,因为它没有高于70。

回到大图景,我们看到纳斯达克指数与标准普尔500指数均走高(见图3.8)。我们看到的纳斯达克综合指数使用的是每周移动平均线,我们还看到几乎不需要决定抓住上行波段同时避免股市下跌。股票指数高于52周移动平均线时就可以开始买入,正如在1998年年末的买入和卖出。这种情况在2000年再次发生,随后在2000年第三季度出现卖盘。直到2003年第二季度开始一直没有出现买入策略。请注意,买入信号基本上是从1 500点出现,卖出信号则是到3 800点附近出现,然后再是1 500点以下买入。这是在五年内做出的六个决定。

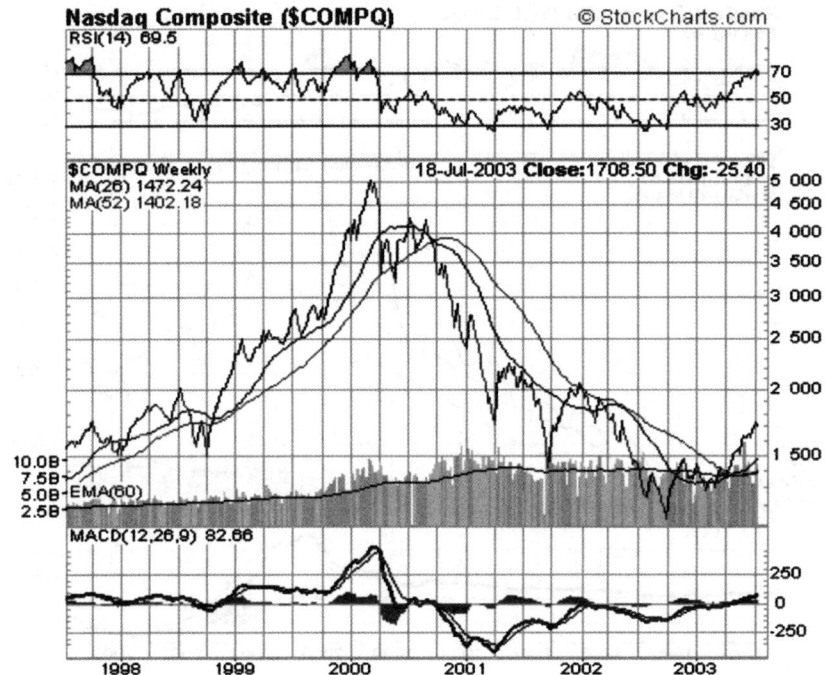

资料来源：Stockcharts.com 授权使用。

图 3.8　1998 年至 2003 年纳斯达克综合指数

另外也要注意,纳斯达克综合指数从 3 000 点上涨至 5 000 点,在不到六个月的时间涨幅为三分之二。这是怎么回事? 联邦储备银行旧金山分行表示:

虽然近 6 000 只股票是在纳斯达克市场挂牌交易,但该市场主要由科技公司组成。在 2000 年 3 月 10 日的股票指数高点上,纳斯达克 20 家市值最大的美国公司都属于高科技公司,20 家公司占据该市场总市值的三分之一。相当令人吃惊的是,截至 1999 年第四季度,这 20 强企业中有 6 家亏损。[1]

随着股票市场在 1999 年秋季的大幅上涨,一些热钱,比如对冲基金,在上涨的过程中意外踏空,业绩落在了后面。然后它们开始奋起直追,空翻多后把指数推得更高。然后它们在股市下跌的过程中受到了沉重打击,因为它们没有预料到有如此剧烈的暴跌。

想想索罗斯基金(Soros Fund)遇到的困境吧,它们长期享有极好的声誉,但

---

〔1〕 Simon Kwan, "The Stock Market: What a Difference a Year Makes", *Federal Reserve Bank of San Francisco*, June 1, 2001.

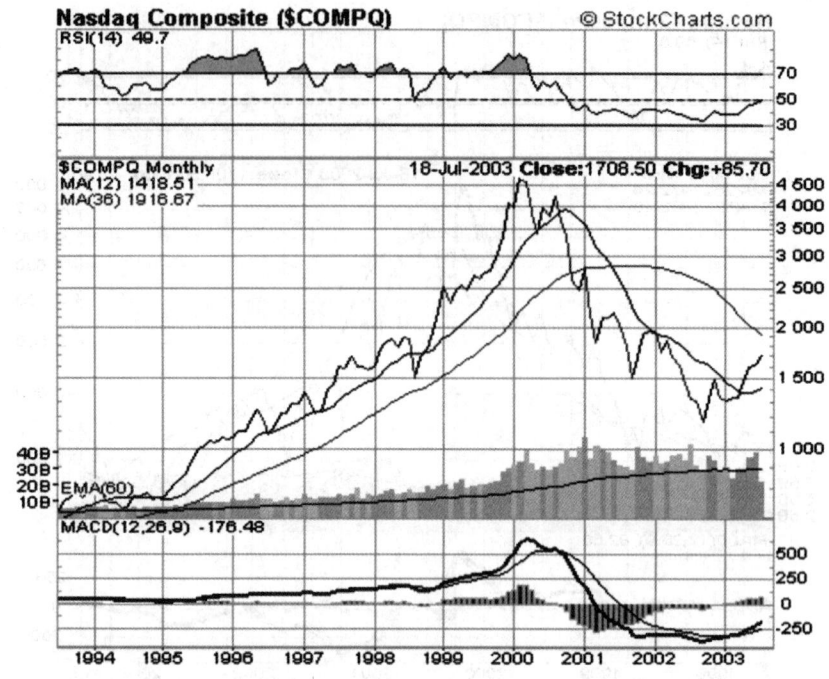

资料来源：Stockcharts.com 授权使用。

图 3.9　1994 年至 2003 年纳斯达克综合指数

在 2000 年的科技股热潮上受到了冷遇。在《纽约时报》上威廉·A. 高尔斯顿（William A. Galston）的一篇文章中，时任索罗斯基金投资组合经理的斯坦利·德鲁肯米勒（Stanley Druckenmiller）被报道遭遇了如下困境：

　　斯坦利·德鲁肯米勒知道科技股估值过高，但他没想到科技股盛宴这么快会结束。"我们以为这是第八局，结果是第九局，"他说，并解释了他为索罗斯基金管理公司（Soros Fund Management）管理的 82 亿美元量子基金（Quantum Fund）如何在过去 12 年创造了惊人的业绩纪录后，在昨天宣布退出之前，今年的基金净值惨跌了 22%。"我高估了我手中的牌。"但是，他补充说，他预计这种情况会持续更长时间，因为大众在股票上投入了太多的钱。他说，他从 2 月开始卖出股票，但速度很慢。当 3 月 10 日股价达到峰值开始下跌时，他认为下跌速度会更加缓慢，并在下跌 15% 左右后出现反弹。"我没想到它会在 15 天内下跌 33%。"他说。这就是纳斯达克综合指数在 3 月 24 日之后的三周或 15 个交易日内发生的情况。

索罗斯基金并不是唯一陷入这种困境的基金,从机构投资者到业余的短线交易者都面临这种困境。不幸的是,许多短线交易者似乎没有德鲁肯米勒那么多的收入和财富,德鲁肯米勒在其职业生涯中凭借良好的声誉赢得了巨额收入和财富。

一般而言,基金经理总是会有他们避免三振出局的投资底线。关键是有一个击球平均数,他们总会留在比赛游戏中,不会被完全击倒。不幸的短线交易员和后来的房产投机者押注于银行,结果输了。他们没有合理的投资底线,因此也没有重返投资游戏的手段。

配对交易

在配对交易中,投资者做空他们认为会比另一个指数更弱的指数,同时在第二个指数中做多。配对交易者在市场上很多,他们会交易各种各样的指数、股票、商品等。他们可以做空黄金的同时做多白金,做空长期债券的同时做多短期债券,做多债券的同时做空股票等。

在配对交易中,不再对资产的市场上涨或下跌投注,只关心它是否会比其他指数(比如标准普尔500指数)表现得更好。配对交易的关键在于使用某种方法确定某个资产是否相对于另一个资产的定价过于高估,然后你会认为高估的价格将会蒸发并返回到某种正常状态,这是关键所在。如果两者不能回到它们的正常关系,可能会出现问题。例如,一旦汽车业,特别是通用汽车出现信贷问题,原有的通用汽车和福特汽车的配对交易就被扭曲了。或者回忆一下昔日的好时光,花旗银行与摩根大通按照常规进行配对交易,花旗银行因信贷问题跌破每股3美元,而摩根大通银行仍有每股40美元的不错价格。

此外,两种交易标的过去的相关性也必须成立。过去,新兴市场指数与标准普尔500指数的相关性较低,但现在它们的相关性要紧密得多。正如一些股市评论家所说的,"有看涨的,有看空的,还有'我不在乎'的"。"我不在乎"意味着不关心市场运行方向。他们只关心一个标的资产与另一个标的资产价格的相对表现。

你可能会觉得标准普尔500指数在上涨过程中会表现不佳,你做空了SPY基金,并买入了纳斯达克ETF QQQQ。在这种情况下,你只关心两者差价的增加。这里假设两者的相关性将成立,纳斯达克基金的表现将比 SPY 基金更好。使用基本面分析方法,可以通过比较市盈率或使用一些其他指标确定价值型基金是否与成长型基金相比过于昂贵,或者反之亦然,从而得出这一结论。这里用的是基本面分析方法。它可能不会包含我们在索罗斯事件中看到的那种情绪分析方法。

如果我们更多地使用法玛-弗兰奇分析方法,那么股票价值最终会不会因为指数中太多的成长特征而受到不利影响?这可能发生在市场底部。相反,在市场顶部,可能会看到成长型股票对股票指数的影响太大。这就是 1999 年的情况,当时思科和其他几只科技股占纳斯达克指数权重的 20% 以上,而科技股在标准普尔 500 指数中也占了很大比重。这导致基本面分析方法的偏移,因为指数本身内在属性可能太侧重价值型或者成长型。在这一点上,交易员可以使用等权指数或基本面因素加权指数帮助消除这种现象。

沃顿商学院的杰瑞米·西格尔(Jeremy Siegel)等学者提出的基本面因素解决方案是,按照股息或现金流等基本面因素对指数加权。并不是所有的交易员都认为这在理论上是正确的,因为谁能说现金流或股息就是正确的衡量标准呢?事实上,有些人可能会说,这个标准会使股票指数倾向于价值型股票,而不是成长型股票,因此,基本面加权指数分析方法的反对者也会有这种感觉。如果用基本面因素加权指数与一个普通的股票指数来对比测试,可能会发现前者能够获得更高的回报,但这可能是因为价值型股票一开始会比成长型股票表现更好。即使股票指数仅仅是从基本面因素上加权的,也会听到批评者说它们可能就是被拖后腿的价值型股票指数。毕竟除了价值型股票以外,哪些股票可能会有更高的股息派息或者现金流?科技股支付股息的动机可能较低,因为它们有更好的增长机会,并希望将资本成本保持在尽可能低的水平而更有可能再投资。当成长为王时,价值投资者还能在业绩不佳的"折磨"中存活多久。人们不是曾经说沃伦·巴菲特已经过时了吗?然后当价值投资理念回归时,巴菲特又恢复了正常吗?在确定哪种投资策略风格更好方面,技术分析可以帮助基本面分析进行预测吗?

图 3.10 是一年期间的股票指数走势比较,大部分是处于 2004 年。可以从以标准普尔 500 指数值为分子和以纳斯达克指数值作为分母的比值图来观察。实际数字并不重要,重要的是这些数字可以创建支撑点和阻力点。股票指数在

2004年7月出现底部之后，在2004年8月又出现了一个顶部，所以交易员可以用其作为阻力位和支撑位，在这个点位上建立相反的资金头寸。交易员可以做多标准普尔500指数的同时做空纳斯达克指数。请注意图3.10中在2004年9月初，指数在测试阻力位，我们可以在10月底前预测冲击阻力位可能会失败，于是可以做空标准普尔500指数并买入纳斯达克指数，然后到了10月底反做，因为指数正在测试7月的支撑位，所以我们会买入标准普尔500指数，做空纳斯达克指数，在2005年8月遇到阻力时再反做。

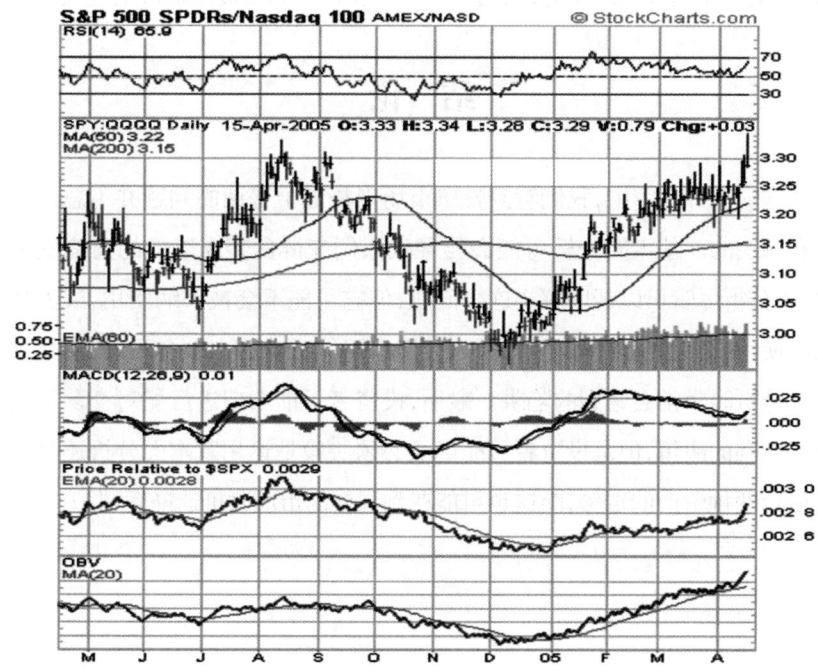

资料来源：Stockcharts.com授权使用。

图3.10　2004年5月至2005年4月标准普尔500指数SPDRs/纳斯达克100指数

利用基本面分析进行市场择时交易对市场和挑选行业投资并不会带来什么投资回报。我们已经看到了成长型/价值型（成长型股票相对于价值型股票）投资的机会，但问题仍然是如何利用它们。不幸的是，基本面因素的前景会随着股票资产价值的增加而向好，而在下降时则会恶化，而这会招致痛苦的正反耳光的折磨。

技术分析上使用相反理论的观点则可能会带来更多的希望;然而这在董事会决议中并不是一个可行的策略,独行侠或者独狼行为通常会受到行为方面的压力,以顺应大家的羊群效应心态。这里存在几个灵魂拷问:预测股票市场走势时哪一种分析方法会感觉更舒服:基本面分析还是技术分析?股票行情水平分析还是股票指数价差分析?

市场时机选择的困难会导致更多地强调非方向性决策的重要性,比如配对交易,寻求另类投资,以及其他更多的非传统投资策略。由于有些投资策略是复杂的,甚至可能是未经证实的,故这可能会对获得 α 的投资策略带来挑战。

结 论

在这一部分内容中,我们看到股票市场走势这个普遍的问题并不总是容易回答和解决的。基本面分析可能会与导致人们变得贪婪或恐惧的情绪发生冲突,技术分析尽管可以帮助解决这个问题,但它可能不会被采纳使用,或者如果被采纳使用,也可能不会被相信,因为投资者可能觉得这一次会不同,这又是利用技术分析时常常会遇到的陷阱。最后,投资者可能希望进行配对交易从而避免市场方向的决策,但是投资者可能仍然必须决策是运用基本面分析还是技术分析确定两种资产的走势,而这也可能遇到同样的市场时机选择问题。

第二部分　市场波动

　　无论使用的是自上而下还是自下而上的投资分析方法,都会自然而然地对想知道买什么或卖什么感兴趣,因为这涉及具体单个证券的买卖。

　　那么,如何评估证券的内在价值呢?除了基本面分析方法之外,当然,还可以使用融合分析方法,即纳入技术分析、行为金融分析以及量化方法来综合分析。现在,让我们首先使用基本面分析方法来解决特定证券的估值这个带有挑战性的问题。

第四章　基本面分析中的估值方法

在基本面分析的基础上对股票进行估值存在两种主要的方法。类似于看到两条大河，它们有许多变化或者就像涓涓细流汇入其中。两者实际上可以交融，就像两条河流在一个共同点汇合。第一种方法涉及资产负债表的审视，而另一种方法则侧重于本应由资产负债表产生的现金流。还有其他方法亦可以使用，例如期权定价，甚至互联网公司的眼球关注度，但这些方法最终均对上述两种主要方法有一定的依赖性。

资产法

第一种方法是格雷厄姆(Graham)和多德(Dodd)的价值评估法，我们将股票价格与公司的资产价值比较。由此，我们可以根据更具体的如账面价值和营运资本等指标估计上市公司的价值。在使用资产法评估时，可以清点核算一家制造业公司的所有资产，然后减去其所有负债以获得股东权益或账面价值。因此，如果公司资产为100美元，负债为30美元，则账面价值为70美元。如果股票交易价格低于70美元，可以较为廉价地买到公司的净资产(在支付所有负债后)。当然，这是假设资产在经济上有一定价值，而不仅仅是会计上的估值。通过这一点，我们认为资产可以产生利润和现金流。根据会计记账程序，一旦公司资产所产生的利润和现金流减少,资产最终将会被减记。

也可以通过研究净营运资本,即流动资产减去流动负债寻求更保守的估值。这些是流动性更强的资产和负债,预计将在一年内变成现金。固定资产本质上是长期性质的,预计不会很快变成现金,因为固定资产需要在整个商业周期过程中生产商品。假设营运资本是 50 美元,再减去 10 美元的长期债务。如果能够以低于 40 美元的价格购买公司,相当于可以免费获得公司的固定资产,但净营运资本仍然有折扣的潜能。同样,假设所评估的公司仍然能够产生利润和现金流,在一家陷入困境的公司,可能会得到净资产的更大折扣,因为投资人对公司的前景有着深深的怀疑。此外,由于投资者对市场的看法更加悲观,公司的股票价格可能会被压低。由于投资前景不佳,因此资产是以便宜货形式提供的,仍然可以在其间有利可图。在这个阶段,有可能以更便宜的价格购买公司的资产,而不是在自己的公司里面重建实物资产。

债务的成本如果比资本成本足够低,基于债务收购所产生的协同效应,也可以通过借贷获取更高的资本回报。这一做法在 20 世纪 80 年代引发了垃圾债券的收购热潮,当时大家认为,借债收购公司并运营它们的资产比可能招致的资本支出(CAPX)更便宜。在下面情况下这样做有利可图:一是试图快速获得市场份额,可能需要很长时间才能实现有机增长,或者缺乏增量资本,所以卖光公司资产。二是区域性银行的收购。20 世纪 90 年代,区域性银行由于无法筹集资本,较大的银行便收购它们然后迅速从新收购的银行分支机构获得存款。

如今,监管机构都需要银行提供更多的资本金。此外,投资人对账面价值也持怀疑态度,因为银行可能没有显示出其真实负债,比如它们会对某些外国债务有所隐瞒。还有,资产质量真的有那么好吗?房地产贷款实际上被减值了吗?考虑到准备金的缴存和美联储的存款收益为零,银行的收入是真实的吗?

当格雷厄姆和多德的书在 20 世纪 30 年代出版面世时,资产分析法颇具吸引力,因为那时制造业公司或拥有实物资产的公司是占主导地位的公司组织类型。虽然我们现在仍然相信食品和饮料公司的品牌形象属于坚实的资产,但当你开始评估服务类公司价值时,就可能会遇到问题。想象一下,你去评估一家律师事务所,说其办公室资产只是办公桌、法律书籍和电脑的价格减去公司的债务。(这种分析类似于我们之前讨论的资产减去负债等于权益或账面价值的方法。)然而,一旦收到每小时600美元的律师费账单,你就会意识到净资产或账面价值并不是主要的考虑因素。

同样的分析也可以适用于摇滚乐队U2。乐队的价值远远超过他们的吉他、巡回演出大巴、扬声器等的价值。价格昂贵的门票与他们的音乐表演技巧和带有他们名字的商品销售联系在一起,极大地增加了他们的价值。一件T恤可能值几美元,但是有了著名摇滚乐队的名字,可以通过溢价出售T恤增加利润率。这种商品化的概念适用于各种设计师服装;为了获得服装上某个名称或符号的神秘性或地位,需要支付在劳动力和材料成本之上的更多加价。

因此,资产法在投资分析中留下了一些空白区域。似乎有些资产本身的成本相对较低,但实际上产生了强大的现金流。

股息或者现金流贴现模型

我们现在转到研究第二个主要投资分析方法,约翰·波尔·威廉姆(John Burr William)的现金流贴现分析方法。它将一家公司的价值视为其未来所有净现金流的现值之和。现金流可以是股息,也可以是产生股息的各种自由现金流。它们之所以被贴现,是因为在未来可能会有现金流入。现在收到的钱并不等同于在未来所收到相同的金额的钱,因为需要一些折扣贴现机制补偿所涉及的时间空间风险。

股利或现金流贴现模型(DCF)要求对上市公司产生的未来股利或现金流进行贴现,贴现周期可以是对未来几个月的时间,也可以是很多年的时间。证券的内在价值是预期可获得股息的现值(PV)。因此,如果假定贴现率为10%,将在一年后获得100美元,并且此后不会再有任何收入,那么股票的价值就是90.91美元。因此,如果这个股票价格是70美元,就应该买入,但如果价格是110美元,就不应该买入,甚至应该做空它。当然,这是一个非常简单的解释分析,因为你至少应该预计到投资可以获得未来的现金流。假设在前面的例子中,股票的交易价格是95美元,我们应该不会买入,因为它定价过高,然而这只是假设投资者是理性的,因为如果一个人感觉被高估的股票以后可能价格会更高,并且会被远远高估,即如果预期会有一个傻瓜愿意支付更高的价格买入该股票,那么还是可以买入。因此,可以高价买入股票,在更高的价位卖出,直到人们对该股票价值的看法发生变化,这时投资泡沫便出现了。

离开简单的DCF分析模型,我们便进入了一个新的游戏领域——更大的傻瓜将支付更高价格的博傻理论,即使我们感觉到某样东西定价过高,或者,更重要的是当某项资产可能看起来很昂贵,但预计未来会升值更多,因此在这个时候卖掉就是没有意义的。我们也可以反过来讨论便宜的股票以及更低的股价。所以,当我们讨论某一个股价运行方向时,要意识到它可以同时适用于向上和向下两个方向,变得更加便宜或者更加昂贵。

这就打开了技术分析和行为金融分析的大门,这些问题的存在表明市场并不总是理性的。

出租车市场示例

回到基本面分析,我们可以通过是否购买出租车的简单商业决策考察资产分析方法和现金流分析方法。我们已经看到基本面分析可以给出一个答案,但是情感因素的加入会扭曲这个过程。

为了更好地说明这一点,以纽约市的出租车为例。一方面,你可以买下这辆车,看看其在二手车市场的价格是多少,新车落地经过一些磨损之后,这辆车可能价值15 000美元;然而,出租车真正的价值是其作为出租车运营所需的执照。据报道在2007年是60万美元(几乎是曼哈顿一居室公寓的价格)。[1] 2011年10月最后一周的《纽约时报》报道称,出租车营运执照以100万美元的拍卖价格成交,创下了新的纪录。

这些年来,由于出租车牌照数量受到纽约出租车和豪车委员会(New York Taxi and Limousine Commission)的限制,出租车营运执照价格一直在上涨。所以很明显,这块金属牌照定价过高,毕竟你买一辆法拉利都不需要那么多钱。那么为什么要付出如此荒谬的代价呢?在格雷厄姆和多德理论框架下,你不可能愿意仅仅为了一块铁皮而花几十万美元的代价。然而,你会为一辆出租车支付超过60万美元的明显理由是预期用出租车收取的车费及其所产生的净现金流。净现金流将是在扣除所有现金支出并按一定要求的回报贴现后,使其变得有价值的现金流。你自己可以不亲自驾驶出租车,但是可以出租给其他司机,他们开出租车会得到车费作为补偿。你也可以与家人共享出租车,后者是车的部分所

---

[1] Ray Wert,"New York City Taxi Medallion Goes for the Price of a Midtown One Bedroom!" *Jalopnik*, June 1, 2007, Jalopnik.com/265252 (accessed October 5, 2011).

有者,他们会在不同的轮班时间驾驶出租车,营运时间可以接近 24 小时,分几个班次轮轴转。此外,为了锁定现金流,你可以要求非车主身份的出租车司机在营运出租车之前,先向作为车主的你支付一部分现金租金。撇开出租车估价的所有细微差别,我们可以看到出租车营运预期带来的现金流比一辆二手车的废铜烂铁本身的价值更重要。

上市公司的寿命往往很长,远远超过一年。因此,我们可以对未来的现金流进行贴现。因此如果我们在某一时点将公司卖给看重上市公司未来股利的人,那么这个模型就是下面的公式:

公式 4.1　股利贴现模型

$$P_0 = \frac{D_1}{(1+K_e)} + \frac{D_2}{(1+K_e)^2} + \frac{D_3}{(1+K_e)^3} + \frac{D_4}{(1+K_e)^4} + \frac{D_5}{(1+K_e)^5} + \frac{P_5}{(1+K_e)^5}$$

我们通过贴现现金流确定证券(出租车)的价格。现金流就是红利,也就是现金。

所以 D 是股票红利,K_e 是我们愿意支付的股票机会成本,是为了补偿我们做这项生意的风险。那么,你希望每投资 100 美元运营一辆出租车获得多少回报呢? 1 美元可以吗? 显然不是,因为你可以在风险较低的情况下获得更好的回报,比如面值 100 美元的国库券多年来的平均收益约为 3 美元。2004 年,纽约出租车司机的平均工资约为每年 49 532 美元:每年总收入为 90 717 美元,运营费用约为 41 215 美元。更近一点的 2010 年数据显示,25%~75% 美国人的年收入为 30 500 美元至 44 800 美元。[1] 因此,这将使他们在美国的正常工资接近每年收入 5 万美元(当然这里的"正常"不能与 2008 年以来的经济衰退和失业率联系在一起)。

投资 100 美元获得 50 美元回报怎么样? 现实一点! 这种高达 50% 的回报率将会吸引大量的熟练和非熟练劳动力。出租车牌照的拍卖价格将被抬高,回报也将大幅下降,因为乘坐出租车的人不会愿意为 10 美元的旅行支付 100 美元,以使对出租车的投资变得高大上,所以我们必须对投资的风险和回报进行一些平衡。

那么,一个人一年会不会花 100 万美元来赚取 5 万美元呢? 我们会看到,这

---

〔1〕　411 *New York*, New York City and State Guide, May 16, 2010, http://411newyork.org/guide/2008/03/30/new-york-taxi-cab-driver-salary/(accessed October 5, 2011)。

取决于对出租车未来产生的现金流增长率的预期与资本成本的比较,因为某些投资可能是用借贷资金完成的。在短短 4 年内,出租车牌照成本从 60 万美元跃升至 100 万美元,这里面是否存在泡沫呢?甚至对出租车行业的分析也可以打开融合分析的大门。

回到现金流模型,我们需要讨论销售价格。我们必须确定第五年的出租车销售价格。这是公式 4.1 中的符号 P_5 的含义。那么我们如何确定销售价格呢?嗯,我们也有很多方法,但是可以使用两种主要的方法:第一,可以直接把出租车作为二手车卖掉再加上营运执照的价值;第二,卖给另一个出租车经营者。该经营者还可能根据预期增加的维护成本调整支付的价格,但也可能根据预期更高的出租车票价而调整。如果大家预期未来会有更高的现金流收入,那么营运执照的价格将会上涨。

我们可以假设最终的现金流是恒定的。在这种情况下,我们将使用永久股利假设模型,其中股息不会增长,但永远保持不变。然后公式 4.1 将变为 D/K_e,D/K_e,即销售价格(也可以称为最终出售价格)。因此,如果想要 10% 的回报率(K_e),而永久股息或现金流是 100 美元,那得到的最终售价就是 1 000 美元。估计的股息是一种预测,所以并没有担保,而要求的回报则是投资者为了接受投资风险而想要的回报率。

戈登增长模型的运用

当然,在一个更为现实的模型上,我们可以假设上市公司的股息有一些增长,即使这仅仅是通货膨胀的影响。使用迈伦·戈登(Myron Gordon)教授在 20 世纪 50 年代后期开发的公式,我们看到以下公式:

公式 4.2:戈登增长模型

$$PV = D_0(1+g)/(k-g)$$

$D_0(1+g)$ 是一年后的预期股利,D_0 是当前股利。因此,如果当前股息(D_0)为 100 美元,预期收益(K)=10%,股息增长率(g)=5.5%。

$$PV = 100(1.05)/(0.1-0.055) = 2\ 100(美元)$$

正如我们所看到的,一家正在成长的公司比一家没有成长的公司估值更高。这在直觉上是有道理的,因为在其他因素相同的情况下,增加公司价值的净现金流比后者更高。技术分析师可能会说,随着股票价格的上涨,趋势就会形成,投资者也会随波逐流;同样,卖出股票的价格只是跟着上涨以证明当前的价格是合理的。行为金融分析师将这一过程描述为锚定价格。尽管如此,获取现金流似乎更合理,因为我们可能有一个可靠的资产。但是,同样,如果股票资产不能产生足够的现金,其价值就不会像最初预期的那么多。所以,对于买来的一辆出租车,停在车库里的价值显然不如在街道上巡游赚取车费的价值。我们可以很容易地将出租车的例子推广应用到其他行业领域,例如服务行业、软件公司和娱乐公司等。

其他公司也可能有少量有价值的实物资产,例如服务行业和软件公司。这些都是相当有创意的业务,在硬资产方面不需要太多。那么我们是看资产还是看现金流?它们真的是一模一样的吗?最后,如上所述,两种方法之间没有分歧,因为现金流量估值可以在数学上转换为 P/B 估值。人们也可以将这些现金流分析法转换为更受欢迎的市盈率分析法。在这里,市盈率更多地看公司的当前情况:当前的价格和最近的每股收益。

例如,通过将双方除以 E(或收益),我们可以得到一个上市公司的预期市盈率:

公式 4.3:预期市盈率

$$PV/E = D_0(1+g)/E/(k-g)$$

所以,如果我们保持一切其他因素不变,增长率越高,公司的市盈率就越高。{这里假设 K 的要求回报率高于 G 的增长率,并且公司从收益中分红的派息率 $[D_0(1+g)/E]$ 是恒定的。}

当我们分析这两种股票评估方法时,时间范围才是真正可以改变的。资产分析方法更多地着眼于现在或近期的价值,而现金流则是对未来的预测。这可能会导致行为意义上的影响,因为投资者可能会开始梦想未来的现金流,类似于 1999 年的互联网泡沫时代。

市盈率增长(PEG)比率

在进行基本面分析时,当在未来现金流的增长和为这些现金流支付的费用之间做出权衡时,可能会开始使用像 PEG 比率分析这样的方法。

PEG 比率是股票的市盈率除以估计的增长率。因此,如果市盈率是 10 倍,增长率预测是10%,我们得到的PEG是1。对于大多数周期性的上市公司来说,PEG为1往往是一个合理的标准。小型成长公司的盈利可能很少。所以在收入很少的情况下,它们的市盈率往往会很高,比方说30倍。然后,如果业绩增长率只有10%,我们就会得到3.0的高PEG比率。尽管如此,对于一家快速增长的公司,我们预计PEG会很高,肯定会超过我们所说的10%。因此,管理者可能实际上不同意10%的增长率,并决定使用30%的增长预测,得到正常的PEG值为1。(在这一点上,我们可以开始用更高的预期增长率证明高市盈率是合理的。谁会说我们公司的增长率是错误的?)

如果公司的业绩增长率不是真的30%呢?此外,如果公司收入不是真实的,而是实际上在经济意义上更糟糕怎么办?在这一点上,PEG就变得具有欺骗性。理论上,PEG方法没有问题;但在实际使用中,则可能会有很大的问题。在理性的市场和准确的收益估值预测中,学术理论总是没有问题的。然而,业绩预估上的行为偏差以及非对称回报(上行收益与下行收益不具有相同的偏差)可能会导致此模型给出不好的结果。因此,有两股力量从不同的方向撕裂着投资者:(1)根据PEG分析,成长型投资者可能愿意支付较高的市盈率。(2)价值投资者可能会寻找市净率(P/B)、市盈率(P/E)和市销率(P/S)较低的公司。

此外,行为偏差也可能会扭曲分析。在行为表现上,散户不同于专业交易员,因此结果也不同。有很多学术证据表明市盈率很重要。高市盈率股票似乎比低市盈率股票表现更差,但是如果业绩增长是真实的并且已经实现了,就不一定是这样的。当情绪影响增长率,让疯狂的投机者在追求梦想的过程中以高市盈率购买股票时,高市盈率股票就会比低市盈率股票表现得更加好。

在疯牛市场中,价值投资者可能会过早抛售手中的股票。同样,在熊市的大屠杀中,他们亦可能买得太早。在牛市中,成长型投资者可能会持续证明支付更高的价格买入股票是合理的,因为他们感觉到了更高的公司业绩增长。在熊市中,成长型投资者可能购买得太晚,因为熊市中的业绩增长并不容易观察到。所以这两种方法都有各自固有的弱点。

这就带来了诸如前景理论和处置效应等其他行为金融话题,前景理论认为,"人们的行为就好像极不可能发生的事件是不可能发生的,极有可能发生的事件则是肯定会发生的";处置效应认为投资者更有可能会持有亏损公司而卖出已经获利的公司。[1]你可能会听说,考虑到巨大的增长前景,某只股票的市盈率看起来很贵;你也可能会听说某只股票的市盈率没有机会可能更低,因为早已有了很好的账面折扣了。一般而言,我们可以认为技术面因素已经隐藏在市盈率和市净率中,因为这些指标反映了更多的预期,从而反映了情绪,而不是对业绩增长或公司价值的真实估计。

真实的收入还是虚假的收入?

基本面分析可能引发比仅仅决定估值方法更多的问题。在面对处理财务数字的问题时,人们应该要以多么认真的态度来对待它们呢?当然,有人可能会说这些财务数据是经过审计的,但这并不意味着它们具有经济价值。

我们是应该相信从资产负债表中提取的现金流或资产金额的给定财务数字,还是应该调整它们?这些数字有可能根据GAAP(一般公认会计原则)进行了适当的说明,但仍有可能具有欺骗性。在日常生活中消费购物时,我们倾向于这样做。我们看到一件标有20美元的衬衫,这个价格低于40美元的正常销售价格。我们可以清楚地看到,这件衬衫的财务成本较低。然而,在经济上,精明的购物者可能就不那么肯定了。例如,虽然这件衬衫价格较低,但由于材料较差,使用时间可能不长。它可能不适合洗涤,会发皱收缩,从而减少了其可以穿的次数。利用在购物方面的经验,我们可以开始做一些假设,并得出结论,价格较低的东西根本就不是便宜货。这甚至不包括实施鉴别这个过程的麻烦,我们也可以给交易成本明码标价。

那么,我们在查看财务报表时,是否使用来自GAAP、非GAAP或经济上的非GAAP的财务数据?[目前我们将把国际财务报告准则(IFRS)归类为GAAP类别。]GAAP是正确报告的财务数字;非GAPP是那些倾向于向分析师提供关于非常规交易的更多信息,例如出售土地以增加收益。上市公司不要求报告非GAPP的财务数据,但由于许多分析师在洗涤低价购买的衬衫后出现问题,他们就倾向于要求提供此类信息,因此许多公司将这些信息与GAAP一起提供。经济上的非GAAP财务数据国家有用;这是分析师难以调整的成本。这些都是应

---

[1] James Montier, *Behavioural Finance* (Hoboken, NJ:John Wiley & Sons,2003),79.

该报告的财务数字,而不是实际报告的数字。例如,你可能会质疑一家公司的资本支出(CAPX)的适当规模。这样可能会获得与使用公司数据确定的自由现金流不同的财务数字。

在评估一家公司的价值时,人们必须决定是否应该从一个特定的来源接近它。它应该是收益、股息,还是现金流呢?如果用现金流,是哪种?此外,既然DCF使用的是终值,那么它们应该是什么以及有多大的价值?应该是戈登方法计算的价值,EBITDA(未计利息、税项、折旧和摊销前的收益),哪个更有可能,还是永久性的?

正如你所看到的,使用财务数据进行公司估值存在很多挑战。如果使用一个数字与另一个本质上更经济的数字相比,可能会使美联储估值模型等模型得出错误的结论。准确地使用一组历史财务数据,比如市盈率,然后试图得出股票或市场指数是便宜还是贵的结论,可能有些棘手。使用报告的数字可能会得出与使用经济数字不同的结论。因此,与盲目使用报告的数字相比,技术分析可能已经获得了真实财务数字的真正经济解释。市场参与者已经基于他们的感知影响股价,这可能与显性的报告数字不同。

增长预期及挑战

对增长的估计是使用市盈率等工具进行适当估值的关键。我们已经看到,在所有条件相同的情况下,增长率越高,预期市盈率就越高。增长本身就是一个挑战,可以采用几种技术估计它。它们从会计方法,到线性回归方法,到生命周期分析,更悲哀的是,对直接情绪的估计。

会计方法是净资产收益率(ROE)乘以收益自留率的估计值。如果净资产收益率为20%,公司保留75%的收益,假设所有收益保持不变,预期增长率将为15%。这个假设是,ROE将以20%的比率和股息支付率一起持续下去——直到永远。这很可能很难假设,但从短期到中期来看,这也是一个无奈之举。

有了线性回归,我们可以得到 $Y = a + bx$,在这里我们可以回溯过去的变化,比如说,收入与GDP的变化,以便得到未来的计划。当然,预测是线性的,对于一个即将消亡的公司来说可能不适用。换句话说,由于商业模式的变化,公司过去的增长可能不会继续下去。

然后我们可以用生命周期分析方法,如图 4.1 所示,我们在公司存在的每个阶段添加现金流的现值。这是基于这样一个假设:分析师能够准确评估公司何时开花、何时死亡。因此,对于每个阶段,可以添加现金流、风险、高增长等。假设要估计公司在每个阶段的存在年限。这自然是很棘手的,因为获得年限似乎比仅仅选择一家公司所处的阶段要困难得多。然而,确定某一特定阶段对分析师来说是一项挑战。似乎处于一个阶段的公司可能很快就会进入另一个阶段。2001 年,人们认为苹果公司已经快 10 岁了,但几年之后,苹果公司开发出 iPod 这样的新产品,销量突飞猛进,这让分析师们大吃一惊。戴尔被认为是一家成长型公司,而惠普则是一家濒临倒闭的公司,随着戴尔开始走下坡路,惠普开始再次成长,两家公司的角色发生了逆转。

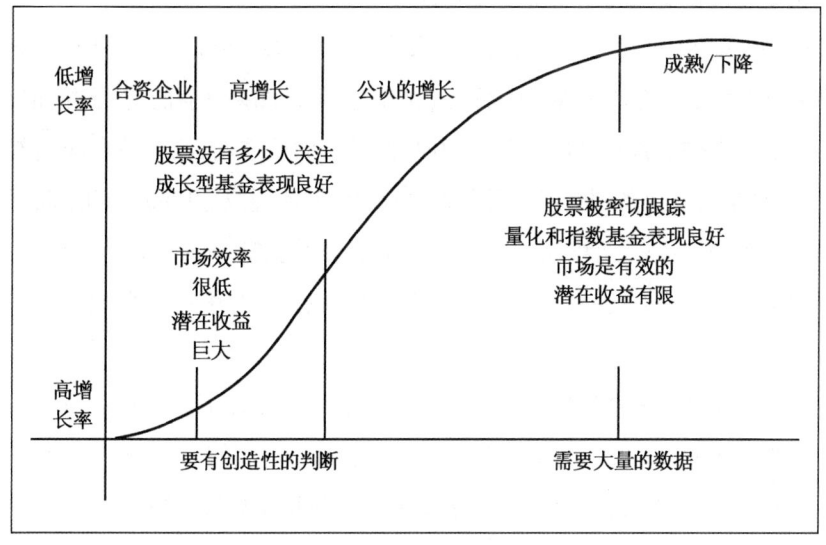

图 4.1　公司生命周期

另一个估计增长的好方法是把增长分解成各种因素。这有助于确定最终导致公司增长率的业务模式变化。最具挑战性的是销售预测,然后是最终的现金流。这个过程包括对 GDP 的分析,因为正如我们已经讨论过的,大多数公司的增长都与经济状况有关。所以:(1)继续按产品线对公司市场的增长预测;(2)分析市场的增长和公司市场份额的增长;(3)分析运营效率;(4)分析财务效率。

即使 GDP 只增长了很小一部分,一家公司也可以通过扩大市场吸引更多的用户,从而实现比 GDP 增长更快的增长。还可以看到,如果经济没有增长,市场没有增长,市场份额没有增长,公司仍然可以通过运营和财务效率增加收入和现金流。这将需要改变其固定成本水平,以获得经营杠杆。例如,公司可以外包一些生产以降低盈亏平衡成本。它还可以用更低的资本成本融资。它可以借入一些资金,以更低的债务成本为自己融资,而不是用昂贵的股权融资。这种增长因素突破往往被分析师所共同使用,似乎是一种更准确的增长预测方式。但对分析师来说,这也是一个挑战。得到每个因素的所有合理的增长估计并不总是那么简单;然而,在得到它们之后,可能会得到一个增长率,这是它的各部分之和。所以,可以估计 GDP 增长 3%,市场增长 4%,市场份额增长 5%,效率 2%,公司整体估计增长 14%。

虽然我们可以使用更好的多因素增长模型,但是行为偏差可以影响预期增长率 g,以及 k 所需的贴现率。随着股市上涨,增长率往往会提高;反之亦然。根据市场预期和交易流动性,k 本身可能会发生变化。

如果股票的成长性非常高,甚至令人难以置信,并且终值的变现时间不长,股票的终值才是现金流量现值的最大组成部分,但是如果终值的变现时间很长,其对现值的影响就微乎其微。无论如何,在股票估值方面,我们总是面临着挑战,而且经常会发生微利或者亏损企业估值"奇幻"的现象。1999 年的互联网股票就是一个令人难忘的例子,因为许多网络股的预期增长率都非常高,而这将导致其终值会异乎寻常的高。当然,绝大多数网络股都没有达到这种高估值,许多都倒闭了。

要进一步考虑复合估值和增长估计问题,必须假定增长因素中总有一系列的可能性。因此,如果它们都能起作用,就可能有一个高的估计,如果它们不能成功,就可能有一个低的估计。现金流量也应根据情景分析预测。例如,好的经济会带来更好的商业环境,从而带来更高的销售额、利润和现金流。经济疲软自然会导致销售额、收入和现金流的下降。你可能已经预见到了,看涨可能会导致股价走高的概率更高,走低的概率更低。行为主义者再一次将其视为期望理论。

情景分析中的偏态性也可能导致牛市向上和熊市向下的结果。下面的例子就说明了这一点。

假设投资回报的前景分为三个部分(看涨、中性、看跌),每种情况的概率都相同。看涨情景预计回报 10%,中性情景回报 0%,看跌情景回报 −10%。

预期回报率为 0%,如 $(0.33×0.1)+(0.33×0)+(0.33×-0.1)$。因此,如果预测销售增长,销售的预期回报将是 0% 的增长。增长率为 10% 的可能性为 1/3，但这将被可能性为 1/3 的 10% 负增长率所抵消。

如果看涨情景受到热捧(因为牛市继续上涨)，概率提高到 50%，而其他情景的概率各为 25%，预期回报率将是 2.5%[(0.5×0.1)+(0.25×0)+(0.25×−0.1)]。所以现在的销售额将增长 2.5%。

当然，复杂的问题是更现实的假设，增加看涨预期也会增加看涨预测回报，回报会大于 10%。因此，与其预测销售额只会增加 10%，现在可以假设一个更高的数字。为什么不是 15%？对于这种增加应该有一些合理的解释，但是如果它主要是情绪化的，那么可以很容易地做出一个被其他更乐观的人所接受的更高的预测。预测销售额增加将进一步提高预期的价值。

技术分析人员有时把改变牛市或熊市的整个过程称为"羊群本能"(我们在前面的例子中看到了这一点)。这种情况可能会自我反馈，因为基金会做出更乐观的预测，以免落后于竞争对手日益增长的回报率。上升的螺旋最终会以回调告终。在泡沫中，有证据表明，接近顶部的地方，较为乐观的预测是由不太了解情况的投资者做出的。

此外，一些分析师并没有从底部构建贴现现金流以获得内在价值，而是"锚定"当前的股价，并将其估值保持在接近该价格的水平。因此，当谈到证明股价处于高位合理时，"你想要收益，我给你收益"这句老话就不足为奇了。当许多现金流量贴现模型具有大的终值，让以往年度现金流分析的贡献相形见绌时，这个问题会愈发严重。

扭曲的情感世界

情绪化的市场会扭曲现金流的预测。分析师们倾向于通过锚定市场行为来乖离其贴现现金流。因此，我们并不总是确定在一个情绪化的市场中贴现现金流应该是什么样的。我们能得到更清晰的图像吗？我们可以通过考虑投资世界的不同阶段——贪婪、正常或恐惧——来做出调整。人们或许可以说，这种投资世界扭曲了现金流。

在图 4.2 中，最底部的图显示投资世界是扁平的，没有任何情绪。借用物理学的知识，能量存在或者 λ=1，回到我们简单的贴现现金流方程：

$$PV=FV/(1+k)$$

融合分析

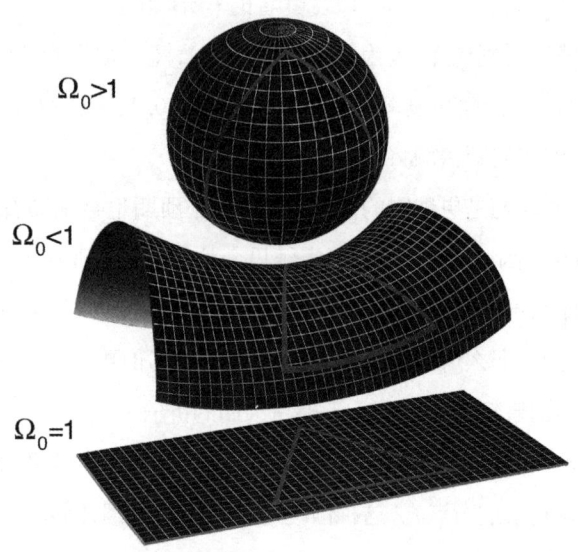

资料来源：由美国航空航天局/威尔金森微波各向异性探测器科研团队（NASA/WMAP Science Team）授权使用。

图4.2 投资世界

如果 FV 是120，贴现率是10%，那么 PV 就是109.09。

如果市场在图4.2中间的部分是悲观的，预期现金流就会减少。如果图4.2顶部的市场是乐观的，预期的现金流就会被夸大。我们可以把这个世界看作一个有时会膨胀或者压抑的正常世界。

那么，现金流如何调整才能从扭曲的情感转为更能反映现实的情感呢？可以将现金流公式除以市场中的能量或"炒作"常数。如果市场是理性的，我们会得到：

$$PV=FV/(1+k)$$

或 $\qquad$ 109.09/1.0=109.09

如果市场是乐观的，我们应该把109.09除以2.0得到54.55。在所有条件相同的情况下，股票就不会那么有吸引力了。同样，如果市场是悲观的，我们可以除以0.5得到218.18。这样，现金流就会比看上去更具吸引力。

实际上，一些现金流可能会上升或下降，但是贴现率也会发生变化。可能会有一些动态的影响。例如，120的现金流可能会增加。这将导致更高的现值。但是如果市场变得欢欣鼓舞，你会认为股票的波动性会增加，因此它的市场贝塔系数也会增加。因此,贴现率也可能增加,从而降低现值。现金流量的变化而不是贴现率的变化很可能是提高估值的主要因素。由于市盈率是市场吸引力的主要因素,因此可以得出这样的结论:市盈率反映了较高的销售收入,从而反映了现金流和增长率。较高的增长率往往会使市盈率上升或下降。在贴现率方面,股本成本所反映的资本成本不会在超额收益率或无风险利率方面出现太大变化,尽管会有一些小的调整。

因此,我们用一些因子调整了贴现现金流,它似乎是相当武断的,2.0表示乐观,1.0表示正常,0.5表示悲观。但是我们如何决定用2.0、1.0、0.5或者其他因素调整呢?我们如何知道市场是悲观的还是乐观的?在这里,基本面分析和技术分析两方面都有所帮助。让我们研究判断小盘股是否比大盘股更有吸引力的情况。小盘股的估值尤其值得关注,因为小盘股比大盘股更容易感情用事。它们通常被视为一种快速致富的方式,但也被视为在下跌市场中投资者为了寻求大公司的安全性和流动性抛售的标的。

要分析小盘股,我们可以回到T. 洛维·普莱斯模型,该模型显示,多年来,当小盘股的市盈率为标准普尔500指数的2倍时,它们往往被高估,应该卖出;而如果它们的市盈率为标准普尔500指数的1.0倍,则往往是好的买入机会。在市盈率为2的时候,我们用2的因子,在市盈率为1的时候,我们可以用0.5的因子。如前所述,其他股票也采用了类似的指标,如罗素2000指数市盈率(经负值调整后)与标准普尔500指数的市盈率比较,罗素3000指数的市盈率与罗素2000指数的市盈率等。这至少给了我们一个基本的起点。现在,让我们添加一个技术工具:情绪。

我们可以加入情绪指标,比如投资者情报公司的看涨指数比率。接近60%的高看涨指数往往是顶部,因此我们可以说市场是乐观的。让我们把现金流除以2.0的系数。(正如我们已经讨论过的,情绪可能需要平滑处理。)其他技术指标,如MACD线,可以用来确认小盘股是否有好的买入或卖出机会。请注意,我们可以开始创建一个技术工具包来告诉我们,从技术角度看市场是高估还是低估。无论我们的工具包是什么,我们可以说,当定价过高时,我们用2.0的因子调整贴现现金流量;当定价过低时,我们使用0.5。实际上,我们采用了分析师们看似准确的共识盈利预测,并指出他们的情绪可能扭曲了估值的范围。

我们一直在2.0到0.5的范围内使用相当简单(和极端)的因子。这样做是为了说明如何更好地调整一致同意的估计数。这意味着估计数实际上被高估了两倍或低估了一半,而实际上估计数可能被高估了不到两倍,被低估了不到一半。在这种情况下,可以使用更窄的范围,也许是 1.5 到 0.75。进一步的研究可以微调每一个产业。看起来实际波动范围最大的是投机性甚至是周期性的公司。对于市场指数来说,我们可以得到所有行业的加权平均数。由于市场市盈率表明其极端值为 10~20 倍,因此我们可以说基本情况是 15 倍市盈率。然后我们可以得出一个范围,大约是 0.65,即市盈率为 15.4 倍(10/0.65)和 1.3,即市盈率为 15 倍(20/1.3)。这是在假设收益从一开始就是正的前提下。然后假设理论上我们调整市盈率的估计所造成的情绪。你可能会奇怪,为什么我们要调整市盈率,而不是仅仅用 10 倍的市盈率作为未来买入信号,20 倍的市盈率作为卖出信号。事实上,这是市盈率因子的一个常见用法,低市盈率有助于确定买入信号,高市盈率有助于确定卖出信号。如果实际增长率更高,那么 20 倍市盈率仍然便宜的概念很容易受到影响。也许过去的增长率将不再是高点,而是被超越。当然,技术分析师可能会补充说,"我们又来了",并开始说"这次不一样了",这打开了情感陷阱。因此,技术工具的确认似乎表明极端的情况会出现,因此可以调整原来一致性的预测。经过调整,可以看到市场实际上并不是那么便宜或那么昂贵。

你也可以使用其他基准(如市盈率、股息收益率等)检查基本面分析方法。正如我们所讨论的,这些既是基本面指标,又是技术指标。虽然有许多事情需要考虑,但最有可能的组合是市盈率、情绪、MACD,甚至移动平均线,但这只是我多年观察得出的观点。然后可以基于一种类型的回溯测试定量地混合这些信息进行分析。

虚幻的现金流

我们假设现金流是真实的——而不是夸大或低估的。这意味着,可以用同样的方式看待收益。

我们可以称为市盈率膨胀或收缩,因为我们经历了某种"先有鸡还是先有蛋"的问题。是否夸大了收益,从而市盈率也被夸大了?我们可以推测,在繁荣时期,收益被夸大了,投资者很乐意支付更高的市盈率来调整这种高估。如果不是,为什么一开始就高估了收益?同样,低迷的收益似乎也会带来低迷的市盈率。我们一直在思考这样一个概念:仅仅因为收益或现金流增加,市场就会上涨多少?通过市盈率扩张,市场又会上涨多少?甚至是利用更高的收益和更高的市盈率扩张,市场又会上涨多少。无论现金流是受乐观情绪还是受恐惧主导,实际的现金流可能不是经济意义上的现金流。换句话说,我们可能会仅仅因为其符合公认会计原则而接受它们,从而犯了两个错误——高估/低估实际数量。这种收益的大幅上升似乎引发了市盈率的大幅上升;反之亦然。

这就是可以破坏贴现现金流分析甚至估值模型的原因。例如,由于会计伎俩,收益可能是一种幻觉,而现金流也可能具有欺骗性,因为它们不能反映真实的开支和支出。当我们做真正的自由现金流分析时,必须决定使用哪一种现金流。还有,我们应该使用现金流或收益获得经济价值吗?(一些人指出,就估值目的而言,收益好于现金流,这往往与传统观念相反。)[1]

我的观点是,分析师不仅会夸大收益,而且可能会视而不见,不深入挖掘其真实价值。为什么不呢?他们想要自己相信的故事。难怪投资者匆忙购买次级债券和互联网股票,当真实数据出来时才追悔莫及。

另一个需要考虑的问题是要使用的现金流的类型。人们可能会认为只有一个。最原始的通常表示为净收益加上折旧。虽然这是一种快速简单的现金流方法,但它也有一些严重的缺陷,其他现金流可以更好地解决这些缺陷。

自由现金流是一家公司在履行了所有义务后的真实现金流。自由现金流分为两类:用加权平均资本成本贴现的公司自由现金流与用股本成本贴现的股本自由现金流。

加权平均资本成本

加权平均资本成本由以下部分组成:(1)债务成本;(2)优先股成本;(3)股本成本(普通股);(4)其他形式的资本(包括租赁、可转换债券)。

虽然加权平均资本成本计算公式相当容易,但估算股本成本是一项挑战。你可以使用CAPM、戈登股利增长模型,甚至期权定价模型,但是,每种方法都可能给出不同的股本成本。

---

[1] Jing Liu, Doron Nissim, and Jacob Thomas, "Is Cash Flow King in Valuations?" *Financial Analysts Journal* 63, no. 2(2007).

公式 4.4：加权平均资本成本

$$WACC = K_d(1-t)\frac{D}{T} + K_e\frac{E}{T}$$

其中，K_d＝债务成本

t＝税率

D＝总债务(市值，如果有)

E＝总股本(市值)

T＝债务＋股本(市值)

K_e＝股本成本

下面的示例显示了加权平均资本成本的特定值：

未偿还债务(万美元)	200
股本账面价值(万美元)	150
股本市值(美元)	100万股，每股3美元
债务成本	8％
股本成本	15％
税率	35％

使用这些值，实际的加权平均资本成本(WACC)计算如下：

$WACC = [0.08 \times (1-0.35)] \times [2/(2+3)] + [0.15 \times 3/(2+3)]$

$WACC = [0.08 \times (1-0.35)] \times 0.40 + [0.15 \times 0.60]$

$WACC = 0.0208 + 0.09$

$WACC = 0.1108$

$WACC = 11.08\%$

(注：为了把握公司的现状，我们倾向于使用资本的市值而不是会计账面价值。)

股本自由现金流

股本自由现金流的一般公式如下：

净收入＋非现金费用＋利息费用×(1－税率)－固定资本净投资－营运资本净投资(不包括现金和短期贷款)。

请注意，我们增加了税后利息，因为即使是现金，也会重复计算它的成本，而

第四章
基本面分析中的估值方法

债务成本已经在加权平均资本成本中了。

公司会调整这个公式,但基本公式是相当标准的。也可以从其他措施开始,比如从财务总监和 EBITDA 获得公司自由现金流。有些可能会调整财务总监的数据,只使用影响损益表的项目,如应收账款、应付账款、存货和预付费用。即使短期借款的变化是流动负债,它也不会包括在财务总监调节方法中。

结果是一个预测的现金流,然后通过加权平均资本成本对其折现,以获得企业价值。由此我们可以进一步调整,主要是通过减去债务来获得股权价值。如果你把股权价值除以已发行股票的数量,就得到了每股的价值,这给了你一个将它与实际股票价格比较的机会。

现金流量贴现和自由现金流量估值实例:Ajax 公司

表 4.1 展示了一个使用虚构的公司 Ajax 的自由现金流示例。

表 4.1　　　　　　　　　　　　Ajax 公司

	Ajax 公司(百万美元)	
	2001 年	2002 年
销售收入	1 000	1 150
营业成本	500	510
毛利润	500	640
研发费用	100	102
销售管理费用	150	155
广告	25	20
经营收入	225	363
利息	0	0
其他收入	5	100
税前收入	230	463
税率(35%)	81	162
净收入	150	301
+		

续表

	Ajax 公司(百万美元)	
	2001 年	2002 年
折旧与摊销	50	55
WC	−10	−12
CAPX	−100	−102
融资	0	0
自由现金流	**90**	**242**
EPS(100s)	**1.50**	**3.01**

为简单起见,我们将假定没有利息或融资。不过,如果有融资,我们会在税后基础上增加利息。因此,如果利息是 10%,税率是 35%,我们将把自由现金流加回 10 倍×(1−0.35)或者 6.5 倍(在这种情况下,自由现金流是公司的)。

这笔现金流将由加权平均资本成本计算公式折现,并且必须根据未来年份的可能变化逐年计算。这就是企业价值,可以从中减去债务得到股权价值。为了简单起见,我们不考虑现金或其他经营实体,这是调整企业价值观。(请注意,我们没有用最小值或加权平均资本成本获得企业价值和最终的股本价值。)

贴现现金流量和自由现金流量估值实例:
新手公司(Newbie Company)

现在让我们看看另一个假设公司新手公司更详细的模型。我们将补充以前讨论中提到的其他因素。

假设从今天开始的一年内,新手公司的新服装产品温度控制(THERMO-CONTROL)的市场销售额有望达到 1 亿美元。温度控制服装自动将体温控制在舒适区内。它可以滑雪时穿,也可以在热带地区穿。利用技术上的突破,缝入面料的小型传感器可以自动调节温度。

确定市场可能包括预测产品的各种用途、约会等。它还可能包括人口统计学、收入水平、竞争产品、价格点、产品吸引力和监管问题。

接下来,我们来估计一下新手公司的市场份额。如果它是市场占有率达到 30% 的领导者,那么从今天开始,它的年销售额将达到 3 000 万美元。然后估计其同店销售额(Same-Store Sales,SSS)的增长。同店销售额反映了开业至少一年以上的门店带来的季节性销售额。新手公司是否会通过开设新店、授权许可、由专业连锁店经营等方式实现增长——或者是以上所有方式？换句话说，它会利用运营效率拥有和经营自己的店铺，还是仅仅在百货公司或专卖店销售？还包括决定这是否会影响公司的品牌形象和广告的性质。有时把产品卖给连锁店可能会降低利润率，但能让公司迅速获得市场份额。与此同时，如果被视为高端产品，向连锁店销售可能会降低其品牌形象。有些品牌可以两者兼顾，比如阿玛尼，它在高档百货公司如布鲁明戴尔百货公司（Bloomingdale's）销售某些商品，但在自己的商店里也销售同样的商品。

在这里，同店销售额应该按单位、价格涨幅和产品线分类。假设一年后，公司将拥有10家门店，每家门店的销售额估计为300万美元。基于此，我们预测总收入为3 000万美元。然后，我们估计20家门店的正常销售额为每家门店350万美元（增长16.7%），未来两年，因此估计销售额为7 000万美元。我们是怎么得到这个估计数字的？我们可以研究人口统计学和生活方式比较新手公司和市场。当然，我们可能会非常乐观，并以一种可能不会得到支持的坚定信念为基础夸大收益。在这一点上，新手公司是一个概念股，非常容易受到情绪投资的影响。大多数分析师对一种新产品的前景预测是错误的，这种预测最早可能在一年后出现。我们在创新型的Crocs鞋（洞洞鞋）上看到了这种投资挑战，一些对冲基金做空，随着股价大幅上涨而亏损。之后，其因基本面较差而暴跌。销售增加的因素还包括地域和产品扩张预期。新手公司会走向全国、走向海外吗？怎么做到？新手公司会利用自己的品牌形象，提供诸如太阳镜之类的配饰吗？它将自行开发这些项目或授权许可他人开发？它将如何营销？营销预算是多少？1999年，许多新成立的互联网公司预计将连续多年增长50%以上——Excel模型显示的也是如此。事实上，在几年之内，许多公司就倒闭了。

要对一个行业有所了解需要几年的时间。

考虑到这一点，我们可以做出一些销售估计，这甚至可以导致自由现金流预测；然而，在这个过程中，我们可以做出一定的利润率假设。我们假设未来的增长速度会比较缓慢，但是增加配饰产品线将会增加收益。我们还根据专业零售价格—现金流比率预测了终值。这通常是未来现金流量现值中最大的部分（80%～90%）。（这是一个容易下错大赌注的地方。）

我们计算了18%的加权平均资本成本,并假设公司债务为800万美元。我们也同意,用实际股本成本法计算这家公司的现值时,18%的贴现率是合适的。在决定我们是否应该买它股票的时候,18%的加权平均资本成本意味着股本成本很高,因为大部分资本来自股本。尽管如此,这并非不合理,因为它将开始提供风险投资家所要求的回报。

确定实际的股本成本涉及不同的方法,如CAPM、期权定价和正戈登股利增长模型。你也可以预测一下每年的资金成本。例如,在以后几年,随着业务的发展,新手公司可能希望以较低的资本成本利用银行借款资金。最初,银行可能会认为这家公司放贷风险太大;然而,随着公司业绩良好,银行可能会重新考虑。该公司可以低于18%的股本成本开展债券融资。事实上,股票的成本可能会开始下降,因为股票可能会变得不那么容易与市场起伏相关。这将降低其贝塔系数,从而降低公司的股本成本。表4.2是新手公司的工作表示例。

表4.2　　　　　　　　　　新手公司工作表

	新手公司					
	YR1	YR2	YR3	YR4	YR5	YR6
存货	10	20	30	42	47	50
同店销售额(百万美元)	3	3.5	4	4.2	4.5	4.6
总销售额(百万美元)	30.0	70.0	120.0	176.4	211.5	230.0
净利润率	0.25	0.2	0.18	0.15	0.12	0.1
服装销售收入(百万美元)	7.5	14	21.6	26.46	25.38	23
配饰收入	0	0	0	5	7	15
总净收入	7.5	14	21.6	31.46	32.38	38
非现金费用	2	2.8	4	5	5.5	6
流动资本	−1	−1.8	−3	−4	−4.5	−4.75
利息	0.5	1	1.5	1.8	2	2.2
CAPX	−10	−11	−12	−15	−7	−5
FCFF	−1	5	12.1	19.26	28.38	36.45
加上第6年FCFF36.45美元7倍的终值						255.15
总FCFF	−1.00	5.00	12.10	19.26	28.38	291.60
净现值(贴现率18%,假设流通股为100万股)						

续表

	新手公司					
	YR1	YR2	YR3	YR4	YR5	YR6
假设18%是合理的贴现率——承担的债务						8.00
股权价值						132.46

（假设股票交易价格为100美元，因为计算后该股价值132.46美元，你会买入。因此买入新手公司股票。）

如果股票的交易价格是100美元，我们会建议买入。新手公司的现金流分析显示价值为132.46美元，超过了当前的价格100美元。然而，这可能会让局外人感到不安；专业人士会重新审查结果。我们是正确的，还是市场是正确的？我们的估计是否过高，或者贝塔系数是否正确？此外，我们还需要了解市场是否需要根据情感曲率调整。如果出现负面的技术信号，我们就会倾向于这么做。

尽管Excel表格创建的数字会导致买入决定，判断因素也很重要。这个服装系列流行吗？配饰会有需求吗？这些问题的答案需要金融以外领域的经验。这些问题也使得有借口可以跳过数字。（因此，如果有人打算买入这只股票，在看过现金流之后认为这只股票没有吸引力，那么我们已经看到了通过提高现金流来获得买入信号的锚定方法。）你可以决定接受这些数字，但要说服装生产线是如此火爆，以至于很难量化。换句话说，根据概念购买或者根据预先的决定购买。另一个根本性的陷阱是只看表面数字。我们之前已经提到过这一点，尽管所有的数字都不是虚构的，但是我们需要足够的警惕。

在进行销售预测时，我们必须现实地预测成本。

为了估值的目的，费用应该"正常化"。初级分析师没有考虑到这一点，往往结转不寻常的成本或收入。最后，虽然我们可以计算收益和自由现金流，但必须假设竞争对手会采取行动从新手公司手中夺走市场份额，因为这是竞争市场的本质。

我们现在选择一个同行公司，看看新手公司在具体的财务指标上表现如何。如果现金流量与可比分析结果不一致，我们预计会出现差异。在目前阶段，我们可以假设技术指标将显示出这种迹象。例如，贴现现金流分析结果可能表示买入，但与此同时，市盈率和市净率根据历史范围被拉伸到很高的水平。这可能预示着购买狂潮正在上演。我们可能会看到，从技术上讲，可能存在超买指标，例如预计不会持有的陡峭趋势线，过多的看涨建议表明过于乐观，甚至动能指标可能没有得到证实。在这一点上,融合分析师将开始平衡使用基本面分析和技术分析。

对等群体分析

对等群体分析具有特殊的挑战,特别是挑选一个具有相似业务、客户和产品线的现实的对等群体(对标公司)。分析人士可能不同意这份名单,甚至不会使用非上市公司。[想象一下,分析上市公司好时(Hershey),而不使用非上市公司玛氏(Mars)——这是一个大错误。]此外,一些公司可能确实没有几个可以与之匹敌的竞争对手,因此真正的比较没有什么意义。这可能需要比较的不是生产线,而是复杂类型的生产线所固有的风险。例如,对于新手公司来说,竞争对手可能很少或者根本没有,所以我们可能不得不把新手公司和一家服装公司比较,这家公司也有一个新产品,比如说鞋子,即使它们不是完全相同的服装产品。

我们也可能需要调整会计方法,所以我们是拿苹果与苹果比较。一家公司可以使用 FIFO(先进先出法),另一家公司可以使用 LIFO(后进先出法)作为库存计账方法。我们还必须使收入和成本"正常化"。

许多咨询公司提供对等群体分析,如价值线和标准普尔。你很有可能会质疑它们的对等群体选择和会计调整;然而,对于不熟悉某个行业的人来说,它们是一个很好的起点。

专业人士会做出必要的调整,但这需要经验和耐心。一个例子如表 4.3 所示。

表 4.3　　　　　　　对等群体分析与 XYZ 公司

选择的公司比率	XYZ 报告比率	对等群体 (SIC 代码)	XYZ 调整比率	对等群体 (选择)
市净率	3.5	5.0	3.3	3.0
市销率	2	3	2	1.5
未来四个季度 市盈率	220	30	27	20
LT 增长率	20	15	20	20
PEG	1.1	2	1.35	1
价格/自由 现金流量	12	20	15	12

续表

选择的公司比率	XYZ 报告比率	对等群体（SIC 代码）	XYZ 调整比率	对等群体（选择）
价格/企业价值	1.5	2	2	1.2
XYZ 公司股价	低估		高估	

注：对等群体分析很棘手。使用账面价值会让我们得出错误结论。与使用 SIC 代码的同行公司相比，XYZ 显得便宜。

然而，当我们用更现实的同行公司调整会计数据，它显得昂贵。

对 XYZ 公司会计的调整包括从先进先出法直线折旧到同行的后进先出法加速自然折旧，可能还有其他会计问题。

对对等群体的调整包括使用行业 75% 的前 5 家公司作为更现实的衡量标准。此外，包括关键的非上市企业，排除异常值。

其他定性的调整包括客户类型（政府与私人）、地理集中度、类似生产线。

另外的挑战是在结果冲突的情况下权衡哪个指标更重要。如市净率显示很便宜；PEG 显示很贵。

最初，对等群体分析对 XYZ 公司来说看起来相当不错。XYZ 的市净率为 3.5，而同级组的市净率为 5.0。所以，从这个角度看，XYZ 更好看或者更便宜。在市销率方面也是如此，XYZ 的交易价格是销售额的两倍，而对等组的交易价格是销售额的三倍。所以，XYZ 看起来更便宜。这同样适用于较高的增长率，较低的 PEG，加上较低的价格/自由现金流和价格/企业价值。从所有这些因素看，XYZ 公司表面上看起来更便宜。在这一点上，我们做出调整，以比较财务质量，因为一家股价似乎便宜的公司结果具有更糟糕的价值。

现在我们可以比较一下存货和折旧的会计方法。注意，XYZ 公司使用先进先出法，在物价上涨时期比后进先出法获得更多的利润，这更好地反映了真实的利润。此外，加速折旧往往比 XYZ 使用的直线折旧更为保守。为了不使结果扭曲，我们使用可以反映大部分行业主要公司的 75% 这一比率。

决定如何处理异常值是一项微妙的任务，因为分析师可以在任何情况下包括或排除异常值。在牛市中，当价格上涨时，你已经决定买入股票，通过调整异常值来证明你的观点可能更具诱惑力。因此，如果市盈率高于整个行业，你可能会纳入更多的异常乖离值，这些乖离值几乎没有盈利，因此市盈率较高。这一过程将提高平均市盈率，或许还会提高整个行业的市盈率中值。这将使得购买原先市盈率高于同行的股票变得更容易,但现在的市盈率低于同行。(当然,对此有一些判断,但我们需要看到一个没有异常的离群事件的公平指标。)

请注意,调整是会计性质的。真正的挑战始于我们开始比较公司的品牌形象或管理质量。在这一点上,我们可能会看到,如果这些因素是好的,就值得为它们付出更多。如果没有,那么像品牌形象不佳这样的事情最终会降低公司的价值。一家公司的管理质量也是如此。在史蒂夫·乔布斯(Steve Jobs)掌舵的情况下,投资者是否愿意为苹果支付更高的价格?苹果的形象是否让你愿意为 iPod 付出比微软 Zune 更多的钱?

回顾过去,我们可以看到估值这门艺术可能导致不同的分析师使用不同的假设得出不同的结论。这不是物理学,所以估值可以采用旁观者的视角,技术分析将提供一个更客观,因此更优越的方法。

表 4.4 和表 4.5 显示了服装行业领先者拉夫·劳伦马球公司(Polo Ralph Lauren Corp)的关键基准数据。路透社网站上的基准数据将该公司与行业、板块和标准普尔 500 指数进行了比较。这是一个与同类公司比较过程中很好的开始。我们再次意识到,一些公司的生产线可能远离拉夫·劳伦马球公司,而一些可能更接近。

表 4.4　　　　　　　　　　拉夫·劳伦马球公司增长率

增长率(%)	公司	行业	板块	标准普尔 500
销售收入 (最近一季同比)	26.83	15.54	8.26	16.94
销售收入 (同比去年)	NA	13.22	9.68	17.46
销售收入 5 年 增长率	10.98	16.82	7.67	9.44
每股销售收入 (最近一季同比)	54.26	15.88	34.05	16.03
每股销售收入 (去年同比)	NA	14.34	23.13	22.60
每股收益 5 年 增长率	36.42	25.75	11.86	13.71
资本支出 5 年 增长率	8.56	14.47	3.02	6.29

资料来源:雅虎。

第四章
基本面分析中的估值方法

表 4.5　　　　拉夫·劳伦马球公司估值比率和比率比较

估值比率	公司	行业	板块	标准普尔 500
市盈率(TTM)	20.13	22.69	17.19	19.95
市盈率高点过去 5 年	NA	33.31	32.74	36.83
市盈率低点过去 5 年	NA	13.68	12.92	14.37
贝塔	1.31	1.17	1.23	1.00
市销率(TTM)	1.73	2.55	1.23	2.79
市净率(MRQ)	3.16	4.81	3.15	3.79
价格—有形资产账面价值比率(MRQ)	5.83	9.32	6.24	7.23
价格—现金流比率(TTM)	14.38	17.31	11.28	14.08
价格—自由现金流比率(TTM)	22.06	22.79	22.43	30.68
机构持有比率(%)	55.06	54.05	55.32	68.30

资料来源：同表 4.4。

请注意，拉夫·劳伦马球公司的 5 年增长率为 36.42％，高于所有其他同类公司。最近 12 个月的市盈率(TTM)比较便宜或接近于相关行业，只有同一板块比较便宜。使用 PEG，我们可以看到买入该公司股票是一个很好的交易。从价格—自由现金流比率看，拉夫·劳伦马球公司比较便宜。最近 12 个月的市盈率为 22.06 倍，低于其他同类公司。

分析师面对的主要挑战

虽然选择了一些关键数据讨论，但如果只挑选支持我们决策的因素，我们可能会遇到麻烦。我们应该遵守投资纪律，以保持一致性；然而，情况并非总是如此。分析师可能会以购买不符合他们投资原则的东西为借口开始破例，在这一点上，我们不得不怀疑行为偏见通过锚定影响我们的决定。

回到我们假设的服装公司新手公司，我们可以做一些进一步的评价。新手公司的产品，虽然是一个服装项目，但是并不类似于拉夫·劳伦马球公司的经典服装。新手公司应该更多地与科技公司相提并论吗？如果该初创企业正在引进一种全新的以技术为基础的布料产品，也许这可能是一个有效的观点。一些分析师可能不会把这种关联联系起来，从而错误地判断财务业绩。

真正的陷阱是，我们使用的是依据公认会计原则确认的收益。收入和支出可能出现意外，应被视为"一次性奇迹"，因此可能不会增加长期价值。这可能是一场工厂火灾，导致一条生产线暂时关闭，或者是出售不需要的土地，以增加收入。公司今天越来越多地报告依据公认会计原则和非公认会计原则确认的收益，以使分析师更好地了解经常性业务。此外，销售额质量可能不高，因为有些可能在重复过去，而其他可能是更多的一次性活动。

让我们来看看分析师所面临的其他挑战。

管理层

我们都希望所从事的领域有着专业化的设计和干净、道德的背景。因此，一家零售公司应该由经验丰富的服装业高管管理，而不是由没有行业经验的律师或投资银行家管理。一家生物技术公司应该有一名受过学术培训的专业人士担任研发主管，并有一个客观的科学顾问小组。最后，通过 Kroll 或者 Lexis/Nexus 搜索，可以查到一个干净的道德背景，同时希望看到广泛的管理团队也有类似的功能。管理丑闻或其隐患最初不见得有影响，但最终会降低销售额、利润和现金流。

市场营销

没有上过市场营销课程的金融分析师在预测一家公司的未来时处于极为不利的地位。还记得当戴尔只向客户直接销售，然后开始把它的电脑放在像百思买这样的零售配送中心吗？化妆品公司应该如何推销自己？它有好的品牌形象吗？市场预算应该是多少？把数字放在 Excel 框中只是第一步，除非你能在市场营销上做出正确的决定，否则数字毫无用处。

所以，如果适当的市场营销费用占销售额的 10%，而一家公司只占 5%，那么我们可以初步预见其有着更高的利润和稳定的现金流。问题是，该公司是否会因为营销预算资金不足而开始失去市场份额。

市场营销是相当棘手的，因为人们不能认为更多的市场营销会自动带来更高的销售额，而更少的市场营销会导致更低的销售额，两者都是线性的。此外，在市场营销上花费更多的钱可能不会帮助销售额超过一定的限度，但是削减开支会很快导致不利的销售结果(对于一些经济学家来说，这使得广告成了他们的出气筒)。

产品定位

许多分析师将产品定位作为选择有吸引力投资的基础。一些人会寻求"原动力"，或者说公司市场占有率排名第一是市场的主导者。他们将使追随者最终退出市场。这就是20世纪90年代末分析师们推荐互联网公司的理由。虽然从传统的估值衡量标准看，它们似乎确实非常昂贵，但争论的焦点在于，如果它们能成为第一批，并且增长迅速，那么销售额和收益将随之而来。在一个更成熟的行业中占据主导地位或者拥有主要的市场份额可以在一夜之间改变(回想一下Beta和VHS)。根据我的投资经验，我只强调投资一家独一无二的公司或主要参与者，而不是追随者。我的感觉是，无论是在当前市场，还是在最终的收购中，这些公司的股票最终都将获得溢价估值。这将增加公司在贴现现金流中的终值。

研发投入

这通常是当前的支出，直到将来某个时候才会有结果。对于那些必须达到分析师预期收益水平的公司而言，捏造这一数字以提高短期收益的可能性很诱人。作为一个粗略的经验法则，当考虑一个成长型公司时，研发费用应该占销售额的10%。有好的研发和糟糕的研发，所以需要看到这方面支出的质量和数额。为了增加收入和现金流，可以很容易地缩减这一类别，但是就像市场营销一样，随着产品竞争力的下降和市场份额的丧失，未来可能会付出代价。这种损失将转化为较低的销售额、利润和现金流(再强调一遍，专业的管理和对被收购公司的分析不可或缺)。

资本支出

这个概念类似于研发，如果没有购买适当的机器装备产品，就很容易地质疑未来的前景。最终，质量可能会受到影响，这可能导致市场份额的损失。你可能在账面上得到一家廉价的公司，但是如果它没有获得 ISO 9000 制造标准的认证，最终将会因为那些符合标准的竞争对手而付出失去合同的代价。更难确定的是资本支出的正确水平，它应该超过折旧额，特别是使用直线折旧法时。没有超过折旧率意味着公司甚至不能满足通货膨胀环境下的替代需求。

还可以将厂房和设备资本支出和折旧与对比组的平均使用寿命比较。然而，在试图解决公司未来竞争地位时，会更难以预测未来的资本支出需求。根据行业的变化，资本支出可能会出现量子跳跃。例如，新的环境法规或技术突破可能只允许较大的公司拥有足够的资本来满足未来的需求。资本支出占自由现金流的很大一部分，但短期内很容易通过削减支出来回避。自由现金流可能会更高，但话说回来，未来要付出的代价是什么呢？所以，你实际上可以面对管理层，尽管目前 1 000 万美元似乎够了，但 2 500 万美元应该是标准。此外，可以事后猜测管理层对环境法规、生产方式和其他领域的期望。

第五章　估值仅仅是开端

用估值模型确定股票价格是投资过程的一个良好开端。然而，专业人士知道这只是一个开始，而不是一个完整的过程。事实上，对估值模型的短视可能意味着人们看到的是一棵树，而不是一片森林。数据必须根据质量和会计问题调整。更重要的是，我们必须对公司的前景做出正确的判断。这也给回溯测试过程蒙上了阴影。你可能会听到一些机构声称"我们将收益与没有相关性的某些指标相关联"。"再说一遍，哪个收益？"一般公认会计原则，非一般公认会计原则，还是经济非一般公认会计原则？收益是否经过调整以满足需要，它们是否经过时间延迟以显示这些影响？不这样做就意味着只能根据可能不再有效的数据做出假设。股票价格可能已经预料到其中一些问题，技术图表可能开始显示出后续趋势。

当基本面看起来不错，但股价似乎没有反映出来时，分析师和股东有时会感到沮丧。通用电气就是这样一个例子吗？分析师抱怨称，即使 2002 年后市场开始上扬，通用电气的股价表现仍落后于标准普尔 500 指数，见图 5.1。

2000 年之后，通用电气相对于标准普尔 500 指数的表现有所下滑，然而人们认为它的收益一直不错——为什么？事后看来，这个问题的答案似乎应该包括一些通用电气用来增加利润的自由会计措施。这一点在《福布斯》等商业出版物中被提及，即通用电气存在各种各样的会计问题，包括应收账款准备金不足，从而人为地提高了收益。

资料来源：Stockcharts.com 授权使用。

图 5.1　1996—2010 年通用电气股价走势

"该公司一直在通过另一种方式以计提亏损准备金的形式削减其贷款收益，占应收账款的比例从 2003 年的 2.9％降至 1.1％。金融咨询公司风险矩阵集团 (RiskMetrics Group)估计，将这一比率提高到 2％将需要税后 40 亿美元。通用电气说，它一直在增加消费贷款准备金，以使其与违约情况保持一致。"[1]

这段关于通用电气的简短讨论的目的是，作为一家美国大公司，通用电气的会计存在问题。在某种程度上，报告的数据对投资者的有用程度可能不如后来被披露的已知会计问题。你会相信哪个数字？技术分析师已经告诉你有内幕了吗？

分析师的学习曲线

请注意，基本面研究可能令人筋疲力尽，因为分析师必须查看来自行业和公

---

〔1〕　Helen Coster and Daniel Fisher, "Does General Electric Deserve Its AAA rating?" *Forbes*, October 27, 2008.

第五章
估值仅仅是开端

司的大量数据,然后对其进行调整,以获得切合实际的经济效果。此外,大部分烦琐的工作通常会给擅长处理数据的新手或刚毕业的 MBA,但他们仍然不够老练,以至于无法理解真实的数字。我们经常称这是一条学习曲线,对于分析师来说,在他们变得更加老练之前可能需要几年的时间。有些知道老板和客户想要听到的答案,并为数字化工作奠定基础,并发挥作用。还有基本面看起来不错,但股价并没有正常反映。经验丰富的基金经理可能不得不将分析师召回并讨论为什么这可能不是购买股票的好时机,因为这并非完全符合定价,甚至可能价格过高。

因此,一些公司可能会为新入门的商学院毕生提供广泛的培训计划。希望通过先期的教育,他们可以开始形成一些良好的判断。他们将被分配任务和案例,然后由更多经验丰富的专业人员评估,但大多数人最终会被淘汰。因此,一些基金公司可能会有一项政策,只雇用至少有五年从业经验的人——假设他们已经经历了一些波折并变得更加精明。否则,培训成本可能并不值得。

某些技术工具可以帮助做出潜在更好的投资决策。他们可以通过在看似永久改善/恶化的财务状况中分配买卖点来帮助减少虚幻的估值。这些技术工具包括以下措施:(1)使用振荡指标进行动量分析;(2)依赖移动平均规则;(3)江恩角;(4)十字线反转;(5)峰值逆转。

这些工具和其他工具将在稍后进一步讨论,但我想说明技术分析在实际投资中的可能用法,即落刀。

落 刀

应对股价大幅下跌是对基本面分析的挑战。基本面观点可能在一夜之间发生根本性变化,并出现恐慌情绪。几个星期前分析师们趋之若鹜加仓买入并视为美餐的股票如今突然暴雷,扎堆卖出。

技术分析师称股价暴跌为落刀——落下的飞刀。股价高启的热门股票面临坏消息袭击时,很容易落入落刀模式。

江恩分析中的落刀

基本面分析和技术分析可以应用于落刀的情况,此时热门股很快就会变得不受欢迎。让我们回顾一下 VimpelCom(VIP)公司的真实例子。

该公司在20世纪90年代是俄罗斯的早期移动电话运营商,1996年在纽约证券交易所上市。由于充分的理由,它吸引了投资者的浓厚兴趣。市场普遍看好新兴市场。在公司层面上,东欧地区的电话线需要很长的等待时间,而且在苏联解体后,通信的效率不如无线通信。最后,收入的增加将导致更多的电话用户。

1998年夏天,俄罗斯拖欠债务,当时新兴市场的股票价格下跌。VimpelCom的股价在1998年第四季度因用户下降后急剧下跌。该公司在其年报中报告:

尽管俄罗斯面临经济危机,VimpelCom的每年总用户增长大约为13%。截至1998年12月31日,该公司莫斯科网络的用户数量为124 037,而1997年报告的用户数为110 140。VimpelCom莫斯科电信网的用户数量在第四季度下降了约12%,而据报道1998年9月30日用户为141 600。[1]

分析师关注的是VimpelCom的客户由于无力付款而快速流失。该公司1998年年终报告显示:

VimpelCom在1998年有非常高的流失率,其中54%是在俄罗斯经济危机后发生的。该公司继续采取严格禁止非付费客户使用的政策,这些用户占了1998年预期流失客户的近三分之二。

突然之间,投资者从极度看涨变成了悲观,导致股价像落刀一样暴跌。虽然最初人们需要更多的无线通信,但情绪转向了"这又如何"的态度。虽然有需求,但没有人支付电话费,所以公司没有利润。

让VimpelCom雪上加霜的与该公司更具体的基本面有关。根据首席执行官乔·伦德(Joe Lunde)的措辞,VimpelCom的技术已经过时:

由于其DAMPS技术无法与主要竞争对手使用的GSM完全竞争,因此该公司也遭受了损失。最初该公司不得不采用DAMPS是由于频率不足,监管机构不会在同一区域颁发多个GSM许可证。[2]

因此,VimpelCom的股价在1998年因俄罗斯经济问题大幅下跌。基本面预测显示其前景堪忧,但技术分析师在1998年11月23日提供了一个很好的切入点,后来VimpelCom的价格反弹了。

---

〔1〕 VimpelCom year-end report 1998. http://about. beeline. ru/media/About_eng/annual%20reports/ar1998. pdf(accessed October 5,2011).

〔2〕 "Interview with Mr. Jo Lunder,CEO of VimpelCom/Beeline,"September 4,2002,Winne, http://www. winne. com/topinterviews/beelineman. html (accessed October 5, 2011).

引入挪威 Telenor 和俄罗斯 Alfa 集团这两个战略合作伙伴,有助于公司的重建和股票价格的恢复。[1] VimpelCom 改用 GSM 技术,并变得更加国际化,在 1999 年,在莫斯科及其周边地区仅用了六个月的时间就建立了一个 GSM 网络。[2](它还通过其 Beeline 的品牌名称增强了良好的品牌形象。[3])

在落刀的情况下,你必须决定是否买入,如果决定买入,在何时买入。价格暴跌意味着某种终极厄运以及任何剩余价值都可能消失。换句话说,天空正在坠落。无论是股价将变为零,或者你有合理的预期,即基本面仍然足够大,足以为公司带来一定的价值。基本面如此阴沉,你可能想借助技术分析确定潜在的买入点。

图 5.2 显示了郁金香和熊有限责任公司(Tulips and Bears LLC)的技术分析师抄底的优秀分析。观察点位于图 5.2 第一部分右下角的圆圈中。

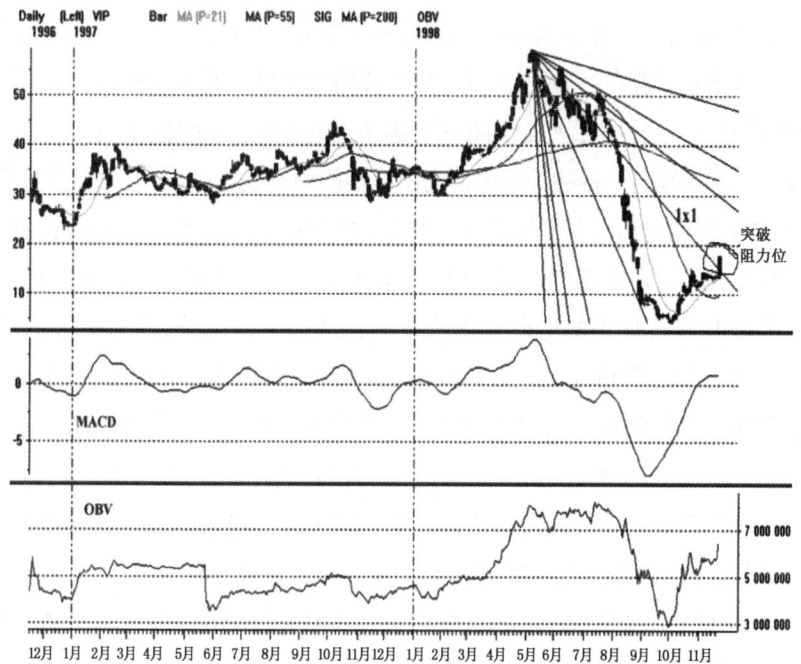

资料来源:经郁金香和熊有限责任公司授权使用。

图 5.2 1996 年 12 月至 1998 年 11 月 VimpelCom 股价走势

---

〔1〕"Interview with Mr. Jo Lunder, CEO of VimpelCom/Beeline," September 4, 2002, Winne, http://www.winne.com/topinterviews/beelineman.html (accessed October 5, 2011).

〔2〕Andrei Musatov, "Vimpelcom 'Pulls Through' Despite Crisis Setbacks," *The Russian Journal*, October 18—24, 1999, 13.

〔3〕Interview with Jo Lunder.

随着股价上穿GANN 45°线，该股突然脱离下跌趋势。因此，尽管原来该股维持在50多美元的价位，但它在图5.2中跌至10美元以下。买入点在15美元左右，因为45°线(1×1)被突破。低于该线是卖出信号；其上方是买入信号。VimpelCom自8月以来首次收于GANN 1×1阻力位(15.43美元)上方。股价突破50日移动均线。MACD日线向上移动至0，发出买入信号。能量潮指标(OBV)自10月初触底以来处于强劲上升趋势。OBV上涨确认反弹价格，因为没有负背离。还有其他技术指标证实了买入信号，这些指标包括上涨趋势指标RSI和随机指标。该基金成功地融合了各种技术方法确认买入信号，股价随后走出新高。

VimpelCom 1998年分拆后股价低于0.1美元，之后反弹到2007年年底的近45美元。随着2008年全球市场的抛售，2009年初的股价跌至5美元，接着因全球市场反弹翻了一番，一年后，达到每股20美元。(我在这里加入上述图表分析，很大程度是因为在跌破10美元的底部投资情绪是负面的，与顶部50以上区域的乐观相反。这也由经纪公司和投资者决策的变化中反映出来。)

由于GANN出于各种交易考虑而出现不同的斜线，其中一个挑战就是平滑各种斜线引发的趋势。我们通常会取高点，然后画一条45度线，股价在该线下方发出卖出信号，在上方发出买入信号。同样，一旦我们做出决定，我们就取低点(这里是10美元以下的低点)，然后画一条向上的45度线，买入信号高于45度线，卖出信号低于45度线。如你所想，如果你为每一个小小的变化都做这件事，它会导致很多交易，这意味着额外的交易成本可能会侵蚀利润甚至造成损失。(见图5.2)。GANN用户可能会使用专有方法选择更广泛的价格趋势，例如从30美元到50美元这样的高价。注意到在1997年有30美元到40美元的几次反转，所以其他技术因素可能有助于分析师做出买入和卖出的决定。

有人可能会补充说，在情绪市场中，基本面估值通常会跟随价格趋势，因此缺少转折点。[1]

恐慌性抛售

恐慌性抛售与落刀相似，价格急剧下跌；但时间可能相当短暂，可能只有一

---

[1] John Palicka, "Introduction to Fusion Analysis", *Technically Speaking*, June 2005.

第五章
估值仅仅是开端

天或几天。[1]虽然价格急剧下跌,但可能很快恢复。交易者可能会推测其出现的可能性,特别是如果它被认为是最多下降一天或几天。

总的来说,无论是买入还是卖出,都可能需要综合考虑技术因素和基本面因素:

(1)从技术上讲,这些恐慌性抛售标志着转折点,证明了相对高的交易量并表明了极端的恐惧和贪婪。

(2)通过法玛-弗兰奇(以及其他估值标准),这些股票可能表现出好的/差的估值。与其之前的头寸相比,恐慌性抛售中的急剧价格变动使标的股票用市净率和规模衡量获得好的估值,因为价格倾向于向一个方向显著移动。

根据著名的技术分析师约翰·J.墨菲(John J. Murphy)的定义,恐慌性抛售是在图表底部发生的重大逆转。"它通常是一次下跌行情的剧烈转变,所有泄气的多头最终被迫在市场上放量卖出。随后没有抛售压力创造了市场的真空,价格迅速上涨,以填补真空……虽然它可能不会标志着下跌的市场的最终底部,但它通常表明已经看到了明显的低点。"[2]

恐慌性抛售可能源于基本面信息,例如对公司公告的盈利前景失望。乐观的PEG和DCF模型然后大幅缩减估值。一旦出现下跌,股票可能会达到有机会产生未来风险调整后的超额收益(阿尔法)的估值水平。

恐慌性抛售挑战有效市场假说的半强有效形式。在这种形式下,历史财务信息不会有助于产生阿尔法。我们也可以假设它会挑战弱有效形式,因为恐慌性抛售使得股价大幅下跌。然而,基于知名技术分析师对"恐慌性抛售"的长期观察似乎提供了良好的回报机会,技术股票分析师罗伯特·D.爱德华(Robert D. Edwards)和约翰·马吉(John Magee)在其《股票趋势技术分析》(Technical Analysis of Stock Trend)表明,"对于那些避开市场顶端看涨转折的交易者来说,这是一个收获的季节,他们有储备资金来收购恐慌性抛售的股票。"[3]

这些价格水平将显示更有吸引力的估值因素,提供产生阿尔法的机会。基于法玛和弗兰奇的研究,有吸引力的基本面因素显示相对较低的市净率和较小

---

[1] John Palicka,"Introduction to Fusion Analysis",*Technically Speaking*,June 2005.
[2] John J. Murphy,*The Technical Analysis of the Financial Markets*(New York:New York Institute of Finance,1999),92.
[3] Robert D. Edwards and John Magee,Technical Analysis of Stock Trends,8th edition(New York:AMACOM, 2001),171.

的市值。[1]有些人还声称,市盈率较低的股票能够显示未来的风险调整回报。这是基于长期以来,低市盈率表现优于高市盈率股票的信念。我们还可以将市盈率从高到低作为一种情绪从乐观转变为悲观的指标。

法玛解释了这些因素的有效性,指出估值极值之间的趋同可以合理地解释,因为某些投资者(法玛和弗兰奇信徒)预计会出现这种情况,一只股票已经转型为成长股后因为投资者对基本面恶化感到惊讶,从而非理性地大幅抛售。[2]因此,投资者最初的期望过于乐观了,接受了比较昂贵的比率,例如市净率。似乎法玛的工作是识别行为金融的影响。

华尔街行为金融知名观察员詹姆士·蒙蒂尔(James Montier)曾评论说:"如果股价下跌,那么在理论上,如果分析师的初始价格目标是正确的,那么购买它就应该变得非常吸引人。实践中,分析师实际上是为了应对当前市场价格的下跌而降低其目标价格。"[3]蒙蒂尔将其定义为"评估某物与它的近似程度有多大可能性的倾向"。[4]

这可能部分地解释了股票在更低水平的交易意愿。其他行为因素也可能发挥作用。即使双方产生相同的百分比,损失的风险也可能不等于收益的风险。25%的损失比25%的收益更加痛苦。在恐慌性抛售时,我们可能会将公司的问题与另一个出现可怕结果的问题联系起来。有些人可能会很快说,"它是另一个雷曼兄弟",尽管这些问题可能不会变得很糟糕。(证据显示许多金融机构股价从2009年3月的低点反弹。)

图5.3强调了Impath这家在2001年4月经历了恐慌性抛售的临床实验室。这种情况与收益让人失望有关,但很快在随后的反弹中被证明对交易者有利。(几年后,大规模的公司欺诈导致Impath进入破产和清算程序,以恐慌性抛售启动另一个有利可图的机会。)

请注意,股价从46美元左右大幅下降到30美元左右。另外还注意到日交易量达到了300万股以上,远远高于过去50万股以下的水平。基本面进入法玛-

---

[1] Eugene F. Fama and Kenneth R. French, "The Cross Section of Expected Stock Returns", *Journal of Finance* 47(June 1992):427—465.
[2] Ibid. , "The Anatomy of Value and Growth Returns", *Financial Analysts Journal* 63, no. 6(2007), CFA Institute.
[3] James Montier, *Behavioural Finance* (Hoboken, NJ: John Wiley & Sons, 2002), 9, 11, 79.
[4] Ibid.

第五章
估值仅仅是开端
95

资料来源：Stockcharts.com 授权使用。

图 5.3　Impath 公司 2001 年股价走势

弗兰奇所说的能产生潜在超额风险调整后回报的区域。华尔街和主要基金持有人因收益下调和大量抛售而变得沮丧。

4 月底，当 Impath 股价跌破 30 美元时，短线交易者为什么会买入该股？该股的市盈率和市净率在接近 30 美元的恐慌性抛售最低点时明显更具吸引力，吸引了价值投资者和技术分析师。预期市盈率为 26 倍（标准普尔 500 指数的 1.2 倍），最近 12 个月市盈率为 33 倍（标注普尔 500 指数的 1.3 倍），市盈率为 3.3 倍（标准普尔 500 指数的约 60%）。

就在恐慌性抛售出现前几个月，Impath 的股价达到了 60 美元，绝对和相对估值都高得多。在恐慌性抛售之后，股价又有了很好的回升，实现了盈利。Impath 股价展示了因恐慌性抛售出现的技术机会。从根本上说，估值更具吸引力,行为机会可以利用(具有讽刺意味的是,后来,在 2003 年的恐慌性抛售中,由于管理混乱,该股从 20 美元左右跌至 1 美元以下! Impath 被迫申请破产,并最终出售了资产。该公司偿还了债务,当时股票在公告牌上以"DIP"或"债务人持有"的身份交易,因此每股约有 5 美元的剩余价值留给股东)。

持有 Impath 三只最大的基金都是由积极型基金经理管理的,这可能意味着卖盘很快。如果这些基金都是指数型基金,我们认为快速出售的可能性不大。如果这些基金更多的投资成长股而不是价值股,就意味着出售的可能性更大(见图 5.3)。通过采用建立下行趋势线阻力的技术措施(2 月 58 美元,4 月 48 美元),短期价格目标 40 美元将是现实的。

恐慌性抛售正变得越来越普遍,尤其是随着对冲基金越来越多地使用动量策略。在恐慌性抛售中,尽可能尝试低价买入股票,并利用衍生品对冲风险,即购买具有尽可能接近-1.0 弹性的保护性看跌期权。如果股票没有期权,就可以从其他证券中创造合成期权,或者交易者可以设置一个止损点。行为上,当交易者屈服于持有亏损个股太长时间的处置效应时,他会坚持止损吗?因此,即使交易者设置了卖出止损点,如果他错了,股票下跌了一定的数额,面临处置效应,他可能不会这样做,或者在最后一分钟战胜它。交易者可能不愿意承认自己错了。交易者也可以买入看跌期权。因为预计反弹很快就会到来,所以交易者倾向于看低 θ 或时间,然后买入近期的执行价格(使德尔塔接近 1.0),以及即将到期的期权。

在 Impath 的例子中(见图 5.3),在出现恐慌性抛售后如果我们在 30—31 美元介入反弹交易,我们最好做一个关于何时获利的技术决策。就财务指标而言,在相当长的一段时间内,新的基本面因素可能并不明显起作用。从技术上讲,人们认为阻力位在 35 美元,因为这是 3 月的支撑位。所以我们可以在交易成本之上 4~5 美元的价位获利回吐。现在,我们也可能是错的,所以我建议在买入价格下设置 2 个止损点,然后如果错了就带着小小的损失离开。这将保护我们免受股价进一步下跌的影响。如果可以买一份看跌期权,那么我们应该做一个3∶1 的权衡。如果收益是 5 美元,而看跌期权成本是 1.50 美元,那就是超过了3∶1 的比率,应该使用衍生工具。如果看跌期权的成本是 2.50 美元,那么我们将只有 2∶1 的比率,这表明风险与回报的比率并不是那么有吸引力。在这种情况下,我们会利用止损来减少损失。

根据我的观察，恐慌性抛售对交易者来说是一个有利可图的机会，但是仍然没有保证。那天股票可能不会反弹，但是，我会在股票开盘一个小时左右买入。在这里，我们预计最大的抛单开始减小，因为现在有足够的时间更好地匹配订单。当然，股价可能只是在几天后反弹，这可能会挑战利润，因为你的止损点可能会在股价反弹前触及。在我看来，第一个恐慌性抛售是最好的介入机会，因为它很可能会产生之前不存在的厌恶感。如果另一个恐慌性抛售发生了，比如说，在一年之内，我会后退，因为投资者上次看到了反弹，而这一次可能不会那么急于在困境中抛售。在未来看到更多坏消息时，人们不应感到惊讶，因为恐慌性销售往往会引发一种有时被称为"蟑螂理论"的投资概念：当你看到一只蟑螂（失望）时，你很快就会看到另一只。

经济事件交易

交易者喜欢玩事件游戏。即将发布的经济数据，比如每个月第一个星期五的就业数据，通常会导致股指期货、债券和大宗商品在早上 8:30 前后的大幅波动。交易者还会利用美联储会议记录、CPI 等交易。在行为上，交易者认为他们可以正确地预测这些事件并从中获利。

利用预期收益发布的方法被称为标准化意外收益（Standardized Unexpected Earning，SUE）交易。在这种情况下，短线交易者有时会对一家公司发布的盈利数据及其对股价的影响进行投机。如果收益不错，股价可能会大幅上涨；如果它们令人失望，股价就会暴跌。对于交易者来说，这些波动可以在很短的时间内带来丰厚的利润。收益公布后还能获得经济回报吗？一般而言，利用经济事件交易的回报如何？

有一些证据表明，人们可以做到这一点，因为消息并不总是能以应有的速度被消化吸收。有些消息可能不会影响股票价格，比如会计变动。技术分析师会说，随着越来越多的投资者认识到这些消息的正确性，这些股票就会形成趋势。这种趋势可以利用，因为消息不会立即调整。在行为上，一些人被迫采取行动也许只是为了挽回面子。一个收入过高而实际收入较低的人可能会向客户表明，他们正在通过出售部分或全部头寸节省资本。同样，好消息和没有头寸表明你错过了船期。因此，你可能不得不至少积极地细嚼慢咽，以表明你和其他拥有这只好看股票的聪明经理一样,都是"与程序同行"。

标准化意外收益

收益事件已经被研究了很多年,有一些证据表明,交易者可以在新闻发布后获得回报。[1]然而,有些人认为,这些回报实际上是市盈率效应等其他因素的函数。虽然一些交易者擅长在公布前预测收益,但另一些交易者认为标准化意外收益方法很重要,因为分析师的预测和意外收益都被记录了下来,这比仅仅根据过去的收益进行线性推断要好。然而,使用两种方法比单独使用一种方法要好。[2]

交易者可以通过技术工具利用标准化意外收益的基本原理,而标准化意外收益的开发[3]可以通过动量指标优化。

$SUE = FE_t /$标准差

$FE_t =$时间周期(t)的预测误差

　　=实际收益报告-预期收益的估计

因此,如果 ABC 公司的预期收益为 3 美元,而报告收益为 5 美元,那么它的预测误差是 2 美元(5-3)。

投资者肯定对 2 美元感到惊讶。如果过去的错误标准差是 0.80 美元,这个惊喜是值得注意的,因为是 2.5 美元(2/0.80)(如果标准差是 4 美元,那么标准化意外收益是 0.50 美元,这是个小小的惊喜)。

在收益公布之前,交易者不能利用标准化意外收益,因为这可以被解释为交易非公开信息资料,即内幕交易是非法的。然而,有证据表明,"意外收益的大小与股票超常收益率之间存在直接的关系"。[4]因此,正的标准化意外收益倾向于推高股价,而负的标准化意外收益倾向于拉低股价。

从技术上讲,短线交易者可以通过 IBES 扫描高标准化意外收益,"操纵股票",直到振荡指标[如相对强弱指数(RSI)或快速随机指数]达到极端的超买/超

---

[1] Reviewed to 1997 by Lawrence D. Brown, "Earnings Surprise Research: Synthesis and Perspectives," *Financial Analysts Journal* (March/April 1997):13-19.

[2] Alina Lerman, Joshua Livnat, and Richard R. Mendenhall, "Double Surprise into Higher Future Returns," *Financial Analysts Journal* 63, no. 4 (July/August 2007):63-71.

[3] Gordon J. Alexander, William F. Sharpe, and Jeffrey V. Bailey, *Fundamentals of Investments*, 3rd ed. (Upper Saddle River, NJ: Prentice Hall, 2001), 374-377.

[4] Ibid.

卖条件,短期相对强弱不再确认随后的股票高/低成交量。从行为上看,一些机构可能会试图通过采用较长期的估值方法(比如选择市盈率较低的股票)避免同行压力带来的风险,以便根据事件进行短期预测。虽然这种方法在短期内可能并不总是受欢迎,但这种方法有助于避免行为压力,并获得良好的长期效果。[1]

作为一个例子,我们可以回顾 NCI 公司(NCIT)。

表 5.1 显示了 NCIT 在 2010 年 2 月 17 日下午 4:05 在商业电讯(Business Wire)上公布的收益。它们看起来不错,因为管理层将收益预期从 1.74 美元提高到 1.82 美元。

表 5.1　　2010 年 NCI 公司第一季度和全年收益情况

	2010 年第一季度	2010 年全年
收入(百万美元)	115～120	530～550
稀释后每股收益(美元)	0.37～0.39	1.74～1.82

表 5.2 显示,2010 年的预期与雅虎财经页面显示的共识一致,分析师的收益预期为 1.78 美元。到目前为止一切顺利。不过,第一季度业绩低于预期,因分析师报 0.39 美元,管理层略有下调,报 0.37～0.39 美元。

表 5.2　　2010 年 NCI 公司收益预测

收益预测	当季收益 (3 月 10 日)	下一季度收益 (6 月 10 日)	当年收益 (12 月 10 日)	明年收益 (12 月 11 日)
平均预测(美元)	0.39	0.43	1.78	2.00
分析师数量	11	11	12	8
最低预测(美元)	0.38	0.41	1.71	1.89
最高预测(美元)	0.42	0.45	1.88	2.13
一年前每股 收益(美元)	0.34	0.37	1.55	

请注意,在表 5.3 中,分析师已经将季度收益预测从 7 天甚至 90 天前的 0.41 美元下调到了 0.39 美元。此外,人们可能会质疑,分析师是否真的展示了其真实收益,而不是其核心信念——有时被称为"耳语"式的收益。

---

[1] Richard S. Pzena, This concept is discussed in "Behavioral Biases and Investment Research". http://www.cfapubs.org/doin/ pdfplus/10.2469/CP.V1995.N7.7

表 5.3　　　　　　　　2010 年 NCI 公司每股收益趋势　　　　　　　单位:美元

收益趋势	当季收益（3月10日）	下一季度收益（6月10日）	当年收益（12月10日）	明年收益（12月11日）
当前预测	0.39	0.43	1.78	2.00
7 天前	0.41	0.43	1.78	2.03
30 天前	0.41	0.43	1.78	1.99
60 天前	0.41	0.43	1.78	1.99
90 天前	0.41	0.43	1.78	1.99

第二天,该股开盘走高(见图 5.4 中的圆圈;以分钟为单位显示)。在半个小时的时间里,该股在前一天收盘价接近 28 美元的水平上交易,实际上超过了 28.80 美元。(因此,一些人认为收益不错,但他们最有可能考虑的是全年收益。)

交易者认为季度收益疲软,于是卖出或有机会卖空。到上午 11:30,股价跌至 25.60 美元左右。那么,股价是否立即调整了呢? 此外,人们是否可以如此迅速地交易——或许在算法上以及人力上都是如此。这是一只市值为 3.5 亿美元的小盘股,每天交易 6.8 万股,流通量为 610 万股。这只股票在一分钟内只交易了大约 1 000 股。因此,一只大型基金可能不能正面交易,然而,标准化意外收益的研究表明,小盘股受益更多。[1]

注意,峰值价格在 RSI 上有卖出信号,大于 70(图 5.4 圆圈处);在低于 30(圆圈处)水平买入或空头回补。这些都得到了快速随机指数和 MACD 的支持,它们会每分钟调整。然后可以在底部反转买入,在 27 附近再次得到卖出信号,相对强弱指数为 70,快速随机指数和 MACD 峰值也有助于确认。

因此,我们可以总结一些关键点。我们关注哪些收入,它们是否经济地呈现出来? 这些估计数字是公布的还是实际数字? 我们是否应该只进行某些标准化意外收益交易,比如小盘股? 在这些区域,行为压力是否更加明显? 我们是不是应该做一些算法交易,这样可以非常迅速地完成电子交易,或者让人类来完成? (本书稍后将讨论算法交易。)我们应该做交易还是投资? 总是有人类交易员觉得他们拥有神奇的灵感,这本身就使得技术分析起作用,因为他们屈服于愚蠢和情绪。

[1] Brown, et al..

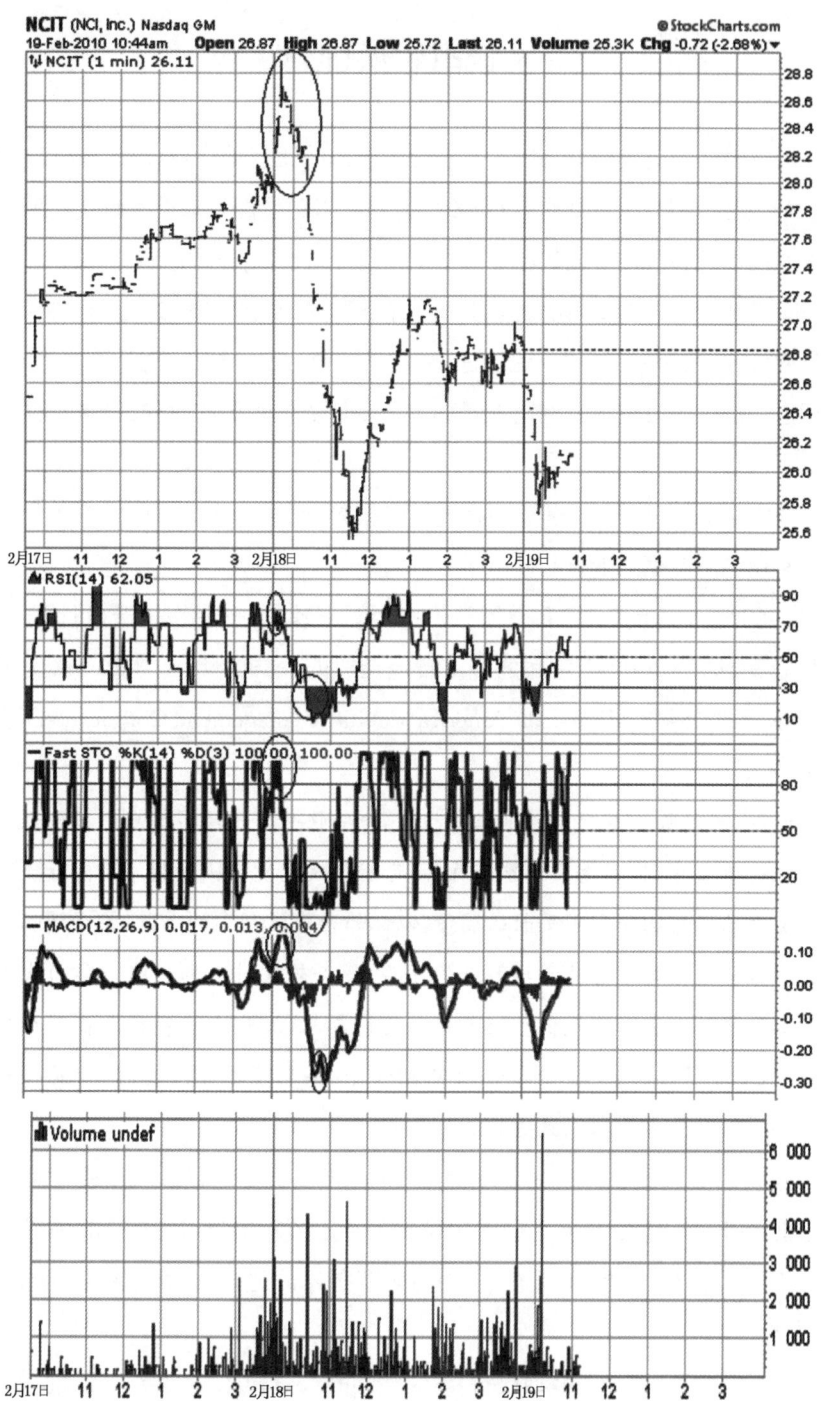

图 5.4　2010 年 2 月 NCI 公司股价走势

案例组轮换排列

经济趋势的变化自然会导致某些行业或部门比其他行业或部门更受重视。另一个战略是利用一个受欢迎的群体,这个群体似乎拥有基于不断变化的经济数据的投资机会。这个团队现在可能是单向行动,但是根据这些新的数据,他们可能会转向。这一转变可能是由于基本经济数据(如利率)的变化。这种变化可能是危险的,因为随着股价上涨,估值往往会上升;反之亦然。对于交易者来说,利用这一点已经太晚了。到基本面发生变化且变化明显的时候,股票价格已经改变了方向。

技术分析可以帮助交易者更好地做出基本面决策,因为技术上,有多种方法可以利用经济数据的变化。

2003年6月至7月期间,债券价格大幅下跌,因此利率上升(见图5.5)。事后看来,这是2002年年底的经济衰退造成的。2003年8月20日,美国互惠资本管理公司(Mutual of America Capital Management Corporation)总结如下:

最近,固定收益市场出现了很多动荡,一些收益率出现了历史上最剧烈的波动。收益率上升,原因是经济预期改善(可能导致通货膨胀和利率上升)的消息,以及美联储不愿购买期限更长的国债,以此作为降低利率的手段,推动债券价格走低。这些高收益率是从春季触及的45年低点转变过来的。收益率曲线上短端债券的收益率上升速度低于较长期限的债券,这反映出市场预期在可预见的未来,低利率将保持在这一水平。2年期和10年期债券之间的利差(或收益率差)达到了20多年来从未见过的高位。[1]

当时的美联储主席本·伯南克在2003年7月23日演讲《不受欢迎的通货膨胀率下降》时发表了对利率上涨的预测。这肯定会让债券市场感到焦虑,因为市场已经嗅探到利率上升,伯南克警告称进一步通货紧缩可能会损害经济。

"今天我想分享一下我自己对'不受欢迎的通货膨胀率大幅下降'前景的看

---

[1] "Economic Perspective," Mutual of America Capital Management Corporation, August 20, 2003.

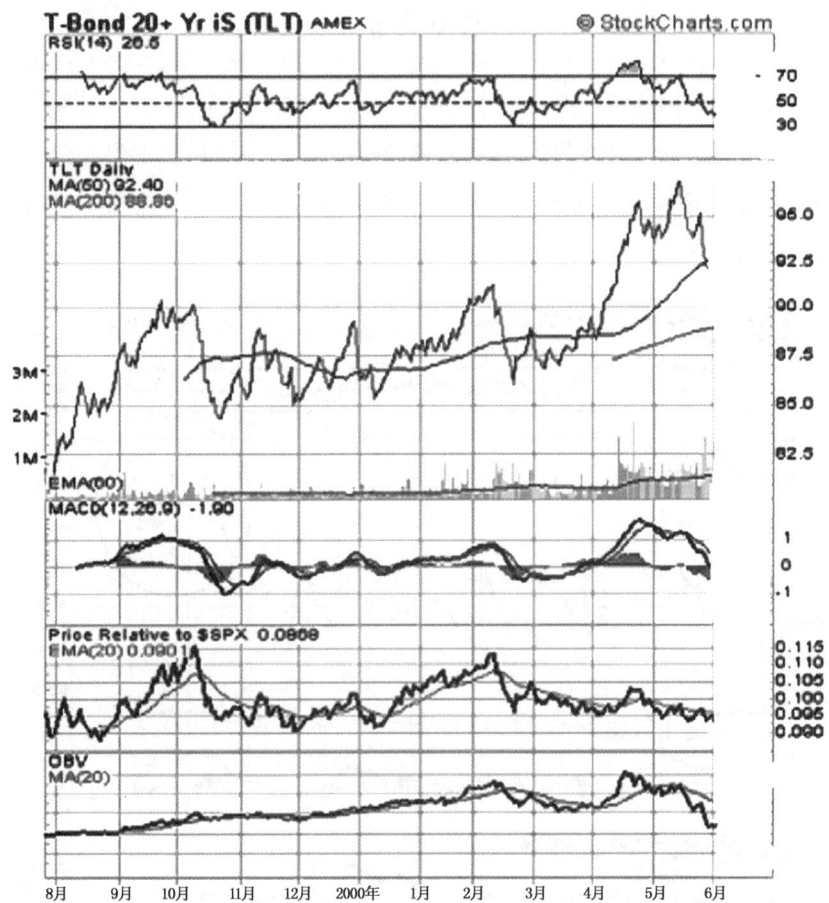

资料来源：Stockcharts.com 授权使用。

图 5.5　2002 年 4 月至 2003 年 7 月 20 年以上美国国债走势

法——特别是为什么通货膨胀的大幅下降确实不受欢迎；为什么会有进一步通货紧缩的风险，尽管该风险'小'，但不应忽视；而这种下降即将意味着采取何种货币政策。"伯南克在演讲的后面暗示，"在未来某个时候，如果一切顺利，通货膨胀会稳定下来，利率也会开始上涨。"[1] 那么债券基金经理是先行动还是后问问题？考虑到这样一种情况，交易员认为利率现在已经准备好上涨，或许因担心更多的通货膨胀加剧。

---

[1] "An Unwelcome Fall in Inflation?"Remarks by Governor Ben S. Bernanke, Before the Economics Roundtable, University of California, San Diego, La Jolla, CA, July 23, 2003.

做空债券

也许一个使用技术分析的交易员看到了这一点(见图 5.6)。一个向下倾斜的头肩形态显示债券价格即将下跌,因此利率上升。将头部拉向领口并减去它打破领口的位置——3.5 点(97－93.5)。然后 93 减去 3.5 点,我们将 89.5 作为债券的价格目标。

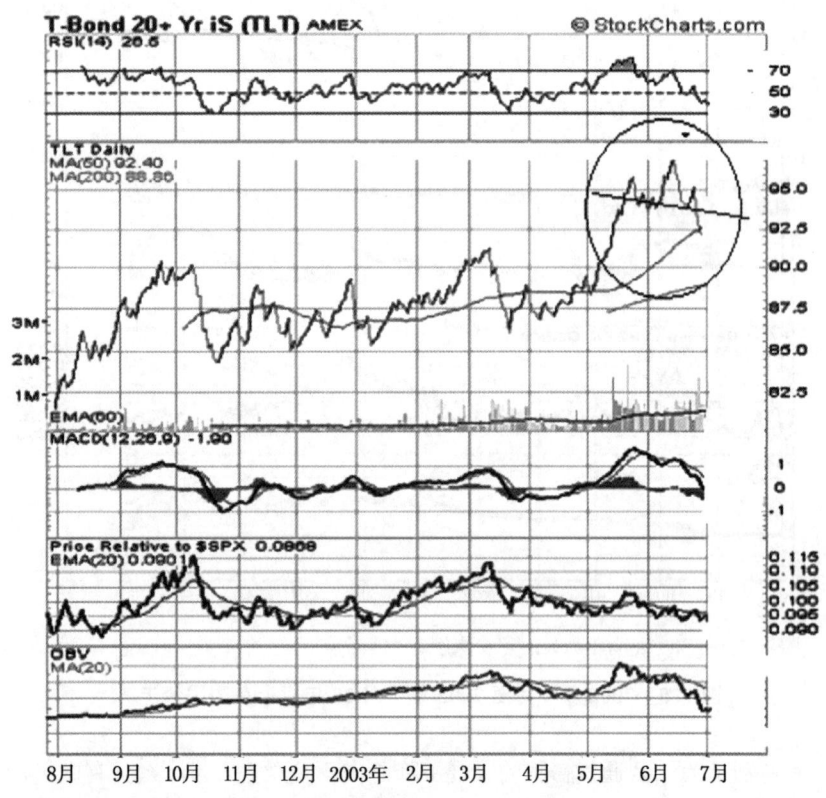

资料来源:Stockcharts.com 授权使用。

图 5.6　2002 年 4 月至 2003 年 7 月的 20 年以上国债头肩形态

我们也可以使用取整数的技术分析工具。一些交易者将整数位作为指导,所以我们将目标价格定为 90。请注意债券触及该点位并且在进一步下跌之前暂时从该水平反弹。因此,在 93 点卖空给我们 3.5 点(3.76%)或约 3.8% 的交易成本。

我们本可以做得更多,因为头肩形态通过其他非常负面的措施证实了这一点，因此使我们有动力看空至93下方。由于6月TLT的上涨高峰未得到证实，RSI有负的底背离没有相应的较低峰值的相对强弱指数。MACD仍然处于卖盘信号模式，因为MACD没有穿越其移动平均线（见图5.7）。

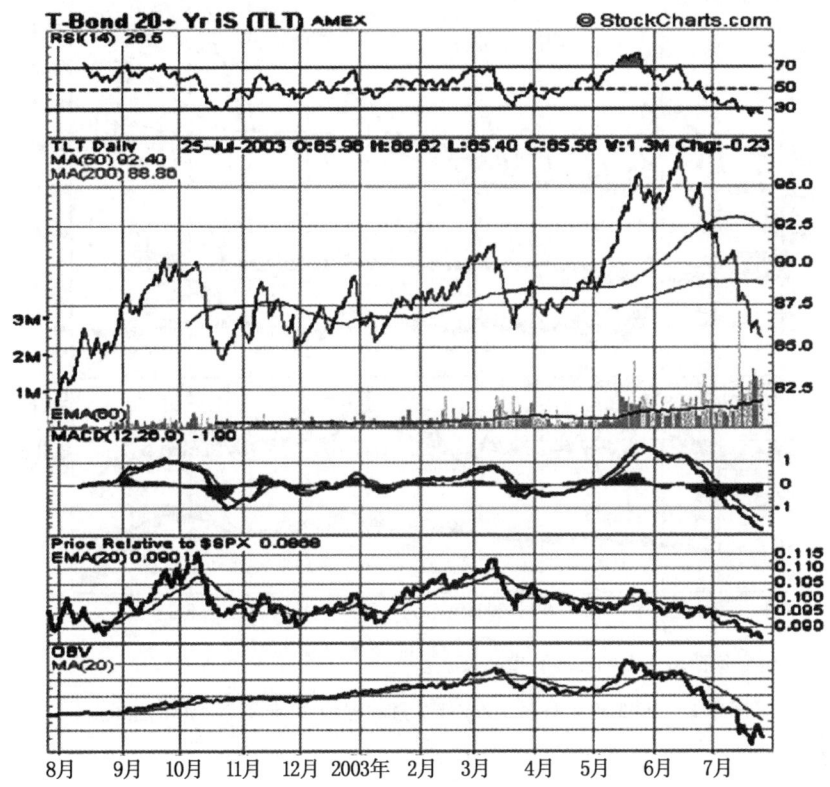

资料来源：Stockcharts. com授权使用。

图5.7 2002年4月至2003年7月20年以上国债

尽管如此，债券价格还是不会保证下跌，所以人们可以在短期内买入看涨期权，或者做一个简单的心理止损，即我们之前的分析。我们可以保持在85.0左右持有空头头寸，因为这是4月水平支撑的位置。我们可能会尝试在87前抵补空头头寸，因为从4月开始会有一些短期支持（见图5.8）。

到现在为止还挺好。如果我们在87左右抵补空头头寸，那么至少有3.8%的收益，也许更多，达到6.5%。因此，预期的价值可能会在交易成本覆盖之前达到5.1%的中点。如果流动性强，我们可以假设TLT往返交易成本为1%。我们还能做什么？如何与股市进行配对交易？

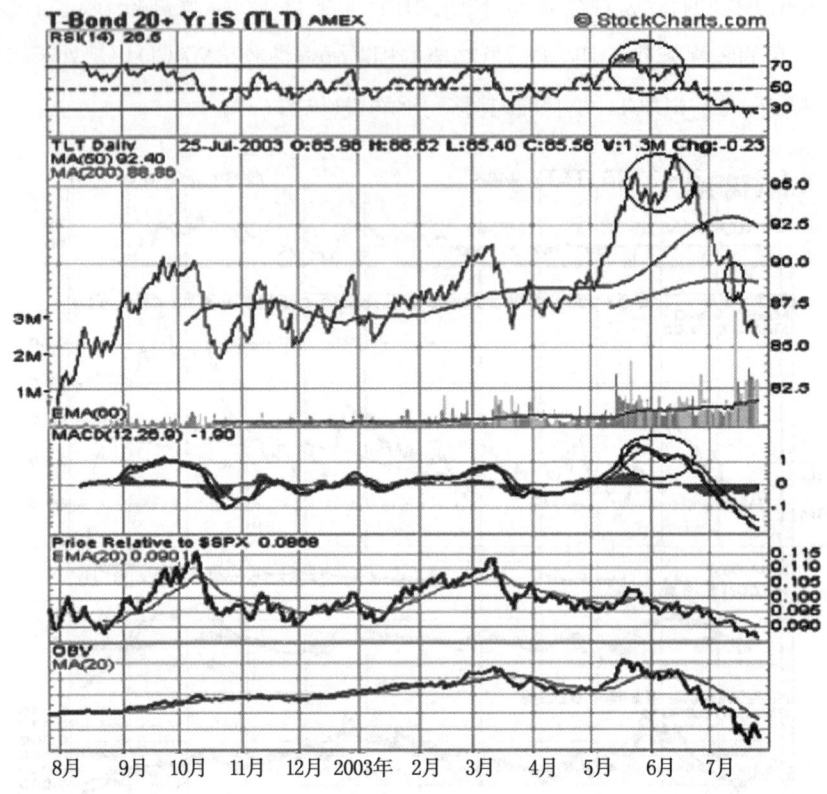

资料来源：Stockcharts.com 授权使用。

图 5.8　2002 年 4 月至 2003 年 7 月的国债 20 年期以上（带注释）

配对交易

债券领涨股票，但并不总是在短期内。事实上，即使通货膨胀回升，经济反弹也可能会对股市有利，因为这意味着公司的定价能力更强，利润更高。只有当经济达到充分就业和充分生产时，价格上涨导致通货膨胀和美联储加息。虽然利率走高，但交易者可能推测股市会上涨或者做得更好。因此，通过在标准普尔 500 指数上做多并卖空 TLT 可以完成一组配对交易（见图 5.9）。请注意，在大约一周内，扣除交易成本前获利 10%，所以减去 1% 即可获得 9% 的利润。

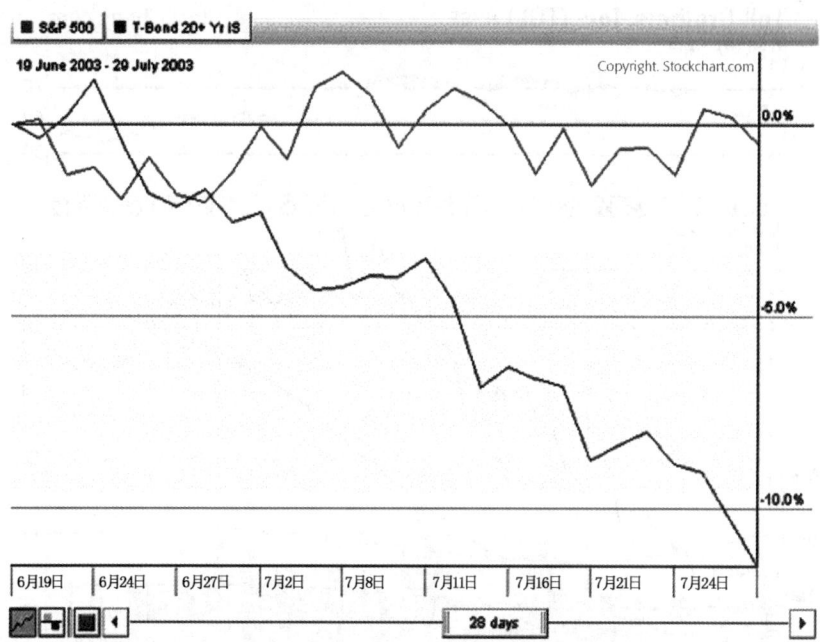

资料来源：Stockcharts.com 授权使用。

图 5.9　业绩图——业绩相互比较图

做空住房类股票

与先前的行动不同，疲软的债券前景可能导致交易者卖空住房类股票，因为反应行动最初将损害房屋建筑商的前景。同样，恢复经济可能会增加抵押贷款利率，但是就业的数量会增加，收入的增加可能会让更多人购买房屋。尽管如此，短期内利率上涨趋势对于房屋建筑商来说是负面的。正如人们可以推测的那样，短期相关性假设可能是一个挑战。

看下住宅建筑商图尔兄弟公司(Toll Brothers)的股价走势(见图 5.10)，你会在 6 月底做什么交易？你的决定只是为了短期交易，还是为了长期的战略转变？为什么？

我们也看到一个头肩形态和在 14 美元左右做空的机会。假设你在这张图中找到一个不会达到 13 美元的点。怎么办？等待？

在交易成本之前，在 14 美元获取 0.5 个点或 3.5％的利润吗？这是一个危

融合分析
108

资料来源：Stockchares.com 授权使用。

图 5.10　2003 年 4 月 7 日至 7 月 28 日图尔兄弟公司的股价走势

险的等待，因为交易可能会波动。我会采取小的收获并继续处理另一种情况。不过，人们可能会坚持做空，因为相对强弱指数出现负背离，而且 MACD 的读数为负，且仍然为负，MACD 处于移动均线下方（见图 5.11）。

基本面不太可能会如此迅速地提供任何有意义的指导。显然，投资者可能会预见到更高的利率并开始卖出过程，但在如此短的时间内提供确切的基本估值水平将是困难的。人们必须有更长远的前景。

在这种情况下，似乎交易员在使用基本面和技术指标方面会处于劣势。

那我们试试其他的东西吧。周期性如何？

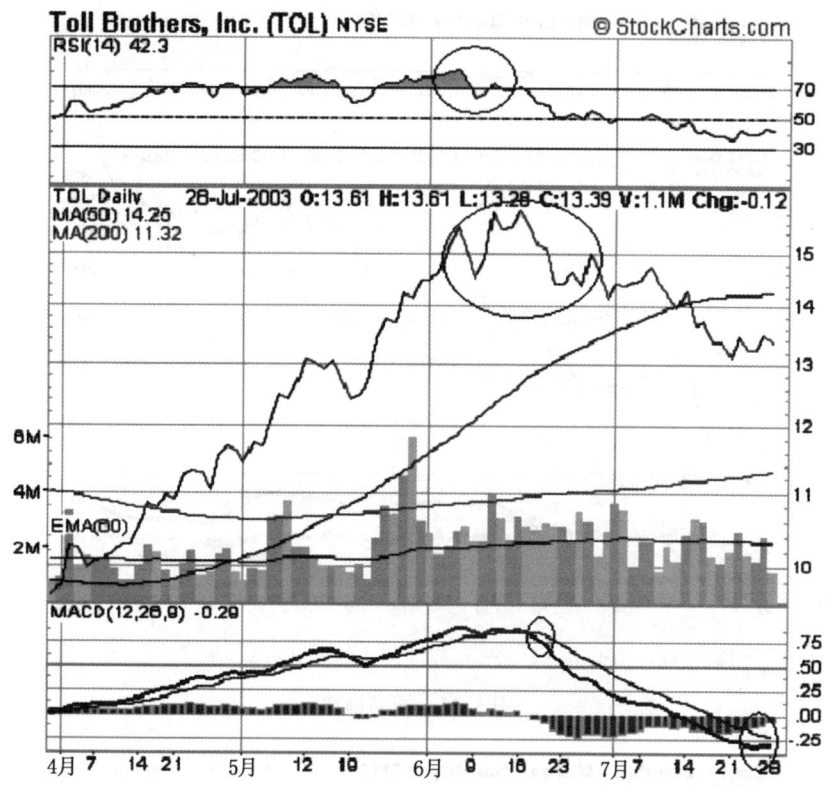

图 5.11　2003 年 4 月 7 日至 7 月 28 日图尔兄弟公司股价走势(带注释)

买进周期股

如果通货膨胀正在回升,大宗商品应该表现良好,我们可以发挥周期指数或 ETF CYC 的作用(见图 5.12)。注意 MACD 的阻力和买入突破。在 CYC 上做多。你能明白为什么吗?

债券市场的疲软也导致了图 5.13 所示的走势。投资期限为一周的短线交易者必须根据 5 个月的图表走势确定是进入买入还是卖空周期。注意 7 月 21 日突破的买入信号和 MACD 的确认。

一个有一年视野的投资者呢? 将周期性作为与住房类股票"双向交易的另一面"是否有意义? 短期交易可能需要更多地关注技术分析,而不是基本面分析。

从长远来看,可能会在 575 美元的阻力位上方买入。因此,购买 CYC 的价格为 515 美元,可能持有至 575 美元,涨幅为 11.7%(见图 5.14)。然而,这对交

融合分析

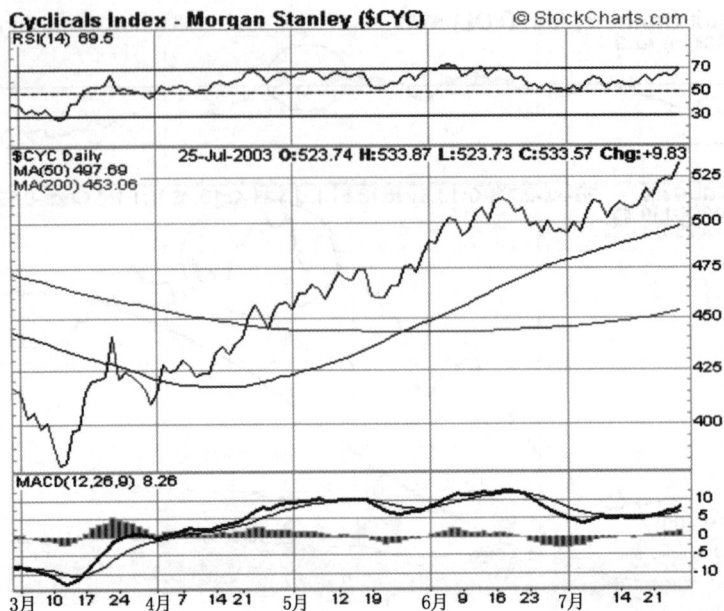

资料来源：Stockcharts.com 授权使用。

图 5.12　周期指数

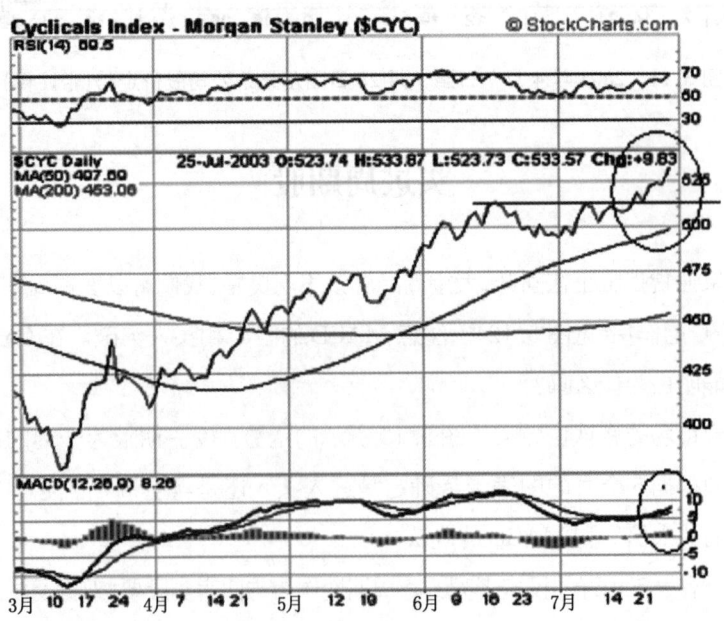

资料来源：Stockcharts.com 授权使用。

图 5.13　周期指数

易者来说有点牵强。虽然阻力看起来合理,但对一些交易者来说可能需要很长时间。当然,我们可以用看跌期权等方式套期保值,但为了保持我们的分析简单,我们假设最终交易是一笔买卖。但是在哪里?

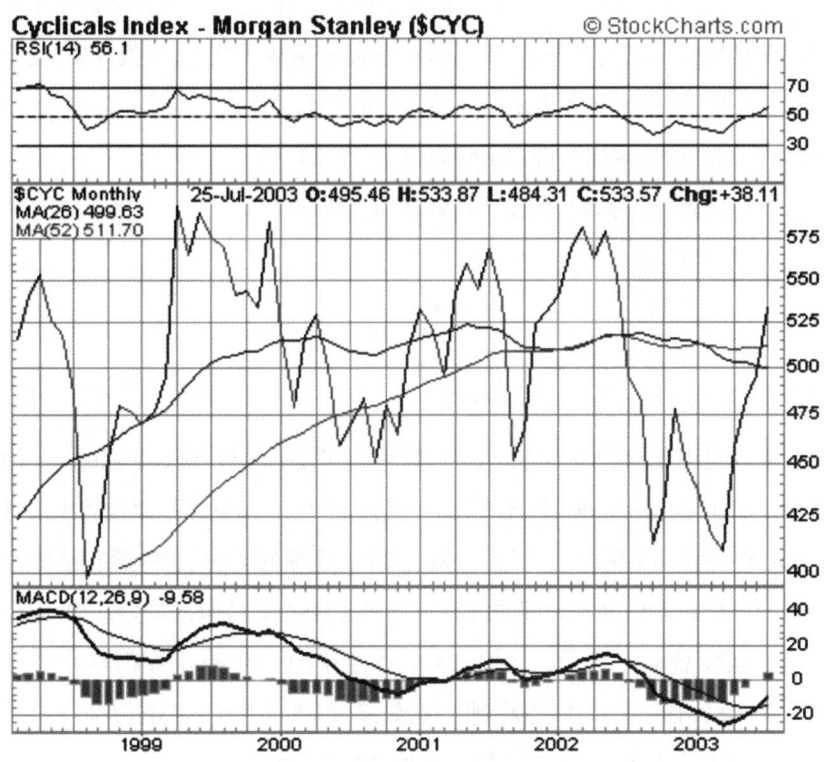

图 5.14　1999 年至 2003 年摩根士丹利股价走势

最有可能在 530 附近卖出,因为 RSI 接近卖出信号。另外,MACD 柱状图显示出 6 月 9 日的近似阻力(见图 5.14 底部的柱状图)。好的,那么假设我们在 515 美元时买入以 530 美元的价格卖出或者在交易成本之前获得 2.9% 的收益。

针对 CYC,我们将通过分析衍生策略保持这一点,因为我们也可以做互换并消除做实际交易的交易成本。例如,我们可以做一个互换来交换股票与债券或周期性股票等的回报。这将更多的是对冲基金和其他机构而不是散户的操作手法。

决策树时间

那么,交易者应该采取哪种行动?她应该选择决策树的一个分支,所有的分支还是其中的一部分？做空债券？配对交易？卖空住宅类股票——如果是的话,哪一个？跨市场并购买 CYC 或在 CYC 上买入看涨期权？做所有的上述交易或只做某一些交易？

在这一点上,我们也可以开始使用算法交易系统,它可以在许多市场和许多情况下每秒执行一次这种操作。也许我们可以聘请数学博士,摆脱人类交易员。这是过去几年的趋势,因为大量的交易现在都是通过算法完成的。然而,正如俗话所说,"垃圾入,垃圾出",规划正确的决定是关键。

让我们回顾一下我们例子的选择和预期回报：

做空 TLT	3.8%
配对交易	10.0%
做空 TOL	3.5%
购买 CYC	2.9%

这对交易看起来像是最好的交易,但它具有债券和股票收益之间相关性的高风险。CYC 的回报最低,但比 TOL 更具流动性,并且更容易通过衍生工具对冲(TOL 也更容易出现特定风险)。做空 TLT 也很好,但这意味着收益率曲线假设成立。如果我们随着时间的推移玩这些类型的交易包,该怎么办？假设我们的平均回报率为 5.0% 减 1% 的交易成本,我们在一到两周的工作中得到 4% 的回报。让我们将这段时间缩短到两周,如果没有复利,我们会得到 26×4%,即一年的回报率为 104%。由此我们必须减去潜在的损失。

许多交易者都认为基本面研究很重要,但数据的不确定性和时间上的简短性经常让人失望。此外,基本面可能无助于短线交易头寸。技术工具可以为交易中的潜在利润甚至资产分配制定具体行动。这可能与基本面相矛盾,因为很多交易者可能不愿意早早承认利率实际上是一个问题。

完成我们的例子,我们可以开始考虑流动性投资组合约束等其他因素。如果所有权重均等,可以采取加权平均来得到 5.05% 的预期值。我们也可以使用贝叶斯推理来更新结果和它们的概率。由于新的信息,概率可能不再相同,但我们会适应新的概率。这可以带来更好的决策,但我们必须假设新的概率得以维持。如果没有,这个好处自然就会消失。

第六章　投资、交易和黄金

个人交易者往往不能在交易中创造良好的记录,因为他们相对于机构交易者总是处于不利地位。[1]

一些关键差异存在于行为上,即赢家卖得太快而输家拿的过久。业余爱好者不愿意承认自己错了,并且更有可能坚持持有亏损的头寸希望其会反弹。通常,新交易者表现出过度自信。他们也交易太多并产生过多的交易成本。

还有一些特点对散户提出挑战。总体而言,一般股票往往受到的关注有限,而接受新闻或金融项目推荐的股票则大幅上涨并创出新高,这最终导致上述股票备受追捧。在这一点上,股票可能不一定会下跌,但它的热度开始下降。这可能使交易者陷入洗盘局面。在数量上,买入和卖出可能高度相关,因为所有交易者都倾向于同时进入,所以不要利用反向意见。此外,交易者还有其他一些特点,比如赚钱时更加激进,亏钱时更加悲观。这往往会掩盖机遇并导致追逐即期价格,而不是预期价格。

这通常不是一种好的交易方式,因为过去的赢家并不能很好地预测未来的结果。之后,我们还将考察这个概念,以便选择共同基金。

20世纪90年代后期,美国个别交易者的愚蠢行为在2006年年初沙特市场

---

〔1〕 Terrance Odean, "Effect of Behavioral Biases on Market Efficiency and Investors' Welfare", *CFA Institute Conference Proceedings Quarterly* 24, no. 1(March 2007).

和2007年秋中国市场同样重演。他们还用大笔贷款购买股票,因而在这些市场崩盘时加剧了亏损。

20世纪90年代后期,一些美国交易者同意在一些交易经纪公司以每笔10美元的价格每天交易25笔。此外,一两小时的"技术分析课程"收费几千美元助涨了他们的过度自信。最终他们在一年内损失了大部分资金,因为为了达到收支平衡,人们必须将初始资本翻倍!事实上,一些人将长期投资者定义为赔钱的日间交易者。

虽然我们在前一章的例子中讨论了一个与决策分支相当复杂的交易,但交易可以简单得多。业余交易者不太可能自己识别复杂的替代品。因此,很多交易都在寻求临时定价的低效率,因为交易者总是在猜测股票定价过高,很快就会下跌,或者定价过低,很快会上涨。因此,我们面临两个重要问题:定价和时机。定价决策可能基于对基本面的认识或使用某些技术分析。对于不同的交易者来说,时机是不同的,因为日间交易者在交易日结束时倾向于将他们的头寸转换为现金,而波段交易者则寻求几天或几周的时间捕捉预期的价格走势,所以可能会持仓超过一夜。

以下是我经历的一个简单的交易过程,它将说明一些具体问题。

案例研究:伊玛尔地产(Emaar Properties)

伊玛尔地产是迪拜的房地产开发商,在其网站上被描述为一家渴望成为全球顶级生活方式提供商的公司。该股票在迪拜证券市场上市。自1997年成立以来,伊玛尔地产已拥有6个业务部门和60多家活跃于公司。它在中东、北非、泛亚、欧洲和北美的多个市场都有分支机构。世界上最高的建筑哈里发塔(Burj Khalifa)是其成名之作。

迪拜曾经有过繁荣景象,但由于饱受2008年全球经济衰退之苦,随后出现房地产价格暴跌。伊玛尔先前受到很多投资者的欢迎,这些投资者在迪拜的房价繁荣期推高了股价。汇丰银行估计,2008年第四季度房地产价格下跌23%,而且由于繁荣时期产生的房地产供应过剩,预计空置率将大幅上升。[1] 由于

---

〔1〕 "Dubai Property Prices Decline," *Dubai Chronicle*, January 22, 2009.

空置率上升,房价大幅度下降,跌幅超过50%。迪拜进入了一场金融危机,2010年年初需要从阿布扎比获取救助金达250亿美元。(2006年年初伊玛尔股价接近每股20迪拉姆,2009年初跌至2迪拉姆以下,截至2011年3月,1迪拉姆＝0.123 6美元)。

2006年5月30日我在迪拜举行的一次会议上,伊玛尔股票收于12.40美元。虽然这是在危机之前,但房地产市场已经出现了下跌的迹象。购物中心有展示未来房地产公寓项目的信息亭,闲逛的个人可以用最少的定金快速签约。当然,这些房产是为那些会在周末聚会上来迪拜的外国人设计的。这些人可能最终用外国贷款购买了一些房地产,可能是在瑞士进行套利交易(以低廉的利率购买看似高收益的资产)。换句话说,就像1929年的股市一样,信贷宽松,然后用保证金购买资产。外国人购买房产后不一定居住,而是将其用作投资。这包括将它们租出去,或者一旦实现某种收益,甚至可以快速地易手。(随着价格开始上涨,这是一个合理的退出策略。)

在5月30日举行的会议当天,投资期限为几个星期的交易者认为,由于阿联酋股票大幅下挫,股票见底。我被问到这是否是抄底伊玛尔的时机(见图6.1)。

资料来源:东方咨询中心(Orient Consulting Center)授权使用。

图6.1　2006年5月30日伊玛尔股价走势

使用 K 线图,技术分析师不支持他们对购买机会的评估。稍后我们将在书中讨论 K 线图。请注意 5 月初的图表形态看起来像十字星。一般来说,这可能表明短期内缺乏预期走势。虽然价格从 5 月中旬的 11 美元上涨,但很快就似乎停滞不前。在 20 日急剧下降至 11 美元之后,我只能问:这是多头所有的火力吗?如果是这样,那么短期反弹幅度不够。

该股票在 6 月初盘中达到 13.40 美元的高点,然后在 2006 年 6 月 21 日下跌至 11.20 美元(见图 6.2)。这证实了我之前的预期,即该股并未准备好反弹。也许一名日内交易者可能在交易中小有斩获,但在中东,每日交易限制和缺乏对价差进行算法调整的情况下,这不是一个可行的策略。

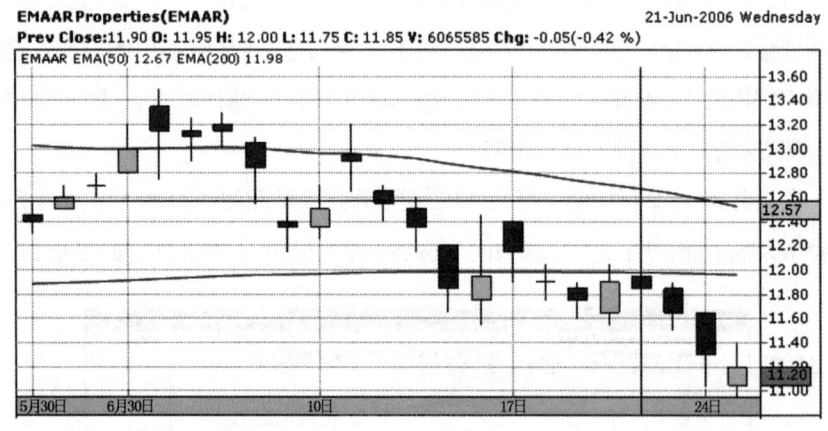

资料来源:同图 6.1。

图 6.2　2006 年 6 月 21 日伊玛尔股价走势

大宗商品和外汇

大宗商品和外汇交易是一个很受欢迎的领域,经验丰富的交易者知道它们与其他市场(如利率、经济新闻和美元)挂钩。尽管在 50 美元买入石油并在 52 美元卖出石油交易似乎很简单,但实际上,石油价格的波动可能不是由于实际的能源因素,例如库存水平的下降。事实上,虽然库存水平可能上升,但由于美元疲软,油价也可能会上涨。美元疲软可以用石油套期保值,因为后者的价值可能会比美元更高。再一次,我们看到了我们之前经历的短期相关性的统计挑战。

在交易商品和货币时,交易者想要捕捉有意义的转折点或在趋势回撤时触底。自然地,可以有许多策略(从简单到复杂)决定如何做到这一点。交易货币(如美元兑欧元)时使用基本面分析,交易者可以通过两个区域的实际增长前景和利率,在一个国家购买相同商品的能力与另一个国家相比较的以及资本流动等因素分析。然后评估预期汇率。

原来,使用购买力平价的交易者在每个国家购买相同的商品。所以,在美国的啤酒必须和英国的价格相同,汇率应该反映出来。如果啤酒的价格分别是1美元和1英镑,那么应该有1美元:1英镑的汇率。但是,如果因为通货膨胀导致英国啤酒的价格为2英镑,但汇率保持1:1,那么您可以拿一磅啤酒兑换1美元,然后在美国购买啤酒。你可以将它带回英国,并以2英镑的价格出售,并赚取1英镑的利润。因此,如果英国的啤酒价格上涨,你的美元应该换取更多的英镑。

我们也可以把这个概念和利率联系起来。一般而言,"汇率的预期变动应该抵消利率差异"。[1]这一假设基于欧文·费雪(Irving Fisher)的研究成果,并符合利率遵循于通货膨胀率的观点。然而,经济数据有时滞后,使得未来的汇率预测不确定。预期的通货膨胀率也可能受到各国不同的商品和服务消费模式的影响。然后,将同样的商品从一个国家运送到另一个国家并不总是同步的,并且存在交易成本,例如进口税。所以我们有一个关于事情应该如何运作的理论,这就是所谓的未覆盖利率平价关系,因为不能用外汇汇率自动套利。因此,"如果利率差异不能准确反映预期的和确定的汇率变动,那么套利者就会简单地借入一种货币,按汇率转换为其他货币,并贷出。"[2]

远期汇率和1加上国内无风险利率的乘积等于即期汇率乘以1加上国外无风险利率的乘积:

$$远期汇率 \times (1+r\text{DC}) = 现货汇率 \times (1+r\text{FC})$$

$$或 \quad 远期汇率/现货汇率 = (1+r\text{FC})/(1+r\text{DC})$$

其中,(1)rDC是本币的利率;(2)rFC是外币利率;(3)汇率为间接报价下一单位国内货币的外币单位数。

假设你必须确定一年后的预期即期汇率,或美元与虚构的Zapland的远期汇率:

---

[1] Bruno Solnik and Dennis McLeavy, *International Investments*, 5th ed. (New York: Addison-Wesley, 2003, 51 and Chapter 3.

[2] Solnik and McLeavy, 51.

问题(间接):

美国:利率＝4%;现货 FX＝9.523 8 Zaps/$

Zapland:利率＝7%;远期 FX＝? Zaps/$

解决方案将是:

远期汇率÷9.523 8＝1.07÷1.04,远期汇率＝9.798 53 Zaps[同样,这假设我们正确地估计了真实的(与操纵的)通货膨胀率相关的真实利率]。

因此,可以看到,依赖经济数据决定外汇汇率时充满了风险。数据可能陈旧,可能不准确,或可能会被操纵,还有其他可能的因素。例如,一个国家的真实通货膨胀水平可能会有很大的分歧。所以,交易者可能会依靠技术分析指导他们做出关键买入和卖出决策的点位。其含义是,各种经济数据(无论如何杂糅)的情绪和看法可能会创造外汇汇率。这些可能会导致趋势、支持和阻力水平。

图 6.3 显示美元兑欧元升值,在 2000 年年底以 1 欧元收于 0.82 美元左右。2002 年初,美元兑强势欧元开始贬值。这种贬值在 2004 年年末结束,当时 1.35 美元兑换 1 欧元,显示美元开始反弹。

使用 2002 年的三年趋势,我们可以应用 38.2%的斐波那契回撤。(这是一些交易者最喜欢的技术工具,因为它提供了数学支持和阻力水平。)这将是 2005 年末捕捉到有利可图的欧元反弹。进一步确认,这个回撤区域接近于 2004 年年初看到的几乎相同的支持,即 1.17 美元＝1 欧元。虽然我们可以将斐波那契比率应用于短期交易时段,但这是一个挑战,因为一些交易者为了获得更多的舒适感而放眼大局。从短期来看,趋势开始的位置如果存在分歧,就可能影响斐波那契最终的价格水平。

在这一点上,我们可以继续研究一个受欢迎和有争议的商品——黄金,并为长期投资和交易融合一些基本面和技术工具。

黄金交易

黄金用作价值储备一直受到珍视,数百年来保持了其购买力。罗伊·贾斯特拉姆(Roy Jastram)在其《黄金的永恒》(*The Golden Constant*)一书中证明了这一结论。[1]

---

[1] 本书最后一版的修改得到了吉尔·利兰(Jill Leyland)的帮助,他当时任世界黄金理事会顾问。引自"The Golden Constant,"World Gold Council,July 2009。

资料来源：Stockcharts.com 授权使用。

图 6.3　2006 年 8 月 2 日欧元指数走势

虽然有时会波动，但黄金的走势却处于一个大致恒定的长期水平。因此，它为黄金持有者创造了一定程度的信心和舒适度。然而，随着印刷机开始工作，纸币泛滥，黄金价格开始在逐渐膨胀式螺旋上升。自 1930 年以来，美元的购买力下降了 95％ 以上。即使用国库券再投资，税后的购买力仍然有所下降。

黄金作为一种商品，今天非常有争议。它在 2000 年的表现很好，当时标准普尔 500 指数的回报率很低。而且，它在 2011 年创下新高。美元和其他货币的崩溃导致人们重拾对黄金的热情。

投资组合的考虑

如表 6.1 所示，在同一时间段内，黄金回报率出人意料地强劲，年率为 15.9％，同期标准普尔 500 指数的总回报率为 0.3％。在 21 世纪前十年初无法预测标准普尔 500 指数的回报，因为前两个十年股市具有稳健的两位数回报，有时接近每年15%。

表6.1　　　　　　　　　2000—2010年黄金回报比较

年份	黄金	黄金净值	理柏(Lipper)全球中小盘股	标准普尔全球小盘股指数	标准普尔500指数
2000	−4.1	−5.1	−7.8	−2.3	−9.1
2001	1.6	0.6	−15.5	−6.8	−11.9
2002	20.3	19.1	−18.9	−12.5	−22.1
2003	22.4	21.1	46.1	47.5	28.7
2004	10.2	9.1	19.7	23.5	10.9
2005	15.4	14.2	12.8	15.5	4.9
2006	23.4	22.2	20.1	23.6	15.8
2007	28.7	27.4	2.4	9.1	5.5
2008	2.3	1.3	−45.4	−45.6	−37.0
2009	32.6	31.3	43.6	48.3	25.2
2010	29.6	28.3	25.0	24.7	15.1
总回报	409.3	356.4	50.1	127.4	3.5
1.00美元增加	5.09	4.56	1.50	2.27	1.04
年回报率	15.9	14.8	3.8	7.8	0.3

表6.1还显示,全球小盘股表现好于标准普尔500指数,回报率为7.8%。因此,在标准普尔至暗的时期,有了新产品和新服务的小盘股公司的投资组合有助于提高投资回报,这是有希望的。正如预期的那样,采用同样策略的理柏全球中小盘基金每年的回报率低得多,为3.8%。基于我们已经讨论过的市场效率,他们(不出所料)的表现落后于指数。如果将这些数据更新到2011年秋季末,我们会看到类似的结果,黄金的回报率更高,全球小盘股的表现也好于标准普尔500指数和理柏的竞争对手。

寻求行动的投资者可能会进入新兴市场、商品市场和其他魅力领域,这些领域的回报率要高于美国大盘股。事实上,他们经常涉足热门地区,以便提高相对于标准普尔500指数的表现。(这就是本书前面所讨论的"绩效漂移"。)一般的天真散户在出现问题之前可能会看不到这种情况;投资会遭遇一连串的霉运并拖累业绩。

绩效必须根据风险调整。我们称良好业绩为经风险调整的超额基准收益。成熟的投资者通常可以通过一些方法来衡量基金经理在这方面的有效性。绝对回报不考虑风险,是一个危险的游戏。例如,假设你厌倦了案牍工作,梦想提高原来每小时10美元的薪酬。正好有一位朋友提供了一份每小时支付100美元的新工作,然而,这项工作是从一栋10层高的建筑物的屋顶跳入一个水池,让游客拍照留念狂欢。当然,这种情况在股票市场每小时发生一次,而且如果老板可以缩小浴缸的尺寸,那么每小时可以赚1 000美元。如果你同意把浴缸换成一个游泳池,就需要潜水一个小时让大家围观。既然有大量的此类工作的申请人,市场就是有效的,因为更高的回报需要更多的风险。当然,不太有旅游者愿意支付巨资拍摄某人潜入游泳池憋气的照片。正如你所看到的,我们可以用国库券或者高风险高收益的资产享受良好的睡眠,但鱼与熊掌不可兼得。

在投资方面,显然有必要调整风险回报。解决这个问题的一个方法是通过变动回报比率,我们将资产的超额回报转换为无风险利率,并将其除以资产回报的标准差。这也被称为夏普比率。虽然黄金相对于标准普尔500指数的回报不高,但它通过承担较低的风险也产生了理想的超额回报。可以通过考虑其波动率或标准偏差衡量此风险,然后执行夏普比率。单位风险的超额回报越高,结果就越好。这样就增加了投资组合的良好多元化特征。

在截至2010年的11年中,黄金为现代投资组合理论(MPT)提供了良好的多元化特征。与标准普尔500指数相比,黄金显示如下特征:

(1)年回报率15.9%,而标准普尔500指数为0.3%;

(2)与标准普尔500指数的季度相关性为0.05,相关系数较低;

(3)贝塔值为0.06,标准普尔500指数为1.0;

(4)夏普比率为1.17,而标准普尔500指数为负值;

(5)特雷诺比率为3.96,标准普尔500指数为负值;

(6)詹森阿尔法(Jensen Alpha)为 12.3。[1]

年度回报率为 15.9%,而标准普尔 500 指数为 0.3%,因此到目前为止还挺好。与标准普尔 500 指数的季度相关系数为 0.05 意味着标准普尔 500 指数并没有太大影响黄金走势。在纳斯达克和新兴市场中发现的其他资产在市场抛售中一起波动,提供更少的多元化特征。0.06 的贝塔值意味着黄金不会像市场那样波动。它似乎自成一派;股市的上涨和下跌与黄金无关。黄金的夏普比率约为 1.2,而标准普尔为负值。我们也可以开始添加更多风险度量指标,例如特雷诺比率,它将夏普计算中的标准偏差替换为贝塔。特雷诺比率约为 4.0,而标准普尔 500 指数则为负值,再次显示黄金的超额收益率为正数。

使用 CAPM 预期收益,然后从黄金收益中扣除它,我们得到超过 12 的詹森阿尔法。我们可以通过更多的措施启动风险调整引擎,例如黄金非常高的流动性,信息比率高(它的回报与标准普尔 500 指数之间的差异),并将其除以整个时间段内的差异的标准差。黄金的信息比率超过 1.0,每季度计算一次就好。黄金也是季度性上涨,这意味着上涨的可能性更大。

投资者应该在他们的投资组合中用黄金抵消股票的低回报并抑制波动。然而,贵金属的持仓量普遍很低,几乎没有个人和机构持仓的情形也很常见。为什么? 在行为上,投资者看到黄金上涨的可能性很小,股票上涨的可能性很高,而其他资产没有下降,甚至表现出良好的回报。

对于投资组合来说,持有黄金是合理的。我们可以用以下等式优化投资组合,得到两个资产类别投资组合收益和投资组合标准差的加权平均值。(对于多资产,可以在 Excel 中使用矩阵代数。)

公式 6.1:投资组合回报和标准差

$$E(R_{port}) = w_1 E(R_1) + w_2 E(R_2)$$

$$\sigma_{port} = \sqrt{w_1^2 \sigma_1^2 + w_2^2 \sigma_2^2 + 2 w_1 w_2 Cov_{12}}$$

$$\sigma_{port} = \sqrt{w_1^2 \sigma_1^2 + w_2^2 \sigma_2^2 + 2 w_1 w_2 r_{12} \sigma_1 \sigma_2}$$

公式 6.1 中的第一行公式是两种资产收益率的加权平均值。接下来的两个公式显示了标准差的加权平均值,并调整了第二行公式中的协方差和第三行公式中的替代相关系数。

---

[1] 基于世界黄金理事会的黄金价格数据。

让我们将这些方程应用于黄金场景：

$E(R_1), E(R_2)=$ 资产 1 和 2 的预期回报率

$w_1, w_2=$ 资产 1 和 2 的组合权重

$\sigma_1, \sigma_2=$ 资产 1 和 2 的标准差

$Cov_{12}=$ 资产 1 和 2 的协方差

$r_{12}=$ 资产 1 和 2 的相关系数

假设标准普尔 500 指数不会继续显示负回报，我们可以假设一个更正常但更低的回报：5％。对于黄金来说，我们可以调整其回报率，假设回报率为 14.65％。

当然，各种假设可能会使黄金在投资组合中具有不同的权重。假设经济危机结束，股票回归到更具吸引力的 1980 年至 1990 年的十年回报，那么几乎可以改变类别，并使黄金占投资组合的 10％。在这一点上，黄金更多是未来经济事故的保单，而不是厄运资产。假设推动了结论，但在投资之前，假设必须是正确的。

假设标准普尔 500 指数的收益率为负，并且在低成长环境下的年回报率为 5.0％，那么黄金应该占黄金/股票组合的 90％。如果股票持续十年为负回报，那么黄金应该占投资组合的 100％。假设风险不变，如果黄金收益率为 4％，股票收益率为 10％，国库券收益率为 3％，那么黄金应该占投资组合的 28％。对于具有合理实际成长的经济体来说，这些回报更为现实。正如人们所看到的，回报和风险的假设决定了投资组合中黄金的最终权重。

可以投资固定收益等非股票领域或房地产、私募股权甚至其他商品等另类资产投资。即使在股票方面，一些投资者也会偏好新兴市场而非发达市场。然而，这一分析的问题在于，必须假设其与标准普尔 500 指数的相关性不会很高。另外，有利于这些投资的条件并不是影响发达国家股票的条件。

那么黄金可能是这种情况下唯一的独特投资。请注意，在图 6.4 中，我们看到通过将黄金与市场指数相结合创造了一个有效的边界。从该角度看，这是黄金和指数的最佳组合。使用上面讨论的其他假设，例如无风险利率低于 2％（见图 6.4 左下方），人们可以看到黄金应该占投资组合的 10％左右（见左上角近 14％）。两种截然相反的观点导致黄金多头与空头之间的对决，然而，波动性对交易者很有吸引力。

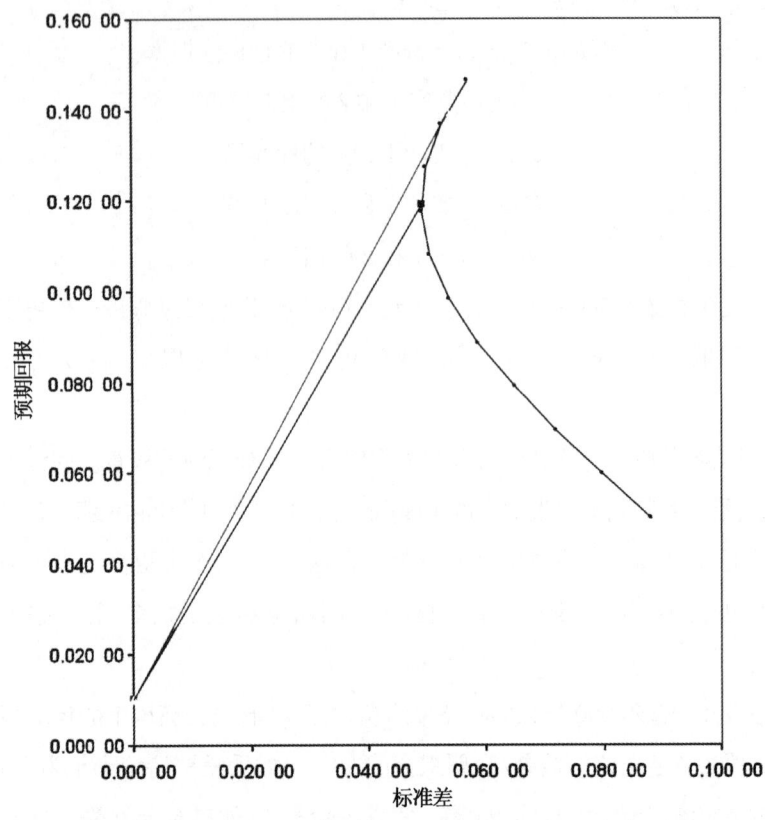

图 6.4 黄金和标准普尔机会集

大爆炸

在第二次世界大战结束时,签署《布雷顿森林体系协定》的 44 个盟国中的每一个国家都同意将其货币与黄金的汇率维持在一个固定的金额上下 1%。1971 年 8 月 15 日,美国单方面终止美元兑换黄金。为了讨论的目的,这就是我们将要考虑的"大爆炸"。这一行动创造了美元成为唯一储备货币和成员国货币后盾的局面。假设美国的财政体系保持强大和有偿付能力,将美元作为储备货币是一个可以接受的选择。

理查德·尼克松总统于 1971 年结束了美国的金本位制,并允许黄金的交易价格高于每盎司 35 美元的固定汇率。1980 年黄金因通货膨胀压力而触及每盎司 850 美元。自 2001 年以来,黄金价格每年都在攀升,2009 年 11 月,黄金价格

第六章
投资、交易和黄金

达到每盎司1 225美元。2011年8月,黄金价格突破每盎司1 900美元,相对于股票和债券的回报,其绝对回报率看起来更有利可图。在此期间,其他经济体发展迅速,其他货币更为理想,如欧元。后来,当欧元开始因希腊或欧债危机而动摇时,金价再次屡屡上涨,并创下新高。美元价值的侵蚀创造了一个不确定的黑洞。因此,黄金未来价格上涨幅度会更高。

过去十年黄金价格大幅上涨,继续超越标准普尔500指数。黄金也对欧元、英镑和日元等主要货币创出新高。

黄金在2009年创下新高。图6.5显示了黄金在突破四个阻力位后到达一个顶部,价格约为1 000美元/盎司。这给了一个重要的技术买入信号,因为用近两年的时间突破了一个重要的阻力。

资料来源:Stockcharts.com 授权使用。

图6.5　2010年1月6日黄金持续合约(EOD)走势

此外,2009年2月还出现了金十字。50日指数移动平均线(黑线)突破200日指数移动平均线(灰线),从而确认买入信号。2009年4月,它成功通过支持测试。突破阻力位也引发了短期交易。

在2009年10月1日,当MACD发出买入信号和/或它(底部中的黑线)移动到 MACD 的 9 日移动平均线上方(底部的灰线)时,交易者可能已经买入(见图 6.6)。10 月 20 日当 MACD 跌破平均水平时发出卖出信号。然后在 11 月初出现另一个买入信号,并在 12 月初以高于每盎司 1 200 美元的价格发出卖出信号。(注意 RSI 也确认了 70 上方的卖出信号,并显示出负背离,尽管黄金价格走高,但第二个 RSI 高点较低。)

资料来源:Stockcharts.com 授权使用。

图 6.6 2009 年 8 月至 2010 年 1 月的黄金持续合约(EOD)

2009 年 12 月下旬,MACD 发出买入信号,黄金看起来已经准备好再次上涨。因此,我们可能会问黄金价格高点在哪里?在突破新高进入未知领域时,可以使用几种技术方法。这些可能包括点数图、整数位、斐波那契预测和形态分析等。

图 6.7 显示了点数图的水平计数如何将标记简化为有意义的走势,并使交易者有机会在买入/卖出信号产生后预测价格目标。

请注意，GOLD 形态位于黑色 45 度购买线之上。统计两个墙之间发生的整合之间的列。左侧墙恰好与 2009 年灰色线的开始部分相符。右侧墙是 19 列正确方向，价格突破交易区间（有时技术分析师对确切的墙壁位置有不同的看法）。

股价反转的关键在于三个方框，每个方框代表 1 美元。实际上，每个方框在价位超过 100 美元就变成代表 2 美元，因为点和数字可以根据价格放大方框的代表金额。然后规则是将列(19)乘以反转(3)乘以每个方框(1)的美元价值以得到 57。注意这些方框大部分代表 1.00 美元，但随后超过 100 美元后每个方框代表 2 美元。点和数字缩放通常用于价格水平的调整。假设是整合程度越高，价格就突破得越高。然后将 57 这一数量加到墙壁之间整合模式的最低点(85)以得到 142 的价格目标。由于 ETF 报价是黄金价格的 1/10，这意味着价格超过每盎司 1 400 美元。当然，前提假定是买入信号依旧维持。

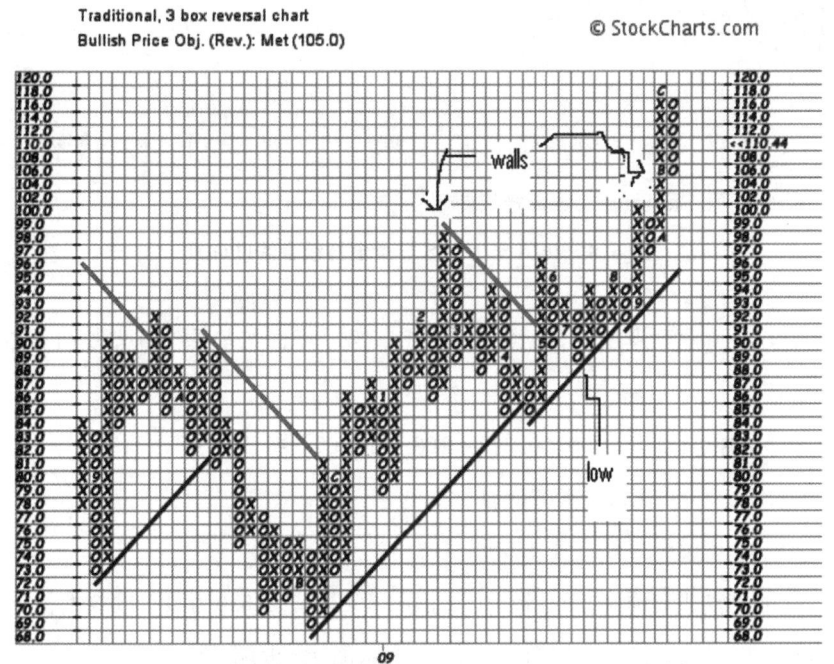

资料来源：Stockcharts.com 授权使用。

图 6.7　传统的 3 盒反转图看涨——价格目标：Met(105.0)

对于交易者来说，也可以使用斐波那契预测方法。图 6.8 演示了这种方法。我们需要三点：低点(♯1)和高点(♯2)的趋势，加上开始预测的点(♯3)。

资料来源：Stockcharts.com 授权使用。

图 6.8　2010 年 1 月 8 日黄金持续合约（EOD）

斐波那契预测为 61.8%、100% 和 161.8%。所以趋势是 200 点长（1 225－1 025）。

加上（♯3）1 075：200×0.618＝123.6＋1 075＝1 198.6

200×1.00＝200.0＋1 075＝1 275.0

200×1.618＝323.6＋1 075＝1 398.6

利用斐波那契预测，交易者可以利用 1 198.6、1 275.0 和 1 398.6 的价格水平获利。这里假设价格会保持在 3 点，并且会有上升的趋势。

波段交易

波段交易可能涉及持续数天或数周的价格变动。交易的频率总是具有挑战性的，因为会涉及交易成本较低的回报。通常复杂的交易策略反向测试将有助于确定最佳交易频率。它应该是对提供风险调整超额回报的机会的回应，而且涉及与投资结果相关的可能性，包括上行和下行的可能性。当然，结果取决于交易模型中的假设。

三重交叉和黄金

使用三重交叉方法进行波段交易创造了有趣的黄金利润图景。在图6.9中，可以看到4日、9日和18日三条EMA线。当4日均线（黑线）和9日均线（灰线）高于18日均线（破碎的黑线）时，我们会看到上升趋势或买入信号。然后是卖出信号。我们希望看到4日均线走高至9日均线以上，然后确认9日均线处于18日均线上方。然而，当4日均线穿越9日均线时，一些交易者会出现不同程度的卖出或买入（取决于上方或下方的移动），而不必等待确认。

2009年11月初，1 045美元附近出现买盘信号，随后12月7日1 180美元附近出现卖盘信号，因4日均线跌破9日均线。几天后的12月12日报收1 150美元，因为9日均线跌破18日的确认。然后，在1月初，4日均线跨越了18日均线，因为9日均线也似乎准备穿越18日均线。所以我们有一个部分买入信号，但是最终确认可能会包含像MACD这样的技术工具，当MACD超过其移动平均线时，会给出买入信号。

一些技术分析师还会在MACD（图6.9下方）中增加买入信号，以确认11月初的三重交叉买入，然后在12月初MACD给出卖出信号。因此，交易者可以在9日均线突破18日均线时做出买入决策。我们已经提到了RSI（图6.9上方）的背离函数，因为它在12月初显示了负背离卖出信号。即使相对强弱指数走低，图6.9中较高的黄金价格高峰也证实了11月初的卖盘。

在这里，我们再次得到暗示，通过组合多个指标，可能会获得更好的结果。我们还可以看到，有机会通过纳入其他技术因素创建更复杂的交易系统。再一次，我们必须确定它们在许多类型的市场中是否是合理的（具有适当的置信区间）未来价格变动的预测因素。因此，随着更多的技术工具的采用，这些方法可能会非常多且复杂。这导致用户的学习曲线和成本。一些技术分析师会遵循一些思想流派：日本蜡烛图、江恩、形态、动能和情绪。当然，人们希望采取一致的方法，因为选择一种方法可能不会导致类似的情况。再一次，这是通过回溯测试或丛林法则完成的。如果交易者获得的结果很差，他们最终会放弃这种做法。

融合分析

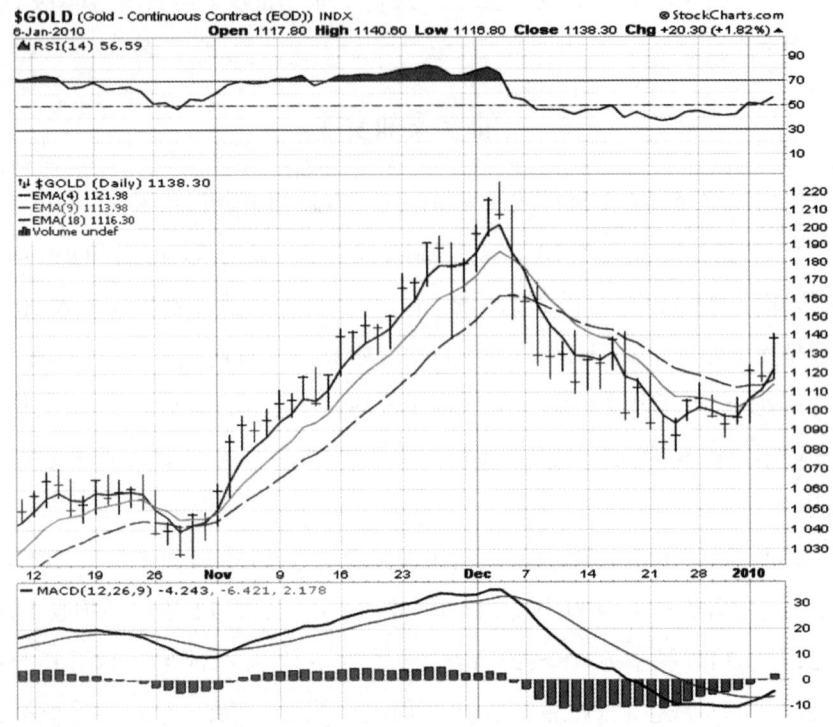

资料来源：Stockcharts.com 授权使用。

图 6.9　2010 年 1 月 6 日黄金持续合约（EOD）

所以，如果技术工具似乎表明了良好的结果，它们将经受住时间的考验并被反复使用。因此，我们仍然看到使用一些流行的方法，如 MACD、RSI。关键问题将是找到一些调整技术指标的方法，使它们更好。是否缺少某些东西并使其更具指示性？

形态和黄金

我们将使用三角测量法则研究一种形态。由于所有股票价格变动都是随机的，因此不应在技术分析中出现形态。然而，我们看到类似的形态，它们可以是分形（相同的形态，但不同的大小）。形态提供了度量估算，也就是说，它们提供交易者或投资者指南，了解价格可能走向何处。

在图 6.10 中，我们看到形态形成了一个由顶部和底部的对角线限定的三角形。在 2006 年 4 月初考虑三角形的高度，并将其添加到 2007 年 10 月左右的突破形态中，以获得预期价格目标。看看2006年4月初的高点175美元(725－550)。再加上700美元的突破价格(2007年7月至10月)，我们得到黄金的价格目标875美元。

资料来源：Stockcharts.com授权使用。

图6.10 2006至2010年黄金合约

另一个特征是趋势进入三角形的陡峭程度应该是走出三角形的陡峭程度。请注意，从2005年7月到2006年4月，这个三角形相当陡峭；因此，我们可以预计在突破时会出现类似的陡峭情况。当达到甚至超过875美元的价格目标时，情况就是如此。这些数据有助于波段交易者，甚至是长期参与者衡量可能的收益以及获取收益的速度。

随机指标和日本蜡烛图——黄金

交易者使用传统技术工具(如随机指标)预测趋势。有些人还可能更多地依赖日本蜡烛图等工具。让我们看看当混合两者时会发生什么。

图6.11显示了黄金的顶部已经在11月下旬发出下跌警告(左边黑色圆圈

中有下影线的阴柱)。随后的两支阳柱在 12 月初被阴柱覆盖。在 12 月 22 日，底部因纺锤线的出现而暂时平衡，这提供了价格稳定的暗示(右圆圈)。我们也可以混合传统的 RSI 和 MACD 考虑因素做出交易决定。在 12 月初，RSI 显示负面背离卖出信号，MACD 发出卖出信号。

资料来源：Stockcharts.com 授权使用。

图 6.11　2009 年 11 月至 2010 年 1 月黄金持续合约

美元下跌

自 2001 年以来，美元疲软导致黄金上涨。美元下跌是许多因素混合作用的结果：与新兴市场相比，美国经济成长疲软，债务水平上升，以及有人猜测 20 世纪 70 年代后期的通货膨胀将会回归。因此，过去几年美元价格大幅下跌，支撑未来几年金价走向更高的价位。

因此，过去几年来美元价格走势坚实向下，这为黄金多头未来几年金价更高的预测提供了支持。

基本面：汽车和汽油价格

人们可以说，如果生产力提高，需要更多的黄金购买物品。但如果生产力没有得到改善（相对于价格上涨），就需要减少黄金。例如，1970年以前，生产率使汽车和天然气价格更亲民（见表6.2）。

表6.2　　　　　　　　汽车和1万加仑汽油均价　　　　　单位：盎司黄金

年份	汽车价格（美元）	汽油价格（美元）	黄金收盘价（美元）	盎司/汽车	盎司/汽油
1930	600	1 000	21	28.6	47.6
1950	1 510	1 800	40	37.8	45.0
1970	3 450	3 600	38	90.8	94.7
1990	16 950	35 500	424	40.0	83.7
2008	27 958	20 510	860	32.5	23.8

资料来源：Kitco, wiki.answers.com; thepeoplehistory.com。黄金价格取自纽约证券交易所或Kitc收盘价。

1970年后，随着纸币的创造，价格更多地反映了通货膨胀。因此，在1970年以前需要更多的黄金购买汽车和天然气。1950年，人们需要37.8盎司的黄金购买汽车；那么就在通货膨胀价格真正进入螺旋式上升阶段之前，即1970年需要90.8盎司黄金。但在1990年，我们只需要40盎司，而在2008年为32.5盎司。当然，汽车性能也会变得更好，提供空调和后来的卫星定位，以及许多其他配置。因此，随着时间的推移，消费者在1970年后用更少的黄金买到了更好的汽车。

同样的道理也适用于加油站的汽油。所有人在2008年购买10 000加仑汽油需要23.8盎司黄金，低于1970年的94.7盎司。我们还可以注意到，今天有许多不同种类的汽油含有不同辛烷值的天然气。另外一个考虑因素是，美国的政治政策可能会在1970年将黄金的真实水平压低，我们将会看到，这将在一年后改变。

第七章　黄金和纸币

综观历史,从黄金转向纸币往往是高通货膨胀的先兆。18世纪后期,法国的纸币(mandat)充斥着市场并贬值到面值的3%。它实际上取代了以前早已失去价值的法国纸券货币(assignat),30个assignat等于1个mandat,受到后来被没收教会财产的担保。不幸的是,印刷的纸币太多了,势必造成恶性通货膨胀。尽管有合法的流通需求,但即使有担保地印刷纸币也不能解决问题。

其他著名的通货膨胀事件包括20世纪20年代的德国和最近的津巴布韦,你可能已经看到了需要购买基本商品的津巴布韦币上的零。在德国,需要一个手提箱来搬运货币。然而,总的来说,黄金一直保持其购买力,因此被称为"黄金常量"。当德国公民需要用几箱纸币来购买必需品时,黄金会显示其强大的购买力。[1]

后来,其他货币增加一个或多个零以增加面值。几十年前,巴西发现因为印刷了更多的零,自己陷入信用混乱,然后废除了该货币,取而代之的是一个新的货币,并给它一个新的名称。

那么为什么印制钞票很容易?据估计,地球上黄金供应量为16.3万吨,其中18%作为国家储备,首饰占51%。[2] 2009年黄金需求约3 800吨,首饰占

---

[1] Jill Leyland, "Jastram's Golden Constant: How Is It Relevant Today?"*Alchemist* 56, http://www.lbma.org.uk/assets/alc56_golden_constant.pdf (accessed October 5, 2011).

[2] World Gold Council, third quarter, 2009. 吨位为2008年数字。地表以上数据源自世界黄金协会(World Gold Council, 2008)。

58%,电子产品占8%。然而,过去几年黄金的投资需求迅速增加,现在约占黄金总需求的三分之一。[1] 黄金供应在20世纪90年代后期大幅增加,此后一直相对平稳。

截至2009年12月,全球政府储备黄金为3.01万吨。[2] 美国依法需要维持的黄金储备最多为8 100吨(约2.59亿盎司)。[3] 黄金占其储备量的69%。

其他较大的黄金持有者包括德国3 400吨,国际货币基金组织3 000吨,意大利2 500吨,法国2 400吨。这些国家的储备大约65%是黄金。这引起了用黄金货币化国债的可能性。

虽然美国的储备多年来一直保持不变,但英国等许多国家在2000年售出大部分黄金时价格低迷。然而,新兴市场的其他国家也在积累黄金。中国目前排名第六,拥有1 100吨,但这只是其储备的1.5%。俄罗斯和印度的排名分别为第10和11位,拥有600吨。二者的黄金占其储备的比例更小,为5%。与纸币相比,这些国家已经将储备多样化,更多转为黄金。这可能意味着未来的进一步黄金采购。

资金供应

货币供应量的变化最终导致价格上涨。货币遵循费雪方程 $MV=PQ$,其中货币(M)×流通速度(V)=价格(P)×数量(Q)。假设流通速度不变,在没有生产收益的情况下过度印刷货币会导致通货膨胀。一般而言,M0是指未包括库存现金的流通中的货币(纸币和硬币)。M1是流通中的货币加隔夜(活期)存款加上库存现金。M2包括M1和储蓄存款(两年定期存款或三个月通知存款)的总和。M3是M2和回购协议、货币市场基金份额/单位以及两年的债务证券之和。[4]

全球货币供应量M3在过去几年中每年增加近10%,估计约为50万亿美元。[5] 将50万亿美元除以163 000吨黄金价格,相当于每盎司9 500多美元的价格。

---

[1] World Gold Council, third quarter, 2009. 吨位为2008年数字。地表以上数据源自世界黄金协会(World Gold Council, 2008)。
[2] Ibid.
[3] Ibid.
[4] Mike Hewitt, "Global Money Supply" July 31, 2007. Estimate is as of July 25, 2007, www.marketoracle.co.uk/Article1700.html.
[5] World Gold Council, third quarter, 2009. 吨位为2008年数字。地表以上数据源自世界黄金协会(World Gold Council, 2008)。

对于一些国家来说，M2相当接近M3，而对于其他国家，如美国，M2估计约为M3的60%。所以，保守估计，如果M2是M3的50%，那么黄金将是每盎司4 750美元。这个价格也远高于当前每盎司不足2 000美元的水平。

那么为什么印制纸币很容易？在我和其他人看来，这也许是解决痛苦指数的最快方法。痛苦指数是通货膨胀和更为重要的政治问题（即失业）的总和。[1]

更现实的长期实际增长解决方案是各国提高教育水平，从而提高经济生产力。然后，推动投资额超过资本成本的新产品创新。虽然与快速印刷纸币相比，这些是长期的解决方案，但这些行动将导致可持续增长，进而创造新公司，从而创造新的就业机会。货币印刷只会创造更多购买力越来越低的钞票，并惩罚那些无法赚取更多钞票或者没有抵御通货膨胀的资产的不幸人士。尽管需要印刷一些纸币来刺激经济，但通常最初的意图很快会被不可控制的通货膨胀怪物所吞噬。

商业周期

我们已经表明，印刷纸币往往是对痛苦指数的回应，或者是在失业率高时缓解经济压力的一种方式。经济压力是由繁荣和萧条反映出来的资本主义的周期性引起的，投资泡沫只会加剧商业周期的后果。

早期经济学家尼古拉·康德拉季耶夫（Nikolai Kondratieff）提出了用其名字命名的康德拉季耶夫波动（Kondratieff Wave，KW），即经济繁荣和萧条中反复出现的模式。该理论基于对19世纪价格行为的研究，包括工资、利率、原材料价格、外贸、银行存款和其他数据。康德拉季耶夫深信，他对经济、社会和文化生活的研究证明，存在一个长期的经济行为秩序，并可用于预测未来的经济发展。

基础经济学显示，当经济好转时，结果是更多的就业岗位和产量的增加。之后，产量达到最大值，因为产能限制不能扩大产量，而且由于需求超过供给，价格开始上涨。随着价格上涨，投机者向银行借钱以高价购买资产。之后，价格无法持续，此时资产价值对借贷的缓冲作用减弱。很快，投机者违约，无法偿还银行贷款，最终银行将贷款减记，因为不良贷款以巨额损失减记资本，甚至可能破产。具有资金流动性的人开始抄底，然后利用低价投资廉价资产——这一过程再次

---

[1] Nowand Futures.com, "Pain and Misery Index (CPI Unemployment Rate)," 2009; and BLS and shadowstats.com.

第七章
黄金和纸币

重复。

鉴于其广泛的时间范围,如今技术分析师不一定将康德拉季耶夫波动当作主要的技术工具。基本面分析师也对如今的货币和财政政策的重要性持怀疑态度。我们仍然不能否认康德拉季耶夫波动的含义,因为人性一直表现出恐惧和贪婪。

2002年,诺贝尔经济学奖被联合授予研究行为分析的弗农·史密斯(Vernon Smith)和丹尼尔·卡尼曼(Daniel Kahneman)。史密斯展示了投资泡沫可能如何发展,卡尼曼帮助开发了预期理论,该理论指出,投资者不会同等重视上行风险和下行风险。投资者倾向于对小概率事件过度反应,但对大中概率反应不足。

近期有投资泡沫(包括网络泡沫),当然还有全球房地产泡沫。它们反映了类似的模式。尽管股票价格水平受经济周期的影响,但另一些则显示不同时期的高峰和低谷。有兴趣的读者应该看看贝尔斯登的策略分析师弗朗西斯·特拉汉(Francois Trahan)的研究成果,他的研究表明,日经指数、黄金、石油和20世纪20年代道琼斯指数这些泡沫都遵循类似的模式。鉴于用于估计每个市场价值的各种基本工具,相似之处可能令人困扰。虽然基本模型表示这次会有所不同,但图表形态则几乎完全相同。

"房地产价格永远不会下降",或者说故事是这样讲的。天真的投资者很难了解到这是不正确的。许多投资者和他们的支持者(银行)为了玩房地产投资游戏而负债累累,损失惨重。考虑到大量的经济数据,美联储似乎已经预计到了最近的房地产泡沫——但事实并非如此。尽管2005年住房市场开始恶化,但预计商业房地产将保持其价值,因为它的投资者多为理性决策的机构。然而,这个预期在2007年商业房地产价格开始崩溃时破灭了。从根本上说,商业房地产是以高价收购的,收益率很低。经济衰退最终导致空置率攀升,租金下降,房地产价值下降。

在投机房地产价格是否见顶的预测过程中,可以应用艾略特波浪理论预测房地产信托ETF的价格,即REIT-ETF。房地产投资信托ETF在960点附近见顶了吗(见图7.1)? 使用艾略特波浪理论分析扩展的第五波,规则(根据墨菲的技术分析[1])如下:

---

[1] John J. Murphy, *The Technical Analysis of the Financial Markets* (New York: New York Institute of Finance, 1999), 336.

如果 1 浪和 3 浪大致相等，5 浪预计会延伸，那么 1 浪的底部到 3 浪的顶部乘以 1.618。将结果加上 4 浪的底部以获得目标价格。因此，1 浪的底部大约是 250（1999 年底），而 3 浪的顶部是 650（2004 年初）。因此，目标价格是 647 点 [(650－250)×1.618]。加入 4 浪的底部（接近 2004 年中期）525 点，我们得到 1 172 点，随后在 2007 年年初达到了 1 225 点的大顶。

资料来源：Stockcharts.com 授权使用。

图 7.1　2006 年 8 月 2 日 MSCI 美国房地产投资信托指数

房地产投资信托 ETF 从高点下降了 80%。从基本面看，现金流确实捉襟见肘，但银行却仍旧积极放贷。

偿还债务

虽然房地产泡沫导致房价大幅下跌，但债务仍需偿还。那些无法偿还的债务将被注销。世界上许多地方都有财大气粗的"白衣骑士"，他们试图帮助陷入

第七章
黄金和纸币

困境的机构恢复财务健康。在美国,美国财政部和联邦政府借入大量资金帮助陷入困境的机构摆脱困境,其中许多是大型银行。

当前全球债务危机的规模是史无前例的。去杠杆带来的痛苦是要求世界各地的主要政府制订刺激计划为经济体纾困。

债务预计将用一个国家的国内生产总值偿还。然而,除了政府债务之外,消费者的债务也需要 GDP 的增长来偿还。2009 年第四季度,美国联邦债务估计接近 12 万亿美元,约占 GDP 的 75%。这是第二次世界大战以来的最高水平,美国政府预计在未来几年内债务水平将超过 100%。[1] 在 G20 的国家也有类似的情况。

2.5 万亿美元的债务将在一年内到期,可能导致以更高的利率再融资。利息预计将超过 7 000 亿美元,而一年前只有 2 020 亿美元。因此,尽管联邦政府实行零利率政策,但债务违约的可能性被大幅低估了。

实际测算政府债务是困难的,尤其是当我们加入其他类型的政府津贴计划时。另外,美国的许多州都各有赤字。

欧元区成员国相对于 GDP 有更大的养老金义务。根据卡托研究所(Cato Institute)的分析,负债累累的希腊目前的债务是 GDP 的 113%,但是目前和未来的养老金债务超过了 876%。在同样的基础上,欧盟 25 国分别占 72% 和 434%,美国分别占 83%和 500%。[2] 自然,在这些比率变得更糟的情况下,希腊随后进入了一个不稳定的状态。

不断增加的债务将产生数万亿美元的赤字,可能需要进一步的量化宽松。这会招致印刷更多货币。例如,联邦政府购买了长期政府债券,就像英国一样,导致英镑的反射性贬值,以及英国长期利率的上升。此外,强制货币贬值将增加货币供应量。(有人说货币贬值是新的"关税"战争。)

美国的大型债权人可能会拒绝接受更多的美国政府债务(中国已经暗示,他们对美国债务的需求可能有限)。随着债券购买人担心出台通货膨胀退出策略,长期利率将进而攀升。

---

[1] Edmund L. Andrews,"Wave of Debt Payments Facing U. S. Government," *New York Times*,November 22,2009.
[2] Landon Thomas Jr.,"Patchwork Pension Plan Adds to Greek Debt Woes," *New York Times*,March 12,2010,A1.

退出策略

克服债务水平的上升需要高水平的实际增长,同时利率与增长挂钩。巴斯基(Barsky)和萨默斯(Summers)运用了黄金应该与长期利率成反比的分析。[1]快速的经济增长自2000年以来在美国就不存在了,这是因为我们使用借贷来维持消费的生活方式。金砖国家的增长也让人们对未来全球经济增长产生怀疑。

另一个退出策略是增加税收来偿还债务。这个过程已经开始了,因为美国和其他地方正在提议提高资本利得税税率和所得税税率。不过,这将增加资本成本,并降低创造所需产品的投资者所需的动力。这被认为是一个挑战,因为美国许多新的就业机会来自小企业。

另一个解决办法是让"好时光"过去,继续印纸币,印更多的纸币,让物价上涨。一杯4美元的咖啡可以变成40美元,然后是400美元!但是你的资产,特别是黄金,也会增加。自20世纪30年代以来,这种做法一直是在暗度陈仓,然而,一夜之间的爆发可能引发社会动荡,甚至更多的投机行为导致更大规模的破产。那些收入和资产(如果有的话)跟不上步伐的人一夜之间就会变穷。我们已经在最近的示威活动中看到了这一点。

另一种方法是政府将大部分债务货币化,实际上,将其与黄金相比贬值。20世纪30年代,富兰克林·德拉诺·罗斯福总统把黄金从每盎司22美元提高到35美元。

所以如果把12万亿美元的债务除以美国8 100吨的黄金储备,就得到了每盎司46 296美元!不是所有的债务都能货币化,但是一盎司黄金几千美元会更现实。增长似乎是最有希望的前景,但它需要创新和教育,所以这也是一项长期战略。

世界银行最近估计全球国内生产总值约为61万亿美元,而美国国内生产总值为14.2万亿美元。有人提到,M3估计约为50万亿美元,相当于每盎司黄金9 500美元。[2]对货币的不信任将使61万亿美元的国内生产总值等同于大约每盎司黄金11 600美元。虽然有些货币可能被认为比其他货币更强,但仍然有

---

[1] "Gibson's Paradox and the Gold Standard," *Journal of Political Economy* 96 (June 1988):528—550.

[2] The World Bank, "Data Catalog—2011," http://data.worldbank.org/data-catalog(accessed October 5,2011).

理由认为黄金价值每盎司几千美元。

从技术上讲,标准普尔 500 指数在 2000 年和 2007 年创造了巨大的双峰(见图 7.2)。主要的支持水平已经被打破,引来了"失落的一代"的暗示,这意味着最近的经济衰退与典型的经济衰退并不相似。也许实际增长低于经济学家的记录,尤其是当消费者使用上涨的房屋价格申请抵押贷款和信用卡贷款,为他们的大部分消费融资时。

资料来源:Stockcharts.com 授权使用。

图 7.2　标准普尔 500 指数走势

双峰表明股价反弹受到了巨大的阻力。这支持了自 2000 年以来几乎没有真正的经济增长的观点。以实际价值计算,突破 2002 年的支撑水平表明股票价格可能需要相当长的一段时间。

展望未来,股票价格可能会上涨,但如果购买力得不到维持,它们可能只是一种幻觉。它们可能代表货币化效应,而不是真正的经济增长。如图 7.3 所示,标准普尔指数在下跌。

因此,不断增长的预算赤字可能会增加违约风险。美国政府债务的 CDS 掉期(以欧元计)已触及 50 个基点(基点)。从地缘政治来看,这对美国来说可能是不可接受的,通货再膨胀可能是一个结果。(这发生在 20 世纪 70 年代中期的

融合分析

资料来源：Stockcharts.com 授权使用。

图 7.3　2010 年 1 月 4 日标准普尔 500 指数大盘股合约

严重衰退之后。）

我们已经看到加入黄金后投资组合的多样化特征。这些特点反映了许多投资情景，但是，撇开工业和首饰需求不谈，黄金反映了对通货膨胀和通货紧缩的担忧。如前所述，黄金可以货币化，类似于罗斯福在 20 世纪 30 年代提高黄金价格的做法。

霍姆斯特克矿业(Homestake Mining)股价在 20 世纪 30 年代表现很好。随着罗斯福提高黄金价格，它增长了四倍多：从 1928 年初的大约 75 美元到 1953 年底的超过 450 美元。[1]

进一步探索黄金的投资机会

黄金是对冲通货膨胀的工具，因为它可以防止货币贬值。最近黄金与美元

---

［1］　Gold Eagle Technical Staff, http://www.gold-eagle.com, 1997.

的相关系数为－0.81。[1] 正如前面提到的,黄金兑世界上几乎所有货币汇率都创下新高。

恐惧

黄金提供了抵御恐慌的保险,因为在通货膨胀时期,其价格可能会上涨,类似于近期和20世纪30年代的情况。然而黄金有工业用途(占12%),因此有一些基本的经济支撑,但其中一半以上被用于首饰,作为优雅和价值储存的代名词。[2]

自2000年以来,大宗商品的表现优于标准普尔500指数。更重要的是,黄金作为投资组合的一部分,在2008年之后突然上涨,因为它抵御了恐惧因素。直到最近,黄金一直跟踪路透社(CRB)指数,以捕捉恐慌因素。大宗商品的表现超过了美国股市。更重要的是,黄金的表现超过了大宗商品。

金融工程的机会

将黄金加入固定收益投资组合可以帮助对冲汇率和通货膨胀风险。在这种情况下,黄金对交易者也很有吸引力,因为它最近的波动率增加了,比如平均真实波动的范围(Average True Range,ATR)。随着平均真实波动范围的增大,价格在一个时期内,从高到低会出现更多的极端值。平均真实波动范围越大,交易者就越有可能被这种交易所吸引,因为它给了他们更多的利用价格波动投资的机会。不相信黄金的投资者可以通过做空或购买ETF或黄金的看跌期权,或者通过与黄金进行固定利率互换获利。

投资黄金的方法

实物持有金条是一种投资方式。虽然它需要储存,但拥有明确的所有权。购买金条可能需要4%的成本溢价,一些流行的金币成本溢价甚至更高。投资者持有的黄金更容易追溯恐慌。例如像GLD的ETF,代表投资者储存黄金。然而,各国政府不确定性的未来行动,可能会以某种方式没收持

---

[1] Bank of Tokyo-Mitsubishi UFJ, 2006-late December 2008, cited in Wall Street Journal, March 16, 2009, C1.

[2] World Gold Council, August 2007, using data as of year-end 2006.

有的黄金。交易所交易基金提供更好的流动性,但带有通常不到1%的管理费。

矿业公司股票

黄金矿业公司股票通过其经营杠杆和发现新矿藏的能力,提供了比黄金更好的潜力。这一发现可能会使一家小型金矿公司的股价飙升。它们还可以支付股息,为购买和销售黄金提供良好的流动性。不利的一面可能是高额的盈亏平衡成本,阻碍了利润的增长,无法实现黄金产量的最大化,以及企业可能提前出售大部分产品的风险。随着金价上涨,这将限制上行潜力。这是许多黄金矿业公司在2000年左右所做的,当时黄金价格很低,他们希望获得一些可靠的收入。

一种比较黄金矿业股票和金条的方法是一篮子未套期保值的黄金股(指数代码是HUI)和黄金。HUI由15个世界上最大的黄金开采公司组成。截至2010年1月,排名前三的公司包括赫克拉矿业公司(Hecla Mining Company)、布埃纳文图拉公司(Compania de Minas Buenaventura)和库尔德阿林矿业公司(Couer d'alene Mines Corporation)。20世纪90年代末,市场人气非常乐观,当时,由于企业对冲了大部分产出,金价处于低位。然而,当黄金价格上涨时,HUI预计会上涨;反之亦然。没有得到上涨的HUI支持的黄金价格上涨意味着技术上的背离,黄金卖出信号将出现。

技术分析师使用其他工具做买卖决策。例如,黄金峰值发生在一个重大事件期间:美国预计公布的失业人数。聪明的交易者买入接近黄金高点的看跌期权(或许是ETF GLD),尤其是在HUI显示应谨慎的情况下。虽然他们直到在东部时间8:30公布数据后才知道实际结果,但他们推测金价将出现大幅下跌。当实际失业数据好于预期时,黄金价格大幅下跌,因为人们认为,不断上升的利率(很快就发生了)将与黄金回报相竞争。

随着黄金价格上涨(见图7.4),直到9月,与图7.5中的黄金相比,HUI呈现上升趋势。

在9月的那个时候,市场出现了一种背离,即金价上涨没有得到金矿股票价格上涨的支撑,这暗示应谨慎操作,并可能发出卖出信号。随着黄金在2009年12月下旬见顶,然后开始大幅抛售,HUI开始表现不佳。

第七章 黄金和纸币

145

资料来源：Stockcharts.com 授权使用。

图 7.4　2010 年 1 月 5 日黄金持续合约

资料来源：Stockcharts.com 授权使用。

图 7.5　HUI：黄金虫指数-AMEX/黄金持续合约

配对交易

如前所述,交易者也可以进行配对交易,做空一项资产,做多另一项资产。在这种情况下,如果交易者认为 HUI 会比黄金表现更好,交易者可以买入 HUI、做空黄金。在这一点上,交易者只是在投机它们的背离,而不是方向。配对交易的风险是双重的:利差可能不足以弥补交易成本,相关性可能会暂时中断而无法维持。

随着 2009 年年底金价见顶,交易者纷纷猜测何时买入,以期待反弹。

一种方法是将支撑阻力技术方法与斐波那契比值技术方法相结合。这意味着在 61.8% 的回调区有一个好的买入区(见图 7.6)。交易者在斐波纳契回调的 1 000 阻力位/支撑位趋势开始时买入。精明的交易者回避了 38.2% 和 50% 的水平,因为几乎没有支撑确认。然而,在 61.8% 的回调区,交易者在接近 1 075 支撑线(之前的阻力)买入。交易者可能在这里买入,以便在 50 日阻力线(直线,水平线)处卖出,以获得约 40 点的收益。也可以用白金做配对交易。白金的价格走势与经济实力密切相关,因为它被用于汽车工业制造催化转化器。

资料来源:Stockcharts.com 授权使用。

图 7.6　2010 年 1 月 5 日黄金持续合约

交易者可以投机黄金和白金的背离。下降趋势意味着白金表现更好。到2010年年初,黄金的表现似乎落后于白金,但现在可能是买入黄金和做空白金的好时机,因为人们希望黄金的价格超过白金。

支持这一观点的是黄金/白金价格接近支撑位,如图7.7所示,靠近0.72的平行线。注意快步随机指数也显示超卖,低于20。最后,你可能决定等待江恩45度线(图7.7右侧的倾斜线)被突破后再确定仓位。交易者也可以通过江恩理论获得更多的交易策略。

资料来源:Stockcharts.com 授权使用。

图7.7 2010年1月6日黄金/白金走势

利用黄金进行市场间分析

交易员可以投机黄金的短期相关性。例如,黄金通常与美元走势成反比。此外,短期内,它还可能受到与利率成反比的交易的影响,当利率上升时,美元趋于坚挺,黄金价格在短期内下跌。这遵循了利率平价理论。

融合分析

然而,在短期内,黄金可能与美元高度相关,但与此同时,黄金与股市反向交易。这发生在 2009 年 3 月。美元坚挺,金价上涨,但股市下跌。同样,我们也看到了短期内相关性不能发挥应有作用的挑战。

我们已经展示了跨市场交易的潜力。让我们来看看 2003 年夏天利率的上升,交易者有很多机会利用这种情况,另一个机会可能是购买黄金。虽然加息最初可能会令美元坚挺,但也可能意味着经济正在走强,通货膨胀正在抬头。

市场间分析的一个触发点,可能还是 TLT(一种 20 年期美国政府债券的 ETF)的头肩形态。确定触发事件本身就很有挑战性。2009 年 4 月初至 6 月,当我们看到美元下跌时,黄金却在上涨(见图 7.8)。

资料来源:Stockcharts.com 授权使用。

图 7.8　2003 年 8 月 20 日美元指数

7 月以后,美元和黄金同步波动。这表明经济状况有所改善,但通货膨胀率上升。我们怎么能确定? 不能保证,但周期性股票似乎正处于上升趋势,图 7.9 支持这一观点。

虽然利率上升表明经济状况有所改善,但可能伴随着更多的通货膨胀。我们决定买入黄金,因为更高的通货膨胀有利于黄金价格的上涨。图 7.10 显示金价在 200 日移动均线上获得稳固支撑。

资料来源：Stockcharts.com 授权使用。

图 7.9　2003 年 8 月 29 日黄金持续合约

资料来源：Stockcharts.com 授权使用。

图 7.10　2003 年 8 月 29 日黄金持续合约出现买入信号

7月21日,MACD在340附近给出买入信号(注意图7.10中MACD部分的水平箭头)。在8月初,我们在346收到一个快速卖出信号,我们放弃了很大的收益,但仍然有一小部分头寸。很快在355又出现一个买入点。MACD仍然显示买入信号,金价超过375,因此获得了很好的收益。

黄金交易汇总表

持有黄金的态度正在逐渐改变。对于一些文化,比如印度,黄金与生活方式紧密相连,比如婚礼。"口袋财富"也支持一个人应该拥有实体黄金的观念。在东欧这样的国家,黄金被储存起来,作为便携式财富的衡量标准。最近一些货币的疲软导致了黄金和珠宝的大量购买。

不过,定期购买黄金并不是业余投资者的天性。虽然投资者可能偶尔会根据新闻报道的时事涉足黄金,但使用黄金进行财富多样化的长期策略在行为上仍然不可接受。

让我们回顾一下,并提出一些在黄金交易中可能出现的问题(其中大部分也适用于一般交易):

(1)触发点是什么?

(2)应该考虑哪些因素和市场来确认我们的决定?

(3)如何处理相关性中断的可能性?

(4)多久交易一次?

(5)完成这些交易需要多长时间,是否应该在其他领域寻找与我们讨论的领域无关的替代交易?

(6)这个交易分析应该由盯着彭博社还是由一台电脑编程的人类交易者完成?

在考虑了这些问题之后,问一下对于黄金交易者来说,哪种行为是最好的途径:做空债券?配对交易?做空股票?用市场间分析,在周期工具上做多看涨期权?买黄金?还是以上所有?

考虑到这一点,交易者能否在决策树上快速做出概率假设和收益?此外,交易者应该被计算机化的交易算法所取代吗?(我们将评估这个案例的可能结果。)

问题总结

基本面估值模型可能有行为偏差,技术分析可以帮助克服偏见。现在考虑这些问题:

(1)在实际中技术分析在讨论中有分量吗?

(2)在涉及基本面和技术分析中基本趋势和短期交易之间有什么冲突?

(3)如果一个人接受越来越短的交易时间期限,会有什么挑战呢?

(4)使用市场间技术分析的好处和风险是什么?

(5)投资者是否应该更多地长线投资,而不是短线投资?

(6)基本面对短线交易者重要吗?

(7)为了进行相对短期有利可图的交易,风险是否会随着保证金的使用而增加?

(8)我们真的能够实现投资或者交易盈利吗?还是牌已经发出了,我们只能看着它们?

这些考虑为本书的第三部分打开了大门。

第三部分 嘀嗒作响的时钟：同心圆扩张

试图预测经济前景不可避免地会引发对商业经济周期的讨论。一个纯粹的线性扩张，虽然是理想的，但是经常会遇到商业周期的向上增长阶段，随后则进入平稳期。虽然繁荣代表着好时光，感觉良好，并有创造财富的感觉，但是随之而来的往往是衰退，甚至是显示财富被侵蚀的萧条。

政府知道这种周期会让选民不安，选民也可以改变政府，尤其是在商业周期不利的情况下。我们确实在几个国家看到了这种状况，比如中东和希腊。因此，政府试图通过财政和货币政策驯服商业周期。在研究经济的政府机构中，有一群聪明的智囊，他们肯定不会让经济失控。凭借熟练的员工，他们可以分析经济数据，然后提出最有利于稳定经济、实现长期增长的政策。是的，这就是所谓的梦。"我们已经吸取教训，这次会有所不同……"直到下一次经济衰退。

对经济数据的精细分析经过梳理和过滤，以提供计量经济学模型，这是预测经济趋势所需的基础，为政府的政策提供依据。这些趋势可以在诸如实际GDP增长、利率水平和人口趋势等不同领域预测消费者对住房的需求。

一个著名的政府机构是联邦储备系统（即美联储）。它创建于1913年，旨在最大限度地实现充分就业和物价稳定。它监督国家的货币供应，包括创造货币和监管银行。据估计，2008年美联储在"货币和经济政策"上花费了3.892亿美元，用于分析、研究、数据收集和市场结构研究，2009年美国的预算为4.33亿美元。[1]我们相信自己有足够的资金和智慧解决经济问题。

再加上国会议员和参议员，以及他们的助手，华尔街的战略家和分析家，还有其他政府机构，你就明白了。我们有许多人以巨额资金为代价，分析数据，如果不能显著改善商业周期，则希望消除它，但我们在21世纪仍然有繁荣和萧条。这让你怀疑，如果没有政府或机构的干预，我们的自由市场经济会不会更好。

诺贝尔奖得主米尔顿·弗雷德曼针对货币政策主张用计算机取代美联储。虽然他认为美联储做了很好的研究，但他认为后者制定了糟糕的政策。他说："一台计算机肯定会在20世纪30年代和两次世界大战期间产生更好的结果。"[2]我们可以推测，尽管自由放任政策使得经济前景由于出人意料的供求自由流动而变得不确定，但政府干预的强硬手段肯定可以消除或至少可以大幅减少这种不确定性。

---

[1] Ryan Grim, "Priceless: How the Federal Reserve Bought the Economic Profession," *Huffington Post*, September 7, 2009; updated October 23, 2009, http://www.huffingtonpost.com/2009/09/07/priceless-how-thefederal_n_278805.html (accessed October 5, 2011).

[2] "Milton Friedman @ Rest, Email from a Nobel Laureate," *Wall Street Journal*, from the WSJ Opinion Archives, January 22, 2007.

第八章 决定论、投资和交易

信奉基本面分析人士对政府干预的潜在作用和结果表示怀疑。尽管机构的经济政策似乎是调控商业周期的主要因素,但它仍然是基于数据和对数据的看法。因此,不仅投资者,还有政府官员,都会根据数据做出决策。有些人的数据比其他人好,有些人对数据做出了更好的解释。如果知道由于政府组织的原因,使用特定数据存在障碍,那么你可能会绕过它或者玩弄系统。因此,例如,如果你知道政府会因为经济疲软而给你一张支票,你可能不会如政府所希望的那样,增加消费、刺激经济,实际上你可能会决定还清债务,或将其存起来。同样,如果有规则规定一家银行可以承担指定数额的债务,以遏制放贷,那么它可以采取信用衍生工具策略,将上述债务从资产负债表中剥离出去。

讽刺的是,既然我们从过去的观察中知道经济周期在 20 世纪就已经存在,我们可能会对政府的任何保证都持怀疑态度。也许,让市场力量主导经济政策会更好,因为所有这些政策的成本,从长远来看会使情况更糟。这与 20 世纪 90 年代末的刺激计划相反,当时的刺激计划救助了雷曼、贝尔斯登、通用汽车等陷入财务困境的公司。政府掩盖了它们失败的财务策略,为大约 10 年后的痛苦埋下了伏笔,并允许其他机构在一些机构"太大以至于不能倒闭"(大而不倒)的概念下加杠杆。因此,政府向美国国际集团、花旗银行和其他机构投入了数十亿美元,将美联储的资产负债表和美国政府的债务提高到了数万亿美元,就像我们之前讨论的那样。

与投资者一样,政府机构也可能会得出错误的结论。部分原因是当他们看着相同的数据时,尽管时间更早,他们最终可能解释相同的数据并做出相同的决定。回到有效市场假说,尽管政府不太可能根据历史信息制定长期政策,但事先了解信息可以帮助政府在新闻真正公布之前采取有效的举措。

我们也认识到数据似乎来自先前数据的流动,而先前的数据又来自更早的数据。所以,在观察一连串的数据时,一个人几乎是程序化的,或者注定要走一条老路。我们将要看到的这个概念,并没有被那些以哲学的眼光看待人类行为的人所忽视。

虽然行为主义者也承认数据的流动和决策的需要,但他们也补充说,并非所有的决策都是理性的和精于算计的,因为有些决策可能相当情绪化。这些行为涵盖了从赌场游戏到倒卖公寓。此外,他们并不对称,对于某些人来说,在赌场输掉1万美元,比赢得1万美元更容易让他们被情绪掌控。

技术分析师也有点怀疑,他们怀疑恐惧和贪婪的怪物能否被驯服。投资者决定趋势,因为聪明人先买,接下来是模仿者,最后愚蠢的人在顶部从聪明人那里买进,或者在底部卖给聪明人。因此,商业周期仍在继续。技术人员还认为,某些形态和事件链会导致可预测的人类行为,但他们并不是唯一的群体。此外,哲学家广泛地研究了行为是可预测的和注定的这一概念。技术分析师可以通过研究周期和波动,将哲学概念应用于金融市场,哲学家则将这一概念应用于包括宗教在内的所有人类行为。

行动导致更多的行动

如果行动导致行动,它们的可预测性如何?我们必须跟着它们吗?

我们是不是被设定成某种特定的行为方式?我们真的有自由意志吗?宇宙是一系列因果关系吗?有没有一个主要的系统、数学公式或机制,它们或多或少有些可预测的模式?

想想弗朗茨·卡夫卡(Franz Kafka)在电影《审判》(The Trail)中令人不寒而栗的开场白:"一定有人诽谤了约瑟夫·K.(Joseph K.),在某个早晨,他没有

第八章
决定论、投资和交易

做错任何事,却被逮捕了。"[1]

这次审判的情节是关于某个法律权威因一桩未知的罪行起诉一个人。控方似乎反复无常,有人觉得今天一切都很好,而明天,出于某种原因,一切都很糟糕。因此,存在是荒谬的,你不能反抗这个制度。这听起来像是某种形式的商业周期,不知怎么的,车轮启动了,而你恰好被轮辐卡住了。

所以从今天开始,这也许不是太牵强。有一天你有了房子,有了工作,有了配偶。不久之后,一切都消失了。怎么了?当我们看到高失业率、债务拖欠,以及大量取消抵押品赎回权时,我们可以对此产生很多疑问,也许这次大衰退应该叫大审判(Great Trial)?

虽然决定论是一个关键的哲学概念,但它也是技术分析的基础:"决定论是这样一种观点,即每一个事件或事态,包括每一个人类的决定和行动,都是事态发生前提的必然结果。"[2]拉普拉斯之魔(Laplace's Demon)阐明了这一点,这是1814年皮埃尔-西蒙·拉普拉斯(Pierre-Simon Laplace)提出的一个命题。这个实验假设,如果一个人知道宇宙中每个原子的确切位置和动量,他就可以用确定性原理预测所有未来和过去的行为。有人可能会认为人类的自由意志可以打破一连串的事件,但是一些哲学家说自由意志并不是一个真正的因素。一个人可能有自由意志,但问题是,一个人可能只是看起来有自由意志。如果所有的事情都是计划好的,其中人只是一台大机器上的一个齿轮呢?所以,你认为只要努力学习就能保住工作,但是你被解雇了,因为整个部门都被关闭了,或者公司因为总部,或者海外的某个银行,或者其他什么行动而停业了。是的,你有自由意志,但那不是幻觉吗?

在金融领域,我们可以称为自由意志特定风险,它很容易被系统性风险所压倒。我们可以看到一家金融公司在哪里可以陷入具体的和系统性的风险。如果银行业出现了2008年那样的问题(系统性风险),而我们的街角社区银行被指责为问题银行之一,那么银行负责人可能会回答说,次级贷款不是我们发放的。我们可能在特定风险方面处于良好状态。然而,系统性风险将在市场抛售银行股的浪潮中打压其股价。假设这个街角银行也有罪——这是另一个"他们"。

〔1〕 Franz Kafka, *The Trial*, trans. Breon Mitchell (New York: Schocken Books, 1998).
〔2〕 Information Philosopher, "Determinism," http://www.informationphilosopher.com/freedom/determinism.html (accessed October 5, 2011).

这种决定论可以是自然的，也可以是有神论的。自然认为，有些事情是有因果关系的。无神论者认为所有事件都来自宇宙大爆炸，或者是无穷无尽的宇宙大爆炸。这些事件中的一些可能与斯金纳（Skinner）的观点有关，即遗传或环境事件控制着人类的行为。[1]因此，良好的基因和积极的教育环境可以引导你养成更好的学习习惯，并最终获得一份更好的工作。虽然需要学校，但你已经具备了高于平均水平的智力和父母的指导。

有神论者暗示了一个神，或者如某些人所说的"上帝"，是他让一切运转起来。上帝创造了宇宙，并让它向前运行，并知道结果。有些宗教有一种决定论的信仰，也就是说，他们不排斥这种观念，尽管对这种观念可能有不同程度的接受。

这导致了各种形式的决定论，其中之一就是宿命论。显然，随着时间的推移，这引起了很多争议，甚至导致了宗教分裂。然而，当我们在细微差别中艰难前行的时候，底线是，对于前定论，更广泛地说，对于所有宗教中的决定论，都有某种形式的承认和回应。

宇宙膨胀

决定论也与物理学相冲突。虽然事件可能导致其他事件发生，但确定性的追随者们还是遇到了一些障碍，具体来说，海森堡测不准原理就是其中之一，它指出人们可以观察到粒子的位置，但不能观察到其动量，或者人们可以观察到其动量，但不能观察到其位置。相信上帝的爱因斯坦，对这种不确定性感到不自在，他引用了一句名言，"上帝不掷骰子"。

另一个问题是熵。这涉及热力学第二定律，它指出一个人不能从冷到热，只能从热到冷。所以当人们把水煮开，然后把火关掉，放在炉子上，锅会逐渐变凉，最终变成室温。如果室温很低，人就不能存在。所以最终，宇宙会变冷，然后死亡，有一个可预测的结局。反对这个观点的一个理论是彼得·林兹（Peter Lynds）的理论，他提出第二定律是可以被克服的。[2]

我们可以通过让宇宙从大爆炸到大坍缩再回到大爆炸，从而从冷到热。所

---

[1] 参见 B. F. Skinner's *Beyond Freedom and Dignity* (1976) and About Behaviorism (1971)。

[2] News Staff, "The Big Bang Clock: A Thermodynamic Theory for the Origin of the Universe," *Scientific Blogging*, November 2, 2007, http://www.scientificblogging.com/news_account/the_big_bang_clock_a_thermodynamic_theory_for_the_origin_of_the_universe (accessed October 5, 2011)。

以,就在我们变得非常冷的时候,宇宙又爆炸成另一个开始。许多年后,它在一次大崩溃中濒临死亡,然后整个过程又开始了。这会导致某种循环,作为对存在的解释。

在所有这些争议中,基于现有的证据,似乎目前主流的物理学家支持一个不断增长的单一宇宙,甚至可能在加速。[1]这类似于公司的增长曲线,或一些S曲线,减去衰减部分。因此,目前还看不到大坍塌。然而,随着我们进一步解开宇宙的奥秘,这种情况可能会改变。一般来说,单一宇宙膨胀的概念,会影响一个人的决定论观念。我们可以说,在这样一个膨胀的世界里,我们所看到的前面讨论过的11世纪后的货币膨胀得到了很好的控制。

信仰、决定论、投资……还有时间旅行的介绍

有些物理学家不排除时间旅行的可能性。关于时间旅行的类型有很多种排列,但最著名的是祖父悖论。(假设一个人回到过去,在祖父遇到他的祖母之前杀了他的祖父。那么,当然,他的父母不会存在,自然也就怀不上他,所以那个人也不可能存在,回到过去。所以祖父必须活下来,才能让旅行者回到过去杀死他。)时间旅行者的存在否定了他改变过去的可能性。如果可以做时间旅行,那么我们也许可以改变过去的事件,打破宿命论中因果的概念。显而易见的是,我们可以改变过去亏损的交易,因为我们现在知道谁是赢家。那么时间旅行能改变决定论,从而使投资成为一种确定的事吗?

正如我们已经讨论过的,决定论和宗教似乎是一致的,但是如果我们从另一个方向——一种宗教信仰——来处理这些问题,就会陷入危险的境地。即使是科学家,也无法证明某些宗教概念,但他们仍然以信仰为依据。所有这些行为都会导致一个重要的结论:接受神性和永恒回报的概念。对基督徒来说,最重要的是相信耶稣基督,以及与他在永恒中的最终幸福,而其他宗教在这个主题上有不同的说法。在不同时期,宗教可能对某些科学发现的看法并不一致,因为它们可能否定了某些宗教信仰。我们可以用存在主义的观点,认为生命是荒谬的,没有任何意义。无神论者很可能相信某种无止境的缺乏意义,但可能会说这仍然比相信宗教信仰要好。相反,有些人可能会接受伏尔泰的命题,即如果上帝不存

---

[1] 关于这一思想的诸多研究,参见 Alan H. Guth, *The Inflationary Universe*, (New York: Addison-Wesley 1997)。

在,人们将不得不创造一个上帝(作为一个心理拐杖,使人能够应付这种生活)。无论如何,我们不能否认,科学证据能够引导人们重新思考决定论,从而影响宗教思想。

投资可以跟随这个讨论。我们可以通过分析数据得到其他数据,从而得到一些估值模型,进而做出投资决策:要么买进,要么卖出,要么持有。我们可以严格按照信仰购买股票,但是,不像真正的宗教信仰,那种坚定不移的信仰,投资于信仰可能只是牛市或熊市的副产品。[1]

无论信仰如何,无论是宗教信仰还是物理信仰,决定论导致了对人类行为的猜测,并继续迷惑着我们。

经济数据中的错觉

我们所理解的现实,可能只是更复杂事物的一小部分。想想长度、宽度和深度这三个维度。这三个维度在三个不同的平面上。除此之外,我们还可以加上第四个维度:时间。但如果我们只存在于二维空间呢?我们对真实的感知还要原始多少?例如,假设我们生活在一个二维宇宙中,有长有宽,就像一张纸。1884年,埃德温·A. 艾伯特(Edwin A. Abbott)写了《平面世界》(*Flatland*)这本关于二维宇宙的书。这是对维多利亚时代生活方式的讽刺,二维世界的居民获得了更多的地位,因为他们获得了两面性。[所以正方形比三角形具有更多的地位;地位最高的是圆,它有许多边(类似于微积分概念)]。当一个三维人造访二维世界时,二维的居民无法理解它的形状,因为他们把它看成一系列生长的圆圈。他们无法解释深度,如果一个角色试图这么做,人们就会完全不相信,最终这个角色会因为自己的观点而入狱。所以人们对深度一无所知。因此,额外的维度赋予了我们丰富的体验。但是如果有更多的维度呢?对现实的感知是什么?在物理学中,有一种理论,在物理学家中广受欢迎,被称为弦理论。它需要的不是一维、二维或三维,而是九维,再加上一个时间维,才能构成十维。(有些人甚至提出了11个维度。)[2]

这个讨论可能看起来很深奥,但是这些关于决定论、信仰和宇宙本质的问

---

[1] 我国的茅台信仰与其类似。——译者注
[2] Brian Greene, *The Elegant Universe* (New York: Random House, 2000), 203—204.

题,在金融领域并没有被忽视。事实上,他们创造了特殊的投资模式,问题和模型都会影响融合过程的各个部分。

人类行为和投资决策的规则周期是一个有争议的问题。它们挑战线性思维,支持商业周期。行为分析和技术分析接受这个概念,拒绝"这次不一样"的说法(即"历史会重演")。不管是否有联邦基金、信托基金,还是新的税收政策,投资者都会找到避开这些投机因素的方法,从而对商业周期做出贡献。

基本面经济学家并不反对商业周期,因为他们实际上帮助奠定了商业周期的基础。技术分析师最终将运用自己的分析方法,但是如果决定论行为不被接受,我们就可以轻易地忽略其技术的价值。

有效市场和决定论

在金融学中,有效市场假说(EMH)承认了决定论。我们有选择投资的自由意志:购买国际商业机器公司(IBM)、通用电气(GE)或者其他公司的股票或资产,我们可以创建各种类型的投资组合。然而,最终,有效市场假说系统反对这种主动决策。有效市场假说以一种确定性的方式行事——经济数据通过一系列因果关系转化为投资数据,最终,市场会为假定的集体风险产生回报。无论在选择各种类型的股票时使用多少自由意志,我们都注定要落后于市场。我们可能会在回报率上做得更好,但我们会承担更多的风险,或者在风险相同或相对较小的情况下,我们会产生较低的回报。市场是有效的,它在风险和回报之间做出了最好的权衡。

因此,我们避免主动管理。所以,当我们觉得他们在分析数据,做出某种增值决策时,这一切都是幻觉。我们不太可能从他们的数据中获益。虽然它可以像财务报表一样成为基础,甚至可以像股票图表一样成为技术,但市场已经知道了这些数据,并在其资产定价中反映出来。

主动管理是一个很好的错觉。然而,大多数基金的回报率研究发现基金公司的主动交易无法超越市场表现。他们的经理到处跑,拜访上市公司,阅读经纪公司的研究报告,用 Excel 处理数据,但他们并没有战胜市场。还有更大的力量会以决定性的方式粉碎主动管理。有些人如康德拉季耶夫和基钦等,把这些力量称为神秘的艾略特波浪或并不神秘的经济周期的结果。

但是有没有救世主或神能拯救投资者呢？我们有各种各样的宗教，然而，在投资里只有一个：指数化。与投资相关的预定论只能通过指数化来改善，但谁又愿意指数化，只获得市场的回报呢？指数化当然也有例外。是的，希望是存在的，因为市场并不总是那么理性和有效。这可能是进行融合分析并利用技术、行为和量化系统提供的漏洞的唯一原因。

无限

在处理各种格式的因果关系和决定论时，我们遇到了无限的概念。换句话说，就像因果关系一样，它通向哪里？当然，永恒的幸福或永恒的诅咒是无限的概念，并作为许多宗教的基础。而且，如果我们假设宇宙一直存在，那么它一定总是存在的，因此，这是另一个无限的概念。

讨论无限的目的不一定是把它们当作抽象的东西来分析。它是分析在一个看似无限的情况下，蕴含着可以得到或失去的行动的含义。最常见的情况来自宗教，那里有无限的奖励或无限的惩罚。不是所有人都相信这种范围，因为有些人认为宇宙就是这样。一个人存在，然后死亡，不再存在。没有回报。尽管如此，从信奉宗教的人数来看，有人会说这不是人类的主流观点。人们可以提出这样的理由，即人们渴望得到某种物质上的回报。我们可能想要更多的报酬、更多的商品、更好的生活方式。虽然神性方面的考虑可能很多，但这种精神上的渴望似乎更强烈。

让我们把无穷大的概念推广到市场上更多的实际行动中。假设你读了一份推荐苹果股票的投研报告。苹果的股价是每股 200 美元。分析师可能有一个上行价格目标，但也必须显示价格在一般经济条件下或苹果特有条件下的风险。因此，如果经济放缓，苹果公司可能会减少手机的销量，销售额也会减少，从而降低价格。如果谷歌用一款更好的手机抢了苹果的风头，它可能会抢走苹果的市场份额，并降低其现金流预测。相反的情况也可能发生，可能经济走势更强劲，谷歌手机没有成为主要竞争对手。这样，苹果的股价就会更高。让我们假设如果一切顺利，苹果的股价目前是 100 美元，但是其在一年的时间到了 300 美元。现在我们有了上升空间，即投资者的回报和回报范围。

想象一下，如果另一名分析师推荐一只股票。现在的交易是这样的：如果你购买这只股票(不允许买衍生品),它可以上涨到无穷大,或者下跌到 200 美元。但是如果不买股票,只能得到 200 美元的涨幅,但是你会失去一切,永远在地狱里受煎熬。嗯。看起来像是某种奇怪的股票,但为了安全起见,毫无疑问你会买的。

1670 年,数学家帕斯卡在他的著作《思想录》(Pensees)中提出了帕斯卡的赌注。许多哲学家、神学家和数学家研究过,它并不是一个投资命题,尽管它的意义是存在的。相反,它处理的是与上帝相关的无限,具体来说,就是奖励和惩罚的无限。而不是试图产生一个理性的证明,最理想的无穷大,上帝,帕斯卡基本上认为一个愚蠢的人才会否认上帝的存在。他的论点如下:

> 上帝存在或不存在。但我们应该向哪一边倾斜呢?在这里,理智决定不了任何事情……在这无限的距离的极端,正在进行一场游戏,在这里,正面或反面都会出现……让我们权衡一下赌上帝存在的得失……如果你赢了,就会得到一切;如果你输了,就什么也不会失去。那么,我打赌,毫不犹豫地说他是。[1]

我们可以做一个矩阵,用收益乘以一个人是否应该参与博弈的概率。例如,抛硬币(有 50% 的概率是正面),如果一个人正面赚 4 美元,反面输 1 美元(有 50%的概率是反面),则会得到 1.5 美元的回报,如下所示:

$$(0.5) \times 4 + (0.5) \times (-1) = 1.5(美元)$$

所以,如果一个人为了玩这个游戏支付 1 美元(超过 1 美元的会损失),从统计学上来说,这个人是占优的,因为 1.5 美元的预期收益减去 1 美元的费用,玩这个游戏的结果是 0.5 美元的利润。现在,如果玩这个游戏的费用是 1.5 美元,一个人就不会玩,因为最终的利润会是盈亏平衡的,我们现在可以用帕斯卡的支付矩阵代替,如表 8.1 所示。

表 8.1 帕斯卡支付矩阵

	上帝存在	上帝不存在
下注上帝存在	全部获得	维持现状
下注上帝不存在	不幸	维持现状

下注上帝存在:(一定的可能性)×∞+(1−一定的可能性)×现状=∞
下注上帝不存在:(某种可能性)×不幸+(1−某种可能性)×现状=−∞或非−∞

---

[1] 引自 Alan Hajek's "Pascal's Wager," *Stanford Encyclopedia of Philosophy* (May 2, 1998; revised June 4, 2008)。

注:不幸是没有定义的,但对某种不重要的事情来说可能存在一些价值。

帕斯卡暗示50/50的概率,但确切的概率并不是必需的,因为任何概率乘以无穷大都是无穷大的。人们可以立即看到,下注上帝存在会带来无限的回报。下注上帝不存在要么产生负面的无限(最糟糕的地狱状态),要么产生一些有限的回报。所以,在接受上帝存在的信仰时,风险会很小。

这个简单的解决方案为在一些教会中相信上帝提供了很好的吸引力。天主教教会通过教宗发言人弗朗西斯科·庞皮诺(Francisco Pompino)主教指出:

布莱斯·帕斯卡(Blaise Pascal)提供的论点经历了三个多世纪的神学辩论。它已经成为三百年来教会军械库中最强大的智力武器之一,让无数人感到他们不朽灵魂的利益不在于放弃信仰,而在于接受神的存在。正如帕斯卡所写,把对上帝的信仰看作一种赌注,信仰在逻辑上是更有益的选择,因为"如果你赢了,就会得到一切;如果你输了,就什么也不会失去"。那么,我打赌,毫不犹豫地说他是。[1]

所以,作为教会"最强大的智力武器之一",难怪帕斯卡的赌注被认为可能是宗教哲学中最著名的论点也就不足为奇了。[2]

在宗教异议中,人们可能会质疑哪个上帝是真的? 如果一个人相信错误的上帝会怎样? 而且,如果一个人通过这种赌注上天堂,那么这种欺骗会欺骗什么样的上帝? 难道不应该有像真正的信仰? 而且,如果上帝真的是仁慈的,他会不会自动地谴责非信徒的痛苦?

然后有统计问题。这被认为是一次无成本的交易,但如果没有上帝,那么想想那些被亵渎的地方,去参加礼拜场所和研究宗教文本。此外,收益可能不是无限的。当然,天堂是无限的,但只有上帝能够理解,而人只能思考有限的事情。人会成为上帝吗? 即便如此,帕斯卡的赌注真的是地狱还是其他一些状态?

帕斯卡的"赌注"是一个神学概念,它打开了决策理论的大门。这也导致我们讨论采取赌注的论据,并将它们归结为具体的财务状况。

帕斯卡投注的简单吸引力可以被扭曲为财务回报,看起来相当简单和吸引人的地方是,那里可以获得很多收入或几乎很少亏损,这种情况可能会被认为是

---

[1] "Vatican Announces Results of Pascal's Wager," *Sneer Review*, August 10, 2009, http://sneerreview.blogspot.com/2009/08/vatican-announcesfinal-results-of.html (accessed October 5, 2011).

[2] Hajek, "Pascal's Wager."

第八章 决定论、投资和交易

在行为上对投资者的掠夺，投资者会非常容易受骗，他们心理上的恐惧和贪婪性质可能会使他们容易遭受不愉快的损失。

作为帕斯卡赌注的第一个应用，考虑替换彩票赢利。这里我们知道概率和收益，以及成本。我们似乎每个人都没有损失，而这笔交易有很大的回报。一个人待在一个国家，什么都不做，大概率是低收入和低幸福。假设彩票在纽约市发行，要挑选6个数字，如果你从59个数字中挑选6个数字（顺序无关紧要），将赢得500万美元（一次性纳税）。所以你应该玩这个游戏？

获得500万美元的概率是1/45 057 474，彩票的成本是1美元。你会发现，除非你非常幸运，否则将需要花费4 500万美元才能保证赢得500万美元，显然这不是一个很好的生意。

现在，如果这个获奖机会变成1%，那么你可以轻松地花100美元购买500万美元的富矿探矿权。但是如果赔率很高，你可能会质疑为什么赔付率会这么高。更可能的情况是只有奖品大得多，比如7 000万美元时，你才会花费4 500万美元去博彩。假设可以在开奖结束前快速获得所有正确的中奖数字，那么你肯定会获胜，除非奖品必须由相同的获奖号码持有者共享。所以如果有两个赢家，你会得到3 500万美元，并再次输给了概率。如果有10个获胜者，你注定会失败，所以我们面临的是一个非常遥远的机会赢得巨大的回报。富人会玩这个吗？可能不会，因为他们已经有钱了，太小的赔率不值得去糖果店买彩票，并与广大人民群众缠斗。

然而，穷人或财富的孜孜以求者肯定会对买彩票感兴趣，因为他们没有多少钱（相对于一个伟大的生活方式所需的总和而言），他们只会花1美元去冒险。所以，你会发现（或者某人）可能会赢得彩票，或者你不会，但是你又有什么损失呢？那么，这取决于一个人的财务状况。对于富人来说，美元买彩票几乎是零成本（假设购买彩票的过程无痛苦且快速）。然而，对于一个穷人来说，情况并非如此。穷人1美元的损失要比富人损失1美元昂贵得多。这类似于一种行为概念的收益和损失，即使它们涉及相同的金额，效用也可能不相等。换句话说，他们的效用曲线并不相同。

指数基金投资

现在，让我们继续看一个类似的例子——向资产管理者投入资金。假设每年只收取1.5%的费用,你可以在股票市场获得良好的回报。再一次,你必须确定成本和回报。真正的成本是你要为超出指数基金的成本支付的额外费用。回报是阿尔法,即风险调整后的超额回报(一般来说,这些衡量方法有几种,如夏普比率、特雷诺指数和詹森阿尔法等,稍后我们将进一步讨论。对冲基金的专业经理可能会有更具体的指标)。

因此,如果基金复制标准普尔500指数,可以购买指数基金并支付每年0.25%的费用。这意味着实际成本为每年1.5%减0.25%或1.25%。回报不是绝对收益,而是基金在风险调整后的超额收益。虽然你可以说买卖股票是一项保存资本和增加收益的技能,但你也需要资产分配策略来衡量这项技能。

如果你认为在一年内,70%的经理人不会产生阿尔法,那么可以看到,支付管理费用并不是自动获得阿尔法的方式(当然,通过分析,我们指出70%不这样做,但这并不令人反感,因为大多数情况并非如此。)让我们假设这些经理只投资指数。他们从1美元开始,到年底时,他们收取管理费前的收益为1美元(注:我们假设没有税收或交易成本来加以简化)。30%的经理产生了2%的真实阿尔法。由于可以假设基金与指数具有相同的风险,我们可以假设他们以1美元开始,但在年底时,他们收取管理费之前产生了1.02美元的收益。然后比较雇用活跃的主动管理的基金经理的结果和较低收费的普通指数投资基金经理的结果。指数基金将从1美元开始,在收取管理费之前以1美元结束。

那么哪种方法更好? 查看积极管理费后的收益预期值,我们得到0.6895美元$[0.7 \times (1.00 - 0.015)]$,该收益未超过指数。为此,你必须加上那些没有投资主动管理基金的人的收益。因此,需要收回的收益为0.3015美元$[0.3 \times (1.00 + 0.02 - 0.015)]$。总的回报是0.991美元(0.6895+0.3015)。指数投资法收益为0.9975美元$[1.00 \times (1.00 - 0.0025)]$。请注意,指数投资比选择活跃的主动管理的基金经理提供更高的预期回报,即高0.0065美元(0.9975-0.991)。因此,需要积极的基金经理实现比2%更高的阿尔法,或者让他们中的更大一部分人跑赢市场,或者让他们降低费用。因此,在选择主动管理型基金经理时,应该选择收费不高的基金,这并不奇怪。费用很容易控制,但其他因素难以实现。

首批推荐指数投资的是学者伯顿·马尔基尔。1973年,他写了一本《漫步华尔街》,建议投资者挑选指数基金。当时没有这样的机会,但他的书帮助像先锋这样的主要基金的指数基金成长。今天我们有复制各种指数和分类指数的ETF。在2009年接受《巴伦周刊》采访时，马尔基尔表示他仍然坚持20世纪70年代初期的看法。他的研究表明，三分之二的基金经理被指数打败，而且这一年的赢家不一定是下一年的赢家。[1]

如果你买入一只前一年可能很热的基金，问题可能会变得更糟，因为它爆出其他问题的可能性会增加，以致第二年会变冷。由于大多数基金经理没有产出阿尔法，投资者使用后视镜投资，因此获得管理费的可能性越来越小。因此，像帕斯卡的投注一样，你必须不断地愿意为上帝或基金下注，进出一个让人望而生畏并且缺少阿尔法可能性的地方，马尔基尔研究了对冲基金，并得出上述结论。然而，技术分析师对看到大量资金在顶部买入基金，然后在底部附近卖出时不会感到惊讶，一旦某些表现手段如生存偏见被剥夺，他们就无法战胜市场。假设我们使用一个报告服务来显示一组基准对冲基金，我们可能只会比较那些剩下的好的基金。如果我们的研究包括那些退出的人(大多数是表现不好的人，但可能有些好的人关门大吉见好就收，不想报告)，结果可能会向上倾斜。我们也可以推测他们在附近，因为他们风险较小。

然而，马尔基尔确实打开了一扇大门，表明当你调整对冲基金的风险时，他们可能提供了可接受的夏普比率0.11，还有人质疑数据库是如何在对冲基金上构建的，因为这也可能会导致收益偏差，然后我们可以得出结论，对冲基金确实是富人的彩票。它们似乎提供了巨大的收益和可接受的风险，但像彩票系统一样，总的来说，它们没有回报。与彩票类似，只需选取优胜者即可。尽管有成千上万的证据，但一些学术证据确实支持对冲基金的技能。因此，还有希望，就像穷人的彩票希望一样。

有肯定的事情存在吗？

好吧，这看起来像是一件确定无风险的事情。如果你给我100美元，在5年后保证你会得到100美元，并且费用是每年1%。如果意识到收益率在收费前每年为0%，收费后为每年约−1.0%，就会产生阻力。更精明的投资者会说，她

---

[1] Lawrence C. Strauss, "An Interview with Burton Malkiel," *Barron's*, July 7, 2009. Reprinted at SmartMoney.com, http://www.smartmoney.com/invest/funds/an-interview-with-burton-malkiel/? zoneintromessage (accessed October 5, 2011).

可以在 5 年期政府债券上获得 5.0％的回报,并且每年是费用的 1％,因为她可以在拍卖中直接从政府购买或向折扣店支付小额佣金,这是不公平的,因为她什么都不做就可以收取费用。如果你同意把钱投入股票市场,并且如果市场在未来 5 年内下跌,你仍然会得到 100 美元(减去 1％的年费),但如果它上涨,你和投资者会分享收益?由于这个国家的股票市场在过去的 10 年里每年的回报率是 15％(假设在这个例子中),超过 10％的收益将共同分享。因此,与现在进入市场不同的是,你可能会在五年内亏损并最终血本无归。此要约可确保你至少能够获得所有的资金,并且仍有机会分摊一些利润。

这里的关键是用 5 年期零息政府债券定价投资。也可以从有息票的债券中剥离它,然后把钱投资到看涨期权。

首先,你可以以每年 5％的利率购买一张 5 年期零息票,价格为 78.35 美元,并使用剩余的 21.65 美元在市场上买入看涨期权。假设股票市场指数为 100,波动率为 20％,无股息,无风险利率为 5％。使用期权价格模型(如 B-S 模型),120 点执行价格的 5 年期看涨期权的成本为 20.58 美元。所以,实际支出为 98.93 美元,其余的则交给经纪公司。

请注意,我将指数定为 120 点。这意味着股票指数每年合理增长率为 3.7％。毕竟,后视镜型投资者会看到 15％,因此,3.7％似乎是一个很容易克服的障碍。此外,他们将获得 120 点以上的收益的一半,因此如果指数回调 15％,5 年内将翻番至超过 201 点。如果我在 5 年内选择 100 点的执行价格,那会让它更具吸引力;但是如果没有足够的资金完成这个任务,现在这个选项的成本是 29.19 美元。所以总成本是 107.54 美元。我们可以假设产品的卖家没有把它放进去,因为他会面临赔钱的风险。另一种方法是使用别人的钱。

这种产品的卖家在 5 年内每年可以获得 1％的利润,再加上不用投入任何资金就有机会在 120 点执行价格上获得 50％的收益。客户可以确定自己的退款年利率为每年减 1％,减去每年 5％零息票回报的可能税额(零息债券每年对个人征税,尽管一些例如 IRA 或养老金账户不征税),再加上获得投资一半收益的机会——实际上无风险。我可以把它卖给行为规避风险的客户,因为更精明的客户想知道指数上涨与下跌的可能性。如果股票收益率为负数,则获得收益的机会将被消除。在 2000 年以来最初的十年里,美国标准普尔指数每年回报率为－1％,因此获得正股票回报的可能性几乎是不存在的。

第八章
决定论、投资和交易

显然，现在回过头来看，在20世纪80年代和90年代当股市表现相当好时，客户会错过一些额外的收益。但是这个结果会使投资产品的销售更容易，因为投资者可能觉得历史会重演。该产品可以让投资者充分利用市场上行的好处，同时显示出可控下行风险。

我可以把它卖成：市场保持不变或上涨，或者保持不变或下跌。如果价格上涨，你可以无风险地获得回报，或者如果市场保持不变，则可以退回资金。如果市场下跌，将无法获得回报，但只会损失一小部分。因为这个损失相对较小，所以你一定会玩的。根据期权成本、利率、波动率、客户的风险状况以及各种金融工具，我们可以开始交易，也许可以将该工具称为"流动收益期权票据"（Liquid Yield Option Note，LYON）。LYON是一种可以转换为股权的零息债券工具。该产品允许企业通过发行债券筹集现金，支付比普通债务更低的利率，并获得减税优惠。债券持有人只是将债券交给公司以换取一定价格的股票。LYONs是由美林公司经理托马斯·H. 帕特里克（Thomas H. Patrick）在20世纪80年代中期发明的。其他华尔街公司也有自己的流动收益期权票据品牌。[1]彭博社报道说，2008年至2009年全球股票挂钩票据的年均额约为1亿美元。[2]

这个概念导致了很多变体，其中之一是拍卖利率证券。这些证券是一种通过将回报部分与股票指数的表现相联系而增加的零息票券形式。现在为了让事情变得有趣，你可能会把票据作为一家公司的信用，而不是美国政府的信用，股票收益与一系列指数的收益挂钩。也就是说，你可以拥有一家经纪公司的借条，并且只有指数在一定范围内波动，例如，上下浮动20%，票据才能产生股票回报。超出这个范围，就没有股票收益。（注：我们正在考虑这方面的上行空间，因为下行不会有任何惩罚。）到期时，证券承诺返还投资者的本金，通常在18个月后，如果该指数在一定范围内波动，还可从该指数的表现中获得额外收益。

《纽约时报》报道了一名投资者的不愉快经历，该投资者购买了一个ARS，然后因为雷曼兄弟破产而一无所有。[3]在这种情况下，该产品被描述为"投资者持有这些票据[据认为]能够获得指数的回报并且该指数在发布之日不能从其水平下降25.5%或更多时能拿回本金，也不能上涨超过该水平的27.5%。如果

---

[1] *Webster's New World Finance and Investment Dictionary* (Indianapolis: Wiley, 2003).
[2] Bloomberg, 2009, Global Capital Markets League Tables.
[3] Gretchen Morgenson, "'100% Protected' Isn't as Safe as It Sounds," *New York Times*, May 21, 2010, BU 1.

指数在持有期内超出这一范围,投资者只能收回本金。"这篇文章暗示这些票据倾向于卖给保守的投资者,他们可能并不完全了解结构或风险。《纽约时报》援引金融经济咨询公司证券诉讼与咨询集团(Securities Litigation and Consulting Group)的报告的话说,该集团分析了14份这些保本票据,发现其中超过一半的收益率低于2%。分析得出的结论是:"一半以上的情况下,投资者最好是投资美国国债。"帕斯卡的投注概念再一次进入了人们看似可以用很少风险赚取的画面。正如人们所看到的,在回报方面,雷曼不是上帝。

这种证券的另一种形式是可以在未来以一定的价格转换为股权。通过做空股票并购买债券,如果股票变得毫无价值,就可以获利,但仍有足够的资产偿还所有债务持有者,包括可转换债券的持有者。通过参与可转换债券的未来收益而创造对冲,从而减轻股票空头的损失。理想情况下,你预计短期收益超过可转换债券的损失。一般而言,这些类型的工具适用于熟练投资者或经过培训的投资顾问,他们知道并可以解释风险和权衡利弊。从表面上看,它们看起来完美得不可能是真的。

第九章　重温时光旅行

那么,时间旅行是否可能呢? 如果可能,是在什么情况下? 根据爱因斯坦的论证,人们可以实现时间旅行。想象一下,踏入一艘宇宙飞船,它以接近光速飞行30年,到达了一个遥远的星球。发现它十分贫瘠,飞船立即调头并以相同的速度返回到地球。大约十年过去了,但在地球上已经过去了80年。这被称为孪生悖论(Twin Paradox)。根据地球上人们的认知,飞船上的时钟比同一个固定的时钟慢;这被称为时间膨胀。这个理论与观察衰变 μ 子(介子类似于电子)和分析喷气飞行中原子钟的实验一致。[1]

然而,回到过去更具争议性,因为爱因斯坦的等式使其成为可能。人们不得不思考光速旅行,但这样做是不可能的。另外一些人则认为,熵可以预防回到过去的时间旅行。熵是一种"物理系统紊乱的量度"。它是一个系统基本构造的重新排列次数,其总体外观不变。熵遵循热力学第二定律,该定律指出"平均而言,物理系统的熵将倾向于从给定的时刻增加"。[2]

"对于一个简单的解释,考虑打开可乐瓶,并以某种方式观察数百万分散到房间里的分子。将它们放回瓶子是非常困难的,并且如果可能的话,也需要很长

---

[1] Raymond A. Serway, *Physics for Scientists and Engineers with Modern Physics*, 3rd ed., updated version(Fort Worth, TX: Saunders College Publishing, 1990), 1115−1117.

[2] 这些概念和定义引自 Brian Greene's *The Fabric of the Cosmos: Space, Time, and the Texture of Reality* (New York: Knopf, 2004)。

的时间。这将是高熵。现在,如果可乐瓶只含有两种分子,那么假设它们可以找到回到瓶子的方式会更合理。这只需要几秒钟。有三个分子,这将需要几天;四个分子,需要几年。数十个亿和几百亿个分子则需要超过宇宙的时间。我们可以通过从柜台上放一个鸡蛋并在多个方向看到它飞溅来继续分析。恢复柜台上完整的鸡蛋所需的时间确实很短。在这两种情况下,很容易进入高熵状态。

回到过去会怎么样?难道不是更容易,好像有更多的熵前进,应该少回去?实际上,一些物理学家认为熵也会增加回到过去的机会。考虑在地板上看到100便士,所有这些都落在了正面。如果再次抛出,它们几乎不可能全部落地。你可能需要大量的时间和许多折磨才能重新获得所有人的同样安排。回到过去会怎么样?当你第一次看到100个硬币时,它很可能是在过去多次抛硬币之后。因此,也许这是熵,阻止我们回到过去,因为这太困难了。

时间旅行肯定可以在决定论下得到利用。但接下来会发生其他的事情。这就是混沌理论的概念,即不知不觉改变过去的一件小事改变了未来,因为过去的事件会自我影响。想象一下,如果你回到了过去的某个时间点,并购买了苹果股票。或许一些聪明的交易者会发现,即使他最初在考虑购买戴尔股票,但苹果股票现在是一个很好的选择。鉴于作为一个稳固的交易者的声誉,他改变了主意。其他人开始跟风,因为这个新的交易者也有良好的记录和坚实的追随者。接下来你知道,苹果股价飙升。苹果公司管理层困惑地摇摇头,但决定发行更多股票筹集资金。他们利用新资本购买网景,甚至借用巨额资金来对抗它。随着微软发布IE浏览器,网景公司最终崩溃。之前的行动削弱了苹果公司,苹果公司继而搁置了新产品计划,MP3播放器和iPhone早期版本的计划。苹果公司逐渐侵蚀破产。只有股票价格没有上涨,从而导致这种命运的变化。在企业融资中,当我们看到公司在股票价格飙升时变得头昏脑涨,然后他们做出有问题的收购,而这些收购的部分资金也来自过于轻率的银行家。

一些物理学家声称时间旅行是不可能的,因为宇宙审查可以防止上一章讨论过的祖先悖论等荒谬的例子。但是,有关于如何克服这个问题的理论。有些人觉得时间旅行是可能的,但不能改变过去。所以,如果你回去杀死你的祖父,枪支就会堵塞,或者有人会把他推开,因此过去会持续到未来。祖父悖论的其他解决方案涉及平行宇宙的接受,你即使回去并杀死你的祖父,他仍活在另一个宇宙中,因此存在不止一个宇宙。还有一些人认为有人试图杀死你的祖父,但你实际上已经从潜在的杀手中拯救了他。如果不是时间旅行，你不会存在，但是因为你回到了过去，你保留了一个时间表。回想一下比我们想象的更广泛的宇宙的弦理论。在另一个宇宙中，你不存在，因为没有祖父。

与股市的关系

与股票市场有关的可能时间旅行的影响是什么？考虑 $K_e = R_f + B(EMR)$ 的资本资产定价模型，其中 K_e 要求的回报是无风险利率(R_f)加上贝塔资产乘以超额市场回报(EMR)的积。贝塔将是资产相对于市场的波动性。它在统计上显示为资产与市场的协方差，协方差除以市场的方差。

随着时间旅行到未来作为一个附加的组成部分，终点的价格将是已知的。所以人们走向未来，然后回到现在，购买资本资产定价模型下回报最高的资产。简单来说，如果所有股票的贝塔为1.0，那么所有股票的所需回报将相同，例如10%。因此，选择回报最高的股票。假设它是温哥华的一家黄金矿业公司，涨幅达到600%。为什么会涨到哪里呢？你可以借一些钱，尽最大可能买入。鉴于你最终持有一只股票太多的头寸，你决定分散投资。你现在可以投资高杠杆的股票，只受到可以借入的金额(或保证金)的限制。在几年内，你可以成为世界上最富有的人！

但是，你可能达到或达不到该状态。如果混乱在美中不足之外创造了麻烦，就会有不确定性。当你开始快速收集财富时，信息就会扩散，投资者开始模仿你成功的投资模式。

价格会开始上涨，造成空头大量借入股票，因为他们不明白为什么价格上涨。他们的损失将给金融体系带来巨大冲击，导致可能的崩溃。此外，贝塔对市场反应缓慢，K_e 开始代表 R_f 利率。因此，你没有获得真正的财富——只得到一个需要纳税和受通货膨胀影响的无风险利率。

如果你能穿越时空，平行宇宙似乎就更有可能。所以，考虑到这种可能性，你开始谨慎购买，并控制过度自信的行为要求。但是如果有一个平行宇宙呢？也许当你借钱时，股票价格的结果与你所看到的不同，那怎么办？

在这一点上存在不确定性，你的效用曲线表明不要把这些钱用于投资，因为你没有看到将来会发生什么。可能有平行的宇宙。整个时间旅行系统非常不确定，以至于最初的资本资产定价模型占据了上风，没有简单的致富之路。

我试图表明的是，在物理学的可能性下，你无法严格按时间旅行获得风险调整后的超额收益。因此，资本资产定价模型会像其他金融工具一样有效。技术分析和行为分析的考虑也是成立的。因此，不确定性会对最终的结果或情绪产生看涨和看跌的态度。

金融时间旅行——合法及违法的

到目前为止，金融时间旅行最实际的应用是获取未来的价格信息，然后采取行动。这样，假设未来价格会更高（假设这是风险调整后的回报），你可以锁定收益。但是，你怎么能得到这种类型的信息？有几种方法，但有些是合法的，而另一些则是非法的。

套利

在法律上，你可以套利。无论在何处交易，相同的资产应具有相同的价格。假设苹果公司在纽约的交易价格为200美元，伦敦交易价格为210美元。你可以做空伦敦股票，同时购买纽约股票。然后，你可以交割纽约股票，包括10美元(210－200)的差价。市场会疯狂地允许这种价格差异，因为会有两种类型的宇宙：纽约和伦敦。这些将是众所周知和定义明确的宇宙的子集：全球市场。通过高速交易，即使相差几毫秒，也可以利用全球市场的价差获利。

在苏联没有解体的时代，一些冒险家通过在纽约购买几条牛仔裤，然后将它们(也许是双倍的价格)出售给铁幕后面的牛仔裤消费者来套利。通过这种方式，可以为机票交易成本提供资金。当然，还会考虑额外的交易成本，如获得难以获得的旅游签证，贿赂官员，甚至牛仔裤在边境被没收。正如你所看到的，这种交易有风险和交易成本，这本来表面上看起来很简单。

如果你愿意，也可以进入更复杂的套利交易。例如，竞争对手可能会有利好消息，但这个好消息也能以积极的方式影响其他竞争对手。假设住宅建筑商A刚刚以其强劲的房屋订单震惊了华尔街。其股价上涨10%，但竞争对手，住宅建筑商B的股价仍然持平。你猜测，在所有情况下，建筑商B的股价也会上涨。此时，可以通过做空A和买入B来进行配对交易。请记住，在配对交易中，股票移动的方向并不重要;唯一重要的是 B 比 A 好。如果发生这种情况,就可以获利。如果相反的情况发生,A 继续比 B 好,就会赔钱。

内幕消息

一种非法的时间旅行形式是根据内幕信息交易。例如,假设你从一位正在处理交易的投资银行家那里获得信息,ABC 公司将在几周内以高于当前股价30％的溢价被收购。基于非公开和重要信息的交易是非法的。在这种情况下,交易者和银行家都会犯内幕交易罪。

如果以另一个国家亲戚名义开户,交易内幕信息的结果是相同的。然而,投机性收购交易是合法的。所以你想要的是从看似平行的宇宙中获得未来的迹象,这些宇宙是现实中的一部分。套利和衍生品就是这样的例子。我们能否以类似的方式利用技术分析?想象一下,如果有人前往另一个星球,发现生命。不仅有生命,而且有聪明的人用技术分析交易股票。人们会不会对这个星球上的技术方法感到好奇,然后比较相同点和不同之处?

平行类型宇宙:传统技术分析和蜡烛图

实现这种"平行宇宙"投资的一种方法是使用两种不同的技术分析方法。使用"另一个地球上"的技术方法,然后与"地球上"的技术方法对比结果。

我们来比较可能使用两种不同方法的技术方法。如果技术分析的原则成立,结果应该是一些常见的买入和卖出决定。我们可以使用日本蜡烛图,然后将结果与传统技术分析比较。这些方法是非常不同的,因为蜡烛不包含成交量,而成交量在传统技术分析下却非常重要。但是,也有一些相似之处,例如头肩形态的蜡烛图使用者称之为"三顶佛陀",并代表相同的筑顶过程。蜡烛图应用的领先专家史蒂夫·尼森(Steve Nison)写道:"日本的三顶佛陀形态在美国人称之为头肩形态之前已经使用了一百多年。"[1]蜡烛图需要确认,利用传统的支撑和阻力技术指标。

蜡烛图制作简单,适用于短期交易策略。蜡烛或图表标记只有交易期间(通

---

[1] Steve Nison, *Japanese Candlestick Charting Techniques*, 2nd ed. (New York: New York Institute of Finance, 2001), 104.

常是一天)的最高价、最低价、开盘价和收盘价。如果收盘价高于开盘价,那么蜡烛是白色的,显示市场看涨。如果不是,它是黑色的,显示市场看跌。蜡烛图具有各种形状,只有在分析师正在研究现有以及可能出现的蜡烛类型时,才能清晰地读取其含义。由此,分析师可以决定价格是上涨还是下跌,看涨或看跌。

在2009年10月,高盛的股价高达192美元。在一个月内,该股票(在其欺诈指控纠纷后)下降至162美元。西方图表中是否有线索表明可能的顶峰?使用日本蜡烛图的某些平行类型的宇宙中的线索是什么?

图9.1是一个显示两个大椭圆的西方图表。上方的椭圆是RSI,显示负背离,因为高盛股价的上涨没有被RSI的上涨高点所证实。较大的底部椭圆是MACD,并且由于相同的原因也是负的。随着MACD移动至灰色(线)移动平均线下方,10月19日附近的小圈显示MACD出现卖出信号。所以对于交易者来说,我们会在192美元的顶部附近获得两个强大的卖出信号。

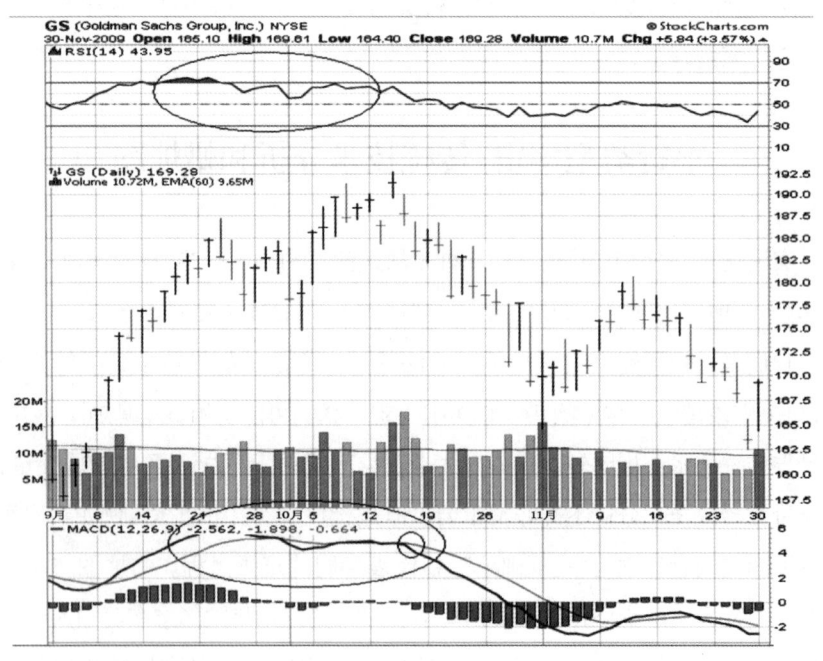

资料来源:Stockcharts.com授权使用。

图9.1 西方图表——两个大椭圆

图9.2是蜡烛图。蜡烛图再一次通过显示收盘价与开盘价而创建。如果收盘价位于开盘价之上,则由于多头推高收盘价,蜡烛呈现白色且看涨。相反的是

第九章
重温时光旅行

资料来源：Stockcharts.com 授权使用。

图 9.2　蜡烛图

一支黑暗的蜡烛。相对于开盘和收盘的高点和低点被称为阴影，表明多头或空头的潜伏强度。各种蜡烛都有日文名称，必须依据特定蜡烛发生之前以及之后发生的事情分析。因此蜡烛显示出即时的投资前景。例如，一根实心的白色蜡烛显示出巨大的上涨动力，就像在高速公路上驰骋的卡车。然后看到一个像十字星这样的中性罐(十字设计)将表明多头失去大部分动力，类似于卡车撞墙。因此，这种趋势似乎会改变，也许有利于空头。回到图 9.2，我们可以看到底片。左边的圆圈是一种阴包阳的负面形态。当一个人将左边圆圈中的白色蜡烛与右边较高的黑色蜡烛一起分析时，就会看到射击之星(Shooting Star)。射击之星被认为是潜在的逆转股价走势的利空方向。通常，人们可以通过查看右侧的蜡烛来查看是否可能逆转为上涨。这里没有运气，因为它们表明一个倒悬的男人(黑色蜡烛，就在右边的圆形蜡烛之前)或者更加中性的纺轴线。所以这也表明上涨最有可能结束。

所以在比较两种方法时，交易者会使用哪一种？有些人更喜欢其中的一个，但是两个都会给出一个比较的方法，也许只有在两者都显示看涨的形态或看跌的形态时才交易。看到蜡烛线和传统技术分析倾向于给出相同的结果也就不足为奇了,因为它们在各自学科的假设中具有相同的基础。例如,传统的技术分析和蜡烛图都认为价格是由恐惧和贪婪决定的。

衍生品

在研究平行类型的宇宙时,我们可以回到衍生品。顾名思义,它们从现实世界中的实际金融工具中获得定价。我们可以称现实世界为现金市场,可以在这里交易实际资产,如股票。因此,例如,如果你有权在 6 个月内以 100 美元的价格买入股票,那么在该期权到期之前,此看涨期权的价值会随着价格接近 100 美元而增加。实际上,一旦股票价格超过 100 美元,看涨期权价格将随着股价逐点上涨。

接下来的问题是,交易者是否首先将他们的意图在一个宇宙中与另一个宇宙相比较。如果他们看涨,他们会在现货市场买入股票还是购买衍生品市场的期权?今天的交易者都觉得这两个市场都有线索。只看一个不会提供最好的交易解决方案。如果一家公司预计会发布可能大幅调高股价的消息,交易者可能会密切关注看涨期权与看跌期权的比例。(注:看涨期权的反面是看跌期权,即一个人有权以特定的价格出售该股票。)看涨期权可能表明交易者预期新闻将利好而不是利空。当然,知情的交易者会做出最好的决定,但我们不知道是否所有看涨期权都是知情的或只是从众的心态。这可能是因为相反的坏消息很快就会打破买盘。此外,这些看涨期权可能是空头头寸的对冲。这些衍生品策略可能会变得复杂,因为我们可能会购买这两种期权,并会对冲我们的投资或推测价格目标。回想一个行业中其他公司的先前例子,其中一个交易者可能会感觉到好消息会蔓延到该行业,而另一个交易者可能更愿意购买竞争对手的看涨期权,假设消息是积极的。在这一点上,复杂的定价决策需要计算并明确哪家公司是更好的交易,哪家公司交易成本最小。

决定论和技术分析

当我们涉入哲学和物理学的因果领域时,我们实际上可以用经济的方式预测。估计的过程也是因果关系，可以遵循决定论。技术分析几乎肯定会说它必须遵循决定论。有些人会接受某些确定性的技术模型，而另一些人会漫不经心地看看它们，但并不真正用来作为技术分析的主要方法。在一定程度上，所有技术分析都是确定性的，因为它着眼于过去的市场统计数据，例如股票价格数据和成交量数据，以便预测未来价格。既有基于经济学的模型，也有基于数学的模型。

估计收入可能是一个预定的或确定的过程，因为一个事件导致另一个事件。从根本上说，预测每股收益(EPS)通常基于自上而下对经济前景的分析。对于大多数公司来说，EPS的一个关键组成部分就是预测销售额。虽然其他因素如行业特征、同店销售成长、市场份额增加等也影响销售预测，但疲弱的GDP预测令股市整体表现震荡，因为这意味着盈利成长前景不佳(注意因果关系的连锁反应)。有些模型假定了因果过程，而利用它的唯一方法就是顺势而为，不要试图改变它。

一旦预测到销售额，利润率和税率就更容易预测，因为它们更具可预测性。所以，经济周期最终会影响股价的上涨和下跌。但如果经济周期的主要推动者已经开始运作，那么我们对销售额和利润率的估计是无足轻重的。

康德拉季耶夫周期

经济学家考虑过许多经济周期/波浪。有些是短期的，有些则是长期的。康德拉季耶夫周期显示了长期的繁荣和萧条波动。这种长期的范围是50到60年，或者也可以假设发生在两代人之间。它是由尼古拉·康德拉季耶夫在他1925年出版的《重大的经济周期》(The Major Economic Cycles)一书中发展起来的。

他对波动的看法是经济的。他的理论基于对19世纪价格行为的研究，包括工资、利率、原材料价格、外贸、银行存款和其他数据。它可以分阶段或季节分析。"康德拉季耶夫周期经历了四个不同的阶段：有益的通货膨胀(春季)，滞胀(夏季)，有利的通货紧缩(秋季)和不利的通货紧缩(冬季)。"[1]春天是货物的积累和财富的创造。储蓄促进资本扩张，价格开始上涨，创造就业机会，但社会开

---

[1] Kondratrieff Winter.Com. 我对周期的解释见www.kwave.com。

始关注新的生产方式。

通货膨胀(春季)持续25年。经济学家,如20世纪上半叶的奥地利经济学家约瑟夫·熊彼特(Joseph Schumpeter),在经济学方面对"创造性破坏"这个术语进行了大众化解读,促成了经济增长的关键是企业家所做的必要创新的观点。有些创新的结果可能是剧烈的。考虑到印刷行业的排字机正在被记者使用的文字处理软件所取代;马蹄制造商被轮胎制造系统取代,或者代理商被算法系统取代,那么可以得出结论,对教育和培训是一个合理的投资。

然后,我们进入滞胀(夏季),产量最大化,发生效率低下,工作情绪发生变化(也许为了获得更多的利润,而不是创造更高效的生产方式?)。我们也倾向于发生战争,这些战争会对生产能力造成压力并给价格带来额外的上涨压力。随后我们看到产出下降,接着是衰退的力量开始生发,夏季持续20到25年。

再然后是有利的通货紧缩(秋天),价格结构的变化以及过去30年巨大的财富积累以及消费人群的情绪使得经济进入一个相对平稳增长和温和繁荣的时期。随着债务水平的迅速上升,经济由消费驱动。我们到达了繁荣的高原,创造了贪婪和过度自信,同时产生了一种债务可控的感觉。使用情绪指标的技术分析师肯定会看到诸如多头和空头之间的高比例。

初级衰退导致的价格结构调整以及消费欲望和债务的迅速增加为严重而持久的萧条奠定了基础,秋季持续7至10年。

最后来到下降的通货紧缩(冬天)。三年内,价格崩溃,债务失去抵押品。然后是利率和工资下降的通货紧缩。这会持续15年,并最终为清洗过程奠定了基础。企业进行重组,创新提高产量。这为最终的反弹提供了跳板,我们可以看到新公司正在形成或者旧公司迅速成长。例如,联邦快递公司于1971年成立,在20世纪70年代中期经济衰退后迅速成长,并于1978年在纽约证券交易所上市。2009年,该公司拥有超过350亿美元的收入和超过275 000名员工。[1] 微软公司成立于1975年,于1986年上市,并创造了许多就业机会和数十亿美元的收入。截至2009年,它拥有93 000名员工,收入超过580亿美元。但更有趣的是,微软公司创造了4位亿万富豪(比尔·盖茨是世界上最富有的人之一)和12 000名百万富翁!

---

[1] 联邦快递公司网站。微软公司的数字来自2009年10-K表。

第九章
重温时光旅行

这听起来像我们最近的经济。多年来美国经济一片大好，"买买买"是经济的常态，如果你没钱了，那么2000年以来的10年将为房屋净值贷款和不断上涨的股票市场提供更多的支持，更不用说慷慨的信用卡账户额度。然后出现了最终不受欢迎的伊拉克战争，随后是打击借款人和主要金融机构的金融危机，以及大萧条，或者至少是"新常态"。新常态被描述为一个经济体"家庭债务更低，个人储蓄更多和消费占国内生产总值的比重更低"。这种转变的影响将会波及国内和国际经济。在国内，一些臃肿的零售基础设施将消失，因为企业将重点转向生产更多的出口产品。在国外，依靠出口推动经济增长的国家将不得不转向国内消费，这意味着储蓄率降低，美国政府债务的需求减少，这给美国的财政政策施加了很大的压力。[1]

考虑以下债务分析：

在20世纪60年代中期和80年代中期之间，家庭债务显著稳定，占GDP的44%至50%不等。从1985年到2008年，这个数字几乎没有中断地上升，2008年第一季度达到了102%。这似乎是可持续的，因为，受到股票和住房价格上涨的推动，家庭净资产相对于国内生产总值也大幅上涨。当这两个市场崩溃时，家庭的债务负担远远高于其承受水平，削减债务迫在眉睫。[2]

康德拉季耶夫相信，他对经济、社会和文化生活的研究证明，长期的经济行为秩序已经存在，可以用于预测未来的经济发展。康德拉季耶夫周期被批评为仅反映（20世纪前）自由放任经济的经济学循环。随着繁荣和萧条的交替，自由市场力量使经济波动剧烈，通过政府干预和货币政策，我们可以帮助稳定这些波动。然而，愤世嫉俗的人会说，美联储在大萧条时期通过收紧货币而不是放松货币而错过了这一机会。对财政政策的批评是，它来得太迟而且来自错误的地区，可能代表着政治家嗟来之食式的施舍。无论如何看待，我们必须认识到过去100年市场价格和就业水平波动。有些人还表示，此前的高点应该是在股市价格还在上涨以及此后多年的时候出现的，因此康德拉季耶夫周期似乎失效。康德拉季耶夫周期则可能显示发展速度并不快。如果你使用两代的概念，那么随着第二次世界大战后预期寿命的增加，如果这个时期的高峰准时，你就可以延长时间维度。

---

[1] William A. Galston, "The 'New Normal' for the U. S. Economy: What Will It Be?" *The Brookings Institution*, March 5, 2010, http://www.brookings.edu/opinions/2009/0901_economy_galston.aspx(accessed October 5, 2011).

[2] Ibid.

康德拉季耶夫周期涵盖两代的事实作为分析工具很有吸引力。这个想法是,第一代赚钱,第二代花钱,然后第三代必须重建。历史学家和经济学家都观察到这一点。在家庭经营的企业中,估计一个家族拥有的成功企业的平均预期寿命为 50 到 60 年。[1] 那么,为什么家族财富在第二代末期或第三代开始时就停止了?这可能是因为第二代变得肥胖和懒惰,企业家的天赋消失了。

技术分析师也使用代际作为分析工具。技术分析师会说目前的一代投资于下一代,而下一代会出现问题。因此,在经济大萧条结束后,许多投资者在股市中亏损,因此开始避免购买股票。结果,他们错过了 20 世纪五六十年代股票的强劲成长。相反,他们购买的债券净收益率较低,然后被随之而来的通货膨胀压制。多年来,美林的技术分析关注集中性地投资资产。高位集中表示资产将在未来几年表现不佳,因此,如果家庭的资产配置股票的比例过高,我们就会认为股市将下跌,自然就不会有人再买股票。

20 世纪 90 年代纽约联邦储备银行对股票的分析就是这样。[2] 在此期间,除股票外,所有资产类别均大致相同。例如,1989 年,房地产占家庭资产的 44.6%,而 1998 年为 41.6%。债券、汽车和其他资产相对均匀。然而,1989 年股票占 5.0%,1998 年则上涨到了 11.6%。分析表明,这一比例的提高是由于股价上涨,而不一定是更多个人购买的结果。到了 20 世纪 90 年代后期,互联网股票中的日间交易者和投机者增加。看起来股票再次受到追捧,但不幸的是接近顶部了。技术上来说,我们可以做出可能贪婪阻碍资产配置的案例。股票价格翻番后来因股市大幅回调而下调并受到惩罚。

在 20 世纪以来的房屋所有权创纪录之前,房价下跌。自 1965 年以来一直追踪的房屋拥有率在 2004 年第二季度和第四季度创下了 69.2% 的历史新高。[3] 此后不久,房价开始停滞并在短时间内下跌,导致房地产市场崩溃。所以,康德拉季耶夫周期是一个重复的、确定性的事件。试图在确定性影响下进行第二次猜测似乎是无用的。技术分析师会利用浪潮冲浪而不是去消灭浪潮。

---

[1] John L. Ward and Craig E. Aronoff, "Shirt Sleeves to Shirt Sleeves-Family Business," *Nation's Business*, September 1992.

[2] Joseph Tracy and Henry Schneider, "Stocks in the Household Portfolio: A Look Back at the 1990s," *Current Issues in Economics and Finance* 7, no. 4 (April 2001), Federal Reserve Bank of New York.

[3] Chris Isidore, "Home Ownership in Record Plunge," *CNNMoney.com*, (January 29, 2008).

第十章　其他经济周期

有很多周期需要分析。有些是经济的,例如法国经济学家克莱蒙特·朱格拉(Clement Juglar),已经讨论过的康德拉季耶夫周期,以及本章讨论的基钦(Kitchin)周期。亚瑟·伯恩斯(Arthur Burns)和韦斯利·米切尔(Wesley Mitchell)在1946年出版的《衡量商业周期》(*Measuring Business Cycles*)一书中将经济周期描述为经济活动的扩张和收缩,长达10到12年。[1]国家经济研究局(NBER)也制定了一个周期,不幸的是,在它将经济衰退标记为结束的时候,事实并非如此,股市已经大幅上涨。

一些周期是由货币供应量、投资、信贷的变化以及基钦周期中的库存变化引起的。再次,有些人认为,一个确定性的循环是不可能的,因为周期可以适应和做出改变,而另一些人则说它是旧的。

技术分析师也看四年周期或总统周期。根据《股票投资者年鉴》(*Stock Trader's Almanac*)主编经济学教授韦斯利·C. 米切尔和耶鲁·赫希(Yale Hirsch)的研究,著名的技术分析师查尔斯·柯克帕特里克(Charles Kirkpatrick)声称四年周期是"股票市场上广泛接受和认可的周期"。[2]在赫希的研究

---

[1] Arthur F. Burns and Wesley C. Mitchell, *Measuring Business Cycles* (Cambridge, MA: National Bureau of Economic Research, 1946).

[2] Charles D. Kirkpatrick and Julie R. Dahlquist, *Technical Analysis* (Upper Saddle River, NJ: Pearson Education, 2007), 161-164.

中,总统周期中最强大的部分是后两年。他认为,也许在过去的两年竞选中,一名候选人会做很多实事(听起来很熟悉),并有助于制订刺激经济的计划。毕竟,在政治上,有些人觉得人们用自己的钱包投票。然后一旦当选,现实问题就会出现,必须给经济施加压力。

异常和交易形态

还有其他事件周期称为异常周期。一个例子是1月效应,即在12月买入,然后在1月卖出。理由是投资者在今年年底抛售他们的股票以减少税收损失,当然,做市商通过降低价格来表现为有条件卖家。然后,一年结束后,股市由于不正常打压而反弹。关于1月效应已经做了大量的研究,研究显示近年来对冲基金利用了这种机会套利,或者它只适用于流动性性差且不太可能免税的小盘股ERISA账户。

也有异常情况和其他周期,如交易形态。研究人员广泛研究的一个问题就是"月之交"效应。约翰·J. 麦康奈尔(John J. McConnell)和许威(Wei Xu)在文章《月初股票收益》中定义了这一时期,该文章以"该月的最后一个交易日开始并在下个月的第三个交易日结束"开始。[1]

麦康奈尔和许威认为市场上的所有正回报都发生在四天的交易期内。因此,在其他日子投资并不会带来利润,因为假定的市场风险很少或根本没有回报。这种涉及四天交易期的情况在1926—2005年间的美国确实存在,并在那段时间蔓延到国外市场。然而,这四天的正回报不能由市场中的其他各种效应解释,包括那些处理小盘股、低价股或日历事件(如季末交易形态)的交易。作者得出结论:"股票回报的月之交效应仍然是寻找解决方案的难题。"[2]

另一个观察是由经验丰富的交易者做出的:第一个小时和最后一个小时在一个交易日提供了大部分的交易量。例如,交易者看到一个事件触发强势上涨或下跌开盘。然后他们等到上午10:30(纽约开盘后一小时),并在午餐时间持有相反的头寸。因此,如果股票在10:30左右大幅下跌(回顾我们的恐慌性抛

---

[1] John J. McConnell and Wei Xu,"Equity Returns at the Turn of the Month," *Financial Analysts Journal* 64,no. 2(March/April 2008):49—64.

[2] Ibid., 63.

售），那么由于恐慌性卖家的订单大部分已卖出，卖出可能会达到临时低点。然后交易对手方买入这只股票，并在中午看到它反弹一下，然后变得无精打采。当天晚些时候，它再次开始下跌。所以交易者会在中午时分抛出股票，然后在当天晚些时候卖空。

其他观察包括星期五和星期一。为什么投资者要等到一天结束时，特别是星期五出现上涨趋势后买入或出现下跌趋势后卖出？是因为星期一收盘价可能会有小幅反转吗？他们是否希望交易尽可能接近市场，所以不会有负面矛盾？机构也可能为了"画蛇添足"而购买得较晚，对于可能寻求短期绩效结果的客户显示出更好的结果。

我们还有一个"蓝色星期一"效应，星期一往往是当月最弱的一天。1928年至1982年间星期一确实最弱，但到了20世纪90年代，星期一成为一周最强的一天，星期四是最弱的。马丁·普林格指出，这种效应似乎没有任何可接受的理由。[1] 笔者猜测，在20世纪90年代，市场处于上涨期间，因此周末投资者阅读报纸并前往鸡尾酒会以增加看涨意见，然后导致星期一买入。前一段时间有许多严重的熊市，出于相反的理由，抵消了任何看涨星期一的做法。

此外还可以研究每日股价走势和天气状况。有些人认为太阳黑子周期影响商品和战争，而另一些则研究晴天/阴天。如果阴天，股市下跌了吗？似乎没有。显然，由于交易者可能无法到达岗位，暴风雪天交易量减少。宗教节日也是如此。[2] 月相周期和股价走势也被研究，这里似乎有一些关系。尽管有些人可能会认为这样的预测是荒谬的。可能有证据表明月相影响行为和股价走势。[3]

阿奇·克劳福德(Arch Crawford)的研究讨论了行星排列及其对股票的影响。《克劳福德观察》《Crawford Perspectives》的出版商认为"天文周期和谐波事件对股市和大宗商品市场产生了深远的影响"。例如，他可能会猜测由行星路

---

[1] Martin J. Pring, Technical Analysis Explained, 4th ed. (New York: McGraw-Hill, 2002), 388–389. 普林格数据引自：D. Klienand and R. Stambaugh, "A Further Investigation of the Weekend Effect in Stock Returns," *Journal of Finance*, July 1984, 819–837。再次注意：技术争论受到金融期刊而不是技术期刊研究的支持。

[2] Tim Loughran and Paul Schultz, "Weather, Stock Returns, and the Impact of Localized Trading Behavior," *The Journal of Financial and Quantitative Analysis* 39, no. 2 (June 2004): 343–364.

[3] Kirkpatrick, 456. He also cites the work of Al Lieber in the *Journal of Clinical Psychology*. Leiber, Alan. "Human Aggression and Lunar Synodic Cycle." *Journal of Clinical Psychology* 39, no. 5 (1978): 385.

线引起的重力导致投资者的情绪波动，从而有助于创造牛市/熊市。他在1987年8月8日的新闻通讯中称1987年的崩盘是对"即将来临的'疯狂的'股市崩盘的警告"。他对其订户说他的"长期卖出信号是成立的"并且建议"在8月24日前清仓"，这表明不寻常的"地心行星安排"将结束当时的长期牛市。[1]克劳福德获得了一些同行的认可，如1992年，他被票选为《择时文摘》(Timer Digest)最佳长期市场择时投资人。不过，他不应该与卓然夫人(Madam Zoran)这些超自然的占星师混淆。他专门处理自然占星术的第一个前提，即天体(行星)事件与地球上发生的事件相关。由于相关性可以用统计方法表现出来并且是循环性的，因此相关性的知识可以作为预测什么样的事件将会发生并以特定的行星安排"及时"地发生(可以这么说)的基础。[2]

话虽如此，我们也必须认识到，迷信在华尔街是随处可见的，因为一些交易者会咨询他们的占星家，如果占星结果暗示不看多，甚至可能不会交易。这是由经济原因造成的吗？不，这是行为。所以，无论是出于税务原因延迟卖出，还是热衷于在交易的开放时间内交易，情绪似乎都起到了很大的作用。

所以，如果相信周期，必须以某种方式接受决定论，并拒绝随机的股价走势。除此之外，可以使用周期轻松做出决定。我们不必分析现金流量和复杂的动量，只需知道周期是多久，什么时候开始，然后在中点行动。所以如果周期或波浪的长度是四年，并且刚刚开始，那么买入，从今天起两年后，卖出并等到周期跌至两年后的低点。

技术分析师和周期

技术分析师也会看周期的特征。周期越长，就越重要。因此，10年周期的触底反映了比仅有一个月波动的周期更好的买入机会。我们可以将周期加在一起得到求和原则，这就产生了形态，从而提供更好的买卖信号，例如头部和肩部形态。一旦决定了一个周期，就可以混合其他技术指标做出更好的买卖决策。例如，考虑图10.1。

---

[1] Ingo Swann, "Arch Crawford Foresees the Unforeseen on Wall Street," *FATE Magazine* 46, no. 4, issue 517 (April 1993): 72—81.

[2] Ibid.

第十章
其他经济周期

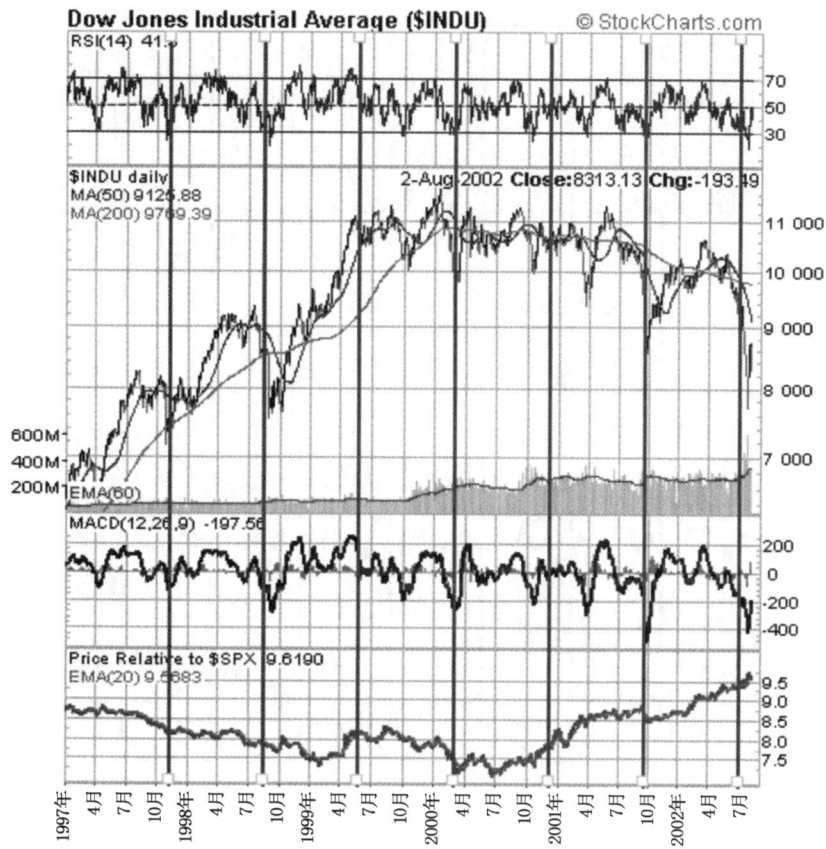

资料来源：Stockcharts.com 授权使用。

图 10.1　1997 年至 2002 年道琼斯工业平均指数

我们可以在一个周期开始时做出买入决定，然后在周期中间卖出。因此，1997 年 10 月看起来不错，我们在 1998 年 5 月左右卖出，然后在 1998 年 8 月附近的下跌点买入。但是，随着市场走高，1999 年中期的卖出情况并不理想。在 1999 年 7 月左右，我们应该买入但此时正接近顶部？（不太好。）

现在如果我们叠加 RSI 来确认在 1998 年我们的早期决定，我们看到 RSI 在灰线给出买入信号，在周期中间给出卖出信号，然后在灰线上再次给出买入信号（见图 10.2），这是合理的。虽然我们在 1999 年年中卖出，价格上涨，但是由于 RSI 发出卖出信号，因此我们在灰线的顶部避免买入。直到 2000 年 3 月，当灰线和 RSI 都给出买入信号时，我们才会再次购买，之后，当我们结合周期使用 RSI 时，会获得更好的信号。

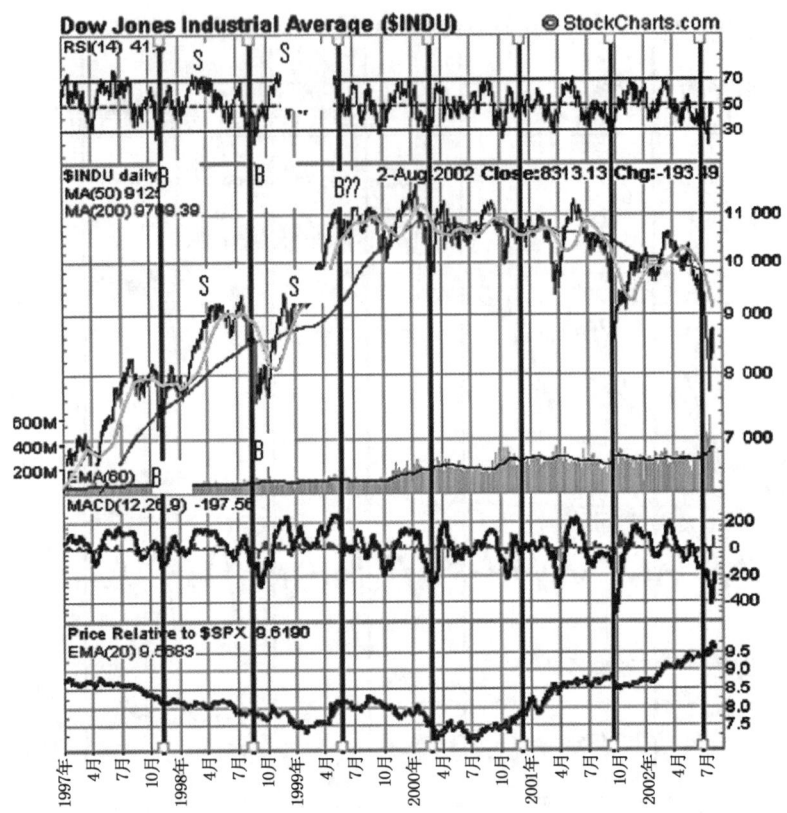

资料来源：Stockcharts.com 授权使用。

图 10.2　1997 年至 2002 年道琼斯工业平均指数的买入点和卖出点

如何使用其他指标？相对价格似乎没有任何用处，因为其下降趋势发生在价格的上升趋势中；反之亦然。同样，道琼斯指数与标准普尔 500 指数相比，可能没那么有用。MACD 看起来比周期转折早一点越过了零线，所以它可能没那么有用。所以我们会决定要么使用周期要么使用重叠作为指标。(这需要回溯测试。)

传统的商业周期和股市

我们必须认识到市场预期经济的不同情景，因此某些群体可能会引致实际的经济表现。

我们将重点关注图 10.3 中的周期，以指出其各种特征。这是马丁·J. 普林格关于技术分析的优秀著作《技术分析解读》(*Technical Analysis Explained*)的理想化商业周期图表。[1]墨菲还对商业周期及其对投资周期的影响提供了一些很好的评论,我们也将讨论这些评论。[2]意识到市场预期经济的不同情景,因此某些群体可能会导致实际的经济表现。这可能会让刚刚阅读财经类报纸的投资者感到困惑,因为他们会持续发表评论,诸如"新闻如此糟糕时这个市场会如何上涨"。

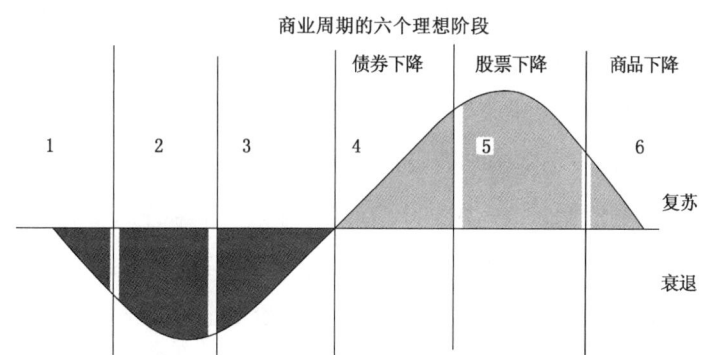

资料来源:www.pring.com。

图 10.3 理想化的商业周期

商业周期分为六个阶段。第一阶段从经济陷入衰退开始,第六阶段止于经济扩张结束和复苏即将到来。每个阶段都由三种资产类别中的一种来标记:债券、股票或大宗商品。我们将看到,在图10.3理想化的商业周期中,特定的行业或市场群体将会受到青睐。(请记住:市场周期预示着经济周期。)

第一阶段:随着经济疲软,进入迫在眉睫的衰退,贷款需求下降,债券价格上涨(意味着利率下降)。通常债券领先股市几个月。由于投资者预计需求减少导致企业利润和定价压力降低,股票和商品价格正在下跌。

第二阶段:聪明的投资者预计经济复苏,股票价格上涨。由于股价上涨和银行股走势不佳导致复苏受到怀疑,银行倾向于引领市场。预计银行会发放更多的贷款,获得更好的利差。随着科技股的上涨,消费类个股开始上涨。由于其经营杠杆和市场份额增长潜力,预计它们将从经济复苏中受益,因此小盘股往往会带动大盘股的表现。然而,报纸头版上仍然有很多坏消息。大多数投资者仍然被吓跑了。经济衰退期间债券和商品价格正在下跌,贷款需求依然疲软,价格折

---

[1] Martin J. Pring, *Technical Analysis Explained*, 28—32.
[2] John J. Murphy, *Intermarket Analysis* (Hoboken, NJ: John Wiley & Sons, 2004), 201—213.

扣与市场销售普遍存在差异。

第三阶段：随着衰退力量的不断消耗，大宗商品价格上涨了。三个市场都在上涨。越来越多的借款人涌入，因为他们需要根据需求增加库存。由于预期需求增长，商品价格开始坚挺，一些生产已经停止，短期内供应增加更加困难。周期性股票开始在市场上表现良好。由于消息不佳，大多数经济学家和策略师谨慎，投资者仍对市场持谨慎态度。

第四阶段：由于贷款需求导致利率上升，债券价格回落。股票和商品价格正在上涨。包括能源股和基础工业股在内的周期性股票得到了更多投资者的关注，这些投资者可能低配该板块并开始追赶。由于产能限制正在成为价格上涨的因素，商品价格上涨。由于担心美联储可能开始收紧货币供应量并加息，可能会引发投机性购买资产和存货以应对进一步的价格上涨。起初投资者受到"焦虑之墙"的困扰，等待经济消息好转。一旦他们看到经济学家和策略师变得更加积极，他们就会放心。

第五阶段：随着通货膨胀担忧导致利率和大宗商品价格上涨，股市下跌。资本品的股票价格依旧是积极看涨的，因为公司最终看涨并扩大资本支出；此外，收购兼并的情绪高涨。人们还会预计，利润预测的定价会是完美的，市场和个股的市盈率将维持高位。销售高峰期（主要是价格上涨）和资产购买可能会通过大量借款来实现，即杠杆率大幅增加。（2007年，我们在私募股权和房地产领域看到了这一情况）。由于担忧利率上升与即将到来的通货膨胀有关，债券价格继续下跌。然后销售开始疲软，关注消费品、公用事业和服务业等防御性股票。报纸上的新闻故事显示出相当不错的经济数据。前期踏空、错过这条船的再一次加入了追涨的队伍，因为他们开始投资更多的投机性股票，这些股票提供了巨大的上涨空间。然而后来，投资者会对市场充斥着这么多的利好消息却走弱感到迷茫。心理效应"希望之梯"会让投资者不知不觉，从而融资收益消融，甚至亏损增加。负面市场走势导致处置效应，因为亏损的头寸会被坚定持有而不会被抛售，因为他们都希望市场会反弹。

第六阶段：第五阶段达到高峰，经济开始放缓。较高的价格和较弱的基本面降低了需求，因此投资者预计利润下降。随着企业对原材料的需求放缓，大宗商品价格下跌，三个市场都在下跌。高杠杆买入的资产开始出现大规模违约和崩溃，金融机构的基本面开始坍塌，政府干预提供稳定的可能性。沮丧的投资者看到可怕的头条新闻并抛售股票,发誓不再投资……直到下一次。

总的来说,周期只是一个择时指南。

市场时机

市场时机的选择会很容易让专家失望。当你准备开始做出交易决定时,市场是否在上涨?技术分析师还是基本面分析师将胜出?决策无疑会受到情绪和行为偏差的影响。如果压根不愿意投资这个市场,那么我们将失去买入像银行和小盘股这样的早期表现优异者的机会。所以我可能会持有很多现金,然后是投资防御型股票,这将使问题更加复杂。出于这个原因,指数化可能是最好的妥协,因为我们投资的是整个市场并且不会因踩雷个别行业或股票而遭受损失。如果我们总是投资股票指数,就不会因市场波动遭遇高买低卖的困境。那么,即使对于专家而言,所有这些商业周期分析都是导致其投资组合表现不佳的另一种原因,或者换一种思维,经济学家、策略分析师和个人投资者还能施展他们的"魔力"吗?

在图10.4中,我们叠加了一个粗略的股票市场周期。股市预示着经济周期,因此在经济增长指标好转或者下行更糟之前,股市先行做出反应。自然,这为技术分析师提供了肥沃的土壤,他们可以在经济新闻出炉之前预测市场变化。因此,你会看到许多人阅读报纸,疑惑为何股市走势会与经济走势背道而驰。我们意识到在股市内部,某些板块在每个阶段都会表现更好或更糟,就像我们讨论的那样,这些板块可能更多地受到它们与利率和商品的关联的影响,所以周期性会跟随商品走势。

基钦周期

由约瑟夫·基钦(Joseph Kitchin)在1923年开发的基钦周期是一个三至五年的经济周期,这是由库存变化引起的,其描述最近出现在2001年7月的《巴伦周刊》上。当时,我正在教一门技术分析课程,所以当时我问学生对这篇文章的看法,这篇文章说市场会比当时暴跌得多。你必须明白我们正在从2000年的高点回落,所以很多人认为市场超卖了,并且也表明最糟糕的情况可能已经过去,尤其是我们已经盘整了大约1年半。这篇文章由《华尔街预测》的发行人、基钦

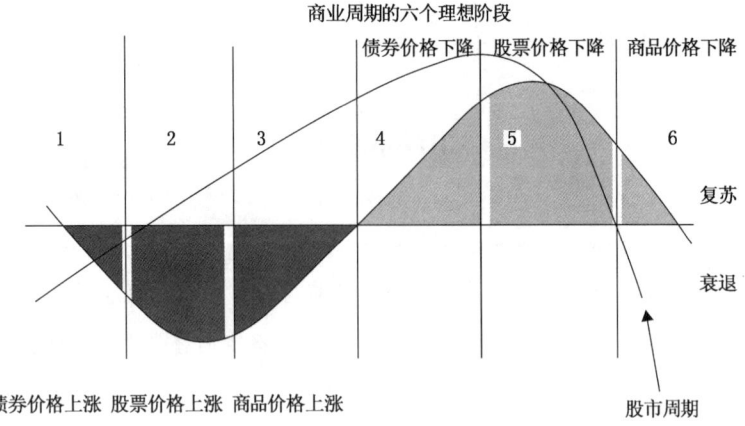

图 10.4 股票市场的大致周期

分析公司的用户 P. Q. Wall 撰写,展示了一张可怕的图表。[1]

如果过去的周期步其后尘,例如 1970 年到 1975 年的周期在 1973 年达到峰值,约 1 000 点,两年后市场崩溃触底,低于 600 点,那么在 2001 年(见图 10.5),我们正在走向危险,市场应该在 2002 年年末时触底 7 500 点左右,远低于当时的 10 600 点!尽管 2002 年 1 月有可能出现从 13 900 点下跌的风险,但这种可能性倾向于"零",让人想起 1970 年至 1975 年的市场。

图 10.6 显示了 2002 年以 7 500 点左右结束的周期模式。2000 年,在盘整大约 1 年半后,指数在 10 500 点左右徘徊。投资者认为市场已经得到足够的调整,我们已准备反弹回到之前的高点,毕竟,我们已经原地踏步将近 1 年半了。这当然应该已经有足够的时间盘整和重新组合,再次尝试高点,对吧?

使用基钦覆盖图显示道琼斯指数可能在低得多的水平见底。《巴伦周刊》的文章的实际比较图如图 10.7 所示。

联合证券(Union Securities LTD)的大卫·查普曼(David Chapman)将基钦周期描述为"基本上遵循商业周期的主要技术周期,但通常应用于股票市场",[2]为康德拉季耶夫周期的子集,其长度为 42 至 54 个月,取决于政府的货币政策和财政政策。它分为三部分,第一部分称为基钦三分之一(Kitchin

---

[1] P. Q. Wall, "Fire or Ice," *Barron's*, July 23, 2001.
[2] David Chapman, "Technical Scoop: A Short Primer on Cycles in the Current Market," February 13, 2004, http://www.gold-eagle.com/editorials_04/chapmand021604.html (accessed October 5, 2011).

资料来源：Stockcharts.com 授权使用。

图 10.5　2001 年 7 月 23 日道琼斯工业平均指数

资料来源：Stockcharts.com 授权使用。

图 10.6　2002 年 12 月 23 日道琼斯工业平均指数

Thirds)，每部分持续大约 12 至 18 个月。这些三分之一又被分成三分之一，被称为墙日（Wall Days），持续四到六个月。交易者感兴趣的可以继续细分。《巴伦周刊》的文章提到了"墙"的概念，根据查普曼的观点，我们可以看到一堵墙在哪里出现，确定下一个三分之一的深度和高度，然后可以得出结论，无论它迟早会变得更高还是更低。

1998年以来道指的走势与1970—1974年市场周期的同一阶段相似,当时道指较同期高点下跌了约50%。

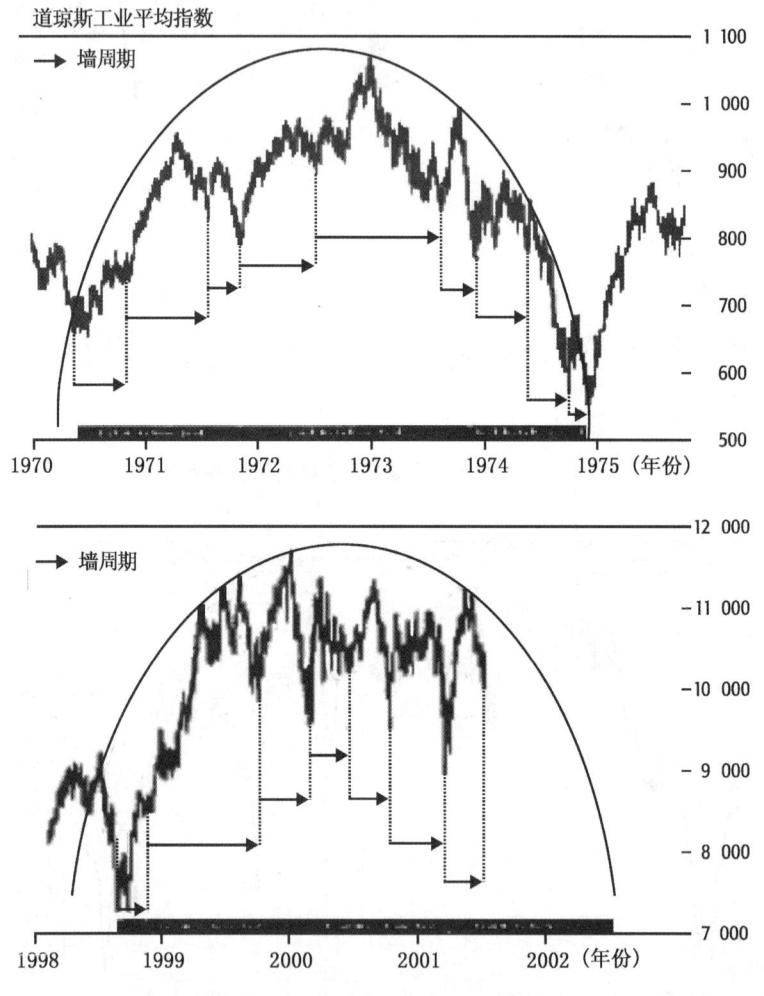

资料来源:《巴伦周刊》,2001年7月23日。

图10.7 《巴伦周刊》比较图

因此,周期/波既可以用数学解释,也可以用经济学解释。技术分析师使用周期假定它们创造的重复形态,尽管如我们所见,它们不能总是被解释。我们再一次回到了困惑许多哲学家和神学家的决定性问题,也许技术分析师可以加入其俱乐部。

泡沫和骗局

周期和异常现象的必然结果是泡沫。现在一提泡沫我们就会想起童年时代通过将液体放入某种装备中从液体中制造泡泡的情景，运行设备，我们创建了一个气泡或一系列气泡。我们看到气泡飘浮在空中，砰砰作响，最后消失在天空中，这里的要点是，我们在市场上的确有一些设备可以制造投资泡沫甚至一系列泡沫。

让我们来看看泡沫和确定性投资，这些在经济上不容易预测，但它们可以作为行为愚蠢的后果来衡量。它们创造财富假象并吸引许多投资者，但在短时间内就流行起来。除了那些预见泡沫并及时离场的投资者，投资者通常会面临严重损失。

即使完全歪曲和非法的活动，如伯尼·麦道夫（Bernie Madoff）使用的庞氏骗局，也容易产生泡沫。他承诺相当高的回报，然后从新进投资者的资金部分转给早期投资者，作为后者的回报，这吸引了那些希望进入美好生活的人。在金融术语中，我们称这是一个大的阿尔法。一些基金经理可以通过购买下一个微软合法地做到这一点，但往往被基金经理试图实施上述策略和失败所抵消，所以获得高额合法回报是有风险的。然而，伯尼的道路在 2008 年市场崩溃时结束，投资者想要回一些现金也是枉然。

只要把我们的财务数据赋予泡沫，还有其他的骗局，如著名的尼日利亚信件，就能创造巨额财富。以相对较低的费用支付费用和交税，就可以参与数百万美元的财富（为什么我们很幸运能够从数十亿人中获得这个荣誉）？

另一个案例，让人想起电影《锅炉房》与《泵和垃圾房》。一个骗子经纪人联系了一个替罪羊投资者，并承诺可以从一家投机公司获得巨额回报。该骗局声称对一项重大临床试验的结果有内幕消息（如果属实，这是非法内幕交易）。该临床试验的结果将发明治疗某些类型癌症的药物。同时，股票价格一直在上涨（其他券商购买的流动性较差的股票可以很容易地涨价），而且已经相当高。由于控制者在高位抛售他们的份额，因此替罪羊购买了许多股票。不久，该公司被发现是纯粹的炒作，并最终被除名。替罪羊已经失去了他的钱，也许当他去经纪人的办公室调查时，他发现没有这样的地址或只是一个仅有滴水的架空管道的肮脏的地下室。

我们也可以在房地产市场中发现骗局。例如，一个骗局涉及毫无戒心的投资者投入现金存款以排队购买热门公寓,目的是为了快速获利。我在迪拜的朋友讲述了一个这样的骗局,有人被告知一个新项目很热门,价格已经上涨。他必须得到中签号码,看看他能不能排队存入一笔小额存款,以获得这笔财产的权利(当然,为了获得巨额利润,存款很快就会被转移)。也许该财产不存在或者确实存在,"持牌"经纪人有资格接受他的现金存款,请用现金与经纪人(也许是一间伪装成办公室的空公寓)会面。经纪人迅速提交注册文件,并获得银行存款收据以满足"截止日期"的要求,第二天,办公室空无一人,你猜对了,经纪人不会在国内。

我们可以进入更为复杂的、合法但不符合道德或商业惯例的骗局。大多数基金经理表现不及股票指数,但如果他们在竞争对手面前表现良好,仍然可以获得高评级。假设一名基金经理决定以接近实际指数权重的形式购买指数的许多大盘股来模拟指数,然后我们可以获得非常接近指数的回报率。指数倾斜基金实际上已经接近指数收益并被广告宣传(它们基本上反映了指数基金)。与积极的管理者费用相比,基金经理收取的费用要低得多,而且更接近指数费用。

客户可能实际上喜欢这种策略,因为她可能接近指数回报,甚至通过经理对股票和权重选择进行微调战胜指数。但是,如果经理收取全额积极管理费用而没有披露,客户就会被敲诈,因为她基本上是为指数支付主动费用。当他们收取正常费用而未通知客户时就已经越线了。客户认为他们的资金正在接受主动积极的管理,但实际上他们得到的很少,如果有的话。

这是一个更加微妙的骗局,但老练的投资者可以通过在基金上运行 R^2 或决定系数发现这一点。有些东西,超过 90% 就会引起人们怀疑,正如 100% 的指数。此外,投资者可能会要求每周投资组合的持有量与指数比较,看看它们如何追踪指数。但是,如果投资者不专业,他可能就不会意识到这些预防措施。

既然你已经注意到了这些骗局,骗子就会重新创建一些已被别人使用的骗局故伎重演,著名的一个是老套的基金孵化器伎俩。

基金孵化器伎俩

在一个只能买到少量股票的热门 IPO 市场中,我创办了一个新基金来放置这些股票,因为我想将它从我做大量业务的大型基金中分离出来。在这里,我把这小部分股票放入一个作为孵化器的小基金,所以如果这只股票在开盘时上涨,那么它对我这个大型(即数十亿美元)的基金没有任何影响。

因为孵化基金很小,所以我会快速获利。接近年底的时候,我的表现非常出色,击败了90%的经理人。因此,在12月,我与经验丰富的公司一起创建了一个多元化投资组合,创造了我拥有广泛投资技能的假象!资金需求旺盛,散户大量买入。当我聘用10位敢冒巨大风险的基金经理时,我可以对此做出改变:一个是能源板块,另一个是科技板块。到年底,一名经理看起来很棒,因为其投资的板块涨幅惊人。然后我解雇或裁撤(预算削减)其他人。然后我把这个记录卖给那些认为这名经理是下一个索罗斯的毫无戒心的投资者。自然,我们将名称从XYZ基金改名为全球新前沿基金,迅速扩大投资组合以创造基金一直以来多元化的假象。

如果我是对冲基金经理,想快速吸引大量资金,那么需要有一个很好的第一年的记录。所以我敢与银行对赌,买入石油并通过掉期交易隐藏真正的杠杆。再一次,如果我赢了,我会得到20%的绩效奖励,投资者就想买入我的基金。如果我输了,我关闭了基金,但像餐厅一样,我用一个新的名字和新的策略重新开始(最终一只啄木鸟可以成为一名木匠)。如果投资者是理性并受过教育的,这些骗局是否还能够存在?

如果两者都出现尽管不太可能,然而,受过良好教育的理性投资者也有可能上当受骗,贪婪的投资者很容易陷入这些陷阱;贪婪且没有受过教育的投资者就是为老练的骗子艺术家提供的美食。将贪婪与帕斯卡的赌注结合意味着,从确定性来看,诈骗永远不会消失。

金融泡沫

正如我们所讨论的那样,经济周期预计会重复并因此以可预测的方式影响资产价格。我们已经看到价格可能会以重复的周期性形态上涨,然后下跌,然而,价格的上涨和下跌可能更加孤立,因为形态不一定是相互关联的,可能会有一些事件和影响使价格波动,但每次都可能在不同的经济论坛中出现。这引出了对金融泡沫的讨论。金融泡沫也显示价格上涨和下跌。但是,金融泡沫和经济周期或异常周期存在很大差异。泡沫创造了与预期价格差异很大的价格上涨和下跌,并伴有大量的成交量和投资者参与。此外,它们在短时间内往往是一次性的奇迹,这意味着它们可能会重复,但很多年后,也许会有不同的形式。

以在以水果摊上花费0.25美元可以买到的一根香蕉价格为例。在不同时候，它可能花费 0.30 美元或 0.20 美元，取决于它的成熟度和供应商对其市场价值的估计。现在想象一下，如果价格突然从正常水平大幅上涨，例如一周上涨 1 美元，下一周上涨 5 美元，一个月内上涨 100 美元。香蕉专家可能会开始建议在价格进一步上涨之前购买水果。消费者会叫嚣买香蕉，可能甚至不会吃香蕉；有些人可能会囤积性购买，因为他们认为可以卖给那些愿意支付更多的人。

事实上，买家还可能会从银行借钱来开始成批或整车购买香蕉。银行可能会开始提高贷款利率，借款人乐意支付贷款利息，因为炒作香蕉的利润非常丰厚。事实上，如果银行贷款人发现他们可以超额贷款，因此有机会获得更多的奖金，那么将会发放更多的"香蕉贷款"。

现在政府知道吃香蕉对你的健康有好处，所以他们也给予投资香蕉企业税收抵免。不种植香蕉的海外银行，例如北欧地区的一个国家，开始向储户支付两倍的利率，然后他们接受存款，并投资于香蕉企业。到目前为止，在一年之内，香蕉价格已经达到每根 200 美元。人们不再吃它们，只是因为价格不断上涨而购买它们。我是否也提到过，计划中忽略香蕉树的种植园建设现在正在接受存款。你有没有让你的抽签排队等候，以便在截止日期之前有资格存款？

然而不久，形势开始急转直下。香蕉开始腐烂，发出恶臭，不能被政府提供的塑料袋装下。一些香蕉是露天存放的，现在每个香蕉生产国都在丛林和种植园里搜寻所有香蕉，并将它们运往市场。恶臭和供应最终会破坏价格，并开始下跌；175 美元、150 美元、125 美元……专家表示，价格调整过度，应该很快反弹；事实上，现在是低价进入的好时机。

价格很快开始急剧下跌，达到 10 美元，然后是 5 美元、1 美元、0.1 美元。事实上，一个人花 0.1 美元就可以买到 4 根香蕉。发放香蕉贷款的银行开始遭遇还款拖欠，面临资本挤兑，因为它们将贷款注销。政府对投机展开调查，并希望制定新规管理香蕉业，政府开始帮助香蕉食客购买更多的香蕉或避免偿还债务，政府印足够的钱来弥补这一点。这家北欧银行因违约而感到震惊，并要求公民通过在香蕉种植园免费工作 10 年，以偿还国家的债务。新的研究显示香蕉价值被高估，神补刀指出真正有益的水果是苹果，但是为了获得额外的美元，人们应该在家里种郁金香，因为它们提供了一种健康的香味（同时也有利于减少对腐烂的香蕉的关注）。很快投资者都开始购买郁金香，价格从 1 美元涨到 5 美元，再涨到 10 美元……

在这一点上，你可能会想："哪个白痴会首先买这些香蕉？"但是我们可以用更有意义的东西——比如房地产，轻松取代香蕉。那些郁金香是怎么回事？好吧，如果你有兴趣可以去补一下郁金香泡沫的课。

郁金香和 CDS

众所周知的是 1637 年在荷兰备受争议的郁金香球根狂热。这个狂热在 1841 年由查尔斯·麦凯在其《大疯狂：群体性狂热与泡沫经济》中进行了研究。他在"郁金香狂热症"这一标题下标出了这个狂热症。他说，1634 年"荷兰人对郁金香的热情是如此之高，以至于该国的普通产业被忽视，人们开始从事郁金香贸易，即便是最低级的糟粕，也进入了郁金香贸易。"[1]价格上涨，一个投机者甚至为郁金香提供了 12 英亩土地。每个人都出售其财产来筹集购买郁金香球根的资金。外国人也把钱投入郁金香。大量的供给最终从想要赚钱的富人花园流向市场，价格暴跌，许多买家破产。然后，政府在 1636 年 11 月之前取消了所有合同。在该日期之后的购买可以通过让买方向卖方支付 10% 的合同金额或将其视为期满的选项来取消。一度价值 6 000 弗罗里的郁金香暴跌至 500 弗罗里。

有些人质疑确切的价格变动以及普通人参与的程度。如上所述，看来郁金香合约更多的是一种期权而不是期货，因此损失并不明显。

图 10.8 显示了经济学家、加州大学洛杉矶分校教授厄尔·A. 汤普森(Earl A. Thompson)所持的观点。[2]如果我们假设这些数据是未来合同价格，那么这个数字代表了一个泡沫。

然而，汤普森坚持认为，现货的真实图表是底部的一条扁平线，并且这些是期权合约，如图 10.9 所示。

因此，没有真正的泡沫，价格由大多数是期权合约确定。这是一个关于统一定价的争议，因为人们观察到郁金香球根价格大幅下降。

虽然有些人可能觉得郁金香泡沫的影响可能被夸大了，但汤普森打开了一扇奇怪的门。我们可以对上述图表进行逆向工程，指出虽然现货价格可能不会显示出太大的变化，或者只是一些渐变，但如果存在隐性衍生工具合约和隐藏的

---

[1] Charles Mackay, *Extraordinary Popular Delusions and the Madness of Crowds* (1841): 89.

[2] Earl A. Thompson, "The Tulipmania: Fact or Artifact," *Public Choice*, June 26, 2006.

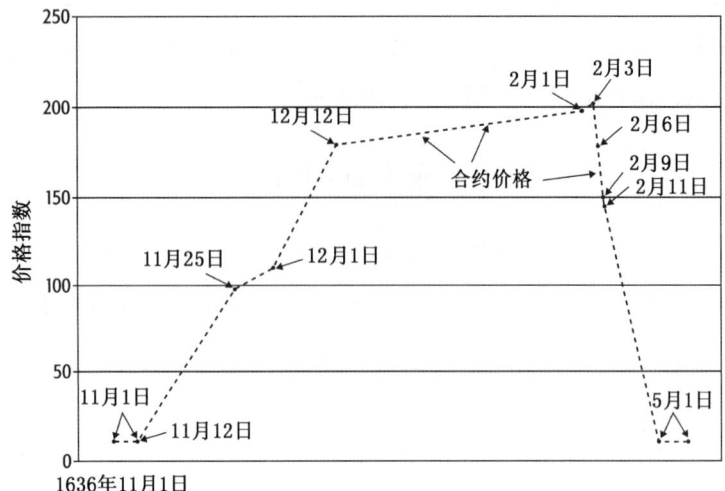

资料来源：Earl A. Thompson, "The Tulipmania: Fact or Artifact", *Public Choice*, June 26, 2006。

图 10.8　荷兰郁金香合约记录的价格指数

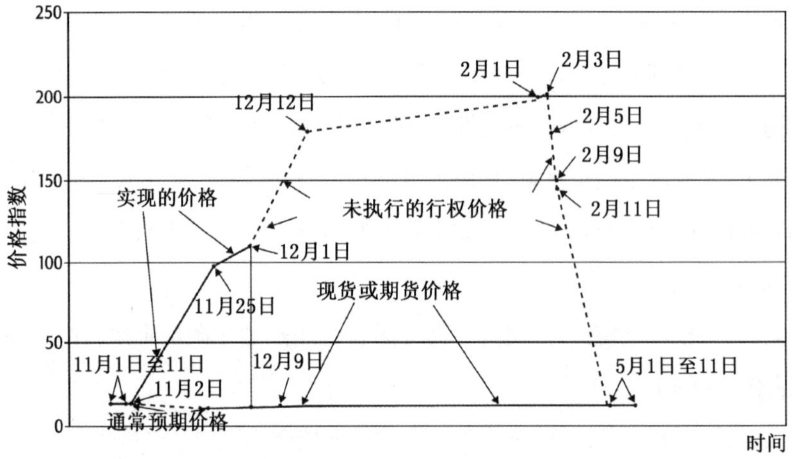

资料来源：Earl A. Thompson, "The Tulipmania: Fact or Artifact", *Public Choice*, June 26, 2006。

图 10.9　通常预期的、实现的和未执行的行权价格

现货合约是通过杠杆作用形成的呢？即使只有10%到20%的价格下降，应该也不会引发大规模的崩溃。

这似乎就是几年前房地产泡沫破灭的原因。与次级抵押贷款相关的信用违

约互换(CDS)文件与房地产价格相关,在次级抵押贷款持续增加超过1万亿美元。由于经济衰退造成的违约和失业率上升导致房地产价格下跌,因此账面价值下降。当然,房地产泡沫不会让公寓价格像郁金香那样大幅上涨。所以,它们也不会大幅下降,尽管在某些市场下跌50%已经足够糟糕。然而,随着所有隐性债务而不断下降的房价,投资者都会有这种感觉。如此一来,如果一个人用现金付全款,而房产价格下降10%,那么情况还不算太糟;但是,如果一个人首付10%,他就会破产。

正如我们将看到的,利用杠杆可以放大小幅下跌的价格。互联网泡沫和1929年等其他泡沫见证了更为剧烈的价格上涨和下跌。所以,在高杠杆率下,即使小幅的下跌也可能抹去股本。此外,回顾郁金香期权的论点,如果其中一方正在交易CDS,那么这种权益的消除可以将CDS从1美元的0.01美元(当几乎没有信用风险时)移动到0.05美元,此时一半资产变得毫无价值。一些CDS利用了杠杆,因此放大的收益或损失取决于谁在哪一边交易。

泡沫是一个奇怪的研究。有一些很好的理论来解释它们的发展。这些包括"喝醉了的水手效应"。如果一个醉酒的水手同时获得短期放假和一个月的工资,那么这个数额很快就会在酒吧消费掉,第二天,水手的口袋里就几乎一无所有了。从经济学角度来说,这可以称为流动性效应。如果一个人印了太多的钱并在短时间内花掉,那么价格就会上涨,然后就会在资金耗尽的时候崩溃。

技术分析师认为,当"潮流"开始成为一种趋势时,泡沫就会出现。这种被称为"羊群本能"的直觉,尤其是当人们感觉更傻的人会在更高的价格上买入时,价格上涨可能会导致狂躁症。必须对投资有稳健的信心,行为主义者认为,关键因素是过度自信,过度自信也是投资的一部分,但这种自信最终会失去控制。[1]此外,估值很难估计,人们可以用保证金购买,还可用彩票,即有机会获得非常大的收益(但这种概率很小),而且在泡沫时代,经验不足的投资者相比经验丰富的投资者更多。[2]再次,这就是帕斯卡,趋势以白痴、贪婪结束……在技术分析师眼里都是老生常谈。

---

[1] 有关过度自信引发的一系列问题和相关的市场预测,参见 Hersh Shefrin, *Beyond Greed and Fear* (Oxford: Oxford University Press, 2002), 48—51。

[2] James Montier, *Behavioural Finance*, 77. 蒙蒂尔引用了下面的研究成果: Gundez Caginalp, David Porter, and Vernon Smith. (2000) "Overreaction, momentum, liquidity and price bubbles in laboratory and field asset markets". *Journal of Psychology and Financial Markets*。

回想一下互联网泡沫,股票价格上涨,估值很高,但却没有盈利和销售额(有人称他们不是互联网股票,而是梦幻股)?你不可能用市盈率和市净率评估这些股票,这些特殊情况是基于先动者和眼球点击的新技术使用的特殊估值。所以,虽然理论上很好,但看到这么高的人气,并假设第一家公司是被选中的那家公司的幻想导致了许多失望。当然,日内交易员(其中许多人是家庭主妇和新手)为这条致富之路提供了提示和暗示,对于经验不足的理论与经验丰富的理论之比例的讨论到此为止。

几年后快速转向房地产市场泡沫。第二次世界大战后出生的人的看法可能是房地产价格只会上涨。在被梦幻股烧伤之后,他们现在决定只会购买可以接触和感受到的可靠投资,历史上所有的泡沫似乎有一些共同的价格模式。回想一下郁金香球根的讨论;无论是价格还是看涨期权,似乎都有一种模式。它发生在相当短的时间内——比如说,一至两年,而极端的情况发生在更短时间内,只有几个月。

看看图10.10中的2000年纳斯达克走势图。尽管在20世纪90年代它大幅上涨,但它在很短的时间内又迅速上升,从1999年10月到2000年3月大约翻了一番。

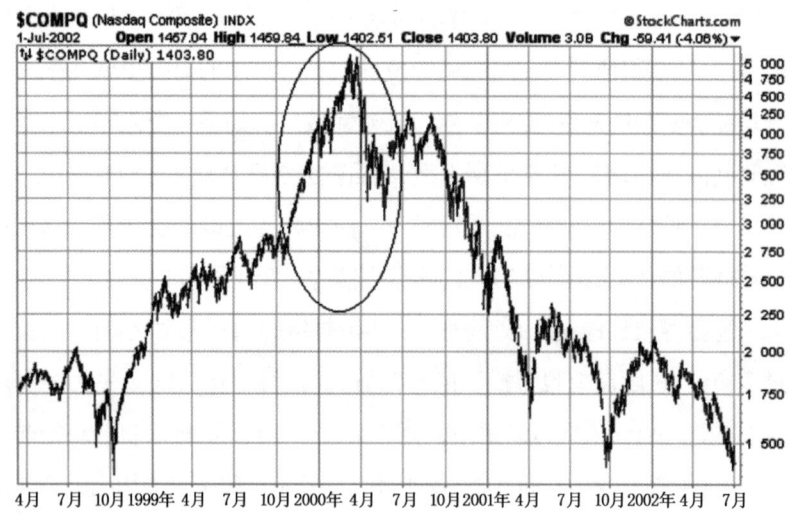

资料来源:Stockcharts. com 授权使用。

图10.10　1999年4月至2002年7月纳斯达克指数

1980年也发生过同样的情况(见图10.11)。另请注意图10.12中的日经225指数。

第十章 其他经济周期

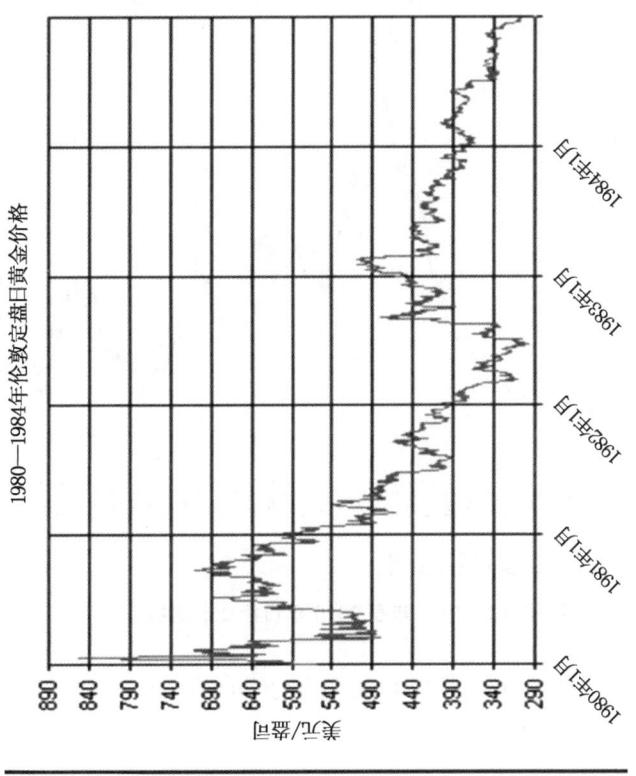

图10.11 1975—1984年黄金价格

资料来源：Kitco授权使用。

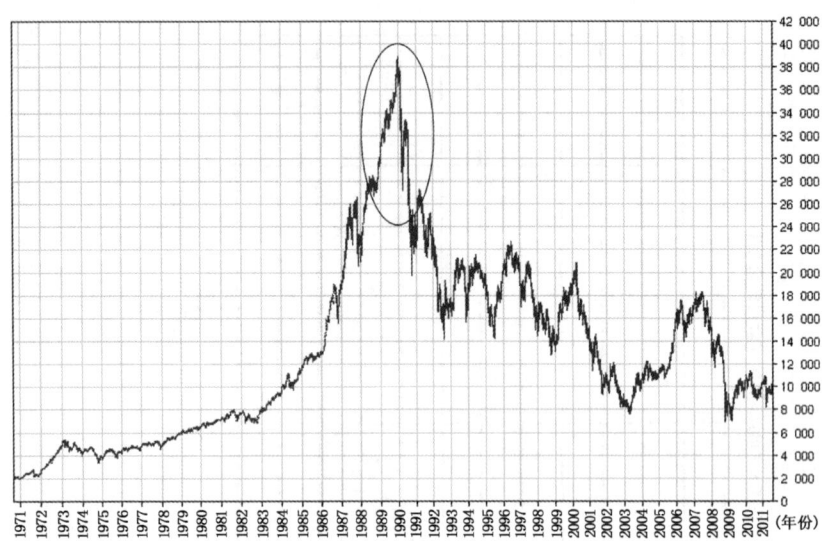

资料来源：Sharelynx.com 授权使用。

图 10.12　1970 年至 2010 年日经 225 指数

在不久的过去，人们可以看到 1980 年和 2008 年的油价泡沫，如图 10.13 所示。

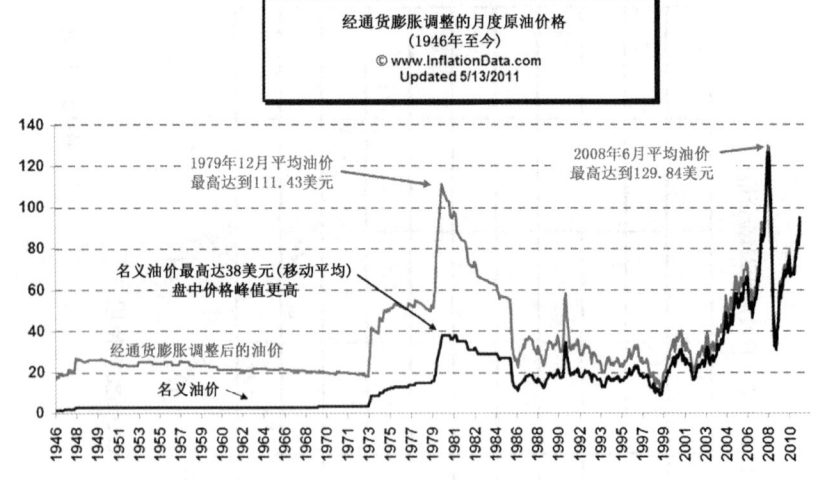

资料来源：油价由 www.ioga.com 授权使用；通货膨胀调查后价格由 www.bls.gov 授权使用。

图 10.13　1946 年至 2010 年的月度原油价格　单位：2011 年 4 月美元

1979年12月石油月平均价格达到38美元的高点,相当于2010年1月的107.35美元;2008年的月平均价格为125.10美元,稍高于前者。油价实际上在两个时期都在盘中走高。2008年,高盛预测200美元即将到来的同时,石油价格已经超过每桶140美元。最终的经济衰退导致商品价格下跌,2009年年初花旗银行预测20美元的油价即将到来时,油价跌至30美元附近。再一次,请注意油价的急剧上涨和随后的急剧回调,尤其是在2008年期间。到那时,有对冲基金和ETF使石油比1979年早期成为更满意的投机品。

在基本面分析中,必须记住贷款组合可能变差,因此最终可能会被注销减记。然而,贷款变坏需要一段时间。因此,接下来的一条线索是看一些贷款类别的增长速度。短期内贷款大幅增加可能表明信贷标准放宽,银行正在拓展业务。毕竟,这家银行如何突然间找到这么多优秀的借款人,特别是当其竞争对手也这样做时呢?

如果将一张图表放在另一张图表上,可以看到不同时间段和投资的波峰和波谷具有怪异的相似性。这些图表是由弗朗索瓦丝·特拉汗(Francoise Trahan,当时在贝尔斯登)开发的,并于2004年7月在《巴伦周刊》发表。特拉汗指出了与日经指数、黄金、石油和20世纪20年代道琼斯指数泡沫的相似模式。

鉴于用于估计每个市场价值的各种基本工具,其相似之处可能令人困扰。"这次不同了"说的是基本面模型,但图表形态几乎相同。当石油危机来临时,我们当然可以同情美国;尼克松辞职在20世纪70年代,油价暴涨,黄金也涨了。随着20世纪70年代中期的持续衰退,投资者认为高通货膨胀时代即将到来,黄金也随之上涨。当然,日本将统治世界,除非你像日本人那样做生意,否则你就完了(不要看日本的高市盈率,因为你不能以这种方式评估日本或新经济,这在20世纪90年代同样适用于互联网股票)。

当然,泡沫后预测比比皆是,但由于各种原因,例如通货膨胀和对行动严重程度的反应,可能出现精确反弹模式的贬值。即陡峭地进入,陡峭地出去;在某种程度上入水不太陡峭,出水也不太陡峭。例如,纳斯达克指数在2000年大幅上涨,这使得抛售程度超过较温和的日经指数,而日经指数跌幅较小。道琼斯工业平均指数(1929年指数)位于纳斯达克指数上涨的中间,但几乎相同的是,除了1929年的道琼斯工业平均指数之外,它们都在彼此接近的地方触底。1929年大崩盘一年后,道琼斯指数上涨,点位低得多,这要归功于美联储收紧而不是放松货币供应。

所以虽然有各种泡沫尖尖的顶端,我们仍然想知道为什么。令人不安的技术解释是投资者的人性恐惧/贪婪。

最近的泡沫

对于最近泡沫的其他解释是,投资障碍减少了,因此可能阻止人们投资的过滤器现在被移除了。1999年的日内交易者只需点击计算机上的买入或卖出按钮即可完成交易。然而,在过去有一个人类经纪人,他会在某种程度上阻止一些不计后果的投资或者试图淡化贪婪的投资者。

那么1929年呢?同样,由于对经纪利润的贪婪以及保证金要求很少(如果有的话),交易壁垒也很低。如果经纪人开始在订单上盖章,他们可能就像是计算机上的另一个购买或销售按钮,碰巧是人为的,并且程序设计为不提问。在最近的房地产泡沫的情况下,可以看到抵押贷款经纪人基本上是在申请上盖章来获得他们的佣金。然后银行将这些贷款证券化。谁在乎这些货款的质量?在银行家发放贷款并调查借款人信用后将其记录在银行的资产负债表上,或许在住宅房地产贷款方面更受关注。

今天,通过互联网和财经电视节目,用户界面友好的市场销售渠道很容易传达给没有经验的人。商业广告宣称投资可以非常简单。某人连一句连贯的话都说不出来,却已经过上了优裕的生活,另一位投资者提前退休去炒股了。那个穿夏威夷衬衫的家伙呢?他能让任何一个懒汉因投资房地产而变得富有,只要看几部他的DVD即可(当然可以分期购买)。

第十一章 情绪与技术工具

对资产价格如此痴迷以至于推动它与内在价值不成比例地上下波动,这种能力表面情绪是高度波动的。例如,一包口香糖以 1 美元的价格出售。你不会排队买它,因为你认为口香糖的市场价值就是 1 美元。现在,如果口香糖可以使头上长出头发,那么可能会出现口香糖短缺和排队现象。有些人会实际购买口香糖放在头上使用;其他人则会试图购买囤积大量的口香糖,以便在 eBay 上高价出售。

这就是 2007 年上市的 iPhone 以及 2009 年美国铸币厂的白金币以及其他热门产品上发生的事情。就 iPhone 而言,在新泽西州爱迪生的门洛帕克购物中心的苹果商店的排队比在同一商场的 AT&T 商店(据一名观察者称实际上是 78 到 250 人)要长。这是因为人们可以在 Apple 商店购买两部手机,但在 AT&T 只能购买一部手机。他们是给朋友购买手机吗?不是的,正如一名热心的客户指出的那样。他们会将其转售(大概在 eBay 上)。[1]

在近年来的房地产狂潮中,不仅许多人准备将存款存放在尚未建成的还没有看到楼层平面图的公寓中,实际上必须抽签以确定谁有权排队和付定金。假设如果不排队,你几乎没有什么机会以最低价付首付。与其他产品一样,并非所

---

〔1〕 Richard Menta, "iPhone: Hundreds Come, Lines Orderly," June 29, 2007, *MP3newswire. net*, http://www.mp3newswire.net/stories/7002/iPhone-line.html (accessed October 5, 2011).

有人都希望住进这些公寓,但只是想要快速获利。

可悲的是,恐惧的情绪也可能导致经济危机中教堂上座率的上升。回想一下帕斯卡的赌注。宗教领袖在困难时期得到新的"皈依者"时,可能会摇头拒绝,虽然我们应该过上美好的生活并遵守宗教教义,但领袖认为这不应该只发生在我们需要某些东西、失业或正在进入破产程序时。《纽约时报》援引的得克萨斯州立大学经济学助理教授大卫·贝克沃斯(David Beckworth)的一项研究称,在困难时期,教堂的上座率似乎会上升。[1]

一些人,正如宏观经济学家贝克沃斯博士,进一步阐释了福音派教会在衰退时期上座率更高以及福音派教会中的失业人数更多,因为他们不如主流教会富裕,需要更多的教会支持。肯定会有更复杂的问题决定教会的上座率,比如关于某些社会问题的教导,尽管如此,一个人的皈依宗教的说法实际上只是一个情绪事件。对于某些人来说,宗教信仰是永久性的,但对其他人而言,一旦危机过去,很快就会忘在脑后。在这种情况下,我们就有了一种情绪指标:也许如果空荡荡的教堂突然变满了,我们已经从贪婪变为恐惧,也许坏时光会变成好时光。

有许多情绪指标试图捕捉恐惧和贪婪或看涨和看跌,如顶部盘整的漫长等待时间表明牛市即将结束("久盘必跌")。

反向意见和指标

一般来说,技术分析师会使用反向意见。所以,当所有人看涨时,你就应该抛售;当所有人都看跌时,你就应该买入。另一种说法是:"当每个人都在哭泣时,开始购买,当每个人都在微笑时,开始抛售。"但请记住,反向意见不是一个能给我们市场运行的日期和时间的确切测量工具。此外,我们只能使用持续一段时间的极端读数,然后就应该平滑数据。

因此,如果看多的人从一周到另一周的百分比从38%变到39%,那么当你试图用反向意见寻找市场的方向时,期望市场会自动下跌是愚蠢的。事实上,你希望看到股价上涨,因为这会给股票买家更多的信心,并推高价格。首先,股价是中性的而不是接近极值,股价也会持续,然后平滑。只有到那时,你才能期待

---

[1] James Estrin, "Bad Times Draw Bigger Crowds to Churches," *New York Times*, December 13, 2008, A1.

某种反作用的出现。

投资者情报(Investors Intelligence)是一家著名的技术分析提供商,使用投资者情绪小组进行调查,这是投资情绪的一项长期衡量指标。

投资者情报的情绪指标称为《投资顾问情绪报告》(Advisors Sentiment Report),通过调查 120 多位时事通讯作家,提供市场建议以确定其看涨、看跌或中性。[1] 自 20 世纪 60 年代以来,他们一直在这样做。他们没有调查华尔街的经济学家或策略分析师,因为这个群体往往看涨,并且只在他们的前景展望中略有改进。他们强调,极端的指标将被用于反向意见投资,此外,当市场上涨和下跌并未被情绪解读所证实时,你会发现背离。他们可能会看涨,例如当市场指数的较低低点没有被看跌背离的较低低点所证实时。看涨背离是多头和空头的读数之间的差异。因此,如果股指从 1 000 下跌到 900,但看涨背离从 30 上涨到 10,这是正背离的,预计市场指数将出现一个潜在的转折点。采用绝对水平,相对于背离,买入信号出现在绝对看跌指标高于 45％时,就会出现买入信号,而低于 25％的低看涨指标会进一步加强买入信号。卖出信号是当看涨指标超过 55％时,并且由于空头率低于 20％而加强。

如前所述,情绪不一定是一个确切的时间工具,对情绪的研究必须认识到只有针对极端值才有效。一项学术研究发现投资者情报数据几乎没有什么用处,但过去投资者情报对其调查结果的测试做出了回应,即必须正确使用数据,这与上述方法类似。[2] 事实上,这些年来对情绪的研究一直存在,显而易见该服务和其他类似服务提供了一定的可信度。总的来说,还有其他一些提供情绪调查的服务,这些服务在柯克帕特里克和普林格的情绪调查章节中有很好的讨论。投资者情报还提供了不止一个指数的特定指标,还可以尝试使用点阵图和图表平滑指标。

尽管有很多特定的用途,情绪可以用某些类别来概括。我们已经提到,高水平的保证金或大额融资表明市场处于顶部。从相似的角度来看,市场到顶时现金应该最多,但通常不是;反之亦然。换句话说,你希望在市场下跌之前立即获得现金,并在其上涨之前全面投资。我们可以使用诸如新 IPO 的数量、流入板块的资金以及资产超配等活动。通常情况下,大量的 IPO 表明我们已经接近市

---

[1] Advisor User Sentiment Guide, November 2009, *Investorsintelligence.com*.
[2] Fisher and Meyer, Investor Sentiment and Stock Returns, *Financial Analysts Journal*, March/April 2000,16—23,quoted from #cW2000,Association for Investment Management and Research.

场顶部。涌入热门板块的资金也是一个危险信号,因为一些资产被高估了。

收益率是另一个很好的指标;美联储模型也是一个指引。另外,当投资者对无风险利率支付较小的溢价时,可以假设他们对债务持乐观态度。当价差扩大时,就会有更多的恐惧。技术分析师使用 TED 差价,即国库券差价对欧元存款利率利差。

事件的发生是另一个很好的指标。当会议室挤满了房地产速成课程的新手时,这是一个危险的信号,表明我们正在接近房地产上涨趋势的终点。普林格引用大卫·德雷曼(David Dreman)的《心理学与股市》(*Psychology and the Stock Market*)一书的话说,在20世纪20年代佛罗里达州的房地产繁荣时期,据报道,"迈阿密有25 000名经纪人,相当于人口的三分之一"。[1] 这种经纪人人数暴增现象在西班牙等其他地区也产生了同样的后果,一旦达到顶峰后崩溃,西班牙经济就受到了重创。

以2005年房地产繁荣高峰期附近加利福尼亚州房地产从业资格考试现象为例。

根据房地产部门的数据,超过22 000名申请人在4月份参加了该州的房地产考试,几乎是2003年4月的3倍。为了应对考生人数激增,该部门已经在该州租用了六个考试中心,以缓解现有的五个考试中心的压力。

20世纪很多人想要在加利福尼亚州出售房地产的情况是在1990年。对于当前经济繁荣可能是一个不祥的迹象,那一年是房地产市场的一个高峰。

根据州政府的规定,加利福尼亚州有43.7万名代理人,足以形成该州第八大城市……只有少数其他领域的发展速度更快,其中包括收债和垃圾收集就业(部门)。[2]

我们也可以这样说,如果在鸡尾酒会上有购买股票或资产的共识,那么留意一下;它可能已接近顶部了。经纪人还告诉我,他们知道许多客户中有愚蠢的钱,这意味着这些投资者"晚会"迟到,最终在顶部买入并在底部卖出。一旦他们开始买入或卖出,就应该得到相反的信号。

杂志封面也是死亡之吻。一旦一个主题或公司成为主要杂志的封面,就获

---

[1] Martin J. Pring, *Technical Analysis Explained*, 522.
[2] 引自 Paul Kedrosky, *Infections Greed*, *paul.kedrosky.com*, 转引自 David Streitfeld, "A Glut in the Market for Homes," *Los Angeles Times*, May 20, 2005.

得绝对收益而言,这一切都结束了。[1]

我们还可以使用看跌期权—看涨期权比率,如果看跌股票,则买入看跌期权;如果看涨股票,则买入看涨期权(然而,其中一些指标已经失去了优势,因为在许多程序交易中,使用看跌期权和看涨期权可能涉及复杂的对冲策略)。我们还可以将 VIX(芝加哥期权交易所市场波动率指数)视为波动性的衡量指标,其中 40 以上的高读数表明恐惧;15 以下的低读数可能表明乐观和看涨。同样,它们也可能并不确切,如 2007 年抛售前的两年,VIX 的读数很低。

柯克帕特里克引用了奈德·戴维斯研究公司(Ned Davis Research)的研究成果,其显示了追踪 Rydex 基金的好处。[2] 新星(Nova)反映了标准普尔 500 指数,大熊星座新星(Ursa Nova)反映了该指数的空头。随着投资者变得看涨,他们买入新星,当看空时,他们买入大熊星座新星。戴维斯发现,他们最初对市场的看法后来发现是相反的。随着更多的多头和空头资金出现,这可能是一个很好的技术工具。

我们还可以监控企业内部交易的销售和购买情况,看看这些聪明资金是买入还是卖出。我们必须在这里小心谨慎,因为许多交易都是以期权为导向的,并且可能对期权有税收要求。所以我会在此之外使用主流的交易方式,因为这可能会告诉我内部人士是否对他们的公司有某种感觉。专家被认为是聪明的钱,但由于算法交易,他们的等级和交易数量正在减少。因此,在比较他们与普通散户的空仓数量时,我不会过多使用它们。

反向投资

更受欢迎的技术情绪指标是使用情绪和随之而来的反向投资概念。恐惧表现在底部,自信和贪婪表现在顶部。这导致了反向投资。

图 11.1 显示了使用技术分析和市场指数做出转折点的决定。图的顶部是纽约证券交易所综合平均数。它涵盖了 1974 年触底的熊市。请注意,它需要两年时间才能从历史高点回落。在同一时期,道指从大约 1 000 点跌至 600 点以下。

底部衡量的是空头和多头情绪的百分比(来自 Chartcraft 的情绪咨询)。请

---

[1] Tom Arnold, John H. Earl, Jr., and David S. North, "Are Cover Stories Effective Contrarian Indicators?" *Financial Analysts Journal* 63, no. 2 (as corrected May 2007).

[2] Kirkpatrick, 104.

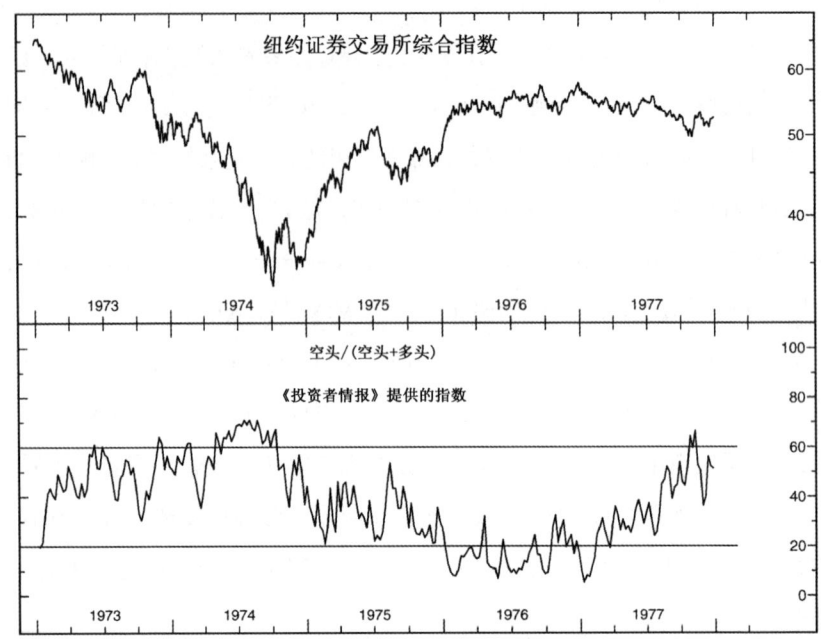

资料来源：Stockcharts.com 授权使用。

图 11.1　用市场指数进行技术分析

注意,在1973年初的顶部附近,空头比率很低,为20％。在1974年年底,空头比率猛增到了60％以上。然后,随着市场再次回升,投资者变得更加自满,空头比率跌破20％。同样,随着市场疲软,投资者开始看到10月屠杀,1977年熊市涨幅超过60％,市场在几周内急剧大幅下跌。

回想一下,技术分析师可能会与基本面分析师对抗,也许两者的论点是相反的。基本面分析师可能会谈论糟糕的经济数据,但技术分析师可能会谈论看涨的情绪读数。一个因此会建议买(技术分析师),另一个可能建议不买或甚至出售(基本面分析师)。

美国个人投资者协会

另一种情绪测量是基于美国个人投资者协会(American Association of Individual Investor, AAII)的更宽基的调查。个人投资者协会于1978年成立,目前有150 000名会员。[1] 个人投资者协会试图向普通个人投资者提供投资教育

---

〔1〕 美国个人投资者协会情绪读数数据,http://www.aaii.com。

和信息。这包括提供一些投资基础知识,如筛选股票和评估 ETFS 和债券的指导。个人投资者协会每周都会对其成员进行调查。他们被问到市场在六个月是否看涨、看跌或中性。然后,可以计算多头占多头与空头之和的百分比。每周调查导致的噪声会引起波动,因此需要平滑处理。

基于图 11.2,我们可以从这个测量得出什么结论?看涨水平由方格线表示,其比例在左边。标准普尔 500 指数由另一条线表示,市场水平在右侧。这个 1 年半期间于 2003 年 7 月 28 日结束。请注意,尽管白线上的情绪是参差不齐的,但白色情绪水平的平稳表明了相反的意见。牛市在 2002 年 3 月接近市场顶部,然后在 2002 年 7 月跌至低点。随着市场反弹,多头也出现反弹。(同样,您应该使用平滑线,如移动平均线。)

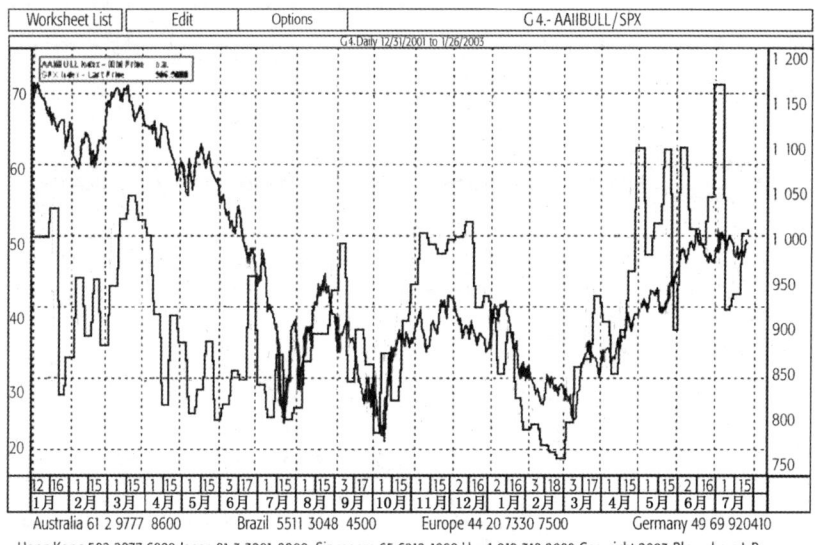

资料来源:彭博社和个人投资者协会授权使用。

图 11.2 计算多头占多头和空头之和的百分比

在主要顶部和底部的极端市场水平上,标准普尔 500 指数于 2007 年 10 月 4 日和 11 日接近 1 550 点的市场高点,多头占比分别为 51.8% 和 54.6%。在峰值前后的几个月,这些价格相对接近高位。多头的 8 周移动平均线位于 43% 的高位附近,2008 年 3 月标准普尔 500 指数的低点位于 670 附近。多头占比接近低点,2008 年 3 月 5 日和 12 日显示分别为 18.9% 和 27.6%。在这几个日子,多头占比的 8 周移动平均线接近 25% 的低位。

情绪波动

那么是什么导致了投资决策的情绪波动呢？是因为市场走势的消息吗？我们可以用情绪做一个练习。

从图 11.3 可以看出，截至 2003 年 7 月 14 日的 4 个半月内，标准普尔 500 指数 ETF SPY 从 3 月的 70 多上涨到 6 月的 90 多。个人投资者协会数据显示，多头与空头差值的平均值接近 3 月的最低点，在 6 月达到新高。在低点附近，该值为 −23%，但接近高点的则为 34%。市场出现大幅度上涨，多头数量远远大于空头。请注意，RSI 在 6 月停滞在 70 以上，并且出现负背离，因为 ETF 的高位与 RSI 相比并不相符，而 RSI 的高位较低。这证明你可以混合各种技术指标支持情绪指标。

资料来源：Stockcharts.com 授权使用。

图 11.3　2003 年 3 月至 7 月标准普尔 500 指数

然后可以用图表形态建立一系列情绪数值。你也许可以混合多个情绪指标,以获得买/卖情况。你应该添加其他来源的其他情绪数据吗？你是否也应该添加其他因素,比如我们对 RSI 的做法？如果是这样,是哪些？这开始了融合分析中制定技术分析纪律的过程(将在第四部分中处理)。当然,这需要适当地进行回溯测试,看看纪律的制定能否增加价值。

情绪在不断变化,但同时也在以某种方式衡量,使用情绪分析是假设市场不是有效的,投资者的行为不理性。这对于某些细分市场比较有用,如小公司股票,尤其容易产生情绪化,因为它们吸引更多的直觉玩家,例如题材股票投资者以及想要快速致富即时行动的人群。对特定和未经调整的小公司的研究表明,与情绪低迷时相比,投资者的积极情绪导致相当低的结果。[1] 这表明,例如,当股市上涨很多时,它可能表明预计转折点和回报将会令人沮丧。所以关键是要确定主要方向。

想象一下,如果你在沙漠中渴了。当你在炎热的太阳下行进时,脑子里只有一个念头:喝水。你口渴得难以置信,你的膝盖酸软。你可能会倒在沙滩上,但如果不站起来,可能就意味着你生命的尽头。你站起来继续前进。如果能找到一片绿洲,可以将自己的状况从虚弱转变为有力。你不关心棕榈树或者它们上面有多少叶状体(当然,假设它们不是椰子树,椰子会提供营养)。你只关心找水。

我们可以用这个故事作为寻求市场方向的寓言。投资者不是在寻找绿洲以改变他们身体的物理方向,他们可能只是在寻求改变投资方向。他们只想知道市场是上涨还是下跌。自然,有许多基本面指标,如失业数据、生产数据和通货膨胀数据。有时这看起来像树上的所有叶子。使用所有这些指标可能无法告诉我们市场趋势是否在变化。很多基本面分析会更好吗？可能不会,因为气泡是从根本上分析的。信徒们已经用一些基本面数字来证明他们的决定是合理的。换句话说,他们提前做出决定,然后尝试找到支持该决定的数据。

然后我们可以回到技术指标,如 MACD、移动平均线、随机指标、形态和其他指标。如果它们显示出多重共线性,就可以像计算树上的叶片。再次,计算所有这些指标可能不会告诉我们最重要的事情。即市场是否在变化？

---

[1] Malcolm Baker and Jeffrey Wurgler, "Investor Sentiment and the Cross Section of Stock Returns," *Journal of Finance* 6, no. 4 (August 2006): 1. 概述参见 *CFA Digest*, February 2007, 49-50。

20世纪80年代后期的日本股票，20世纪90年代后期的纳斯达克和20世纪前十年的房地产市场就是如此。这些市场一直在上涨。看起来很贵的价格已经变得更加昂贵。然后，当泡沫破灭，价格开始下跌时，似乎便宜的会更加便宜。

投资者受到基本面和技术面数据的影响，其中一些，例如随机指标，可能在一段时间内显示超卖状况。当然，技术分析师会正确地说，使用形态可以更好地为重要转折点服务，而不是快速随机指标，它比日常交易更适合资产配置。正如我们所看到的，即使是基本面数据也可能被修改和推迟，这使转折点难以确定。当然，事后来看，我们可能会使用一些移动平均收益来表明市盈率或者过高或者过低。但是市盈率是否适当平滑，收益是否根据质量进行了调整，并且是否还使用了其他基本面数据？

再次，我们正在棕榈树上数叶子而不是寻找水；拥有的指标越多，花费的时间越多，寻找市场方向的时间越少。

所以，在讨论情绪角色时，我们可以总结一下关键问题。我们应该采用多少个指标？一个？甚至更多？我们如何调整数据？请记住，当我们使用多个情绪因素或者多个技术因素时，必须考虑它们是否单独以及集体增加价值。使用一个还是与多个混合使用会更好？很多甚至全部都只是重复了这个决定？这会导致统一的多重共线性问题。更广泛地说，我们是否还应该添加其他技术因素。毕竟，情绪不是一个确切的时间工具。一种形态可能处于指示趋势变化的更好位置。那么我们是否应该跳过情绪调查，只看图表形态或动量指标？还是我们也应该看看基本面估值？这是融合分析的棘手领域。我们可以认为，确认趋势的多个技术指标比单一指标要好。此外，由于一些基本面指标也具有后台性质的情绪指标作用，因此我们不应该完全排除使用这些指标。

寻找绿洲

如果我们能抛开情绪，好好研究指标并付诸实践，那么我们可以使用哪些技术方法？有什么比多指标系统更简单的吗？这些对技术分析师而言是有趣的问题。

如果一个人可以选择使用几个技术指标而不是另一个更简单的方法呢？有技术系统试图做到这一点，并且它们还有那些仍然希望计算棕榈树上叶子的功能。也许这些其他技术方法在那些想要捕捉更多重要转折点的人眼中会更好。

可以更好地捕捉趋势和转折点的技术工具的一些示例是使用点阵图以及江恩分析。虽然其中一些工具的交易非常复杂,但它们提供了简单的分析。

案例研究:点阵图

为了避免经济思维中的惯性想法,并因此预测股价,一些技术分析师使用点阵图。它们也可以适用于捕捉可能预示未来市场趋势的更多的转折点。因此,如果经济结果像周期一样是确定性的,然后影响图表,这些不可避免的趋势可以被捕获并变得更加可预测。

图 11.4 是一个易于用于买入/卖出决策和捕捉转折点的点阵图。注意 2002 年至 2003 年的底部区域。由于点数仅基于反转盒方法(这里是三种)制作了有意义的标记,因此我们只出现有意义的移动时才在图表上做出标记。[1] (因此,我们避免计算棕榈叶并开始寻找绿洲,即舍本求末)。这个图非常简单,因为它显示了一个逆转的头部和肩部。而且,在这四年期间,很少有决定要做。图 11.4 显示了 2002 年经济衰退及其后反弹的熊市低点。在 2003 年向上突破 45 度(这个度数本身就很简单)会给出买入信号,直到突破下行线,以此类推。在 2003 年年初,价格接近底部时。你会做出购买决定,买入持有直到 2006 年。你找到了绿洲!这表明,基于短暂的经济数据或短期技术指标,不必每周频繁买入和卖出。相信决定性经济模型的人可以在图表中轻松捕捉股票形态。

点阵图会在决定适当的反转规则,从而决定是注重长期还是短期时面临挑战。小的反转盒会给出更多的买入和卖出决定,并可能导致震荡。如果你是一个短期交易者,可能会觉得使用动能工具更舒服,而不使用点阵图,此外,点阵图不应用量能,这可能会让传统的技术分析师感到不安,因为他们希望看到通过批量确认进行的操作。正如我们在第六章中关于黄金所讨论的那样,点阵图可以提供测量规则,但是在确定界限时可能会导致一些分歧,从而导致不同的价格目标。

江恩分析

江恩分析是交易者和长期投资者用于追踪变化趋势的另一种工具。我们之

---

[1] 单点反转盒现在使用得并不多。参见:Jeremy du Plessis, *The Definitive Guide to Point and Figure*, reprint ed. (Petersfield, Hampshire, U. K.: Harriman House Publishing, 2006)。

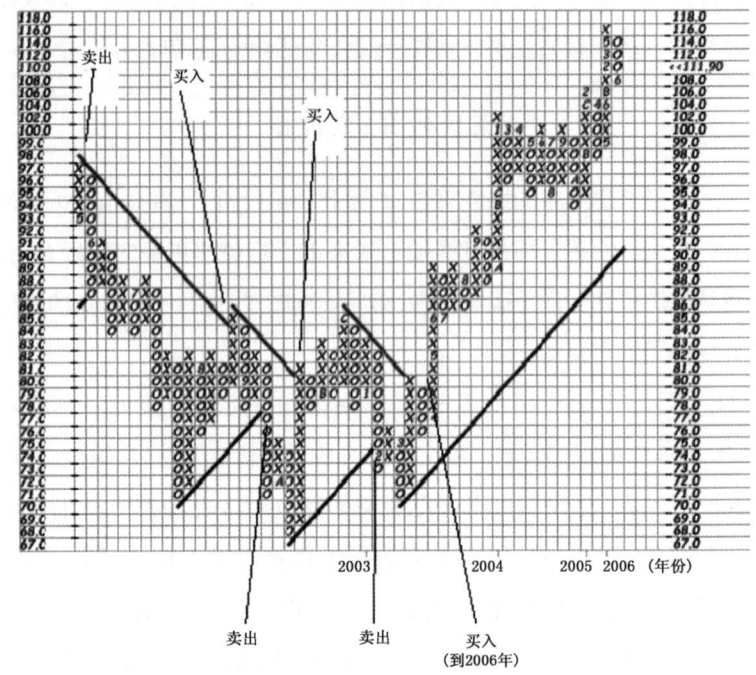

资料来源:Stockcharts.com 授权使用。

图 11.4 点阵图

前用股票 VIP 展示了它的用途。江恩分析可能相当复杂,而且往往以短期交易为导向,但也有部分是非常简单和优雅的。据报道,威廉·德尔伯特·江恩(William Delbert Gann,1878—1955)通过数学系统交易股票和商品赚了超过5 000 万美元,其中他承认是基于自然法则和人性的投资的周期性[1](似乎人们有一种确定性的投资方式)。

一种简单的江恩分析方法是使用角度,特别是 45 度角,然后可以用其他角度做出买/卖决定。更简单地说,选择底部买入,直到价格下跌的角度被打破。然后用一把量角器从前面的窥视图中画出一条 45 度的线,如果股票突破这条线,就买入。

如图 11.5 所示的 2000 年纳斯达克指数的顶部区域,你可以看到泡沫很大。当然,纳斯达克非常高的市盈率显然是一个警告,但是回忆之前股市也有会变得

---

〔1〕 2003 Lambert-Gann Educators,http://www.lambertganneducators.com/pages/wdgann.php.

更加昂贵的情形。那么,什么时候买入卖出?这的确是一个问题。

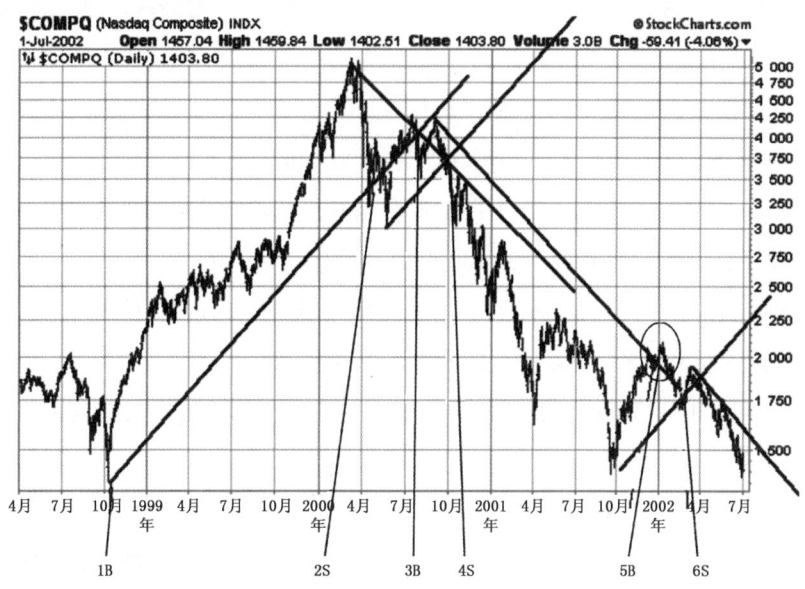

资料来源:Stockcharts.com 授权使用。

图 11.5　1999 年 4 月至 2002 年 7 月纳斯达克指数

使用江恩分析,只能做出从泡沫中获利的六项决定。人们可以做出买入和卖出的决定来赚取利润,但不关心其他所有的基本面问题。从技术上讲,买卖决定也需要得到其他工具的帮助,但我们只关注江恩分析的使用。

为了说明清楚,让我们回顾一下图 11.5 中确定的数字和买卖决定(B 买入,S 卖出):

1B:1999 年 10 月 1 350 点时买入,因为你认为这是底部(不一定是底部)。用量角器向上画 45 度线。一旦价格跌破该线,就会收到卖出信号。

2S:指数价格跌破上行线,于 2000 年 4 月在 3 375 点发出卖出信号。从前一个高点向下拉 45 度线至 5 000 点左右。

3B:2000 年 7 月在 4 100 点买入,并维持很长时间直到先前的低点上升趋势(2000 年 4 月开始)下跌。

4S:2000 年 10 月在 3 750 卖出,因为价格跌破 2000 年 4 月开始上涨的趋势线。

5B:由于价格跌破了 2000 年 10 月开始的向下 45 度线,因此退出市场并于 2001 年 10 月在 2 000 点买入。

6S:随后在2002年2月1 750点卖出,因为价格突破了2001年10月开始的上升趋势线。由于价格尚未突破2002年3月开始的下降趋势线,因此仍然避开市场,并避免进一步走低。

回顾损益:

1B—2S:1 350点买入,3 375点卖出,获利2 025

2S—3B:在3 375点卖出,4 100点买入,亏损2 725(获得的机会)

3B—4S:在4 100点买入,3 750点卖出,亏损350

4S—5B:在3 750点卖出,在2 000点买入,获利1750(避免损失)

5B—6S:在2 000点买入,1 750点卖出,亏损200

然后,点数图上的6S:在1 750点卖出,然后在1 400点买入,获利350

总收益＝2 850

粗略地说,投资者在3到5年内可以将资金增加一倍多。另外,可以通过ETF、QQQQ投资纳斯达克,而不需要阅读所有研究报告或查看商业渠道。想象一下,你可以在沙滩上散步,而不是看日落!

好的,那有什么用? 在趋势市场中没有一个适合的角度。然而,波动幅度很大,必须从低谷开始。后者并不那么难,但如果趋势更多的是横向波动而波动很小呢? 那么可以每周操作,卖……买……卖……买。最后,被交易成本吃掉所有的利润。

那么现在怎么办? 最有可能的是,技术投资者很可能会增加其他技术手段来确认买入和卖出。另外,可能会开始平滑数据。可以使用某种形式的过滤器,而不是在趋势线中实际出现中断,也就是说,如果中断是实际中断的某个百分比,那么只能决定中断。所以,例如,如果它不超过5%,那么就什么也不做。

可以使用某种形式的近似或一些平滑的线来获得最终的45度线。例如,6月的卖出量与4月突破下降趋势线相当接近。我们实际上在这里获得了自由,并且认为这一中断不足以证明卖出是正当的。

注意在图11.6中,如果价格在2002年4月实际上突破了上升趋势,那么应该从2002年1月初就开始向下绘制45度线。自2002年1月以来,你还是不能买入,因为价格走势仍低于45度下行线。它似乎仍然会触碰这条线,所以可能会再次纠结于突破趋势线的程度。因此,我们在2002年1月初开始的向下45度线是否始终有效存在一个问号。

第十一章 情绪与技术工具

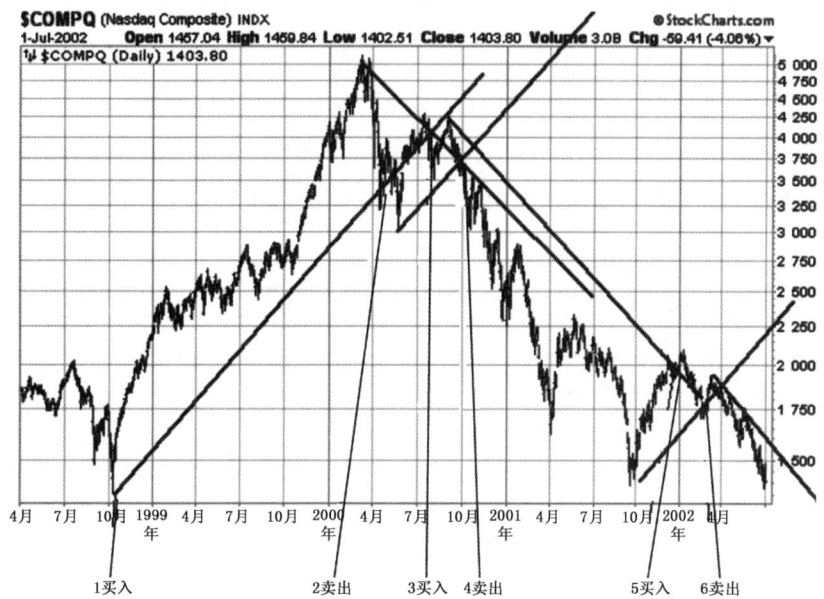

资料来源：Stockchats.com 授权使用。

图 11.6　1999 年 4 月至 2002 年 7 月纳斯达克 45 度线

如前所述，江恩分析具有更多功能，可以创建更为复杂的交易决策。请注意，我们在纳斯达克上使用了一个对数标度，所以每个价格框的点数都不相同，但是在百分比上相等。江恩分析寻求时间和价格之间的对称折中，因此使用算术尺度。但是，有些人可能会质疑这一点，因为价格变化不等于百分比变化。此外，它的目的是作为一种短期的分析类型，并且一些江恩用户更喜欢每周价格而不是每日价格。此外，还有一个前面提到的各种角度。所以，如果 45 度被打破，那么需要一个趋势，但是交易者可能会预期下一个支撑的比例为 2∶1。这里两个时间单位被比作一个价格单位。然后创建一个 26.25 度的角度。

图 11.7 显示了江恩分析的一个更简化的图表。45 度线从 1999 年 10 月开始。在第 2 个点时，我们现在必须决定在后排交易，正如之前在我们的对数图表中所讨论的那样。交易者可能在 4 000 点卖出并观察等待在 2∶1 角度线上测试，因为这应该是下一道支撑。这发生在 2002 年 4 月晚些时候的 3 800 点。

江恩线有九个主要角度，如果每个角度都发挥作用，我们可以创建相当复杂的交易决策系统。对于某些人来说，这太复杂了，并且有一种感觉，几何在技术分析中很少发挥作用。尽管如此，45 度线仍具有直观的吸引力。这可能是进行短线交易的那些人不要踏空或做 T 之间的界限；反之亦然。其他技术研究方法也采用 1∶1 江恩比例显示的 50% 移动线，该比例即为 45 度线。这些包括道氏理论和艾略特波浪理论。如果依次决策将手中的资金投入储蓄还是买入股票进入市场(反之亦然)，那就意味着一个行为概念的投资模式。这也意味着一个周期性投资模式和投资决定论的副产品。

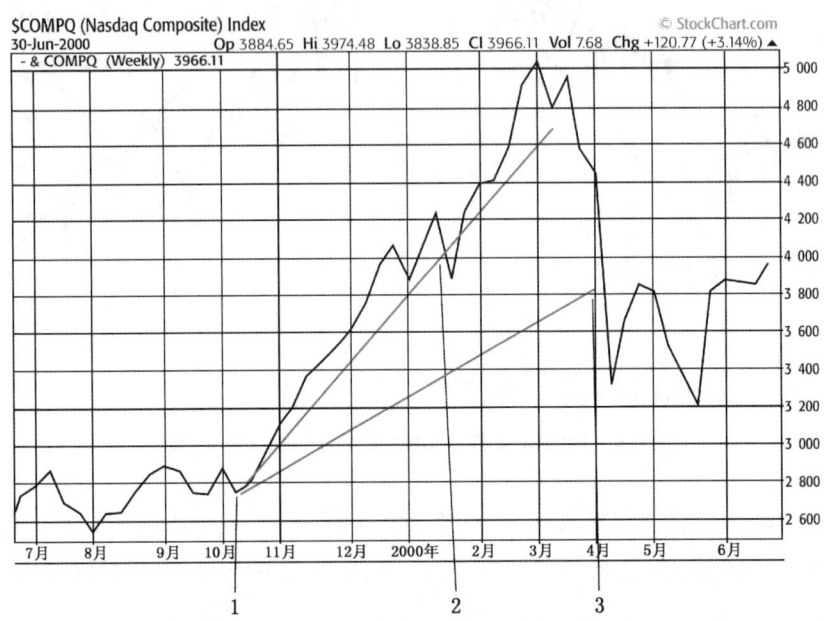

资料来源：Stockcharts.com 授权使用。

图 11.7　简化的江恩分析

但是，一个复杂的系统通常会在技术分析用户的心中留下不好的回忆。如果事情太复杂，那么使用它有什么用处，因为可能有太多的解释来查看工具是否有效？另外，有些人觉得宇宙很简单，因此必须排除复杂的系统。$E=MC^2$ 便是确定物质和能量之间关系的简单公式。出于这个原因，有些人可能会排除在时间旅行的平行宇宙中发现许多世界的理论。这太复杂了。

注意到思科在 1998 年至 2002 年期间的巨大兴衰，我们可以体会到江恩技术系统的复杂性。思科是互联网公司的宠儿，因为它拥有有形产品的真实业务，被认为是玩互联网的可靠方式。毕竟人们每天都可以在办公室或家中看到他们生产的路由器，将会把我们连接到令人激动的互联网世界。

第十二章 艾略特波浪理论和房地产：技术分析工具和基本面分析工具的组合运用

我不应该仅仅用一些技术分析手段解决问题，而应该花时间在决定论的背景下将一种奇特的技术工具与基本面融为一体，为此，我们将采用一个有争议的技术方法——艾略特波浪(EW)，并将其应用于房地产的基本面分析。我们将简要总结一下艾略特波浪的一些显著特征，然后将其应用于房地产分析，目标是衡量房地产价格的极端估值和转折点。正如读者所知，房地产将金融体系置于崩溃边缘地位，震惊世界，并对其吸引力和估值产生了很大争议，也许它的影响还没有结束，这将引发对艾略特波浪的进一步研究，艾略特波浪一直在预测未来的悲惨世界。

艾略特波浪分析是衡量市场指导方向的重要技术工具，希望预测即将到来的牛市或熊市的长期策略师可以使用艾略特波浪分析。艾略特波浪用于预测各种资产的价格，例如财经期刊中的商品、股票指数和外汇，并且经常被交易者用于各种时间框架预测。

艾略特波浪使用一种数学方法，接受基于自然规律生成价格的不断变化的循环波。这些创造了可预见的、投资者可以利用的波浪。虽然一些以前的周期是基于经济的，但艾略特波浪则以数学为基础承认经济效应(艾略特波浪可能会说经济行为是基于市场参与者情绪波浪的结果)。

波浪理论在阿尔弗雷德·J. 弗罗斯特(Alfred J. Frost)和罗伯特·R. 普莱切特(Robert R. Prechter)的《艾略特波浪理论》(Ew Principle)中得到了推广。它基于拉尔夫·尼尔森·艾略特(Ralph Nelson Elliott)的著作,他 1939 年出版了《波浪原理》(Wave Principle),1946 年出版了《自然法则:宇宙的秘密》(Nature's Laws: The Secret of the Universe)。[1] 普莱切特被认为是艾略特波浪学说的领袖人物,他的投资机构拥有广泛追随者。他似乎已经获得了一些非常成功的投资结果。正如他在其网站上的博客所显示的,普莱切特在 1984 年赢得了美国交易锦标赛,在 4 个月内通过受监控的真实货币期权交易账户获得了创纪录的 444% 的回报。他的出版物《艾略特波浪艺术理论家》(The EW Theorist)在 20 世纪 80 年代赢得了众多的演讲、择时和出版方面的奖项。1989 年,他被财经新闻网(现在的 CNBC)誉为"十年领袖"。1999 年,普莱切特获得加拿大技术分析师协会首届 A. J. 弗罗斯特纪念奖,以表彰其对技术分析所做出的突出贡献。2003 年,商贸图书馆授予他名人堂奖。但新闻简报追踪者马克·赫伯特(Mark Hulbert),联合专栏作家埃里克·泰森(Eric Tyson)的数据显示,普莱切特在 1985 年至 2009 年间表现不佳,收益为负,而市场收益为正。

他看跌的时间可能比大多数人长,可能错过了上涨的市场,不过,他似乎正确地号召了 2008 年的卖出,从而保存了许多投资者的资本。他在 2006 年发出市场崩溃的警告,当时他表示投资者处于 300 年来最糟糕的熊市。[2] 2008 年的市场崩溃似乎正在酝酿之中。

普莱切特拥有耶鲁大学心理学学位,他开创了社会经济学,研究金融、宏观经济、政治、时尚、娱乐、人口统计学和人类社会史的其他方面的趋势和事件的性质。他的"社会经济学假设"认为社会情绪是内生调节的,并且是社会行动的主要驱动因素。[3] 这些情绪可能为熊市或牛市创造肥沃的土壤。2010 年 5 月 7 日,普莱切特表示,随着通货紧缩的出现,当时的市场反弹很快就会解体。尽管通货紧缩并不是政府经济计划的意图,但在应对希腊等国家债务的问题时,它们

---

[1] Alfred J. Frost and Robert R. Prechter, *Elliott Wave Principle*, 20th anniversary ed. (Gainesville, GA, 1998; First Edition, 1978).

[2] Eric Tyson, "Update: Robert Prechter Predicts Dow 1000 and Depression," June 16, 2009, http://www.erictyson.com/articles/20090616 (accessed October 5, 2011).

[3] Frost and Prechter, *Elliott Wave Principle*.

可能不得不削减开支,从而降低总体需求,这将导致通货紧缩,使市场强力走低至2016年。

艾略特波浪在行为会产生可预测的效果方面是决定性的。普莱切特说:"根据艾略特波浪或者称之为波浪原理,每一个市场决策都是由有意义的信息导致的,并同时产生有意义的信息。每一笔交易在产生效果的同时纳入市场结构,并通过向投资者传达交易数据,加入他人行为的原因链。这个反馈循环受人的社会性质支配,而且由于他具有这样的性质,这个过程就会产生范式。由于这些范式是重复的,所以它们具有预测价值。"[1]

市场技术分析师协会(Market Technicians Association)的前任会长,现任巴克莱资本全球技术分析主管的乔丹·科蒂克(Jordan Kotick)认为,艾略特波浪与决定论是相容的。[2] 虽然个人自由意志可以让人选择,但集体行为是冲动的,因此也是决定性的。所以虽然我们无法预测个人行为,但可以预测集体行动。

尽管艾略特波浪分析可能相当复杂,但也有一些非常简单的用法可以证明对投资者有利。例如,艾略特波浪与道氏理论有相似之处,因为它也有三个主升浪,然后是回调阶段。它也接受诸如头肩形态。它并不接受所有的技术分析工具,因为交易量对于艾略特波浪分析并非关键,动量分析也不是。艾略特波浪尚不接受周期循环模式。普莱切特表示艾略特波浪可能是一些主要的传统技术图表形态的主要市场形态。如果是这样,那么其他传统方法可能是"虚假的或落入波浪原则的结构"。[3]

艾略特波浪已被用于预测金融和社会事务;但是,在这里我们只关注金融。它使用8波惯例和特殊数学数字的含义,称为斐波那契数列。这些数字,更重要的是它们的比例,也可在自然界中找到。这意味着艾略特波浪的因果根源在于宇宙的广泛结构。所以马上你可以看到这是一个深度分析的概念,有些人可能会接受,但其他人可能不会。

如图12.1所示,艾略特波浪图形成一个1、2、3、4、5和A、B、C循环。波1、3和5代表牛市行情中的"冲量"或小上行波。波浪2和波浪4表示牛市行情中的

---

[1] Prechter, *Elliott Wave Principle*, 20.
[2] Jordan E. Kotick, "The Metaphysical Implications of the Elliott Wave Principle," *MTA Journal*, Spring-Summer 2001, 21—26.
[3] Robert R. Prechter Jr., "Does the Wave Principle Subsume All Valid Technical Chart Patterns?" *Journal of Technical Analysis*, no. 66(Fall/Winter 2009):28.

"回调"或小幅下行波。

字母 A 和 C 的波浪代表着一次重大熊市行情中的次要下行波动,而 B 代表了一次小熊市行情中的一次上行波动。波浪是分形的,也就是说,较大的波浪可以承担较小的波浪。(有些就像俄罗斯套娃,当每个玩偶打开时,一个小玩偶被展现在其中。)艾略特提出波浪存在于许多层面,这意味着波中有波,意味着图12.1 不仅表示了主波形,还表示了在 2 浪和 4 浪之间发生的情况。

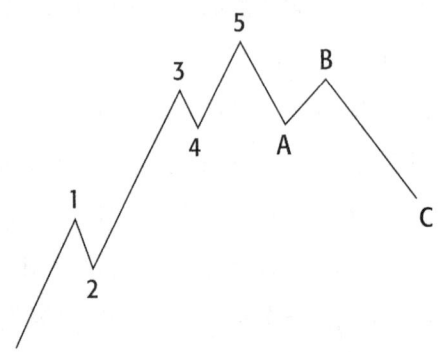

资料来源:Stockcharts.com 授权使用。

图 12.1　艾略特波形图

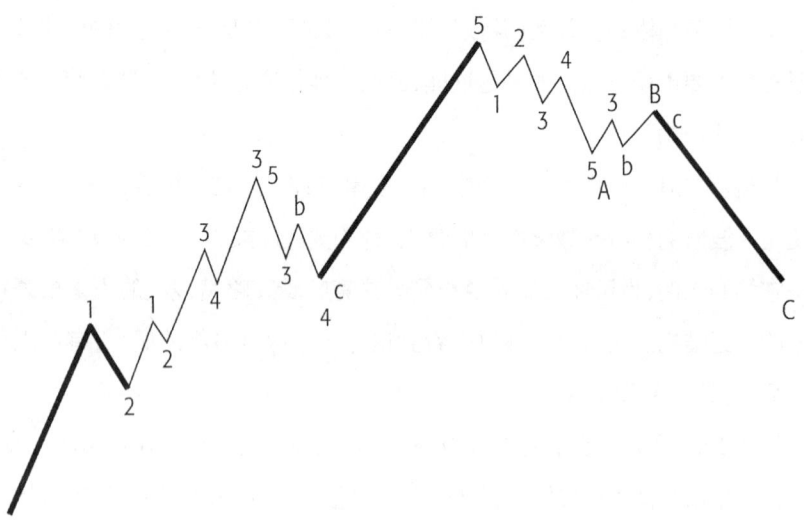

资料来源:Stockcharts.com 授权使用。

图 12.2　艾略特波浪分解

图 12.2 显示了主波如何分解成更小的波。艾略特波浪理论按大小顺序为波浪命名:(1)超级周期、(2)周期、(3)大浪、(4)中浪、(5)次浪、(6)小浪、(7)超小浪、(8)子超小浪。

让我们看看为什么这可能很重要。艾略特波浪假设较小的波浪会呈现下一个较大波浪的大小。因此,从 2 浪至 3 浪是上涨或牛市,但有修正阶段。这将是 2 浪、1 到 2 浪和 2 浪和 2 浪、3 浪到 2 浪、4 浪。因此,虽然这可能看起来像一个熊市,但我们实际上处于一个宽泛的牛市中,因为 4 到 5 的运动仍然存在。然后是 A 浪、B 浪和 C 浪的修正。之后,我们可以进入 1 浪、2 浪、3 浪、4 浪、5 浪、A 浪、B 浪、C 浪等的下一个上升周期。

现在,如果我们完成了最大的周期,即超级周期,我们可以推测未来的周期将会出现下行趋势,类似于 A 的 1 浪、2 浪、3 浪、4 浪、5 浪模式。假如牛市是 A 浪、B 浪、C 浪,然后我们再次从 B 浪下跌到 C 浪。完成超级周期将显示牛市的结束。

如前所述,普莱切特预测市场将大幅下跌,2009 年 3 月将出现低点。市场在 2000 年左右达到顶峰,这是始于 1784 年的超级周期的结束。它还制造了一个波浪较小的宽 8 波模式。另外,所有波都是分形,所以波 3 的顶部出现在 8 波形态的中点。

2007 年 11 月,普莱切特接受了莫利·席林(Molly Schilling)在市场技术分析师协会通讯"技术论市"(Technically Speaking)的采访。[1] 回想一下,他预计 2000 年左右超级周期结束,在采访时道琼斯指数创了新高。普莱切特表示道琼斯指数以美元计价很高,但自从 2000 年以来美元一直在贬值,道琼斯指数如果用为黄金价格衡量,实际上接近低点。在第六章中,我们比较了股票指数和黄金价格。尽管从黄金角度价格看,指数可能会上涨,但实际上可能正在下降。所以美元的下跌似乎是经济衰退的征兆,最终会使经济问题变得非常现实。(毫无疑问,随着第二年股市的崩溃,普莱切特看起来像个天才!)

艾略特波浪原理分析中有一些规则可能会变得非常复杂。对具有简单目标的复杂系统,我们有规则。例如,在国际象棋中只需要捕捉对手的国王。虽然开场动作遵循传统规则,但偏离这些动作会引起对手可以利用的弱点,因为行动并

---

[1] Molly Schilling, "In Depth with Robert R. Prechter Jr.," *Technically Speaking*, November 2007, 1—6.

非最佳。它们并不是最优的,因为随着时间的推移和棋手经验的积累,如果他们不使用最优定式下棋,往往会处于劣势。

艾略特波浪规则

以下是一些艾略特波浪规则:

- 第二浪和第四浪称为矫正波,因为它们纠正第一浪和第三浪。第二浪不会跌破第一浪的100%。
- 在脉冲浪内,第三子浪总是一个脉冲浪。
- 在现货市场中,第四次浪不会与第一次浪的任何部分重叠。(在期货市场中并非总是如此)。
- 普莱切特预测,三角形的顶点(两条相交的趋势线相交的点)通常标志着最终第五浪完成的时机。因此,第五浪的结束也可以是头肩形态的头部。查看图12.2中的8波形图,并注意头部和肩部,其中第三浪的峰值是左肩,B浪的峰值是右肩。
- 关于扩展,冲击浪中只有一个可能会延伸。虽然第一、三、五浪可能通过分解成五个额外的浪来拉长,但只应该延伸一个脉冲浪。
- 其余的两个不延伸的脉冲波趋于相等。
- 在熊市中,第五浪不会突破第三浪的低点。
- 第四浪被视为后续熊市的支撑区域。较大的第四浪应该保持在较小的浪之上(在较大的第三浪中)。[1] 一旦五个浪已经完成并且熊市趋势已经开始,熊市通常不会低于前一浪的第四浪,即这是上一次牛市前期形成的最后一次第四浪。通常第四浪的底部处于熊市。

还有各种测量工具来指示转折点和价格目标。例如,如果第一浪和第三浪大致相等,并且第五浪预计延伸,则第一浪的底部到第三浪的顶部乘以1.618的结果被添加到第四浪的底部以获得价格目标。[2] 我们将在本章进一步讨论的房地产案例中看到使用该公式。

波浪也可以与传统的形态和情绪相吻合。

---

[1] Kirkpatrick, 497.
[2] Murphy, 336.

使用柯克帕特里克和墨菲的评论,我们可以得到如下波浪形态:

第一浪:基础过程,最短。出现对角线形态。[1]

第二浪:回撤并且保持在第一浪的底部之上以产生双重/三重底部和反向头肩形态。

第三浪:最长的传统突破形态;道氏理论买入信号,趋势追随者追涨,缺口大,成交量大。

第四浪:盘整形态,第四浪的底部永远不会与第一浪的顶部重叠。三角形通常出现在大趋势的方向之前。[2]

第五浪:缺乏诸如 OBV 和振荡指标的确认。出现对角线形态。

我们还可以补充说明,第一浪的开始时市场情绪极度悲观,第五浪顶端时市场情绪极度乐观。最有可能的是,愚蠢的钱会在第五浪买入,而聪明的钱会在第一浪买入。

交易者还可以使用特殊的 A—B—C 形态使用艾略特波浪(比如锯齿形、横盘形和三角形),这可能表示与前期趋势相反的举动。[3] 例如,如果在上升趋势中出现横盘,这可能意味着趋势正在酝酿向下波动。

斐波那契数列

规则已经足够多了,但是,我们仍然不知道如何用规则赚钱。为此,我们需要介绍斐波那契数列背后的数学和这些数字的比例。

斐波那契数列是由比萨的莱昂纳多(Leonardo,1170—1240;更为人们熟知的是他的绰号"斐波那契")引入欧洲。他在1202年写了《计算之书》(*Liber Abaci*),开发了一个基本的数字系统。据推测,这些数字是为了解决和观察与兔子繁殖有关的数学问题。

斐波那契数列的顺序如下:

0,1,1,2,3,5,8,13,21,34,55,89,144…

---

[1] Kirkpatrick,489.
[2] Murphy,329.
[3] Kirkpatrick, 491. 另一个来源是:Rich Swannell's "Elliott Waves Vary Depending on the Time Frame and Direction of the Pattern," *Journal of Technical Analysis*, Summer-Fall 2003, 17—23.

为了得到这些数字,我们从零开始并添加这个系列。计算取这两个数的和,即0,1到1。然后我们取前一个序列中的第二个数1,并将它添加到最近的总数1中得到2。然后我们添加第二个数的先前序列1到最近的总数2得到3。然后我们加2到最近的总数3得到5。因此:

(0+1=1)　(1+1=2)　(1+2=3)

(2+3=5)　(3+5=8)　(5+8=13)　(8+13=21)

这些数字是技术分析中重要比率的基础,因为它们提供了衡量价格变动的手段。

在第八个计算序列之后,可以从该系列派生出恒定的关系。例如,如果将前一个数字除以后者,则等于0.618。当1被添加到0.618的斐波那契比率时,这变成等于1.618。注意,这是唯一的数字,当它加到1时,它的倒数为1+0.618=1/0.618。比率如下:

34/55=0.618 181～0.618

55/89=0.617 977～0.618

89/144=0.618 055～0.618

将后一个数字除以前一个数字得到该序列的另一个关系。这种关系的结果大约是1.618。

55/34=1.617 647～1.618

89/55=1.618 181～1.618

144/89=1.617 977～1.618

我们也可以创建其他比率。交替数字的比例接近2.618,或其倒数0.382。例如,13/34=0.382,34/13=2.615。当将斐波那契数字应用于图表分析时,经常使用的另外两个数字是0.786和1.27,它们是0.618和1.618的平方根。

普莱切特注意到使用这些数字衡量价格走势。例如,当第三浪延伸时,第一浪和第五浪倾向于相等或0.618的关系。他补充说,所有这三种动力都倾向于与斐波那契数列相关,无论是1.618还是2.618(其倒数是0.618和0.382)。[1]

斐波那契"重新发现"数字序列,因为1.618和0.618是古希腊和埃及数学家所熟知的。比率1.618被称为黄金比例或黄金平均值。已知在音乐、艺术、建

---

[1] Prechter,128.

筑和生物学中有所应用。希腊人用黄金平均值建造帕台农神庙，埃及人在建造吉萨大金字塔时使用黄金比例。

现在这里是事情变得异常的地方。正如普莱切特所描述的那样，数字和比例在自然界广泛存在。[1] 它们存在于星系、向日葵、脱氧核糖核酸(DNA)形态和身体部位的螺旋模式中。

这些比例在自然界中的含义是它们反映了一些共同的和确定性的力量。该力量将指导宇宙中的所有因果关系，因此，这种力量将引导所有引起恐惧和贪婪的人类情绪。回顾前面提到的价格测量的比率公式：如果第一浪和第三浪大致相等，并且第五浪预计延伸，那么第一浪的底部到第三浪的顶部乘以1.618。结果与加到第四浪的底部相加就可以获得价格目标。[2]

那么，投资者行为不仅是确定性的，而且可以用数学来解释吗？作为一个侧面的问题，我们是命中注定的，还是由某种数字系统决定的？这可能是使用艾略特波浪的可靠论据，因为它是客观的，并考虑到人类恐惧和贪婪的反复性。然而与此同时，它可能会引来重大的反对意见，因为它听起来过于机械化，对一些人来说太做作。因此，艾略特波浪并不属于每一个交易者，但其实际应用仍然被部分投资者所接受。

在即将到来的案例中，我们将回顾围绕美国"房地产泡沫"的争议。最初，诸如净营业收入(NOI)/税后现金流量(ATCF)估值，价格/租金指数等基本面因素被延伸讨论，尽管谈到泡沫，但住房价格仍在逐步上涨，从技术角度来看这并不奇怪。然而，也许艾略特波浪分析比基本面分析方法能更好地衡量房地产市场。

房地产概览和净营业收入估值

房地产是有形资产，包括土地、仓库、零售空间和公寓楼。我们将会看到，房地产估值取决于几个因素：

(1)除了情绪之外，租金收入是价值的基础。（租赁收入按合同规定或通过查看类似的出租物业得出。）

(2)利率影响资本化利率和贷款政策。

---

[1] Prechter,108—111.
[2] Murphy,336.

(3)收入和财富水平影响支付租金的能力。

(4)税收政策影响净现金流量。

(5)就区域和经济学而言,当地知识储备很重要。

(6)房屋质量的认知(例如,特朗普的名字)。

投资房地产的目标包括对抗通货膨胀。(从租赁收入中提取现金流可以使投资者获得当前收益。)房地产还可以降低整体投资组合风险。房产可能与传统股票和债券有不同程度的相关性,它可以提供高绝对收益。

房地产的形式如下:

(1)自由明确的股权,无限期的完全所有权。

(2)杠杆资产。完全的所有权,但如果贷款条款没有得到满足,可以通过抵押来转移权利。

(3)抵押贷款。包括利息和本金还款在内的债务投资(通常是资金池)。

(4)聚合载体。通过合伙,混合基金(机构投资者)或封闭式投资公司合并多样化的房地产投资。

(5)房地产投资信托(REITS)。包含各种房地产。例如,摩根士丹利房地产投资信托指数(RMZ)使人们能够通过REITS为各种房地产物业"指数化"。

房地产作为资产类别的特征和风险包括以下内容:

(1)房产不可移动和不可分割(与金融资产不同)。

(2)性质独特,与其他资产大致可比。

(3)房地产可以很好地对冲通货膨胀。

(4)投资者可能有很好的税收优势。

(5)没有全国性的房地产市场(与股票交易不同)。

(6)交易成本和管理费用很高。

(7)缺乏信息会导致定价效率低下。

(8)有些房产缺乏流动性。

(9)以杠杆(债务)购买的房地产可能造成损失。

(10)房地产价格可能下降。

主要估值方法包括以下内容:

1. 成本法。房产价值是重建房产的成本,这对于较旧的建筑物不合适。

2. 销售比较法。房产价值基于最近出售的类似物业的销售价格,但可排除独特功能,人们可以从各种数据库和 Zillow 网站(www.zillow.com)获取这些数据。

3. 收入法。房产价值是所有估算未来收入的现值,在许多方面与私募股权估值类似。

可以使用净营业收入(NOI)或销售比较法快速估价物业,但最有可能通过包含部分多种方法的方法评估。注意到一些公司可能有自己的估值方法,类似于使用公司融资法来贴现自由现金流量,但是,简单地可以表达为:

NOI＝总租金收入－空置和收入损失－运营费用(例如,水电费、维修费、保险费、税费)

(从 NOI 计算中排除的项目是折旧和融资成本。)

正如你所看到的,利息和折旧不包括在内,但是使用内部收益率时,它们以后可被用来获得税盾(纳税保护)。然而,许多房产的净营业收入是一个非常好的起点,并反映了房地产的大部分估值。

净营业收入/资本化率即房地产价值。如果净营业收入为 10 万美元,资本化率为 10%,则该房产价值为 100 万美元。

如果租金收入增加而其他一切都保持不变,那么房产的价值会增加,如果利率下降,这会降低资本化率,房地产价格上涨。

现金流量分析

房地产估值是一种简单的现金流量分析。尽管可能会使用其他估值技术,但最终还是要考虑现金流的概念。毕竟,房地产投资就像任何其他投资——现金投资和现金回报。

这些假设可能导致扭曲基本面分析的技术分析或者行为问题。使这个问题变得更加复杂的是,一些购房者买下了他们"想要"的东西,而不是他们"需要的东西",房屋购买并不总是用于实用,而是出于情绪和行为的原因,比如自我或独立的表现。这种情况也有助于可能扭曲基本面的情绪等式。

房地产有时被认为是一种神圣的牛。假设人们需要拥有它。有些人甚至认为租房是一个糟糕的决定,也预示着糟糕的经济状况。那么考虑一下那些拥有自己几乎不住的房产的富裕家庭,或者是那些炫耀财富,买大房子的人。还有一种观点认为,尤其是在房地产危机之前,拥有一套住房是一种安全、可靠的投资——一种你可以触摸和感受到的东西(比如说,与互联网股票相比),更令人欣慰的是获得抵押贷款的便利性,从众心理也起了一定作用。

所有这些潜在因素都导致周期性的恶化,而追求利润的机构不计后果的放贷策略又加剧了周期性的恶化。不仅仅最近的美国是这样,全球房地产泡沫也是如此。

近期房地产价格的下跌可能令很多人感到意外,它们不仅下跌,而且在短时间内急剧下跌,房地产价格永不下滑的神话破灭了。下跌也使一些投资者对未来感到不安,如果价格下降,那么稳定性因素或家庭总资产中房地产看似压舱的性质现在受到质疑。所以即使房地产价格反弹,也许在下跌的道路上会出现另一次下滑,你可能不得不重新考虑房子,因为它不仅仅是一个生活的地方,还是一个储蓄的载体。要么这样,要么可能需要使用更稳定的资产(如现金)分散家庭财产组合。这说起来容易做起来难,因为大多数首次购房者只是在购房时以首付的方式勉强购房。也许空巢家庭可以承担这种多样化,但是首次购买以高杠杆为基础的房地产的买家会承担财务杠杆风险。他们不能使用国库券分散他们的房屋(这是他们绝大多数的资产)风险,因为他们不太可能拥有大量现金。他们也希望不会因经济衰退而失去工作,也不希望小型个人退休账户遭受股市下跌。所以,这种灾难性的情况发生在泡沫到顶后,随着住房和股票价格的下跌,许多受害者都不能独善其身。

与最近的观点相反,房地产价格在历史上和热门地区一直在波动,它们不一定会带来财富,其价格也并不总是直线上升。在美国,人们可以通过使用图12.3所示的标准普尔/凯斯-席勒(S&P/Case-Shiller)房屋价格指数——住房指数——衡量住房价格的涨跌。

请注意1990年到1992年之间的房价下跌,但考虑到前一年的涨幅并没有那么大,然后到2006年反弹到了泡沫区域。2006年之后价格大幅下跌时出现了紧缩,2008年后出现20%的跌幅。虽然此后价格下降趋缓,但仍在下降,只是幅度较小。我们也可以观察1990年至1998年这段时间,因为房地产价格变化相当缓慢,这可能已经成为促使人们推动纳斯达克上涨和最终形成互联网股票泡沫的贪婪因素。

因此,如果我们看图12.4中的住房指数,可以看到2005年价格达到顶峰,但到2009年年底,又回到了2003年的水平。接近2011年年底,价格下跌超过

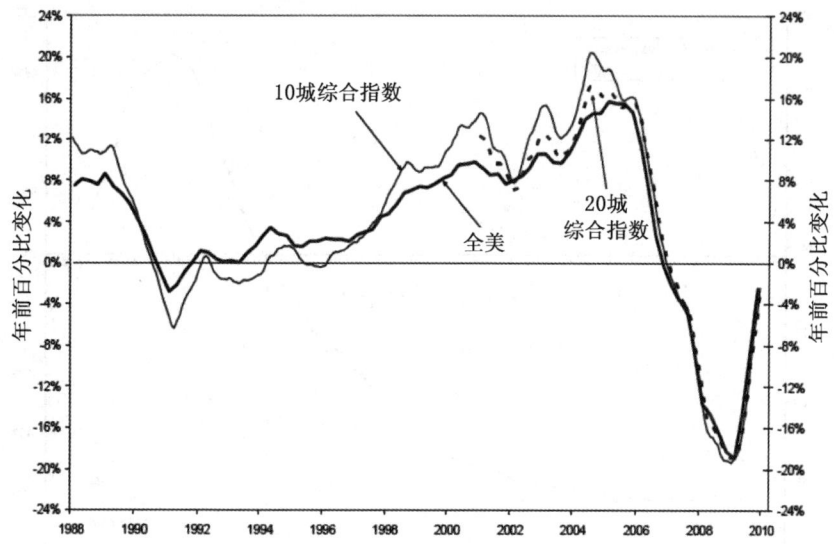

资料来源：标准普尔 & 费哲(Standard & Poor's & FiServ)授权使用。

图 12.3　标准普尔/凯斯-席勒房屋价格指数——住房指数

凯斯-席勒峰值 30%。因此，如果一个人在 1988 年买入房产（我们将使用图 12.4 的开始日期），他的资产会增值，并且仍然有一些收益，每年大约 3.6%，这似乎反映了通货膨胀回报，但这并不是一个致富的好方法。1988 年到 1998 年，我们会遭受 10 年左右的资金贫血症，但随着 2006 年价格泡沫出现，我们会受到奖励。然后我们再次受到房价大幅下跌的惩罚。我们必须认识到，这些回报不包括各种维护、房地产税、水电费等，由于买房子是为了进入一个好的学区，我们可能会为一所房子多付一点钱，因为邻居也为了让他们的孩子进入好学校而付出过多的代价。一旦孩子们长大并离开，我们就会进入另一个可能房价更低的地区，因为它更像是一个退休社区，并不需要所有这些保险费和房地产税。那么，再次，由于购买者将负担能力考虑在内，他们可能真的会考虑其税后现金流(ATCF)偿还抵押贷款。由于其他买家在同一条船上，我们实际上可能通过为房子支付更多的费用来获得这种税收减免。

你开始猜测，当一个精通财务的人积累了大量的金融资产，就可能会开始在其他地方租房和投资。在这一点上，必须使用这些购买/租赁公式来确定是否更适合租赁或购买，并涵盖诸如首付、公用事业成本、预期房价等可获得的替代回报上。

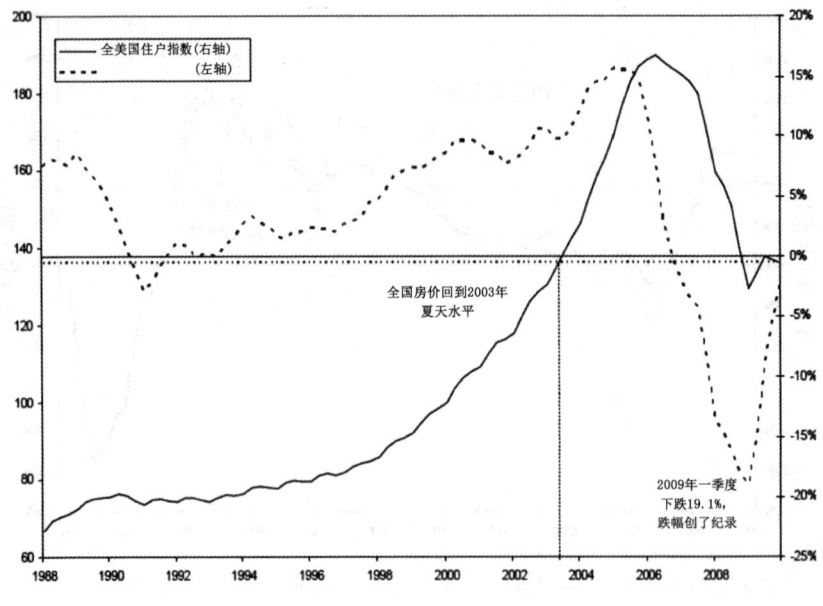

资料来源：标准普尔 & 费哲授权使用。

图 12.4 全美住房价格指数

所以你可以假设任何事情并得到你想要的结果，最有可能的情况是股票在较长时期内回报较高，以及租金也可能抵消通货膨胀以及可以添加相关性较低的资产（黄金）这一事实，你可能会发现对一些人来说，租赁比购买更好。但是，租房居住和拥有自己的房子，家庭生活的回忆会是相同的吗？你可以得到可比的属性吗？在一些地区，因为房屋是租给高管的，但有些可能不是，考虑到租房的过渡性质，租房的感受并不理想。

在一个当时不受欢迎但可能正在兴起的社区购房，肯定可以赚钱。这些社区，如 20 世纪 70 年代纽约的苏荷区（SoHo），可以在该国的许多地方，当然还有全世界找到。这个策略可能是一个较长期的观点，因为当一个地区不理想时或者最有可能使用相反向意见购买的时机。但要做出这样的决定，在幸运的同时可能必须忍受心理上套牢的煎熬。苏荷区和后来的纽约市其他地区变得时髦。但是在 20 世纪 70 年代中期纽约市正处于破产边缘，并被认为是危险的，犯罪猖獗，类似于 1974 年上映的高票房查尔斯·布朗森（Charles Bronson）的电影《死亡愿望》（Death Wish）中描绘的纽约。今天富裕的社会名流、精英和投资银行家生活在苏荷区，两居室价格飙升至数百万美元。世界其他城市也有类似的故事发生。

所以通过查看图表,我们可以看到真正的输家是忍者类型(没有工作,没有收入,没有资产),他们在房价高点附近购买了房地产。有些确实想要一栋房子,但面积超过了他们的承受能力。一些 1988 年的早期购房者开始申请二次抵押贷款来为大学费用等必要的支出提供资金,但也可能是一两个假期。房屋很快成为许多人的提款机。

价格和通货膨胀

房地产价格并不总是相同的,而且对其评估也是按照行为偏差模式进行的。标准普尔-凯斯-席勒被认为是跟踪房地产回报的最佳方法之一,因为它使用交易数据,并清除可能扭曲定价的可疑交易。此外,它还试图测量具有类似质量类型的房屋。[1] 你可能不得不将这个因素考虑在回归方程中,因为随着时间的推移,房屋变得越来越大了,新房子里还有更多的理想功能,比如一个以上的卫生间和两个车库。根据美国政府统计,可以看到 1963 年新房房价的中位数为 18 000 美元,并且即使在 20 世纪 70 年代中期经历了严重的衰退,房价依然穿越衰退每年上涨。[2] 到 2007 年,价格达到高点 247 900 美元,然后在 2009 年年底之前降至 216 500 美元。因此,在这 46 年期间,价格年上涨率为 5.5%。这就是房地产经纪人向你推销的好收获!但他们没有告诉你的是,即使不是全部,通货膨胀率也是如此。

在此期间,根据 CPI 数据,1 美元增加至 6.93 美元,并获得大约 4.3% 的年度回报率(几何平均)。[3] 认识到指数衡量的是一揽子可能随时间而变化的商品,因此,你可能会发现,随着房屋越来越大,如表 12.1 所示,在调整面积大小后,他们很可能与通货膨胀率类似(但是,理所当然,像温馨的家庭记忆之类的无形资产不能以这种方式衡量。)

正如我们在表格中看到的那样,多年来,住房的平均面积从 1950 年的 983

---

[1] Standard & Poor's, "S&P Case-Shiller Home Price Indices Index Methodology," November 2009.

[2] http://www.census.gov/const/uspriceann.pdf (accessed October 5, 2011). Actually, prices dipped in 1970.

[3] InflationData.com. 1975 年前消费者价格指数引自:*Historical Statistics of the United States* (USGPO, 1975)。1975 年后相应指数引自:*Statistical Abstracts of the United States*, http://www.inflationdata.com。

平方英尺增加到2004年的2 349平方英尺。[1]

因此,人们甚至可以说,房价主要是面积规模的函数,实际上表现不及通货膨胀。在房地产泡沫中投资者没有考虑到投资房产的现实,他们展示了过度自信的行为特征。当价格上涨的可能性很高,价格下降的可能性很低时,他们也进行了概率分析,即使房产价格下降,也只会出现温和的下降。房地产业的价格下跌是有据可查的,有创纪录的库存,许多房屋资不抵债(比房子价值还多的债务),政府购买超过41万亿美元的大量抵押贷款不断助涨了市场。

表 12.1　　　　　　　　　　　新的单户美国住宅的平均面积

年度	平方英尺
1950	983
1970	1 500
1990	2 080
2004	2 349

其他研究也怀疑房地产投资的价值,包括那些指向阿姆斯特丹绅士运河(Herengracht)附近的居民区[2]、伦敦未开发土地[3]和纽约市商业地产的房地产投资的价值。[4] 20世纪20年代后期,佛罗里达州的地产也经历了繁荣与萧条,20世纪30年代和70年代美国房地产,20世纪80年代初得克萨斯州,2000年中国香港,2008年至2009年迪拜也都有类似的经历。

1999年,房地产价格温和下跌陷入困境,具有讽刺意味的是,投资者从房地产基金中提取了120亿美元。[5] 这些投资者随后错过了持续几年的住房繁荣期和价格上涨。然后,他们再次涌入,房屋价格在2007年房地产泡沫中见顶。技术分析师会将现金流量视为情绪信号,大量资金以高价买入资产是危险的,但

---

[1] Margot Adler, "Behind the Ever-Expanding American Dream House," *All Things Considered*, NPR, July 4, 2006, and National Association of Home Builders, "Housing Facts, Figures and Trends for March 2006."

[2] Robert J. Shiller, *Irrational Exuberance Revisited*, September 2006, cfapubs.org.

[3] Donald Olsen, *The City as a Work of Art* (New Haven, CT: Yale University Press, 1986), 22. 过去的业绩并不保证未来的回报。

[4] William C. Wheaton, Mark S. Baranski, and Cessarina Templeton, "100 years of Commercial Real Estate Prices in Manhattan," Draft: May 1, 2006.

[5] Lipper, December 1999.

以低廉的价格赎回基金时,这可能意味着看涨的机会。

因此,尽管人们可能会觉得个人投资者倾向于高买低卖,特别是在房地产市场,但机构也是如此,低利率和低劣的投资行为导致房地产泡沫。商业和住宅物业自2007年以来大幅下跌,所以损失不仅仅是房价,这导致世界许多地区的大衰退,因为各国并未预先阻止全球范围内的房地产投机活动。

综上所述,房地产是一种投资,适当的假设将导致正确的估值并可获得合理的回报,就像任何其他业务一样。情绪化购买可以影响这一过程,但你可以说这也许是房地产交易的主要驱动因素。

估值的细节

租金收入与仅在特定社区增加租金的能力息息相关。一般而言,除了位于理想位置的独特物业,长期来看,房地产与收入增长相匹配,这或多或少与许多地区的通货膨胀相匹配。[1] 人口统计资料可以提高或降低房地产价值,同样,享乐主义特征(卧室数量等)可以影响房地产价格。

销售比较法(享乐价格估计)

你可能希望比较物业的特征,以便得到估值。如果有更多的卧室、一个游泳池、一个平台、一个装修好的地下室等,是不是更值钱?要多多少?当地人的品位和欲望也要纳入考虑。例如,游泳池在佛罗里达可能增加价值,但在东北部可能因为短季节和潜在的伤害赔偿责任降低价值。大量房产交易的回归分析可以产生以下结果:

每间卧室价值35 000美元。

一个车库价值12 000美元。

到最近学校的距离每增加1英里,价值下降5 000美元。

因此,对于一个有车库的五居室房屋,距离最近的学校3英里:

评估价值=(5×35 000美元)+12 000美元−3×5000美元

=175 000美元+12 000美元−15 000美元

---

[1] Robert J. Shiller, "Irrational Exuberance Revisited," September, 2006, cfapubs.org.

=172 000 美元

税后现金流量

一种更好的评估方法可能是税后现金流量法,如果现金流量预计将与当前的现金流量发生大幅变化,这将更有用。如果没有,可以使用永久模型,如资本化净营业收入,尽管净营业收入假定或多或少处于稳定状态(如优先股)并且易于执行,但现金流更具挑战性。假设现金流量发生变化,并对该现金流量的变化做出重要假设。根据以下方法:[1]

- 从 NOI 开始

计算税收节省(利息费用和折旧)。减去抵押贷款,加上节税费用,算出税后现金流量(ATCF)。

- 净现值。
- 以适当的贴现率贴现所有未来现金流量,并减去该物业当天的股权投资金额。
- 收益率与内部收益率(IRR)相同。

在接下来的切尔西酒店(Chelsea Inn)例子更为详细,除了前面显示的租金收入和成本外,还会涉及更多变量,例如利率、折旧影响、税收和最终销售价格。

估值案例:切尔西酒店

为了简化这个例子,我们不会更详细地分析折旧收回特征来确定最终税收,假设我们的税率是最终的混合税率。

1. 初始投资:120 000 美元。

2. 从银行贷款 10 万美元:10 年期抵押贷款利率为 5.078 7%。每年偿还抵押贷款 13 000 美元,其中包括剩余本金的利率 5.078 7%以及在抵押期限内逐步增加的可变本金还款。

3. 使用了 20 000 美元的本金。

4. 20 年折旧:直线法。

现在预测输入:

1. 未来三年净营业收入见表 12.2。

---

[1] 感谢纽约金融协会的所有同事帮助准备这个用作 CFA 考前资料的案例。

表 12.2　　　　　　　　切尔西酒店税务计算　　　　　单位:美元,%

年份	20×1	20×2	20×3
净营业收入	10 000	17 000	21 000
利息	5 079	4 676	4 254
折旧	6 000	6 000	6 000
应税收入	1 079	6 324	10 746
边际税率	0.35	0.35	0.35
节税额	378		
应纳税额		2 213	3 761

2. 抵押贷款利息和折旧减税。

3. 现金流量计算中使用的节税/应纳税额。

4. 税后现金流量(来自净营业收入)＝净营业收入－抵押支付/税收费用。

5. 现金流量分析:切尔西酒店的税务计算。

6. 现金流量分析:切尔西酒店的税后现金流量计算。

切尔西酒店的税后现金流量计算假设:

1. 假设该物业将在三年结束时由业主以 20 万美元出售;假设没有销售佣金、转让税、销售成本;所需的回报是 12%。

2. 三年结束时的财产账面价值＝购买价格－累计折旧。(注:在这个例子中,我们排除了土地成本,因为土地不可折旧。)

120 000－(3×6 000)＝120 000－18 000＝102 000(美元)

3. 如果资本利得税税率为 28%(不包括复杂的折旧回收),那么应纳税额＝0.28×(200 000－102 000)＝27 440(美元)。

4. 偿还抵押本金余额(三年中每一年都有偿还本金,利息加上每年的偿还总额为 13 000 美元)。

100 000－7 921－8 323－8 746＝75 010(美元)

5. 房地产销售的税后现金流量＝房地产销售价格－资本利得税－支付抵押贷款余额＝200 000－27 440－75 010＝97 550(美元)。

6. 净现值和现金流量折现:

$$NPV = \frac{CF_1}{(1+r)^1} + \frac{CF_2}{(1+r)^2} + \frac{CF_3 + CF_{sale}}{(1+r)^3} - I_0$$

$$NPV=\frac{-2\ 622}{1.12^1}+\frac{1\ 787}{1.12^2}+\frac{4\ 239+97\ 550}{1.12^3}-20\ 000(美元)$$

$$NPV=2\ 341+1\ 425+72\ 451+20\ 000$$

$$NPV=51\ 525(美元)$$

收益率或内部收益率＝69.4%

表 12.3　　　　　　　　　切尔西酒店 ATCF 计算　　　　　　　单位：美元

年份	20×1	20×2	20×3
净营业收入	10 000	17 000	21 000
偿还抵押贷款	(13 000)	(13 000)	(13 000)
税前现金流	3 000	4 000	8 000
节税额	378		
应纳税额		2 213	3 761
ATCF	2 622	1 787	4 239

因此，由于 NPV 是正值，因此可以继续进行该项目。内部收益率似乎也很有吸引力，超过 69%。现在让我们看看房地产估值是如何受到影响的。

如果利率上升，除非可以增加租金，否则投资该项目可能不太理想。在过去，房地产受到利率的影响，因为较低的利率使得房地产更受欢迎。然而在最近的周期中利率相当温和；但房价疲软让许多认为房地产投资潜力巨大的投资者感到困惑。

其他估值因素

税收和折旧计划也会影响收益。一些国家逐步取消了税收减免。美国虽然仍然有税收减免，但有上限。因此，对于房地产而言，多年来普遍的税制变化影响了房地产价值。请注意，您还假设转售价格可能随着未来经济事件的发展而发生变化。

银行贷款政策可能需要更严格的要求，因为较高的首付款会降低内部收益率。请注意，银行贷款政策可能会遵循技术面情绪，因为在估值较低的繁荣期里，借款人很容易获得资金，当然，在困难时期估值具有吸引力的时候，这些资金难以获得。考虑到内部收益率高，可以通过降低首付来提高价值。技术分析师会将此视为卖出信号的警告，因为将面临更多的房价下行风险。确信高回报率

第十二章
艾略特波浪理论和房地产:技术分析工具和基本面分析工具的组合运用

是吸引投资者和炒房者接受零首付的理由。

由于很多房地产都是通过贷款融资购买的,因此金融中介(提供抵押贷款的银行)的作用非常重要。保守主义措施需要足够的收入,物业有足够的价值来保证抵押贷款的安全,以及借款人承诺居住或持有房产多年以产生本金。

从技术上讲,这并不总是会发生,因此各种房地产价值的繁荣和萧条的产生也是如此。借款人和贷款人乐观的预期往往会导致贷款需求松动。房地产贷款(甚至其他贷款)的快速增加意味着标准可能正在降低。

类似于20世纪70年代中期的房地产投资信托基金(REITS),80年代的得州房地产泡沫破裂事件以及储贷危机(通过欺诈行为加剧)导致房地产价值下跌。然而在下跌之前,宽松的贷款标准显示出技术上的看涨,在下一波价格上涨之前,即底部时,标准再次变得严格,甚至投资者也会回避高价格的房地产投资。

1999年,理柏报告称投资者在底部时从房地产基金中净撤资120亿美元,因为这些基金显著滞后于股市泡沫。这些房地产基金是后来五年表现最好的板块之一,证实了反向观点的正确。

从技术上讲,可以期待一个可预测的繁荣/萧条价格模式。回顾历史数据,会发现房地产投资信托基金在20世纪70年代破产,后来出现了储贷危机,最近又出现了房地产泡沫。

技术分析的弱点

让我们回顾一下在其他资本市场也存在的技术分析弱点。越来越低的房产首付是一个负面信号,这类似于股票保证金买入。技术分析师会把这当作保证金上升时的兴奋信号,它与1929年的股票下跌有关。1929年股市到顶时,擦鞋匠会给出股票买卖建议,在沙特股市到顶时,我们也看到出租车司机给出股票买卖建议。因为只有一小部分必须用现金支付,其余的可以在股票回购几个月后交付,所以股票的付款被推迟了,这基本上等同于杠杆期货交易。

通常情况下,牛市以高杠杆购买结束,例如1929年。大量房产炒作是另一个负面信号。大量的首次公开发行(IPO)通常在市场顶部之前出现,例如接近2000年的市场顶部。

在房地产市场,海湾合作委员会国家(CGCC)的热门房地产市场一直是阿联酋的迪拜。2004年年底,迪拜出现了外国人大肆抛售房地产的迹象。半年内,一家头部的房地产公司 EMAAR 的股价大约在 20,大约一年之后暴跌至 10。EMAAR 的股价在 2009 年前降至 2 以下,并在迪拜债务重组时参与了阿布扎比的救助计划。

我们可以添加其他测度指标,如极度看涨,买/卖意见比例非常高。股票意见和财产评估不仅随着价格上涨而显著上涨,但正如所讨论的那样,评估师和分析师面临更多的看多压力,或者面临损失业务费的风险。这与 20 世纪 70 年代的 MAI(Made As Instructed)房地产问题类似,并在最近的房地产泡沫中再次出现。因此,从今年开始,所有评估工作费用只能由银行支付,而不能由抵押公司支付。人们可以推测,全世界的评估都是假的也是出于同样的原因,还要注意估值中的终值偏差。

热钱通常在顶部进入,在底部撤出。请注意,1999 年房地产市场上涨之前,从房地产中撤出的资金创了纪录。当时钱都到哪里去了? 就在股市泡沫到顶时投入,尤其是互联网的股票。还要注意的是,在房地产周期接近顶峰的时候,许多会议室都被普通投资者挤满了,他们参加专家研讨会,讨论如何从房地产繁荣中获利。

我们在房地产领域看到的情况与股票等其他市场类似。基本面预测虽然乐观,但可能与顶部附近的技术指标发生冲突。

房地产市场往往是 18 年的周期。还可以通过使用房地产代理来分析商业房地产,该房地产代理采用艾略特波浪分析捕捉周期。请注意,RMS(现在是 RMZ)是许多不同商业房地产类型 REITS 的代理。然而,住房行业建立了更具体的 ETF(XHB),这将有助于未来的分析。

美国房屋建筑股价在 2005 年 8 月左右达到顶峰,图尔兄弟等主要住宅建筑商的股价一年后下跌超过 50%。在另一项技术指标中,聪明的钱往往会在底部买入并在顶部卖出,房屋建筑行业的内部人士在 2005 年最高点附近是大卖家。在图尔兄弟的案例中,据报道,2005 年内部人士是股票最活跃的卖家之一。到 2005 年 10 月,他们卖出了近 600 万股股票,价值超过 4.68 亿美元,这是前一年图尔兄弟内部人士净赚 1.58 亿美元的股票数量的三倍。这导致美林首席分析师理查德·伯恩斯坦评论道:"如果市场非常好,并且如果像大多数房屋建筑商所说的那样,他们的股票被低估了,那么为什么现在的高管会出售?"他在 8 月下旬发布的一份报告称,在 2000 年这些股票到顶之前,住宅建筑商的内部卖出与科技板块如出一辙。[1]

房屋存量在2005年左右到顶,而商业地产股在几年内到顶,我们再次感觉在商业房地产投资领域拥有更老练的投资者(机构),因此不会受到我们在住宅房地产中看到的过度炒作的影响。

艾略特波浪和商业地产

似乎在2006年,商业房地产即将到顶,图12.5显示了艾略特波浪分析下的图表。假设采用艾略特波浪测量规则,RMZ在2006年年中接近顶部960。使用波浪分析可以看到扩展的第五浪,预测最高价为1 188。

资料来源:Stockcharts.com 授权使用。

图12.5　2006年8月2日 MSCI 美国房地产投资信托指数

---

〔1〕 Julie Creswell, "Home Builders' Stock Sales: Diversifying or Bailing Out?" *New York Times*, October 4, 2005.

- 图12.6显示了绘制的第五浪。对于扩展的第五浪,规则如下:[1]

如果第一浪和第三浪大致相等,并且第五浪预计延伸,则第一浪的底部到第三浪的顶部乘以1.618。结果与第四浪的底部相加的和就是价格目标。

- 因此,第一浪的底部大约是250(2000年年初),第三浪的顶部是660(2004年年初)。所以,(660-250)×1.618=663点。

- 一旦我们看到图12.7中2006年后的数据,再加上第四浪525的底(接近2004年中期),我们得到了1 188,这接近2007年初的最高价1 225。

资料来源:Stockcharts.com授权使用。

图12.6　2006年8月2日MSCI美国房地产投资信托指数第五浪

伴随着房屋建筑商股价暴跌和股市泡沫破灭,商业地产也大幅走弱。房地产投资信托指数的价格比2007年的峰值下降了约80%,那些幸运地在顶部卖出的人为自己避免了巨大的损失。如果市场反弹并且经济开始好转,那么房地产投资信托指数也完美地反弹,足以回报那些在底部买入的幸运的投资者。

---

[1] Murphy,336.

第十二章 艾略特波浪理论和房地产：技术分析工具和基本面分析工具的组合运用

资料来源：Stockcharts.com 授权使用。

图12.7　2010年3月25日MSCI美国房地产投资信托指数

那么谁在 REIT 指数顶部附近卖出？

萨姆·泽尔（Sam Zell）是一位精明的商业投资者，被称为"坟墓舞者"（Grave Dancer），他因在周期底部附近购买商业地产赚取了数十亿美元的净资产而得名。

2006年11月19日，泽尔以390亿美元的价格向黑石集团出售了写字楼股权信托公司（Equity Office Properties Trust），这是一个由573家物业组成的投资组合（积累了30年以上，这是历史上最大的私募股权交易）。2007年2月，黑石立即以270亿美元的价格转手了数百栋建筑，随后，这些房产的价值开始崩溃，因为许多房屋的债务水平很高，而且回想起来，购房者以极高的价格购买了房产。有人认为，贷款机构不仅提供了奢侈的融资，而且还根据不切实际的租金预测提供了"过度"融资。[1]据报道,黑石集团斥资390亿美元收购,这一金额是写字楼股权信托运营资金(现金流量指标)的33.8倍。(这一比例大约是彭博房地产投资信托指数公司股票平均价格的两倍。)

很明显,买家预计收益和现金流量会有不错的增长,但这并未发生,因为租金下降,空置率随后上升。即使利润率缩水,一些买家发现贷款人甚至愿意为九成甚至更高的比例为购房提供资金,这些贷款人包括摩根士丹利、美联银行、高盛、贝尔斯登和雷曼兄弟,随后,它们再将贷款打包为证券并将其出售给投资者收取费用,当然,这些坏账导致贝尔斯登和雷曼兄弟的破产。[2]

因此,随着经济疲软,机构和业余投资者都面临着房地产市场崩溃、租金下降和空置率上升的局面,两者都可归结于技术和行为因素。

我们暂停一下。那么你相信什么?基本面预测还是第五浪预测接近顶部,行为上为了完成交易而上调现金流量,以及最后时刻竞标和转手的情绪性质?事后这很容易看出来,但看起来经验丰富的技术分析师不应该被基本面预测所左右。

从根本上说,房地产投资信托基金的估值水平也相对较高。这似乎支持图12.6中的艾略特波浪的顶部。房地产投资信托基金的股息收益率在2006年处于历史最低水平。此外,对房地产投资信托基金的一项具体评估指标,即未来12个月的预测AFFO(调整后运营资金)[3],表明从2000年10倍的低水平,在2006年下半年已经升至24倍的高点,相比之下,预计2000年股市到顶时的标准普尔500市盈率为25倍,2006年为14倍。[4]

技术分析师观察到,2000年年底,大量资金从房地产基金中撤出,在股市顶部入市,几年后,大量资金流回到高位附近的房地产。(通常这与市场情绪一致,并且是一个反向指标。)

其他数字集

因此,对房地产市场的分析带有一种决定性的波动或周期。回到周期和波

---

[1] Charles V. Bagley, "Sam Zell's Empire: Underwater in a Big Way," *New York Times*, February 6, 2009.

[2] Ibid.

[3] 房地产信托投资基金的AFFO通常计算为GAAP净收入+折旧−财产销售收入=营运资金(FFO)−资本支出=AFFO。

[4] *Barron's*, September 11, 2006, 19.

浪,它确实为泡沫和躁狂症提供了解决方案,或者至少是判断了高估或低估的时期。使用艾略特波浪或周期分析可能是一些技术分析师的主要方法,因为他们支持历史会重演的概念,而投资者的情绪总是表现出恐惧和贪婪。如果这些方法捕捉到投资的本质,它会使整个过程变得相当简单,如果艾略特波浪可以分解其他模式,那么只需要研究它,而不是被许多方法所束缚。

但是,使用艾略特波浪时会有一些严重的问题。关于第一浪实际开始,技术分析师和艾略特波浪用户之间可能存在分歧,这可能会改变下一波大浪的市场走向。另外,有时候还不清楚 A－B－C 形态是否真的是一个 1－2－3 浪的开始。因此,分析可能看起来是复杂的,或者它符合事实之后的形态。所以看起来像一个从简单的方法进入更复杂的分析,需要知道所有的规则。这可能会弄晕一些不想使用艾略特波浪的技术分析师,因为它可能太模棱两可,甚至过于复杂。

艾略特波浪的数量和比率并不占主导地位,甚至不是最终的数字集合。还有其他数字集合,如图 12.8 所示的帕斯卡三角形。

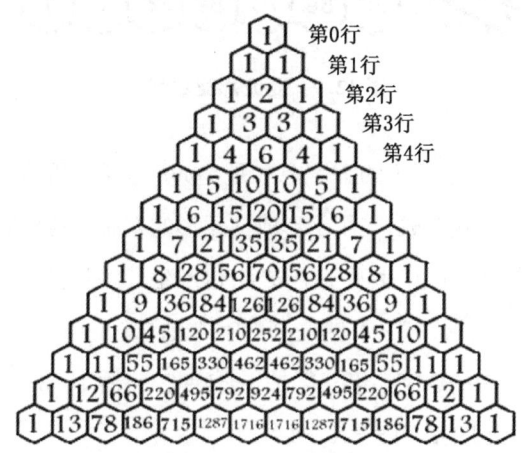

图 12.8　帕斯卡的三角形

像斐波那契数列一样,它在其他国家也有数百年的历史。数字系统以其发明人布莱斯·帕斯卡(Blaise Pascal)命名,它于 1653 年首次出现在《论算术三角》(*Treatise on the Arithmetical Triangle*)中。

帕斯卡的三角形有很多用途,包括统计。然而,它并没有用于技术分析,但我们可以从中得出斐波那契数列。这些数字是从最上面两行开始创建的:1 和 1.1。

然后,为了构建下一行,可以查看它上面的两个条目(即右上和左上)。所以3的左边是1,右边是2。在每一行的开头和结尾处,只有一个数字的地方,放一个1,甚至可以想象这条规则(用于放置1的规则)包含在第一条规则中:例如,要获得第一条规则线,把左上的数字(因为没有数字,假设它是零)和右上的数字(1)相加,得到1的总和。[1]

现在,查看图12.9中的斐波纳契数列。

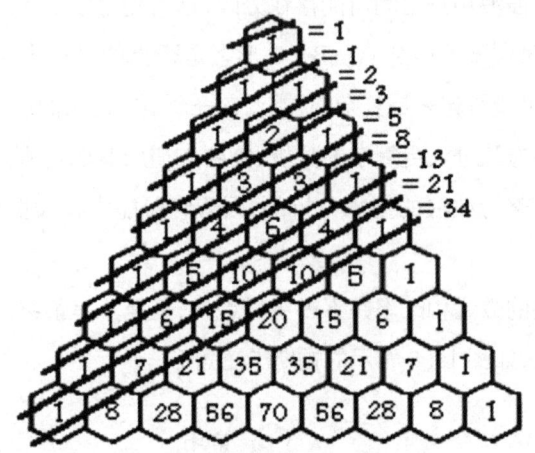

图12.9 斐波那契数列

图12.9所示的连续行中的数字总和是斐波那契数列的第一个数字。该序列也可以更直接的方式形成,与用于形成三角形的方法非常相似,方法是在序列中添加两个连续的数字以产生下一个数字,这产生了序列:1,1,2,3,5,8,13,21,34,55,89,144,233……[2]因此,最高数字1是0+1=1;下一行仅为1,因为我们不使用已经使用的数字。第三行是1+1=2,然后1+3+1=5……并跳到最后一行,我们得到1+7+15+10+1=34。

其他数字系统是否比斐波那契数列更好?也许有一个这样的数字系统,技术分析师不知道它可以解释市场价格。

柯克帕特里克认为,"任何技术理论的原则都是,原则必须有意义"。[3] 柯

---

[1] Drexel University, "Pascal's Triangle," *Ask Dr. Science*, http://mathforum.org/dr.math/faq/faq.pascal.triangle.html (accessed October 5, 2011).

[2] 图表和解释基于"Pascal's Triangle and Its Patterns," http://ptri1.tripod.com/#fib (accessed October 5, 2011)。

[3] Kirkpatrick, 504.

克帕特里克还指出,"如果你把任意两个整数相加,然后把前面的更大的数加在一起,最后得到π,斐波那契比率(1.618)"。[1]

如果艾略特波浪是基于宇宙的性质,那么在主流宗教中可能会有一些令人费解的遗漏。如果我们假设主流宗教代表来自上帝的迹象,并且意识到人们不是选择谁的上帝是正确的,那么我们就必须对艾略特波浪进行一些改造。

首先,如果一个人是无神论者或不可知论者,那么如何解释世界上的一些秩序和重复会是一个令人困惑的问题。确切地说,斐波纳契数字和比率不能只是偶然。你可能会认为机会可以产生任何东西,甚至是比率。

在宗教方面,基督教的《圣经》充满了数字。这些数字可能被选择来描述事件或仅由作者选择来表示一个概念。在《圣经中的数字:其超自然的设计和精神意义》(*Number in Scripture: Its Supernatural Design and Spiritual Significance*)中,英国圣公会牧师和圣经学者E. W. 布林格(E. W. Bullinger)解释了《圣经》的主要数字。[2]

例如,一个是斐波那契数字,另一个是他的研究。一个自然代表了只有一个上帝的概念。我们也有共同的数字2,3,5,8和13。数字13在西方文化中是不吉利的数字,也显示了《圣经》中记录的13次饥荒:

1. 创世记12∶10
2. 创世记26∶1
3. 创世记41∶54
4. 路得记1∶1
5. 撒母耳记下21∶1
6. 列王纪上18∶1
7. 列王纪下4∶38
8. 列王纪下7∶4
9. 列王纪下25∶3
10. 尼希米记5∶3
11. 耶利米书14∶1

---

[1] Kirkpatrick,502—503.
[2] 《圣经》中的数字引自:E. W. Bullinger, *Number in Scripture: Its Supernatural Design and Spiritual Significance*,4th ed.,revised (London:Eyre & Spottiswoode,1921)。

12. 路加福音 15∶14
13. 使徒行传 11∶28

令人费解的是数字 40,乍一看并不是斐波纳契数字。布林格指出,40"长期以来被普遍认为是一个重要的数字,无论是由于其发生的频率还是它与缓刑、审判和惩罚期间的一致性"。注意 40 表示为:

- 摩西在山上 40 日(出埃及记 24∶18);并接受律法(出埃及记 24∶18)。
- 摩西在("金犊"申命记 9∶18,25)犯罪之后 40 天就在山上。
- 40 天的间谍,在 40 年的刑期中发布(民数记 13∶26 和 14∶34)。
- 以利亚在何烈山的 40 天(列王纪下 19∶8)。
- 约拿书和尼尼微 40 天(约拿书 3∶43)。
- 以西结就躺在他的右边 40 天,象征犹大 40 年的过犯
- 耶稣受魔鬼的诱惑 40 天(马太福音 4∶2)
- 40 天之后,耶稣看到了他的门徒,谈到与神的国度有关的事情(使徒行传 1∶2)

请注意,我是第一次说,但布林格说,40"是 5 和 8 的乘积(这是斐波那契数字),并指出的行动的恩典(5),导致和结束复兴和更新(8)。"现在其他的数字不是斐波那契数字,比如 42,它被解释为一个与反基督者有关的数字。它是 6 和 7 的乘积,不是斐波那契数字。

还有其他数字,我们可以开始想出办法让它们发挥作用,或放弃这个练习的整个概念,因为这是荒谬的。人们也可以研究希伯来字母和犹太信仰的卡巴拉。希伯来字母最著名的例子是 chai("生命"),它由两个字母组成,总计为 18。这使得 18 个人成为犹太人中的"幸运数字",18 美元的倍数的礼物是对他们来说非常普遍[1],显然 18 不是斐波那契数字。

在《古兰经》中,我们发现了斐波那契数字和非斐波那契数字,但其中一个更重要的数字是 19,不是斐波那契数字。《古兰经》中有 30 个整数。这 30 个整数的总和是 19 的倍数。[2]

在印度教中,我们可以看到斐波那契数字的解释,例如 1 和 2,但是然后我

---

[1] Ariela Pelaia, "Bar and Bat Mitzvah Gifts," *About. com Guide*, 2011, http://judaism. about. com/od/lifeevents/f/bmitzvah_gifts. htm.

[2] Caner Taslaman, *The Quran:Unchallengeable Miracle* (Istanbul:Nettleberry/Citlembik, 2006), http://www. quranmiracles. com/19/19read. asp? id8.

们看到7和7不是斐波那契数字。7是地球的象征性表征,有6个较高的层面和7个较低的层面,[1]数字帮助人们更好地理解信念。

因此,将数字系统作为指导人类情感的自然法则窗口的情况是合理的,但也是相当可疑的。哪一个数字系统以及如何解释不一致?诚然,在技术分析中,"中庸之道"谈论的不仅仅是数字,而且我们在宇宙中许多不同的地方发现了数字的比例。但是,我们想成为宗教学者,用这种分析证明这些细微差别和不一致性吗?

所有这些都可能以某种形式为哲学专业带来一些有收益的就业机会,也许更好的技术分析师不是来自投资银行和交易公司,而是来自象牙塔和宗教组织。

总 结

第三部分为各种有争议的关于人类行为的哲学理论打开了大门,同时这也影响了投资行为。人们认为人是一台机器中的一个齿轮,这个概念被整合为一个确定的结论,这是许多人无法接受的。在经济学中,经济周期也以同样的方式行事的感觉也不完全是经济学家和政治领导人的惯用伎俩。

第三部分已经展示了一些可能反映和解决投资者这些有争议的哲学概念的技术规则。波浪/周期技术规则有不同的忠实追随者,但这些规则仍然使用我们已经看到的一些关键概念,还有一些人会只专注使用艾略特波浪并忽略其他方法。

总的来说,更多的跨学科和跨市场分析正在进行,这可能需要混合几个技术分析规则。无论如何,第三部分首先放大了基本面分析的范围及其有用性的问题。

---

[1] Jayaram V.,"The Symbolic Significance of Numbers in Hinduism," http://www.hindu-website.com/numbers.asp(accessed October 5,2011).

第四部分　融合分析过程

在第四部分中,我们将回顾一些可用于投资的量化问题。我们已经接触到利用数字做决策投资的工具,包括斐波那契比率、周期长度和江恩角度。在这一部分,我们将了解如何将这些数据打包成一个买入或卖出证券的融合决策。量化方法通常用于非投资的情况,如购物,比如有了预算,但想在预算范围内购买商品将满意度(或效用)最大化。

也可以将这种量化方法应用于篮球比赛。一支球队可以支付大笔金钱来获得一名超级明星球员,或者可以花费相同的金额,甚至更少的费用,来挑选一些配合默契、有潜力成功的优秀球员。

考虑大学篮球选秀的现状。在招募有资格在大二毕业后参加 NBA 选秀的优秀球员时,教练们持续遇到的问题就是之后将失去这些禀赋优异的球员,也许一个更好的选秀策略是选择不一定是最好的球员,而选择那些在一起表现出色但又不能立即成为职业球员的可靠球员,例如,2010 年 NCAA 冠军队杜克可能以 61∶59 击败巴特勒时体现了这一特点。据《纽约时报》报道,球队全年都带着三名球员:乔恩·谢尔(Jon Scheyer)、凯尔·辛格勒(Kyle Singler)和诺兰·史密斯(Nolan Smith)。谢尔不希望被 NBA 选中,尽管辛格勒和史密斯提及了在 2010 年 6 月的 NBA 选秀中可能存在的第二轮选秀权。虽然没有被认为是最有才华的球员,但他们表现出"运动能力、速度和在很多方面得分的卓越能力"。[1] 每个球员都缺乏主导技能,但他们的潜力是不容置疑的。

---

[1] Thayer Evans,"Threesome Captures Title It Was Missing," *New York Times*, April 6, 2010, New York edition, B13.

"我们也看到了其他领域的挑战,例如抗癌药物的研发。可能单独一种药物不是那么有效,但是当与另外两种药物联合使用时,结果在帮助控制甚至治愈癌症方面很显著(对于睾丸癌来说,三种药物的组合是最有效的)。然后,我们遇到其他问题,如最佳剂量,如果剂量太高,药物可能会杀死患者,因而几乎没有用处,同样,剂量太低可能无效。因此,排列组合分析是药物试验的必需阶段。

你可以从这些例子中得出确定投资标准的结论。应该使用哪些标准或因素?在融合的情况下,是否应该包含技术和行为因素?那权重比例呢?是不是让各种因素协同作用,产生良好的化学反应比让一个超级因素解决所有问题更好?最有可能的是,因为所有的投资都是概率的函数,你可能会决定寻求最好的化学反应过程。

在这样做的时候,是否应该使用市净率但同时却抑制基金的成长?在技术分析方面,是否应该使用形态、动量、艾略特波浪或者其他一些因素,甚至是所有这些因素的组合?应该如何处理行为因素?应该如何将所有这些融合到量化模型中,并且该模型是用于短线交易还是长期投资?如果时间跨度发生变化,会改变你的变量因素吗?也就是说,如果是短线交易者,会像关注事件公告和随机现象一样,关注收益预测和图表形态吗?

此外,我们是否应该使用人工智能系统?有效的筛选通过设计可以优化投资决策吗?由于市场复杂且快速变化,人工智能和量化交易系统可能会被证明是有利的,因为它们可以通过多种因素快速编程和执行交易。但是,如果我们采用人工决策,这是否会引发情绪,然后导致从众心理。这些问题可能会让很多尝试使用一些或全部方法的人感到纠结,一些人相信技术分析和基本面分析,但两者他们却都放弃了,因为他们似乎无法将两者有效地结合起来,寻找成功的秘诀并不容易。

第十三章　量化系统

量化(量化分析)系统的使用旨在克服行为偏差。然而,尽管它们看起来客观和机械,但我个人对量化基金及其计划的经验判断是,它们必然是要不断演化,量化方案应得到更新和修订,以取得更好的结果,或至少希望取得更好的结果。结果可能不是很好,我们不确定是否需要更多的时间,或者如果程序只是GIGO(垃圾进,垃圾出)。在这一点上,我们可以开始编写一个系统来获取新信息的"优势",然而,这实际上可能只表明我们的偏见。

量化系统的问题

如果我们关注较低的市净率,可能会忽略许多服务业和技术类公司。如果这些行业板块在市场上很火爆,但基金经理的投资比重偏低,其业绩就被视为表现不佳,然后我们就会做出一个行为决定:如果保持这个标准,那么我们将在今年年底被炒鱿鱼,然而,如果改变投资标准,似乎我们都不知道自己在做什么。那么我们可以做些什么看起来像我们可以参与了这一趋势,但又不是改变了我们的标准呢? 我们将不再计算会计账面价值,因为这些板块的账面价值总是很低。我们现在将使用价格—企业价值,由于企业价值是现金流量的现值,因此我们可以合理地认为它更好地反映了公司的真实"账面"价值,因为它是与市场价值相比，而不是与会计核算的历史账面基础相比。在这里，我们从企业价值中减去债务的市场价值，以接近账面价值的"权益"价值（我将省去多余的现金和非经营性资产以保持我们的分析简单），现在我们可以开始使用这一方法。

比方说，我们有一个市净率值，但决定使用一个更符合时代的指标。或者有人会说我们找到了一种合理化我们决定的方法，以便从一开始就进入想要进入的领域。这些小窍门是危险的，因为当我们到了改变公式和购买修改版资产的时候，市场可能会改变，突然间技术和服务板块会不再受欢迎，事实上，我们的投资可能会受到伤害。20世纪80年代末，当基金经理由于过高的市盈率而避开日本股市时，他们的业绩表现落后于东亚安全指数，于是开始用创造性的方式来证明市盈率的合理性（例如引入土地价值），结果在1990年股市接近顶峰时遭遇大幅下跌。

所以我们可以编写一个量化系统，来给出我们期待的答案，来知道将使用哪种估值方法会使某些资产不具吸引力，而其他资产更具吸引力。这些游戏也是在"公允观点"中玩剩的：你可以开始挑选一个对照样本群体，使你的公司比样本组更有吸引力，这样就可以拒绝或接受收购要约，通过添加某些似乎是竞争对手的公司，可以更改平均值。当公司没有确切的竞争对手时，这尤其成问题。对照样本组可以代表相似类型的公司，但有时候，这是一个不可能完成的任务。

例如，背景调查公司克罗尔（Kroll）对高盛提出的公允意见做出回应，实际上没有任何公开的实质性交易。高盛选择的对照样本组包括一号实验室（Lab One）这样的公司，后者进行了与血液和尿液等健康相关的实验室检测。虽然我们可以认为，克罗尔给出了一种健康安全的背书，但其他人可能会认为这是一种延伸证明。

面试官早就精于使用这些技巧。如果公司想雇用年轻人，他们不能因年龄而歧视，因为这是非法的，相反，公司可能会说较年长的候选人资历过高。所以定量标准不能指定年龄，它可以通过寻求一定程度的经验来完成后门设置，然后融合成需要的形式处理。

回想我们关于次级抵押贷款混乱损害金融体系的讨论，那些想要利用这一看似有利可图的繁荣景象的银行家们会将他们的算法进行逆向工程倒算，以给出他们自己想要的答案。他们想要提供更多的贷款，获取更多的佣金，并且使投资看起来是安全的，因此，他们可以编制一个评分系统来选择这些贷款，方法是进行一些简单的假设,然后对数据进行处理以获得理想的结果。例如,据《纽约时报》报道,一些算法程序假定房价不太可能下跌,是的,"房地产永远不会倒下"是轻信者的口头禅,然后,他们会处理数据以提供理想的结果。《纽约时报》报道:

例如,投资者最担心的是抵押贷款交易受到各种其他贷款的牵制。很少有人希望得到来自全国唯一一个地区贷款或由一名抵押贷款服务机构处理的贷款。但是,一些银行家只会列出不同的服务机构,即使这些债券是由同一家机构提供服务,从而产生更好的评级。其他人以两种方式重新标记抵押债务义务的部分,这样他们就不会被计算机模型认为是相同的。[1]

使用历史数据的量化系统似乎违反了市场有效性的半强有效假设,毕竟,大多数量化系统都会回顾历史财务数据。你无法使用此信息生成风险调整后的超额回报,因为数据已反映在股票价格中,一些定量系统使用机构经纪人估计系统(IBES)和其他此类服务的收入预测,但这些研究中的历史数据已成功开展回溯测试。这些研究包括诸如各种市净率用途或低市盈率策略等评估股票的财务标准,因此,成功的回测数据以及基金表现并不令人惊讶。[2]

量化投资的优势

凯西-夸克协会(Casey, Quirk & Associates)于 2005 年进行的一项研究推动了量化分析,[3]该研究表明,量化投资经理比非量化投资经理有着更好的投资业绩表现。在截至 2004 年的三年中,管理着 1 320 亿美元的 32 名量化基金经理显示,跟踪误差中值为 2.7%,而管理着 925 亿美元的非量化基金经理的跟踪误差中位数为 4.5%。在同一时间范围内,量化管理产品的年化收益率中值为 5.6%,而非定量化管理产品的年化回报率中值为 4.5%。这导致量化信息比率(量化超额回报为 1.2%,其他回报为 0.2%,二者的差除以跟踪误差)为 0.37,而非量化管理产品为 0.06,良好的结果独立于投资风格。此外,前三年量化基金的资产翻了一番,而非量化基金的增长率仅为 28.5%。

---

[1] Gretchen Morgenson and Louise Story, "Rating Agency Data Aided Wall Street in Mortgage Deals," *New York Times*, April 24, 2010, New York edition, A1.

[2] Montier, 66—68.

[3] "The Geeks Shall Inherit the Earth? Quantitative Managers' Recent Edge," Casey, Quirk, and Associates, November 2005, http://www.caseyquirk.com/docs/research_insight/05.11_RI_Geeks.pdf(accessed October 5, 2011).

量化投资过程

虽然量化投资可以追溯到几十年前,但它在2005年后才变得深受对冲基金的欢迎。然而,许多量化基金在2007年和2008年损失惨重,这可能会让投资者感到惊讶,因为他们觉得量化投资在某种程度上不受市场下跌的影响。当然,使用量化的对冲基金本应该避免下跌,但这并没有发生。麻省理工学院金融工程实验室主任安德鲁·W. 罗(Andrew W. Lo)教授在2007年8月指出了这个问题,在随后的环境中,我们看到一些主要市场中性基金的回报开始下降:

模型驱动的多/空股票基金在8月7日星期二和8月8日星期三受到重创,尽管这两天固定收益和股票市场的变动相对较小,并且没有其他任何对冲基金大幅下跌。然后,8月9日星期四当标准普尔500指数下跌近3%时,这些市场中性基金大部分继续亏损,人们开始质疑其市场中性地位。[1]

换句话说,如果基金是市场中性的,为什么会出现亏损呢?无论市场方向如何,它们都应该表现出正回报。罗教授暗示一定存在系统性风险,换句话说,这些投资的编程方式相同,因此在发生某些市场事件时遭受类似的损失。市场中性和130/30基金相当受欢迎,但也有人批评他们。虽然有人捍卫130/30基金,其通过卖空30%来持有130%的投资组合。对此表示怀疑的人认为如果分布不对称或者标准差偏离,那么130/30策略并不是那么有益,有些人还说,市场中性基金确实需要一个贝塔值才能产生正回报,或者一个贝塔值为正的上涨市场。

量化投资的需求

因此,如果程序员都这么想,就会聚集在一起,去同一所学校,学习同样的理论,那么很有可能他们编写的计算机程序或多或少是一样的。现在,一些投资者对量化基金仍有不好的印象,投资者再次开始记起长期资本管理公司(LTCM)——基于诺贝尔奖得主的量化模型而建立的,它在1998年俄罗斯违约之后最终崩溃并被清算,并且不得不由美联储间接救助。有人会说美联储的干预是一个危险的举措,并且导致2007年至2008年间也出现了崩溃的风险策略。

---

[1] Amir E. Khandani and Andrew W. Lo, "What Happened to the Quants in August 2007," MIT Laboratory for Financial Engineering, working paper, draft version, revised September 20, 2007.

其他一些人则认为这也导致美联储和政府的大规模干预,如果当初他们任由长期资本管理公司挥霍投资者的资金,就不会发生这种情况,从而使他们对未来杠杆化的投资行为监管更为谨慎。

从绩效的角度来看,量化投资也有很好的吸引力。试想一下,如果你有一个简单的基本条件,比如购买所有低于账面价值,并且市盈率低于10的股票,那么这样做要花多少钱?不是很多许多免费网站和折扣经纪公司(券商)允许根据这两个标准进行扫描分析吗?还可以通过增加流动性和市值过滤器来缩小清单范围。如果低于一定水平的市盈率(或其他财务比率),买入,如果这个比率超过一定水平,卖出。所以,为了简单起见,如果股票价格低于账面价值且市盈率低于10,则买入;如果价格/账面超过1.5,市盈率超过15,则卖出。当然,为了从这个策略中获得最大利益,必须在各种市场条件下对这个标准进行回溯测试,以便调整最佳买入点和卖出点的比率。

买入的市盈率应该一直是10吗?它应该是市场指数的一定比例吗?因此,如果市盈率低于标准普尔500指数的1.1倍,那么你就可以买入。这里的风险是,市场可能会像1999年那样被高估,虽然市盈率可能低于1.1倍,但市盈率仍然太高,无法核实收益率。另一个问题是某些行业的市盈率往往低于其他行业。科技股的市盈率要高于化工股,因为它们往往具有更好的成长前景,并且在某些情况下可能不是周期性的。

量化分析的成本/收益

到目前为止,投资基金经理使用计算机程序做这种量化分析只需要花费几分钟时间,成本很低。然而,假设我们决定购买40只股票以分散投资组合。使用积极的管理分析,我们会有很多的机会,所以会花很多时间阅读他们的财务数据,然后就必须去公司调研(我们将在那里采访管理层,并对实体公司进行测试调研)。我们现在需要机票、酒店、餐食等。

由于回报率是扣除所有费用和支出后得出的,因此量化分析师在这里似乎有很大的优势。假设有40家公司,每家访问需5 000美元,就已经有20万美元的成本了。现在我们可能都每个部门都需要分析师,他们必须得到报酬,必须得到奖金。假设我们有4个分析师,每年需要25万美元,现在有120万美元的成本了。现在我们需要1.2亿美元的资产,这些资产必须要赚取1%的利润——仅仅是为了收支平衡。然而，在理论上，我们使用量化分析的相对成本几乎为零，我们会将补偿成本分配给基金经理，比如说，每年 25 万美元，也许我们还要加上编程成本和购买金融数据库的成本，但是可以看到使用量化分析的成本效益。好吧，你会明白：更多的旅行、更多的会议、更多的开支真的增加了价值吗？一些分析师已经完成了调查测试的工作，并且通过一些计算机程序分析，然后他们可以整天打网球。

假设真正的投资增值是基于制定很好的量化策略。如果承认这一点，那么可能在现行 1%的资产管理费水平上很难证明是合理的。如果结果良好，精明的机构可能不关心费用，或者只有在费用低于平均水平的情况下，他们才会开始选择量化基金经理。因此，我们可能不得不降低收费，或者至少在很大程度上给人一种积极管理的错觉来证明收取较高的费用是合理的。为什么不聘请几个 MBA，在一些主要城市设立办事处，让他们做客户调查，让我们与他们的区别是我们的良好研究？客户可能不会知道任何更好的事情，而在办公室周围奔波的人，以及在杂乱的办公桌上堆积研究论文的人仍然会给客户带来不错的幻觉。

随着资本的涌入，研究成本不再成为问题，除非客户希望根据获得投资结果的真实成本降低费用。精明的客户可能会四处打探，看看有多少回报来自定量标准，以及来自该无价值判断的回报有多少。更聪明的客户可以设置"影子投资组合"，在那里他们对经理使用的量化标准进行逆向工程倒算，然后查验经理是否可以击败该影子投资组合，从而给出证据表明资产增值是否是人力导致。因此，精明的投资组合经理将非常不愿意提供所有的量化标准，并且指出某些问题（如公司管理和品牌形象）对投资过程非常重要，无法对其进行量化测量。通常，只要收益良好，客户就不会在意。然而，最终，投资委员会可能会提出费用和备选方案的问题，例如具有良好记录的量化基金，甚至可能开始复制一些执行简单量化策略的 ETF。这些可能是真正的挑战，也会造成投资增值的幻觉。

想象一下，如果我的量化公式能够解释我的良好记录，但是我知道一个潜在的客户希望看到一个繁忙的办公室充斥着研究人员，而不是我的办公桌上有一台计算机，所以，我会咬紧牙关，雇用几个帮手，并获得一个更大的办公空间，有漂亮的鲜花、绘画作品和接待员。但他们的什么都不做，他们是装饰。随着金钱进入，我可能会开始修剪一下，说我正在加快决策过程或提高效率，希望我已经证明了一个很好的记录，并且客户开始不关心办公室里是否有更少的人员在研究。

在 2005 年更近一些的拐点日期到来之前，量化分析确实被广泛使用，但是从那时起,许多共同基金引入了量化基金,甚至连贴现经纪人和指数基金,如嘉信理财和先锋基金,都增加了他们的风险敞口,同样,道德程序要求向潜在客户解释投资的过程。

编程加上选择和糅合投资标准并非易事,诸如会计和统计等许多其他问题都可能影响整个流程。[1]在使用基本面分析和技术分析时,总会遇到一个问题,那就是如何融合它们。你会听到类似这样的陈述:"我尝试了基本面和技术分析的结合,但因为行不通放弃了。"技术分析和基本面分析就像一个纽扣和布料,量化是线,你需要用线将纽扣固定在布上,主要问题之一是技术分析与基本面不一致。因此,他们的分析师会告诉基金经理形势多么糟糕,但技术分析师可能会得出积极的信号。反过来也是可能的,因为分析师可以对股票充满热情,就像技术指示卖出信号一样,再加上"焦虑之墙"和"希望之梯"的情景,我们可以看到所有这些让这个过程变得更具挑战性。难怪有些人只是坚持基本面分析,很可能最终成为追逐指数的废柴。

量化系统是正确平衡所有这些问题(基本面、技术和金融行为方面)的唯一方法,当然,它们必须被正确地编程,但这并不困难。我们已经看到,当市盈率较低时,我们会收到买入指示。分析师很可能不会相信低的市盈率,换句话说,分析师已经下定了决心,财务数据只是笼罩在这张图片上——买入或卖出的决策已经在一些不确定的基础上做出了。量化投资有一定的基础,不可能凭空捏造决定。出于这个原因,量化投资是扣住衣服的必要布料,你不能让它们四处散落。同样,犹疑不定的观点不会影响投资。对稳健投资方式的信念,为了成功,你必须坚持投资原则,量化分析是让你的原则可衡量和客观的唯一方法,优柔寡断和破例是导致失败和结果不佳的原因。

技术分析和基本面分析的量化前沿

结合基本面分析和技术分析的量化分析系统正在进入一个崭新的领域,而添加行为分析会使过程更具挑战性。量化分析主要运用基本面分析和可能的一

---

[1] Frank J. Fabozzi, Sergio M. Focardi, and Caroline Jonas, "Challenges in Quantitative Equity Management", The Research Foundation of CFA Institute, April 11, 2008 (corrected July 2008), http://web.mit.edu/alo/www/Papers/august07.pdf (accessed October 5, 2011).

些简单的技术指标,比如相对强弱指标。我们很少看到学术文献或基金宣传复杂的结合基本面和行为考虑的技术策略,一个关键的挑战在于编程的技术规则。我们将在这方面开展一些学术研究。

对技术分析的一个常见批评是它太主观,就像一个人对图表形态的解释可能与另一个不一致,即使两者都是技术分析师。有一些特别的数学公式可以更客观地选择一种形态,这是很好的。[1]算法可以对此提供帮助。已经开发的模糊逻辑方法可以检测技术形态(如重要的头肩形)。计算机通过数学公式来描述形态,如果形态公式不符,交易员可以拒绝这个形态,但是如果两者相容,交易员可能会接受这个形态,在研究中,没有人为的判断,而是在量化的基础上发现了依据形态交易的异常收益。[2]

我们仍然需要选择一种技术分析方法,然后决定关键投入及其相对的重点。投资公司可能会问,在某些情况下是否应该使用布林线,如果用布林线,应该选择一个还是两个标准差?

多重共线性问题也会影响整个过程。哪些因素会增加价值,哪些只是重复了其他因素,并没有真正为投资决策增加任何东西?例如,假设你不确定外面是否下雨,可以使用单因素模型,打开窗户,伸出手臂,看看袖子是否湿了。还有一个人说他有一个更好的模型,叫作双因素模型,他不仅把左臂伸出窗外,为了确保万无一失,他还把右臂伸出窗外,因为两只袖子都湿了,他声称有一个更好的模型。最后,一个邻居声称他还有一个更好的模型:四因素模型,他不仅把双臂伸出窗外,还伸展双腿,然后展示他的袖子是湿的,裤子也是湿的。虽然他的四因素模型看起来更优越,但事实并非如此。这个例子展示了多重共线性的影响,因为附加因素实际上并没有贡献任何真正的价值。

现在,为了给客户留下深刻印象,可以找到一个戴着黑框眼镜的从事"量化分析"样子的家伙,用浓重的口音说出许多用于制定投资决策的秘密因素,例如多元性。也许投资比这更简单,不是吗?但是,如果只向客户展示一些简单的因素,客户可能会觉得他付出了过高的代价。当然,这名客户的感觉是一种误解,也许你

---

[1] Andrew W. Lo, Harry Mamaysky, and Jiang Wang, "Foundations of Technical Analysis: Computational Algorithms, Statistical Inference, and Empirical Implementation," *The Journal of Finance LV*, no. 4(August 2000).

[2] Xu-Shen Zhou and Ming Dong, "Can Fuzzy Logic Make Technical Analysis 20/20?" *Financial Analysts Journal* 60, no. 4(July/August 2004):54−73. This article also ups one's mathematical skills.

会更好地向他展示一个房间,电脑屏幕在不停滚动,人们用各种语言互相大喊大叫,墙上有各种数学公式板。事实是这些额外的"资源"没有提供任何价值。

统计基础知识与量化

当我们回溯测试标准时,统计基础知识(101)开始起作用,因为我们必须认识到通常的异常情况,如樱桃采摘蜜月期,当时市场对采用某些策略有利,因而得到统计上证实的结果。必须制定统计指标,使人们对数据有信心,短时间可以使某些结果看起来不错,但不是在统计学意义上的。

例如,一个棒球击球手在10次击球中3次击中,命中率是30%——在职业棒球员中相当好的击球平均水平。但没有人会认真考虑击球的平均数,直到命中球数完成了几百次,而且,需要超过500次击球才有资格获得击球冠军。

如果那个投资经理仅仅只有一年的记录,或者只有一个短期的回测,这是可疑的、不靠谱的。因为结果可能表明他们并不是经验丰富,可能只是运气,我们会寻求 t 检验和 p 值确认。想想2008年的金融危机,超过一半的对冲基金只有几年的业绩记录,即使总体而言,对冲基金经理的表现超过了标准普尔500指数,人们是否真的相信他们有特殊技能吗?

假设我们使用方差分析(ANOVA),并且基金经理在每个季度显示1%的阿尔法值,t 统计量为1.5和2,在95%的置信区间有显著性。此外,p 值为0.30。现在增加更多的统计数据,八次季度观测的判定系数为0.50,我们可以得出什么结论呢?

那么,有一个阿尔法或该基金比指数做得更好。但是,我们无法确定这是否完全归功于技能,因为 t 检验低于2,而 p 值表示有30%的机会是运气所致。另外,这个记录只有八个季度,时间不是特别长,决定系数是50%,这似乎很低。这意味着指数仅影响该基金表现的50%。另外50%呢?基金是否将资产置于另一个指数(称为绩效漂移)?如果指数是大盘股,但经理人购买了很多小盘股,那么标准普尔500指数的决定系数很可能会越来越低,因为其他指数比重增加了。此外,短期表现并未涉及其他风险,例如流动性。

正如人们所看到的,当我们测试基金经理的回报时,统计基础知识开始得到很好的锻炼。关于这个过程有很多书,但通常基本的大学统计课程就是一个好的开始。通常,投资顾问和看门人可能需要至少三年的记录才能克服一些统计问题,基金评级机构晨星不会将其 5 星级的最高评级提供给投资记录不到 5 年的基金。尽管如此,有些人可能会因为其他原因而投资没有记录的基金经理,首先,这种方法可能很有意义,并且在账面上得到很好的验证,虽然虚拟投资组合从未被允许作为基金记录的一部分,但它们可以作为展示来说明投资方法。应该考虑诸如交易成本等限制和经济问题,以便让潜在客户了解风险以及发现机会。

另一个选择短期或无记录基金经理的原因是行为因素。当我们确信必须在这个特定领域投资时,就应该暂时放弃信念和搜寻证据(当投资者需要对冲基金时,玻璃杯就会变得半满,标准可能会变得更宽松)。尽管这名基金经理没有投资记录,但她可能已经从事投资"多年"了。当一个投资者在情感上准备好投资时,他可以用许多不同的方式为投资经理及其投资方法合理化。

我们必须测量投资绩效,看它是否具有统计学意义。一种方法是通过查看 t 检验和 p 值,统计基础为我们提供了更多的指标,而这些指标已经被复杂和知识渊博的投资顾问和看门人所使用或应该使用。我们可以了解学习晨星和其他服务报告中的一些方法。

一般来说,关注绝对回报是人类的天性。上涨 30% 似乎很不错,在过去的几十年里,蓝筹股甚至小盘股的长期收益是每年 10% 到 12%。下降 30% 自然是不愉快的,而且看起来会很糟糕。

不过,如果一个人赚了 30%,那是好的吗?有一种感觉,天真的客户往往很高兴。哇,哇!然而,更多的分析可能表明,这种回报本身可能并不那么特别,甚至不是很好,当进行相对绩效分析和风险调整后分析时,极可能会发生这种情况。

例如,如果你的投资收益涨 30%,而指数涨了 35%,那么你可以说投资绩效并不好,特别是在支付了主动管理费的情况下。在 2009 年,一些股票指数涨幅超过 30%(纳斯达克指数超过 40%),标准普尔 500 指数上涨超过 20%,但等权标准普尔 500 指数上涨超过 40%,因此,我们不能轻易确定 30% 以上的回报是好还是坏,但它可能与股市指数或多或少相符。现在假设该指数仅上涨 25%。然后我们可以看到,这 30% 看起来不错,因为它已经上涨并超过指数。但是,必须根据承担的风险调整回报,如果投资该指数的风险相同,那么结果不错。但如果风险更大,那么结果就不好。

所以,正如你也可能意识到的那样,如果忽视风险,那么吸引投资技巧的绝对回报就会对长期结果产生误导。让我们简单地演示,想象一下,你在伯格·海文

(Burger Heaven)工作,每小时挣10美元。这份工作无聊而且工资低,但如果你是一名学生,这可能是一个很好的赚钱补贴方式,甚至可以用来支付学费。如果要养家糊口,这项工作会陷入死胡同,除非你有升职机会,并最终成为一位高管。

现在你的一位朋友告诉你,你可以每小时挣100美元来做"简单"的工作,而不是坚持你可能没有前途的工作。当然,如果你有兴趣并想赚得更多。你也许会问:"是否贩毒?"

不,你的朋友说,他解释说这是合法和容易的。你每天在帐篷里工作,蒙着眼睛,头上顶着苹果,现在你可能会听到奇怪的声音,雨果(Hugo)正在磨刀,你可能会问为什么,每隔一小时,雨果就会抛出刀子并将苹果分成两半,然后你收取100美元,你的朋友说雨果"几乎"从不失手。

"你疯了吗?"你问你的朋友。你甚至不会以每小时1 000美元的价格接受这份工作,因为你可能最终死了!

现在,我们用统计学方法处理这个问题。有一种回报叫投掷飞刀并获得报酬,这里存在风险,即刀击中苹果中点的波动率或分散性。如果没有或者只有很小的分散度,那么你接受这个工作,因为你认为它是万无一失的。但是如果刀离中点太远会怎么样?(见图13.1)

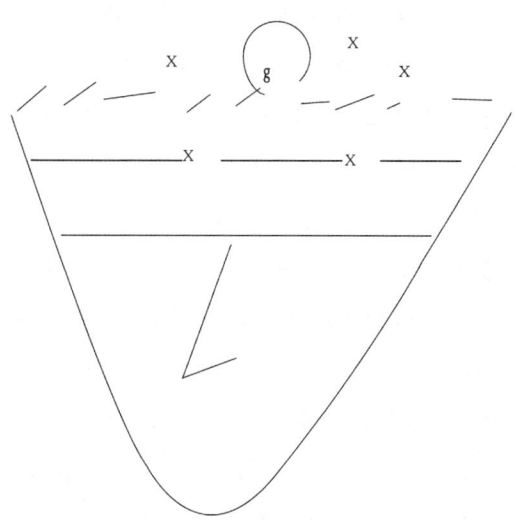

资料来源:帕利卡(Palicka)/N/A授权使用。

图13.1　掷刀

在图 13.1 中，字母 g 很好，因为它击中了苹果。X 不好，因为它击偏苹果，导致伤害，甚至死亡。随着 X 比 g 变宽，风险增加。可以很容易地看到 $(X-g)$ 是标准差公式的开始，如下所示：

$$\sigma = \sqrt{\frac{\sum (X_i - \mu)^2}{N}}$$

其中：

σ：标准差

$\sum$：总和

X_i：个体编号

μ：算术平均值

N：观察次数

我们看到的是，回报虽然很高，但随着 $(X-g)$ 的继续增加，这是不可接受的，换句话说，如果用乖离率、波动率或标准差来划分回报率，则需要在可接受和不可接受的风险/回报比率之间权衡。

这就引出了分析风险调整超额收益的途径。现在，并不是所有的工作岗位都具有与雨果工作相关的风险特征，然而，积极的交易者仍然可以接受这项工作，并与雨果的技能一起生活。如果雨果 5 次中有 1 次失误，你会接受这份工作吗？很可能不会。10 次中有 1 次失误，但你每小时能得到 1 万美元？如果他 1 000 次中有 1 次失误，并且每小时获得 100 万美元，并且你可以随时退出，那么该如何？我听到有人愿意接受这份工作！当然，这项业务不会有利可图，因为必须根据愿意花钱观看这一表演的人数来限制支付回报。

非常保守的投资者会避而远之——无论回报如何。你将不得不构造效用曲线——投资者可能会变得更加贪婪，然后变得更加咄咄逼人，然后他们可能会考虑和雨果合作。一开始，他们可能保守，但随着时间的推移，变得更贪婪和更有侵略性，也许他们看到其他人做着同样的工作，目前为止没有意外发生。然而清算的日子可能就在眼前，你可以说，私募股权和对冲基金投资者在 2008 年发现了这一点，在之前的几年里，没有真正的事故，收益看起来也不错。然而，2008 年出现了巨额亏损，投资变得缺乏流动性。以雨果为例，正如本书前面提到的，我们寻求的是单位风险的无风险收益率的超额收益，这就是所谓的收益波动比率，或者称夏普比率。

衡量风险调整后的超额收益

在投资方面,还有其他经风险调整后的超额收益指标:夏普比率、特雷诺比率、詹森阿尔法和信息比率。它们都寻求风险调整后超额回报。就夏普比率、特雷诺比率、詹森阿尔法而言,哪个基金更好?下面是一个测试:

假设

- 市场回报(R_m)=10%
- 无风险利率(R_f)=5%
- p=投资组合回报
- 超额收益标准差(SDe)
- A 基金的回报率(p)为 15%;标准差(SDa)为 10%,贝塔(Ba)为 1.2,SDe 为 5%
- 基金 B 的回报率为 20%(p);标准偏差(SDb)为 25%,贝塔(Bb)为 2.0,SDe 为 15%

夏普比率=$(R_p-R_f)/SD(a,b)$

基金 A=(15-5)/10=1.0

基金 B=(20-5)/25=0.6

因此,基金 A 更好。

特雷诺比率=$(R_p-R_f)/B(a,b)$

基金 A=(15-5)/1.2=8.3

基金 B=(20-5)/2.0=7.5

因此,基金 A 更好。

詹森阿尔法=R_p-CAPM[1]

基金 A=15-[5+1.2×(10.0-5.0)]=4.0

基金 B=20-[5+2.0×(10.0-5.0)]=5.0

因此,基金 B 更好。

假设基金 A 的超额收益标准差(SDe)为 5%,基金 B 为 15%,则信息比率如下:

---

[1] $CAPM=R_f+B_{a,b}(R_m-R_f)$

信息比率＝$(R_p-R_m)/$ SDe

基金 A＝(15−10)/5＝1.0

基金 B＝(20−10)/15＝0.7

因此,基金 A 更好。

投资顾问可能更强调另一个方法。再次请注意,我们不再仅仅考虑绝对收益,而是考虑风险调整后的相对收益。除了阿尔法(市场不会产生超额收益或零结果)外,还应该对指数进行夏普比率、特雷诺比率和信息比率比较,看它是否是更好的交易,数字越高越好,当然,它应该高于基准以及类似的竞争对手。这应该是基金经理的显示排名,但即使你只是对比指数,基金 A 仍然不是很好。因此,如果指数的标准差为 2.5,那么其夏普比率将为 1.5[(10−2.5)/5],这比基金 A 的 1.0 好得多。在这种情况下,如果所有条件都相同,人们就会选择指数而不是基金 A。

基金的不同标签

这意味着仅仅是投资回报就可以吸引投资者购买基金,因此,我们需要的是风险调整措施清单。应该用标准化方法给特定类型的基金贴上标签,今天我们有食品标签,告诉我们成分和卡路里。这对那些不能忍受高盐或高脂饮食的人也很有意义,因为他们需要说明这些关键的钠和脂肪的含量。所以我们也应该有一些基本标准将基金标准化。标签可能类似表 13.1。

表 13.1　　　　　　　基金 XYZ 的业绩表现标签

	平均回报	标准差	贝塔	夏普比率	特雷诺比率	詹森阿尔法	M^2
XYZ	0.169	0.244	1.21	0.64	0.13	0.03	0.02
标准普尔500 指数	0.114	0.188	1	0.54	0.10	0	0
R^2	0.54						

然后,我们可以添加可能对特定类型的基金感兴趣的具体方法。例如,我们可以添加投资组合经理管理基金的时间段和杠杆大小。如果该基金是债券基金,我们将专注于其期限和信用评级。如果是对冲基金,我们可以增加记录的长

度,左尾压力测试和衡量其他杠杆率的方法。

市场分析人士认为,很多投资者在看着后视镜开车追逐绝对收益并且不做风险调整分析。也许他们关注指数,但如果回报为正且较高,或许他们会继续投资某只基金。量化分析的程序员也可能对似乎有效的财务分析方法产生偏见。所以如果科技股很热,便可以提高可接受的市盈率。2008年,随着市场走低,个别基金相对指数表现不错,甚至在对风险进行调整之后,仍然优于指数。这将是一个"好"的表现,但并不入许多基金投资者的法眼。因此,基金经理坚持低市盈率标准,回避科技股最初可能看起来业绩不佳,因为他们落后于科技股推升的指数。然而,在市场下行时,可能下跌幅度较低,因此在整个周期过程中,遵守我们的标准可能会产生风险调整后的回报。

尽管股票基金是相对的表现工具,但对冲基金往往被视为绝对回报工具。也就是说,无论市场走向何方,我们都应该获得高回报,因为我们可以在下跌的市场中做空股票,等等。我们也意识到,基金经理们可能会在上涨市场和下跌市场中承担不同的风险,这将导致回报的上升和下降。像《福布斯》这样的杂志为上涨市场中基金的表现给出一个评级,然后在下跌市场给出另一个评级,在上涨市场取得好成绩,但在下跌市场取得的低成绩可能表明高杠杆率承担的巨大市场风险。

我们也可以看到对冲基金可能寻求回报率较低的资产的情况,但通过杠杆作用,它们可以产生非常高的收益或者损失。

请注意,在图13.2中,M具有一定的回报,其风险以水平线上的标准差显示。在真正的经济增长的情况下,有效边界上升,我们应该为同样的风险单位获得更多的回报。好的基金经理会通过产生高于单位风险有效边界的回报获得阿尔法。通过借款,我们可以上调资本市场线(Capital Market Line,CML),我们可以借钱持续投资最优市场组合M,然后,我们可以向右移动资本市场线,接受更高的标准差,然后获得更高的回报(请注意,夏普比率将是相同的,即使收益率更高)。最有可能的是,借贷成本会随着更多的债务而增加,M的权益回报会下降得更多,因为总体回报率会随着借款成本的增加而下降(M的夏普比率就会下降)。所以,我们可以看到为什么次贷危机欺骗了这么多的投资者,包括不付房款的公寓转租者,利用高杠杆,价值的小幅下降被大幅放大成巨大的损失。

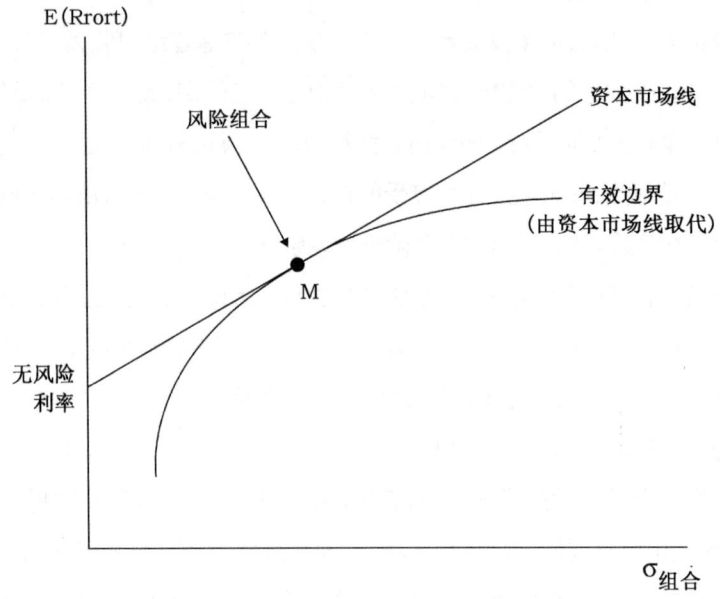

图 13.2　有效的边界和杠杆

当我们使用回溯测试量化投资策略时,我们开始了这种分析,主要是收益是否根据风险调整? 2008 年导致经济陷入困境的主要风险之一是经济和基金中的大量债务,包括可见的和隐藏的债务。有形债务是偿还实际现金借款的义务,隐性债务是履行未来互换的义务,在许多情况下,这些互换没有显示或记录。这些交易可能涉及大量未来现金支付。

第十四章　金融和情绪混合的交易策略

在已经尝过了风险调整后回报的滋味后,我们来介绍一些其他的概念。在建立量化模型和算法时,我们总是会遇到极限的概念:是否有一个变量的数量限制可以使用并仍然得到满意的答案?我们是否可以确定,只要有一个答案,只要知道更多的因子,就能得到更好的答案?是否可以通过编程使机器不断改进其决策能力,并最终超越人类的技能?一台机器可以被编程,甚至最终接近人类智能吗?

这些话题在数学家中很受欢迎,并且不单单涉及投资决策。投资决策比单纯的数学决策增加了更多的挑战,因为我们必须学习和预测一些行为元素,然而在物理学中,我们可以看到行星以一个可预测的数学模型围绕太阳旋转,而投资中则无法说明这一点。我们拥有的公式可以为我们带来预期的收益和估值方式,然而,投资者对这些路径的看法不同,因此可能对其路径做出过度或不足的反应,因此,他们可能会为此付出更大或更小的代价。虽然股票或资产最终达到了内在价值,但它在某种程度上对预期的路径有些不合理,决定论者会说即使有行为异常,非理性路径也可能是一种错觉,因为行为模式是可重复的。所以情绪决策必须仍然表现出相同的、可重复的模式,在那种情况下,才可以更好地预测内在评估的预期路径。

因此,我们似乎需要考虑情绪因素,因为它也可能是已知的。这种情绪因素是技术分析师可以利用的恐惧和贪婪概况的常数,在这种情况下,我们是不是应该把财务和情绪因素结合在一起? 因此,投资决策可以纯粹使用选定的财务因素,这已经在市场上有过成功运用。但是,如果有一个暂时疯狂的投资诉求,当然它可以并且应该被算法利用,通过这种方式可以改善决策。因此,除了大量的历史基本面信息之外,是否可以使用所有技术工具或仅仅是一个选择清单来做出良好的投资预测?

哥德尔-图灵论证

数学家们一直在争论,数学到底有多大的可证明性,这些都是不言自明的,还是系统可以被证明? 更糟糕的是,也许他们永远无法被证明。给定程序和输入,当程序运行到该输入时,它最终会停止吗,还是会永远运行下去? 1936年,英国数学家阿兰·图灵(Alan Turing)正式提出了算法的概念,并在现代计算机的发明中发挥了重要作用,他证明了解决所有可能的程序输入对停机问题的通用算法是不可能存在的,我们只能让特定的程序停止特定的算法。如果不能证明,我们似乎不能确定一个解决方案是正确的,甚至是最好的。

例如,考虑一个从0到大数的数列。无论想到什么样的数列,都可以有更多的数字集,尽管它可能会让你挠头并想知道它是否有实际用途。现在,想象一下"1",然后是这么多的零,这个数值会变得非常大。这个数字代表什么,你可以用它来做什么?

答案中还有一些更普遍的问题,因为对更广阔宇宙的了解可以改变一个人的反应。例如,假设你的朋友问你:"我应该穿什么去海滩?"注意这在宇宙方面是相当具体的:海滩。你的第一想法是穿泳衣、戴帽子和太阳镜。现在你的朋友再次问这个问题,但是省了"到海边"的字样:"我该穿什么?"此时,需要了解其他细节,因为答案可以更广泛。

直到一个世纪前,如果有人被问到4的平方根是什么,最常见的答案应该是2。但它不是最好的答案,因为更正确的答案是2和−2。然而,我们需要−2干什么? 这在商业上当然没有必要,但我们确实需要它来处理物理学中的量子理论和处理可能的平行宇宙。

你能确定整个宇宙,并确定数学公式是最终的答案吗?

奥地利出生的数学家、逻辑学家和哲学家库尔特·哥德尔(Kurt Gödel)证明,所有数学不可能有一个完整的、一致的公理集,这表明他的不完备性定理中存在数学上的限制。虽然我们可能有答案,但我们不能确定是否存在更好的答案。哥德尔还表示,电脑无法编程得到最终答案。另一种方法来自图灵,他感觉计算机可以继续学习并得到最终答案(计算机是否具有真正的智能或擅长模仿人类智能是另一回事)。

哥德尔-图灵论证为量化方法提出了一个问题。图灵的方法产生了无法与人类分析区分开来的反应[回想一下电影《银翼杀手》(Blade Runner),那些看起来像人类的复制品被采访,看看它们是否真的是人类或公司的人造创造物,这些反应表明这个人是机器还是人]。所以我们可以肯定这些反应是现实还是只是现实的幻觉? 如果我们设计一套计算机可以采取行动的程序,我们是在测试程序还是计算机测量程序的运行能力? (如果是这种情况,我可以通过减少库存来推动油价上涨,然后当计算机看到库存下降时,可能会导致油价上涨,它是否真的变得更加智能和更加人性化?)

罗杰·彭罗斯(Roger Penrose)的书中,哥德尔-图灵的互动很有趣。[1] 他提出算法不能单独决定人类的想法,因为它不仅仅是数学公式。算法可以走得这么远,但还有大脑的非计算性方面,这方面是基于量子理论,它可以规避因果关系。

我们可能想问一下,我们是否真的需要深入分析。为什么不停留在基础知识上,例如设计一个简单的公式,显示油价上涨以及导致这种情况发生的因素? 答案是我们可以使用简单的公式,但随着我们的开发,它们将开始被调整并修改为更复杂的版本,以期获得更好的解决方案。现在我们可以看到哥德尔-图灵论证如何开始受到青睐,人们在哪里停止调整和提炼? 那么,最终人们可能会接受哥德尔定理,并说它不再值得调整,因为它没有增加任何价值。但是,界限在哪里? 用算法编程计算机是否重要?

买入与交易是另一个需要考虑的问题。交易者经常问我什么是最佳交易量? 每小时或每天应该交易多少次? 尽管如此,技术性的"黑箱"方法正在越来

---

[1] 有关这一主题的书参见: Roger Penrose, *Shadows of the Mind* (Oxford University Press, 1994)。投资者可使用的更多总结性的方法参见: John Palicka, "Cyberanalysts Will Outperform Humans," *Equities Magazine*, December 1996。

越有吸引力,因为它可以快速发现投资机会并正确计算大量的概率和收益。再加上存在时间长得多的基础"黑箱",投资的吸引力自然会增加。在使用资本资产定价公式的套利定价理论(APT)时,我们应该有多少个因子,使用哪些因子并给予多大的权重呢?

黑天鹅

有效市场的本质是一个算法问题。如果市场是有效的,那么开发一种算法有什么用处呢,因为它与随机游走或指数相比不会增加真正的价值? 回到哥德尔-图灵的论点,我们还可以投入另一只在过去几年中比较流行的猴子扳手:黑天鹅,由数理金融经济学的实践者纳西姆·塔勒布(Nassim Taleb)提出,它对算法采用了离群的方法。

这个想法是基于天鹅只是白色的概念。然而,在澳大利亚,出乎意料地发现了一只离群的黑天鹅。塔勒布在他2007年出版的《黑天鹅》一书中解释说,异常事件的影响很大,很难预测,就像流星撞击地球一样。

资产管理者可能希望在他们的方法中考虑黑天鹅理论。例如,如果不是"9·11"或次贷危机,资产管理公司的业绩记录近年来会好很多。根据全球投资表现标准(Global Investment Performance Standards, GIPS),我们不能排除异常值,但客户可能会使用合理的判断来明确异常值问题。我们是否原谅了一名有着十年投资纪录的基金经理是通过在某个行业投重注而试图获得更好的业绩,然后在行业崩溃时失败? 在这种情况下,结果是经理从最高排名陡降到最低排名。这种异常行为是否可原谅? 如果这名经理在过去几年有一条投资纪律,在前几年很有效,但突然有一只黑天鹅把这个模型搞砸了,那该怎么办? 本不应该或者根本不可能发生的事情发生了。要是他能预料到这只搅乱估值的黑天鹅就好了。塔勒布解释说,由于我们不了解这些高影响的地区,我们应该有高度的防护手段,换句话说,即使是大银行也不要用高杠杆,因为黑天鹅可能会压垮你的业务,想想雷曼和贝尔斯登倒闭给投资者带来的惊恐吧。

然而,也许有一个更好的解决方案,在次级贷款灾难的评估中,我们没有使用哥德尔-图灵的论点正确计算。有些人可能会说,如果我们把特定的变量联系起来并把它们统一起来,那么这些黑天鹅并不令人惊讶。例如,如果监管机构完成了他们的工作并正确分析了银行的财务状况,就应该看到杠杆风险在不断增加,因此就有可能阻止我们在 2008 年看到的崩溃。如果没有适当的监管,就可能会看到效果,但之后才能知道原因。

  黑天鹅的另一个有趣的看法是对于新兴市场投资策略的研究,这种有时很受欢迎。事实表明,异常值或黑天鹅回报率对这些市场的回报影响非常大,以至于业绩可能会有很大变化,具体取决于它们是在糟糕的日子交易还是在好日子交易。根据哈维尔·埃斯特拉达(Javier Estrada)的研究,"错过新兴市场 10 个最佳表现日的投资者投资组合的平均价值比消极资产组合低 69%。避免 10 个最糟糕的日子,平均而言,这将产生比被动投资价值高出 337% 的投资组合。10 天仅占研究日的 0.15%,这表明成功把握市场时机是惊人的"。[1] 因此,就像我们前面在第二部分中看到的小盘股一样,极少的天数产生了大部分的回报。

  如果黑天鹅决定了阿尔法结果,那么或许指数投资会更好,因为预测阿尔法的因素不太可能,并且可能是无用功。你可以有独特的公式,但如果一个扳手使齿轮停止转动,它们就不起作用了。其他人则表示,这些黑天鹅是由已知和可预见的事件造成的,最终令很多但不是全部的人感到惊讶,那些做得更好的分析可能已经准备好避免并利用这些异常值。统计学上,应该学习过去并使用贝叶斯定理调整概率。但是,又来了,也许这次是不一样的。当然,这种可能性激发了持续分析和执行算法的积极性。

垃圾进,垃圾出……周而复始

  根据我的投资经验,数学模型、算法或预测分析的所有要点如果在编程时使用的是较差的假设,则基本没有用处。MBA 学生经常在课堂上说已经知道所有的公式,把我搞得很烦,他们缺乏的是评估正在使用公式中假设的能力,在这种情况下,指数化投资是投资者唯一的解决方案,但仔细选择经过验证的因素会给你带来超过指数的优势。基于我们讨论过的例子以及支持量化标准的研究,我们不必实际管理资金以检验这种思想的优势,这些量化标准已经产生了风险调整后的超额回报,它们似乎会克服一些投资者面临的情绪陷阱。

---

  [1] Javier Estrada,"Black Swans in Emerging Markets,"*Journal of Investing* 18, no. 2 (Summer 2009):50—56, summarized in *CFA Digest* 39, no. 4(November 2009):111—112.

量化融合分析的使用可用于算法交易技术,以及一般的长期证券标的选择。对于短期交易,可以使用算法来捕捉感知到的定价效率低下的问题。(这可以取代人类的眼球盯着彭博终端。)客户交易的一个主要基石是捕捉最佳执行机会,算法交易是一个数学过程,可以用来分解交易并逐步执行它们以实现最佳利润。

算法交易的快速成长估计是由TABB集团推动的,其在2008年起2年内将美国股票交易订单从13%增加到23%,到目前为止,预计交易量会更高。算法交易的目标是满足关键因子的既定标准,如规模、流动性和监管。[1]

现在我们需要退后一步看看。我们有各种各样的交易算法,但它们的目的是什么?它们的设计是为了让基金经理参与和摆脱糟糕的决策吗?换句话说,如果分析师正确地分析了资产,他们就有足够的时间买卖资产。如果客户在市场顶部给基金经理钱并且想在市场底部赎回,那么基金经理就应该控制该基金的资金流量。但是,我们已经看到技术和行为问题使这种可能性不大,所以我们面临这样一种情况,即消息看起来可能是好的,也可能是坏的,结果,客户觉得现在是时候把钱投给那些可能在垂涎一些传利好消息股票的基金经理了。

买进并持有策略比短线交易更好吗?

经济学家们认为,在寻求长期业绩方面,低换手率比高换手率更好。当然,如果交易者可以低买高卖,那么高换手率就是更好的策略,但这不太可能是频繁的。因此,如果她不善于低买高卖,那么由于交易成本的原因,最好只是指数化和长期买入,当然,她可能会错过特定股票或市场暴跌前的抛售机会。同样,这也是一个站不住脚的论点,因为假设当她卖出股票时,股价很快就会下跌,股票可能会被抛售,但是不会太久,而且价格会更高,它还假设交易者在接近底部的时候买进,但很有可能,她会在底部害怕,等待股市上涨。因此,市场择时对很多人来说并不是一个好策略,包括专业管理的基金。

晨星公司进行了一项研究,比较高换手率基金和低换手率基金,看看绩效结果是否不同,以及倾向于支持高换手率还是低换手率的基金。[2]

―――――――――
〔1〕 "Ineluctable Assured Algorithms," *FTSE Global Markets*, July/August 2006, 54—58.
〔2〕 该研究由对比较这些方法感兴趣的理财师和其他专业投资者报告。Craig L. Israelsen, "What's In a Name?" *Financial Planning*, June 1, 2010, 139—141, http://www.financial-planning.com/fp_issues/2010_6/whats-ina-name-2667032-1.html? zkPrintable1&nopagination1 (accessed October 5, 2011).

第十四章
金融和情绪混合交易策略

这里将使用短线策略的资金与使用长线战略的基金进行比较。战略是长期计划,策略更为直接和短期。在一些研究中经常使用交易换手率作为标准来确定哪种方法更好。晨星公司将换手率定义为"衡量基金交易活动的指标,通过购买或销售(不包括所有到期日不足一年的证券)的较小者除以每月平均净资产来计算"。[1]

简单来说,如果基金经理A的交易活动为1,资产为10,A的换手率为10%。这将低于基金经理B,B的交易活动为5,资产为10,即换手率为50%。B的换手率较高,然后将他的基金业绩回报与经理A的业绩回报进行比较。然后我们可以看到谁有更好的业绩。在晨星的研究中,策略基金被定义为高换手率的主动基金,而战略基金被定义为低换手率的主动基金。

分析截至2009年12月31日的10年期三类基金:美国大盘股混合股票、非美国大盘股混合基金和美国中期债券基金。从表14.1可以看出,高换手率基金的回报率较低,因为它们在3年、5年和10年期间都较低。

表 14.1　　　　　　　　　晨星研究基金

国内股票
在美国的大盘股混合基金中,在过去的3年、5年和10年里,战略基金(第一个四分之一的低成交量)的表现优于战术基金(第四个四分之一高成交量)。

四分位数(每四分之一有33个大盘股混合美国股票基金)	2000—2009年平均换手率(%)	年化百分比回报率(截至2009年12月31日)		
		3年	5年	10年
1st	11.1	42	12	10
4th	11.6	57	0.3	12

海外股票
一般而言,非美国大盘股混合基金的换手率高于国内基金。在这三个时间段,战略基金再次击败了战术基金。

四分位数(每四分之一有33个大盘股混合美国股票基金)	2000—2009年平均换手率(%)	年化百分比回报率(截至2009年12月31日)		
		3年	5年	10年
1st	29.8	35	5.4	1.9
4th	130.5	6.5	3.4	0.3

[1] Morningstar, FundInvestor: Glossary, http://mfi.morningstar.com/Glossary.aspx(accessed October 5, 2011).

续表

国内债券
在美国中期债券基金中，低换手率战略基金与高换手率策略基金的表现差异较小。

四分位数(33个大盘股与四分之一的美国股票基金进行组合)	2000—2009年平均换手率(%)	年化百分比回报率（截至2009年12月31日）		
		3年	5年	10年
1st	32.9	5.6	4.7	6.1
4th	436.7	5.3	4.3	5.9

资料来源：Dr. Craig L. Israelsen, reported in *Financial Planning*, June 2010, p. 140。

一般来说，我们只能推测，强调更多交易的基金希望从某种短期策略中受益，但这样会使投资回报更加恶化。这些短期策略可能是对新闻、收益、变化感知、导致短期估值以及后续交易的一系列其他因素的反应。那么为什么使用这些策略？同样，人们聘请经济学家和策略分析师创建模型，试图利用不断变化的经济来获得超额收益。

最佳执行

客户交易的指导性要求是最佳执行的概念，而不一定是最优价格，最优价格交易以即时价格买入或卖出的最高价格进行交易。如果整个订单没有执行，这可能有瑕疵，因为后续订单可能不得不以更不利的价格执行。发现更好的价格可能是不可能的，因为大量买入订单可能会让卖家出于抬高价格的期望而收回卖单。最佳执行是更好和必需的方法，它由美国1940年《投资顾问法》和后续的法规监管，经纪人有责任寻求合理的可用于客户订单的最佳执行方式，有时它是最佳价格和最佳执行之间的权衡。

经纪人在执行客户的最佳执行订单时考虑的一些因素包括有机会获得比当前报价更好的价格，执行速度以及交易执行的可能性。因此，经纪人可能会将目前的价格转手给部分订单（当我说经纪人时，它也可能意味着一个计算机交易系统）。相反，如果整个订单被执行，并且估计此操作会节省客户执行成本（经纪人可能会决定支付更高的价格），因此，如果订单购买300 000股股票，股票交易价格为10.30美元，而不是冒着在10.50美元成交一半订单，其余的在11.00美元成交的风险,那么最好在 10.55 美元全部成交,因此,我们将多支付 0.25 美元。我们怎么知道一半可能在 11 美元成交? 好吧,这是不确定的。我们可以等到订单的价格为 10.50 美元,但也可能更高,然后我们可能支付 11.25 美元。所以,订单的成交量和价格是不确定的。有时候这会导致以最佳执行为借口支付订单流量的非法行为,因为当经纪人获得委托将交易转移到 ECN 时,客户支付的价格会高于他在其他地方可以获得的价格。

交易成本

一个常见的误解是执行成本只是经纪佣金。然而,专业交易者意识到这是最不重要的成本,事实上,交易成本包括经纪佣金、买卖差价和市场影响,是的,经纪佣金也包括在内,但它们是最小的成本,通常为每股 1～3 美分。(我会消除任何交易费用,以保持我们的例子简单。)

下一个较大的成本是买卖差价,因为后悔性交易可能导致销售的严重折扣,尤其是在小盘股方面。因此,如果以 10.50 美元的价格买入,但随后认定该交易是一个糟糕的交易,并且想要出售该股票,那么买方可能不得不在 10.40 美元或更低的价位(如果需要大量卖出的话)出售。

最后,交易中最昂贵的部分可能是市场影响。要购买 50 万股 10 美元小盘股,可能需要在 10.25 美元买入 10 万股,在 10.50 美元才买入 20 万股,在 11 美元买入 20 万股。一旦订单执行完毕,股票可能会再次下跌至 10 美元,所以买家支付的价格高于市场价。

像阿贝尔/诺泽(Abel/Noser)这样的公司有多种方法来权衡交易成本,例如,他们可能会检查在特定时间段内接近平均价格的订单比例。自 20 世纪 70 年代以来,交易成本中的佣金成本下降。许多折扣经纪公司现在每笔交易收费不到 10 美元,有些甚至免佣金。

像列岛(Archipelago)和 INET 这样的通过网络进行的电子交易吸引了很多交易者。另外,纳斯达克从纽约证券交易所手中夺走了越来越大的市场份额。

这就创造了一个混合实验,其中日常订单以千分之一秒或毫秒(大概是绝大多数)的电子方式完成,其余因为是敏感新闻而需要特殊处理的订单仍由人类和专家处理。[1]

所以,我们目前看到的是需要获得最佳执行,买方公司尤其认识到这一点,因为他们为那些足够成熟的客户管理数万亿美元的资金,以检查像阿贝尔/诺泽这样的公司的交易成本。

算法交易策略

领先的算法交易策略包括对价交易,即进行非市场定向交易,交易者做空一种资产,买入另一种资产,希望价差扩大或收敛。我们可以通过涉及成交量加权平均价格(VWAP)交易买入大笔股票,成交量加权平均价格是交易基准,是通过将股票的美元交易量(股票价格交易股数)除以指定交易时段内交易的相应股份总数而得出的。我们也可以根据股票购买时间并获得成交量加权平均价格,许多交易公司已经开发出专有算法来指导交易者何时执行某些交易量并且可能何时通过。现在购买50万股股票还是以更优惠的价格做5次交易10万股更好?那么,看来,通过算法,我们可以开始分割订单并获得更好的价格。2004年1月至2009年7月,纽约证券交易所平均交易规模从1 000股下降到250股。[2]

算法交易还导致高频交易,这种交易通过实时的、报价级的数据流来寻找交易机会,可以以毫秒为单位下单和取消订单。毫秒交易为宽容创造了就业机会,他们可以产生令市场情况反应更快也令人满意的算法。这催生了算法交易,试图通过使用数学公式捕捉交易执行的完整决策过程。有人认为,使用算法交易的机器会挤出散户人类交易者,因为前者能够更迅速地将许多变量吸收到复杂的交易系统中。

算法交易在获得指令的优先权方面会挤压散户,最终迫使后者承担更多风险。[3]

以Euronext.liffe的快速算法为例,在它的市场上,一个非常大的算法指令可以买入3万份短期利率合约,可以逼空一份人类下的100份合约的小额订单。即使大订单(可能是大部分订单的价格)放在100份合约的小额订单之后,也可能受到100份卖出订单的打击。没有执行的订单可以快速取消,而小订单可能

---

[1] 这一趋势的总结见:Michael Santoli, "Requiem for Floor Traders", *Barron's*, November 20,2006。

[2] Simon Emrich, "Using Smarter Algorithms vs. Smarter Use of Algorithms," A Guide to Global Liquidity Ⅱ, *Institutional Investor*, Spring 2010, 42.

[3] 该例子基于:in Adam Bradbery, "Traders Fret Algorithmic Systems", *Wall Street Journal*, February 21,2007,b11。

只执行了一部分。这可以使小额交易者难以做价差交易(即具有不同到期日的合约)。它还会给人一种流动性的错觉，因为如果快速发布并取消真正的买单，它可能不是真实的。交易所一直在审查其政策，但过去这种情况并未违反其规则，因为理论上可以触发并执行全部合约的订单。

计算机化的订单也可以更好地利用(买卖价差)从事"抢帽子"活动。小额交易者可能不得不开发自己的算法，甚至承接更大的订单，承担更大的杠杆风险。这意味着交易者可能会加剧看跌或看涨，从而导致可以被算法利用的异常定价模式。因此，交易者通过杠杆作用在资本市场线(CML)上走得更远，但同时会承担更多风险。

这也类似探测器和嗅探器订单感受到真实的市场，类似于将鱼饵放在鱼钩上以测试鱼是否咬钩，可以发送小订单测试市场的真实意图。其中一个例子就是"暗池交易"[1]。暗池交易匹配买卖专有交易系统上的订单，而这些交易系统对于外部客户来说是不可见的，然后需要在 90 秒内公开报告交易，尽管大部分报告都在几秒钟内完成。在美国境内(不包括海外)有 30 个暗池正在运行，它们可执行约 10%的合并量，他们由经纪人/经销商、财团和独立公司经营。[2]

券商黑皮书包括高盛的西格玛 X(Sigma X)、瑞士信贷的 CrossFinder、Neovest(由摩根大通全资拥有)和瑞银的价格改善网络(Price Improvement Network，PIN)。这种类型的交易已经从 ITG 的 Posit、LiquidNet、Instinet Crossing 和 Pipeline 等交叉网络那里夺取了部分市场份额。

例如，在一场秘密游戏中，有些人可以试图在暗池中确定真实的市场。有很多买家或卖家，哪些价位是关键的？普通交易者的平均值无法确定这类信息，但是一个复杂的交易公司可以。例如，暗池不会发布类似于普通交易者可能在其折扣经纪公司网站上看到的二级报价的出价、要价和规模。因此，一个掠夺性交易者可能发出一个小卖单，并迅速看到它被买单所抢购。掠夺者现在知道有一个买单，然后可能很快转向并在有形市场取出报价(称为点燃)，甚至高于当前价格。普通交易者看到这一点，并假设价格正在上涨；他开始买入更多，以免错过上涨行情。然后，捕食者返回到暗池，随着暗池的买卖出价提高以较高的价格盯

---

[1] 译者注见附录二。
[2] Max Palmer, "Dark and Lit Markets: A User's Guide," *A Guide to Global Liquidity* II, *Institutional Investor*, Spring 2010, 96.

住大买家,特别是在有形市场流动性不那么强,买卖出价可以轻松提高的情况下。因此,大型订单的掠夺者可以获得更高的价格作为小额订单的"投资",这将导致无间道类型的分析。游戏池可能会有反游戏逻辑,买方也会这样做。他们可以通过只在黑池中接受一个超过一定规格的订单来保护自己,因此不会因为小订单的诱饵挂钩技巧而失败,因为那时捕食者可能不会从中获利。[1]

大量数据可用于各种算法,如高频或超级交易,这种交易的吸引力在于它表现出与市场走势或证券本身以及低波动性之间的低相关性。它并不寻求内在价格,而只是提供更好的报价、在定价错误的市场迅速执行。根据现代投资组合理论,这在投资组合构建中会非常值得期待,甚至可能产生一个单独的资产类别。证券的估价并不重要,因为发挥买卖价差的能力是唯一重要的事情。目前在美国市场经营的2万家左右的交易公司中,高频交易公司约占2%,占美国股票交易总量的73%。

Tradebot Systems, Inc. 是高频交易的主要参与者,通过使用 Archipelago 等基于计算机的交易,Tradebot 可以以 1/1 000 秒的时间交易。其编程的计算机可以利用买卖价格之间的短暂差异,即跳到一个价格买入,然后以稍高的价格转售。有时,它每分钟交易 1 000 次,交易量可能高达纳斯达克全部交易量的 5%。[2] Tradebot 将服务器从堪萨斯城搬迁到纽约的大楼——与电子交易所的中央计算机更接近,从而在执行方面获得了千分之几秒的优势![3]

我们可以看到,这可以成为一种行为游戏,在这种游戏中,交易者可能不得不为了响应市场对其订单的反应而改变算法。作为量化交易的成功领导者,文艺复兴公司(Renaissance)的吉姆·西蒙斯(Jim Simons)在 CNBC 上承认,除非他改变算法以回应似乎在跟踪他的竞争对手,否则他的回报率将会下降。

更简单的算法示例

交易算法需要基于对未来市场行为的感知来创建策略。例如,使用技术分析,可以假设在不久的将来,证券价格会上升,因此希望每次价格触及趋势线时

---

[1] Max Palmer, "Dark and Lit Markets: A User's Guide," A Guide to Global Liquidity Ⅱ, *Institutional Investor*, Spring 2010, 97-98. This example is based on Palmer's example in his article.

[2] Aaron Lucchetti, "Firms Seek Edge Through Speed as Computers Trading Expands," *Wall Street Journal*, December 15, 2006, A1, A12.

[3] Ibid., A1.

买入。还可以开发一个程序,在买入信号证实后买入,例如在两次触及阻力线后第三次触及。从技术上讲,从趋势线反弹的次数越多,它就越重要。相反,做空的交易者可能希望在一个重要的支撑位被打破后才做空。

在为这个策略制定公式时,我们可以用下面的形式线性回归:

$$Y = a + bx$$

其中,Y 为预期价格,a 为截距,b 为斜率,x 为时间周期(以天为单位)。因此,如果 $a=10$ 美元,$b=1.2$ 美元,$x=50$ 美元,那么 $Y=70$ 美元。

我们现在可以制作一个简单的决策工具。如果价格远高于 Y,那么除非我们使用我们上述的包络策略,否则不需要决定买入/卖出。

如果价格(P)等于 Y,则买入。如果跌破价格,它将打破支撑,我们会卖出或不买入。从而:

如果 $P=(Y)0$,

购买。

如果 $P>Y$ 或 $P<Y$,

不要买。

当然,技术分析师可能有一个过滤规则,所以我们可以说:

如果 $\{1-[(P-Y)/Y]\} \times 100$ 在 98~102,

购买。

如果 $Y=70$ 美元,$P=69$ 美元

然后:

$\{1-[(69-70 \text{ 美元})/70 \text{ 美元}]\} \times 100 = (1+0.014\ 3) \times 100 = 101.43$(美元)

因此,购买。

如果 $Y=70$ 美元,$P=71$ 美元,

然后:

$\{1-[(71-70)/70]\} \times 100 = (1-0.014\ 3) \times 100 = 98.57$(美元)

因此,购买。

可以缩小过滤器,甚至添加其他指标,例如,RSI 必须在 30 或更低时才有吸引力。数学可以变得更复杂,计算机编程也会变得更复杂,都需要进行适当的回溯测试。

再次强调,挑战不是数学,而是使用正确的决策规则,这引起了许多量化基金的焦虑。

新闻或即将发布的新闻也可以成为交易的主要因素。事件分析师可能会推测新闻的发布以触发交易策略,像路透社的 NewsScope 这样的新闻服务可以用来将基于基本面的数据整合到算法中,预期的策略是利用标准事件,如先前讨论过的 SUE(标准化未预期收益)公告。

例如,如果新闻稿显示 XYZ 公司刚刚报告了 1 美元的 EPS,我们可以基于超出或未达到预期编写交易程序,将有一个"机器"阅读器,不仅可以扫描即时新闻,也可以采集旧的消息,并创建一个思维过程。最近的新闻可能会产生诸如"失望"等情形,这通常会影响交易者的情绪,[1]在各种电子资源中也可能存在传播延迟。

以路透社为例,这将是另一种使用基本面数据的策略,[2]订户可以根据基本的新闻事件设置自动交易订单,因此,一个事件可以触发买入或卖出指令,据推测,人们可以估计一只股票对过去类似事件的反应。

例如,人们可能希望交易豪华住房股图尔兄弟,人们可以通过电脑扫描新闻事件,例如房屋开工数、利率和住宅库存水平,在看到股票过去如何反应时,人们会编程和调整算法以反映对未来新闻反应的最佳估计。这个消息是可见的,比如广泛传播的政府公告(比如房屋开工数)或者更多的隐藏消息(例如,图尔兄弟特定项目中的销售进度被隐藏在某报纸的第 98 页)。汇总多种方法是算法交易平台的责任。

算法交易的一个例子就是骑士资本集团(Knight Capital Group)。它有二十几个内部博士,创建了一个算法来处理流入的订单,如下所示:

(1)确定哪些可以与另一个客户订单匹配。

(2)确定哪些骑士应该在一天或最多一个月内将记账。

(3)使用某种形式的预测分析来确定等待和找到匹配的可能性。

(4)最后,将订单发送到电子平台并支付执行费用。

大型投资者一直在扩展各种算法交易场景,考虑美国最大的养老金计划 CalPERS。CalPERS 是加利福尼亚州公务员退休系统,为加利福尼亚州 160 万

---

〔1〕 引自:Jeremy W. Peters, "From Reuters, Automatic Trading Linked to News Events", *New York Times*, December 11, 2006, C2。

〔2〕 Santoli, "Requiem for Floor Traders"。

政府雇员、家庭和退休人员管理着 2 360 亿美元的退休金和健康福利，他们一直在观察流动性最强的货币对的高频盘中交易策略作为阿尔法的来源。

"我们将货币视为阿尔法的来源，"CalPERS 投资经理奥米德·瑞泽尼亚（Omid Rezania）解释说，"过去几年我们一直这样做，这是 CalPERS 内部不断的努力。"[1]

它们是怎么处理这件事的？首先，利用各种电子交易平台和数学算法工具 MATLAB 分析外汇市场每日交易价格变动和执行当日的货币波动，然后使用一些相关性分析。

瑞泽尼亚表示："你看到黄金走势与标准普尔 500 期货密切相关。你看到澳元与标准普尔期货走势非常接近。白天，我们注意到贸易加权美元指数与标准普尔期货紧密相关，有时甚至石油与欧元同步波动。"

让我们指出其中的一些挑战，MATLAB 可以处理数百万个数据字节，但它确实提供了程序化的交易程序，这会冒同样做别人正在做同样的事情而得不到阿尔法的风险。他们可能依赖于 MATLAB 的原因是因为 CalPERS 承认他们不能聘请更多程序员，因为他们只有三个人的团队。另一个挑战是正确建立相关模型，例如，当美元下跌时黄金价格可能会上涨，但当欧元贬值时，黄金和美元都会走强。所以它们的相关性从负到正，那么，该机构是否会陷入使用我们之前讨论的方法的陷阱？

我觉得在算法交易中会有大赢家和大输家，胜出者大多是具有更深刻见解并能更好地超越哥德尔-图灵限制的机构，也许他们会第一个看到 4 的平方根还有 −2，也许更好的决定是不做算法交易，只是投资标准普尔 500 指数。

---

[1] Ivy Schmerken, "CalPERS Crunches FX Data to Search for Alpha in Electronic Trading", *Wall Street & Technology*, June 10, 2010, http://wallstreetandtech.com/trading-technology/showArticle.jhtml? articleID225600225&cidnl_wallstreettech_daily (accessed October 5, 2011).

第十五章 衍生品的介入和交易策略

复杂的交易策略也可能涉及期货衍生品,这可以使交易变得无形,因为可以避开现货市场。衍生品的影子最终会影响现货市场,但可能不会立即产生影响。2006年5月9日,我做了一项名为《技术展望》(Technical Outlook)的技术性市场预测:[1]道琼斯指数会接近11 650点(几天后,5月19日,我在市场技术分析师协会的一次研讨会上介绍了这些材料,解释了我所预测的内容)。

在我的技术市场展望中,我表示:"我预计道琼斯指数到年底(2006年)仍将再创新高,下半年将温和回调至10 600点。我预计在今年剩下的时间里,市场的进展不会很大,我在下半年的道琼斯目标是12 000点。"

图15.1是我预测的时间的图表。

所以,虽然我预计在今年年底将达到更高的高点,我描绘了一个主要的曲线球。下半场这个曲线球将被修正至10 600点,一旦达到这个标准,我预计到2006年年底就将上涨到12 000点。一旦达到12 000点,我预计在今年剩余时间内就不会有太多进展(见图15.2)。

我期望立即回调至10 600点左右,然后在年底前反弹至12 000点,该图显示我的预测很合理。市场在6月中旬接近10 700点,然后在7月中旬再次在

---

[1] 参见我的网站:www.glgec.com。

第十五章
衍生产品的介入和交易策略

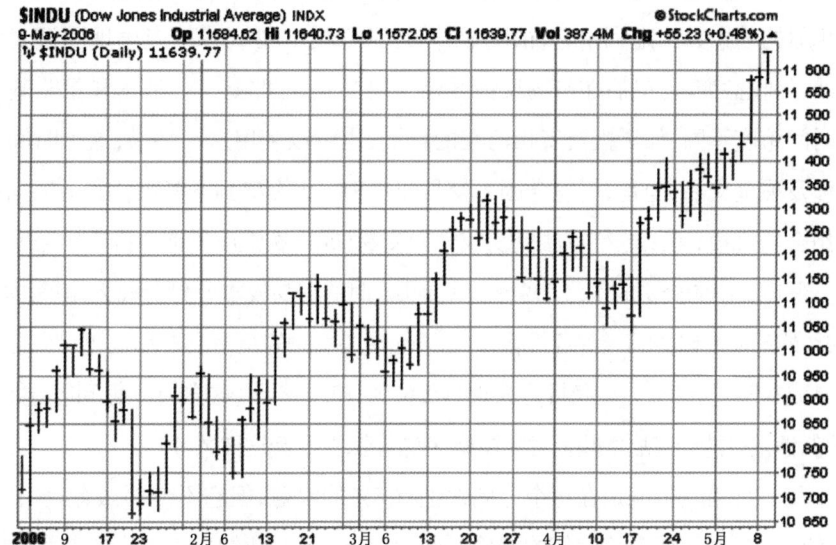

资料来源：Stockcharts.com 授权使用。

图 15.1　2006 年 5 月 9 日道琼斯工业平均指数

资料来源：Stockcharts.com 授权使用。

图 15.2　2006 年 12 月 29 日道琼斯工业平均指数

10 700 点附近创下双底，然后在 10 月中旬涨至 12 000 点，然而，道琼斯指数并没有像我预期的那样停滞不前，而是在年底时攀升至 12 500 点。

虽然这个市场走势有些配合，但由于短期预测回调很难，举这个例子的目的是为了证明基金经理可以实施的各种衍生品策略。可以假定基金经理会提出一个相似的前景并决定利用它,很明显,因为预期股市在10 600点出现回调卖出股票,将收益变现,最后在市场反弹开始之前买入。回想一下,战术和策略基金的时间跨度不同,如果投资者相信我的预测,也可以利用这一举措,这个时间策略涉及现金交易,但是,可能会因为交易成本相当大而感到不舒服,因此,根据投资组合的规模,可以进行算法交易或分段交易(或一次性出售整个投资组合)。

假设卖出的交易成本为2%~3%,而买入时的交易成本为2%~3%,但考虑到8.6%的预期跌幅,你不会感到划算。如果你在买卖时的交易成本都是2.5%,总的交易成本就等于5%。利润将为3.6%(8.65%-5.0%)。(这样的短期策略可能不值得,但是可能会有战术基金对其模型感到满意,并且会这样做。)

另一种策略可能是在每个方向保证有5%的收益,但它不会那么有吸引力。一家经纪公司可能会给我们的报价是收盘价-5%。他们反过来会有某种方式来决定其是否仍然可以在这方面赚钱,因为流动性强的股票是有价值的,但流动性差的股票可能会显示比5%更多的损失,增加10%的往返交易成本会产生负回报,从而使现金策略更具吸引力。

然后,我们可以通过在预期的回调周期内做空期货并在预期的反弹期限内回补并保持做多来减少衍生交易的现金交易成本。例如,如果有小盘股,可以考虑做空罗素2000期货,这里假定投资组合与指数具有很高的相关性,如果相关性较低,则可能需要混合各种指标以更好地满足其特征,在较短的时间内,由于其他市场力量的作用,相关性也可能会减弱。

当然,你必须是一个能干的市场择时者,因为做空排除了在股市上涨获益的任何可能性,另外,你还可能需要支付期货相对于现货的溢价。此外,上涨市场的追加保证金要求会刺激经理的神经,基金经理是否会对冲这个上涨?是否会产生处置效应,并让空头仓位出现重大亏损,从而消除长期投资组合的收益?可能应该这样做,但想象一下,如果市场暴涨20%!虽然损失几乎将被消除,但投资组合并不能够分享做空成本的净升值。

保护性看跌期权策略

确保投资组合收益可能需要保护性看跌期权策略,在这里,你只会失去付出的看跌期权费，所以，如果市场真的出现反弹，那么一旦看跌期权的成本被弥补，投资组合仍然可以获利，比如你可以买入罗素2000指数的看跌期权。再次，看跌期权必须与投资组合具有相关性，类似于做空未来(回想一下，期权是一种在某个特定日期以特定价格买入或卖出的权利而不是义务，因此，如果人们认为股票投资组合可能会下跌，可以购买与其投资组合相应的指数看跌期权)。选择正确的执行价格很重要，因为在短期内看跌期权价格可能会非常昂贵，以至于抵消了所有收益，如果你定期对价值不菲的看跌期权进行展期，成本会变高。所以，在有选择的市场情况下使用它们可能会更好，看跌期权费用的一部分是隐含波动率，这会推高成本。

让我们把这一点解释得更有趣，假设某基金绩效漂移，并且事实上是中盘股基金，它可以使用MDY看跌期权，MDY是一种名为SPDR S&P中盘股400的ETF指数。为了给这个概念提供实际数据，分析在2010年6月11日结束时完成的交易，当时MDY为136.95美元，7月136看跌期权的价格为7.00美元，使用粗略的数字，我们有大约一个月的时间来获得价格上行到136美元的保护。这项保护费用为7美元，即5.1%(我们可以认为一个月的利率是5%)，如果我们延长这项保护，那么成本很容易达到每年60%(12%×5)，MDY能在长期内每年产生12%的收益是很幸运的，所以这是很昂贵的。如果一个月的收益是7%，我们基本上是盈亏平衡的。在这一点上，我们可以开始支付较少的保险费，例如行权价为131美元的看跌期权为3.94美元。

另一个值得关注的问题是持仓量或可购买多少看跌期权。136对16，这对于一个数百万美元的投资组合而言是微不足道的。如果我们可以在不让市场波动的情况下全部买入，那么131可以对应3001，可以保护3 900万美元。因此，为了获得更多的持仓，我们可能需要创造更多的交易成本来推动市场，从而激励人们卖出更多的看跌期权。解决的办法是，如果投资组合很小，我们就可以在短期内确定市场时机，这可能是可行的。

另一方面，为什么要花费所有这些费用呢？吸收短期亏损(因为无论如何，损失都是未实现的)；那么如果展望正确，市场将会上涨。然而，看起来很简单，模型中的恐惧、贪婪和置信度使得一些基金和投资者冒着交易风险甚至付出代价，即使是在成本方面也是如此，晨星研究似乎支持这一观点。

回到看跌期权，这可以对冲一段时间内的下行趋势(因为我们有权在一定的时间内锁定卖出价)，但如果市场调整并未实现，即市场反而上涨，我们依然可以享受市场上涨的收益。

期权价格

期权价格取决于六个主要因素：当前股票价格(S)、行权价格(X)、股票价格的波动性、到期时间、利率和股票的股息率。

期权定价可以从布莱克-斯科尔斯(Black-Scholes)公式得出。这是一个看涨期权(C)的内在价值的更详细的版本，其中：

$$C = S - PV(X) - PV(D)$$

其中，现值按无风险利率折现，D 是股息。

使用看涨看跌期权平价关系，我们可以得出 $put(P)$ 的内在价值如下：

$$P = C - S + PV(X) + PV(D)$$

到期前的期权交易价格高于到期时的内在价值。例如，时间等因素会影响看涨期权的价格，因为到期时间越长，看涨期权的价值就越大。因此，如果执行价格为 10 美元，股票价格为 12 美元，则在到期前三个月的期权将以大于 2.00 美元(12−10；其他均相等)的价格交易。同样明智的是，如果认为股票波动性增加，看跌期权的价格也会上升。

这意味着基金经理必须权衡时间等因素对期权的溢价。买入一年到期的看跌期权会带来较高的溢价，如果只希望市场小幅调整，那么买入期限为一年的看跌期权将产生较大溢价，这可能是不合理的，但如果认为大幅调整即将到来，这将会非常有用。

使用基本的内在估值，我们可以论证一些期权交易策略。

假设当投资组合价值 100 美元时，需要支付 5 美元购买看跌期权，才能保护 95 美元的投资组合。图 15.3 显示了期权到期日的收益。

随着市场下跌至 95 美元以下，投资组合的最大内在损失将为看跌期权成本 5 美元加上资本看跌期权 5 美元(100−95)等于 10 美元。如果市场反弹，投资组合将参与上涨，假设逐点参与，只会损失看跌期权的成本或 5 美元，在 110 美元时，投资组合将获得 5 美元(110−100−5)盈利。

当然，购买日的期权价值也会受到市场预期的隐含波动率以及其他因素的影响，例如剩余到期时间。还必须查看是否有足够的期权可以根据未平仓合约

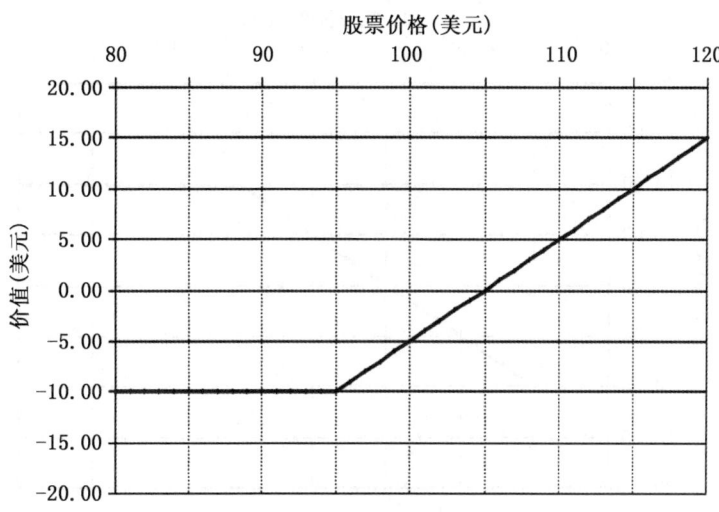

图 15.3 投资组合值

交易(即交易成本的问题)。

由于可能会期望进行温和的调整,因此我们可能会通过卖出看涨期权来暂时牺牲组合收益。

如果认为股票投资组合可能会下跌,就可以溢价卖出与投资组合相对应的指数看涨期权,这将在一段时间内保证部分或全部下跌(取决于看涨期权溢价和修正幅度),但一旦看涨期权到期仍可获得上行收益。

假设投资组合再次价值 100 美元,但以 105 美元的执行价格卖出 5 美元的看涨期权,我们就可以在图 15.4 中看到收益。随着市场下跌至 100 以下,投资组合的最大固有损失将为 100 美元,包含投资组合价值加上 5 美元。因此,如果投资组合降至 90 美元,将损失 5 美元(100－90－5)(很明显,在大幅调整的情况下,卖出看涨期权不是保存资本的最佳策略)。

之前的衍生产品实例显示了基金经理的选择,这取决于市场前景和各种衍生策略的成本以及现金交易,也可以有衍生策略的混合,使用统计数据,我们可以更好地定制策略。

例如,1987 年,一种流行的衍生品策略是假设市场出现较大幅度回调的可能性很小,那么可以卖出离岸价看跌期权。当市场在 1987 年的某一天实际下跌了 20% 左右时(黑色星期五),就出现了筹集资金以履行看跌期权义务的恐慌。更奇特的衍生品种类也如雨后春笋般涌现,针对灾害的保险,比如飓风可能影响

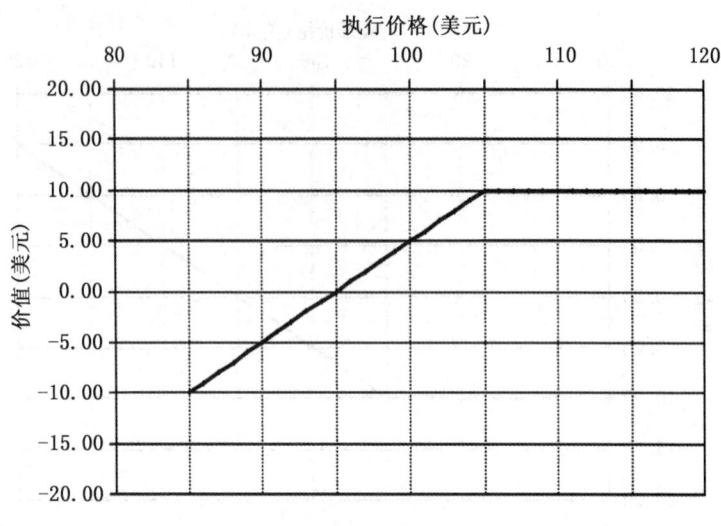

图 15.4 投资组合价值

墨西哥湾的石油股导致购买巨灾债券(CAT)。

互换(掉期)交易

市场择时的另一个策略是引入互换。这些交易成本较低,并具有不同的时间范围(如果使用不当,也可能导致潜在的问题)。如果认为市场(和你的相应投资组合)的表现将低于固定收益,就可以互换股票收益与固定收益工具的回报率的差额。

所以,在市场预测为 10 600 点时,我会用变动的市场回报换取固定收益回报。为了简单起见,我会同意支付(或得到)市场指数的差异。作为回报,我会获得 LIBOR(伦敦银行同业拆息率)利息回报,期限为三个月,之后我不会感兴趣,因为我预计市场反弹至 12 000 点。因此,为了简单起见,如果市场从 11 600 点下降到 10 600 点,我会得到 8.6% 的点数(我们同意以美元交割),加上 LIBOR,比如三个月 1%。因此,我获得了 9.6% 的收益(不错,因为我的投资组合没有交易费用)。但如果市场涨幅达 8.6%,那么我支付 8.6%。扣除 LIBOR 的 1% 返还后,我支付了 7.6%,我可能有现金,或者我可能不得不出售一些投资组合支付这笔费用,从而产生一些交易成本。

互换是一个广泛的主题,已经发展了许多创新的工具。例如,可以通过分析相应的信用违约互换(CDS)反向设计股票的股权价值。

第十五章 衍生产品的介入和交易策略

在我们的互换例子中,让我们改变我的市场预测,现在预期会出现为期三年的股票熊市。基金经理们已经决定,掉期交易(互换)可以提供最佳执行机会,而不是出售股票,买入市场看跌期权或者做空金融期货。另外,通过互换,扭转对市场前景预测的错误决定可能会更容易。我们将不得不寻找另一方交换进行的交易,当然,交易对手的信用风险将再次发挥作用(见图 15.5 和图 15.6)。

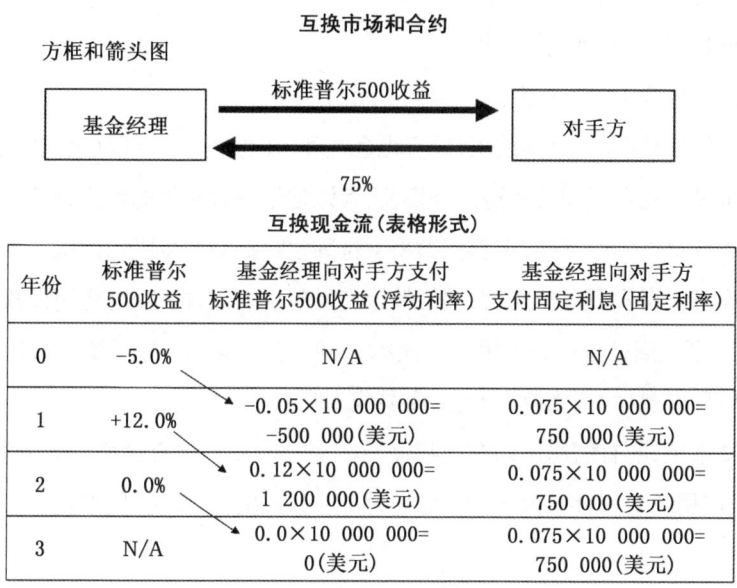

图 15.5 互换市场和合约现金流量交换

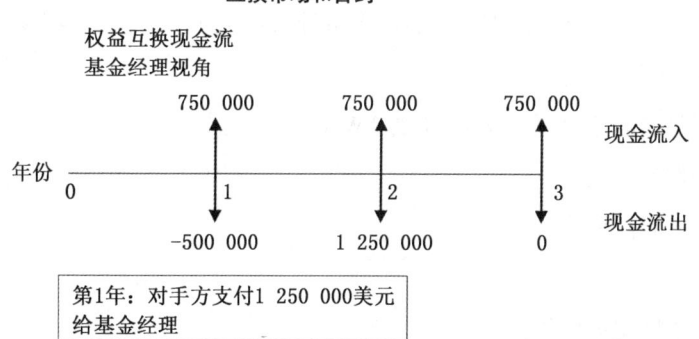

图 15.6 互换市场和合约:基金经理视角(单位:美元)

假设投资组合现在满仓标准普尔 500 指数成分股,管理股票投资组合和标准普尔500指数的基金经理已决定进入以下股权互换：

一个交易对手支付固定或浮动利率。

一个交易对手支付股票指数(如S&P 500)的回报。

更具体地说，股权交换的细节如下：

基金经理支付标准普尔500指数的回报。

交易对手支付7.5%的固定利率。

期限是三年，每年支付一次。

名义本金为1 000万美元。

在三年期结束时，互换结束，投资组合经理可以充分参与任何潜在的市场反弹。如果投资组合经理希望退出互换，因为她觉得只有两年的熊市，可以尝试与另一方进行第三年的互换，在那里她将支付固定收益并获得股市回报。

互换没有得到很好的监管，并依赖于交易对手的信誉。交易者可以找"互换银行"或大型经纪公司，如果另一方违约，他们可以准备好对互换一方的补偿。当然，就互换交易的买卖双方而言，交易成本较高。

展望未来，所有信用违约互换将需要在交易所交易。交易所会介入履行合约，所以信用风险将会大大降低。此外，掉期对外部各方都是透明的。

交易决策和衍生品决策树

因此，当回到我们的市场择时的例子时，我们看到了新的挑战。正如人们可能会想到的那样，只匹配订单的传统交易者比较少见了。考虑一些交易的选择：

- 交易者是否进行现金交易？
- 交易者的订单是VWAP还是TWAP？
- 短期期货？
- 买入看涨期权？
- 互换？
- 接受固定的折扣？
- 融合技术分析并使用融合算法？如果是这样，要考虑哪些因素？

在这里，我们只考虑市场择时的决策，也可以为投资或各种投资组合重新平衡做到这一点。再者，人们是否应该费心去做交易？人们应该在哪里交易，市场走势的幅度,以及基于概率的风险/回报收益。高级专业培训和技术分析的使用正变得越来越重要,尤其是在对冲基金中。我越来越怀疑交易决策能否仅从基本面分析得出。我有幸目睹了一家领先的资产管理公司面试一名交易员,第一个问题被问到应聘者使用哪些技术分析工具?许多初级交易者认为,与分析师相比,他们不需要财务和技术分析背景。在我看来,这是一个很大的误区,专业交易者和基金经理都必须精通交易替代方案,如运用编程和数学分析增加投资回报。

第十六章 建 模

算法交易正在迅速成长,预计彭博上的46家算法供应商名单还会增加,特别是如果监管措施发生变化的话。寻求流动性,从而降低交易成本,打败有效市场,并不是一个简单的过程。据该领域的专家估计,开发一个系统要花1 000万美元,另外还需要500万美元用于年度维护。对于一些人来说,这些代价是不值得的。艾特集团(Aite Group)是一家领先的独立研究和咨询公司,专注于业务、技术和监管问题及其对金融服务行业的影响,他们认为算法交易强调全球交易。更专有的系统,更少依赖VWAP等,更多依赖统计VARS,与单一股票交易相比,投资组合可以更好地涉足暗池交易方法。

我们可以看到普通交易者在所有这类算法交易中都处于严重的劣势。据报道,艾特集团表示,某些特定领域的套利交易在2009年创造了210亿美元的利润。高盛集团无疑正是高频算法交易的受益者,但也是可能的算法盗窃案的受害者,当时谢尔盖·阿列尼科夫(Sergey Aleynikov)窃取了高盛32MB专有算法交易代码("交易机密")[1]。(现在高盛是一家银行,必须退出自营交易。)

由于算法交易和许多交易方法的快速发展,为交易席位提供了广阔的未知领域,特别是当使用了融合分析时。例如,当RSI处于超买状态或MACD下跌

---

〔1〕 Rob Lati,"The Real Story of Trading Software Espionage," *Advanced Trading*, July 10, 2009, www.advancedtrading.com/showArticle.jhtml? articleID218401501(accessed October 5, 2011).

至移动平均线以下时,我们可能会开始交易。如果股票的基本面估值(无论是市盈率、SUE结果还是某些基本指标的混合)也高,这些决策将会得到加强。

用Meta股票等各种程序对交易策略进行回溯测试总是必要的。回溯测试的统计问题可能包括数据挖掘和错误关联假设等常见问题,这些问题可能解释了一些对冲基金在市场暴跌中看似巨大的损失。

鉴于市场的快速发展,各种奇异的交易策略可能需要不断修订。但是,如果忽视系统性因素并因此损害客户信誉,这可能只会使问题复杂化,客户不希望自己变成为基金研发埋单的"小白鼠"。尽管一些交易者担心快速量化决策可能会让他们失去工作,但其他人会乐意接受有机会选择适合特定客户需求的适当算法交易。那些接受这个机会的人会产生更多的交易佣金。

例如,客户A可以是市价订单,客户B是限价订单,客户C是VWAP订单,对于某些客户来说,一些订单也会有更大的技术因素权重,VWAP订单可能并不总是一下单就能买到,但可以提供不同程度的灵活性。目前正在研究的未来主义方法是通过监测脑电波分析交易者的情绪,绘制交易平台图可以让技术分析师创建一个神经脑波技术形态,以确定看涨/看跌情绪。

虽然使用算法交易是一个广泛的话题,并且引起了交易者的兴趣,但它是否能增加价值还有待观察。随着算法变得更加智能化,它变成了一个零和游戏,但只是以输家为代价。谁是失败者?普通交易者、共同基金、其他算法公司,还是买入并持有的人群?

我们可以发现有些人可能不会分享自己的交易机会。投资者可能对长线更感兴趣,并且可能比日间交易者甚至共同基金的换手率更低,他们可能会使用更多的限制,并被视为流动性提供者,因为他们更多地选择某些类型的估值选择切入点而不是错误定价。

与刚才的方法相比,下一个值得关注的领域是使用量化系统投资。一旦做出投资决策,很可能就会有后续的算法交易决策。然而,有些人可能相当有耐心,逢坏消息买入,逢好消息卖出,因为他们认为自己能够很好地掌握价格的真实价值。

正如我们在第十四章中讨论的哥德尔-图灵概念一样,我们可以深入研究算法,但深度究竟有多深?所有这些编程是否有用?根据我的经验,不需要很多因素,复杂性可能相当简单,算法本身不会造成影响,即使使用算法,也可能落入可以利用你的技术分析师手中。

算法系统模型

让我们开始开发一个简单的算法系统模型,它将为我们提供融合分析方法来进行投资。投资期限(对于这个模型)仅仅几天或几分钟,时间跨度将是几个月至一年。我们将创建一个基于评分系统的人工智能(AI)模型。这是一种 Zagat 投资指南,我们将制定判断股票是否有吸引力的标准。(我已经在机构资金和个人投资组合中使用该指南超过 30 多年了。)对于投资决策,使用融合分析包括:

(1)在评分系统中选择技术指标。这也将包括一些行为上的考虑。

(2)决定赋予这些指标多大的权重。

(3)在评分系统中选择基本面指标。

(4)决定我们将在多大程度上重视技术和基本面因素。我们还需要决定如何纳入行为问题。

(5)决定开始的过程:技术优先还是基本面优先。

(6)决定交易技术。

该过程可能是复杂而昂贵的。我们可以使用标准普尔 Compustat 这样的数据库,它有很多筛选标准。

从 1962 年开始,该数据库提供了约 75 000 个全球证券的数据库,覆盖了全球总市值的 90%。它提供了近 40 年的公司具体历史数据,可以轻松用于回溯测试。Compustat 通常由具有大量研发预算的机构使用,因为订阅费用可能达到每年数千美元,当然还有其他数据库可以尝试。输出可以通过特定的标准来选择,比如选择市盈率在一定范围内的公司。

一些基金的投资团队拥有大量的数学家和程序员,团队中最有效的成员是制定决策规则的成员,然后他们将制定特殊的分析规则,以使用数据做出投资决策。例如,在简单的基础上,可能决定不使用收益或净收入,而是使用营业收入来更好地感受公司的盈利潜力,如果我们认为税率扭曲了真实的收入状况,就可以使用这种方法(记住:坏规则等于坏结果,计算机和数学公式不能颠覆坏规则)。

然后,我们将为技术评分系统创建一个非常简单的量化屏幕。类似于 Zagat

指南或一些休假旅行指南,我们有一个评分系统。在度假指南中,可以看到反馈指标,如价格、员工的友善度、客人过去的反馈等,这个过程可以用较低的成本抄近道进行,或者如我们所见,也可以非常烦琐和昂贵。对于那些在雨天酒店度假的客人的差评以及酒店老板亲朋的好评,我们也可能需要小心解读。决策必须在适当的时间范围内进行,因为某些指标对于较短期限可能比其他指标更重要。例如,使用短期技术筛选可能包括随机指标和 RSI 等指标,对于较长期的视野,我们可能会使用 200 日移动平均线和 OBV 等因素。至于哪种因素最好,技术分析师之间意见不一,这本身使得评分系统具有挑战性。但是,这些因素是否会增加价值,或者只是以不同的格式重新处理相同的结果?最后,这个问题将回到增加价值的本质。

我们将使用一个更实惠的数据库晨星,它符合我们的需求,还有许多廉价甚至免费的数据库可用于筛选任务,尽管不像 Compustat 那么覆盖面广泛,但我觉得晨星拥有必要的数据来了解决策过程(我正在寻找绿洲,并不关心每棵棕榈树上有多少叶子)。

选择指标

我们只会使用四个指标。那是否太少了?如果是这样,我们应该使用多少?另外,我们将为每个指标赋予权重。哪个权重最大,哪个权重最小和权重有多大?(所有这些都是对量化挑战的好问题,但我们必须继续。)

我们提出的指标和权重如下:(1)头肩形态,权重为 45%;(2)趋势线,权重为 20%;(3)突破,权重为 10%;(4)成交量确认,权重为 25%。

这四项指标合计达到 100%。我们选择标准的逻辑如下:

头肩形态是经过充分测试的,因此是一个有意义的输入,因此,它的权重高达 45%。为什么不是 50% 或 60%?我的感觉是它应该接近一半的权重,因为除非我们接近 100% 的结果,否则一个指标权重太大不太可能在统计上是谨慎的。如果我们的结果较低,则可以使用额外的指标。另外,并不是所有的头肩形态都会起作用,而向上倾斜的领口是最没有用的。使用头肩形态的另一个弱点是它并不经常出现,当我分配一个很大的权重时,我认为我的时间跨度很长,而且我的换手率很小,因为几天甚至一分钟的时间都没有用,它们没有给出创建相关形态必要情绪所需的时间。

趋势线的权重为20%，因为技术分析师认为趋势可以确定价格方向。打破趋势是一个严重的问题，如果趋势是长期的，更是如此。几秒钟、几分钟甚至几天的趋势是微不足道的，所以，我们假设这个趋势可能是一年，因为头肩形态倾向于是一个长期的指标，至少在几周内演变。

趋势或支撑和阻力的突破可能非常有意义，它们对于具有严格的支撑和阻力水平的长期突破尤其有用。短期的支撑和阻力模式很可能被打破，但并不重要。

第四个因素是成交量的确认。成交量是技术分析的主要因素，因为它必须确认上行突破，但下行突破并非必然。如我们使用K线图，成交量并不重要，除非我们将K线图与更传统的技术措施(如成交量)混合在一起。

所以，我们在模型中已经有一些争议，我们只有四个指标。例如，每个指标在解释时间范围方面都有自己的挑战。一些技术分析师使用其他技术分析师可能不会使用的方法，听到一些对技术分析的批评是自我实现的预言，这很奇怪，人们会假定所有人使用相同的指标，具有相同的权重，并且解释指标相同。因为至少有50个技术指标，所以我们可以很容易地提出一个想法，选择全部或部分不同权重的排列会遇到数以百万计的可能性。那么，是否有人遵循其指示？

让我们回顾表16.1中的评分系统。它代表了一个简单的AI技术模型。5是强烈建议买入，1是强烈建议卖出。(根据投资者的偏好，也可以反转数字，以显示1为最好。)我们可以得出该股票具有4.35评级的购买吸引力，其中5是买入。那么这个评分系统显示了什么？这可能表明反转头肩形态突破了长期下跌趋势，并且在下跌趋势的上行突破方面有很好的成交量确认。

表16.1　　　　　　　　简单的AI技术模型

	5表示买入，1表示卖出		
	评分	权重	结果
头肩形	5	0.45	2.25
趋势	4	0.2	0.8
突破	3	0.1	0.3
成交量	4	0.25	1
合计			4.35

4.35是买入信号

买入股票XYZ

长期视角和短期视角

如果我们的交易时间长达六个月到一年，我会用以下主要因素来指导：(1)200日、50日指数移动平均线(EMA)；(2)RSI；(3)MACD；(4)OBV；(5)相对市场强弱(股票与指数表现的比较)；(6)形态，包括趋势和支撑阻力水平。

我相信列出的因素显示出良好的势头和形态优势之间的平衡。K线图会给我更多关于买入或卖出股票的短期时间决策的信息，由于使用全球小盘股，我认为艾略特波浪周期模式在暴露于特定风险下并不有用（不过，这是我的观点，量化分析师必须自己做决定），我也觉得小盘股不应该短期交易，因为它们流动性不足，可能会导致高交易成本。（再次，这是量化模型的另一个决策。）

那些想要短线交易的人呢？这包括短期交易者，他们更多的是日间交易者或波段交易者，然后，我会用我在与投资公司磋商时使用的以下内容：(1)快速或慢速随机指标；(2)三重交叉EMA；(3)K线图；(4)斐波那契比率；(5)支撑和阻力；(6)事件。

在最终确认时，我会使用MACD和RSI。

交易者的背景或第二意见用途应包括长期形态，理想情况下我们在长期趋势方向上交易。与江恩和情绪融合具有很好的附加值，因为股票中太多的多头意味着我们买入时会遇到麻烦，恐慌性抛售股票出现的好机会，江恩可以帮助决定进入和退出点，因为短期动量指标可能因超买或（在恐慌性抛售的情况下）被超卖而扭曲，熟练的交易者可以利用形态与艾略特波浪相结合来交易。

投资者和交易者都希望调整动量指标，如移动平均线、MACD、随机指标和RSI，例如，我常常被问及10日和50日移动平均线是否优于50日和200日移动平均线，在我看来，对于长期投资而言，它们就不合适了，因为有太多机会会受到冲击，再一次，我们会回溯测试所有关于投资的理论。

选择基本面指标

我们可以考虑到所有技术指标，但为什么不使用基本面指标？它更简单。同样，使用许多基本面指标也可能是一个错误的决定，更不用说它们对会计与经济之间关系的解释。

进行基本面分析时,我们可以选择试图提供最佳估值模型的关键指标,这既容易又困难。例如,选择会计指标(如市净率或市盈率)很容易,但难以确定是否需要调整这些比率来获得经济价值。在我看来,我们需要调整,因为经济价值就是我们所追求的,因为这正是市场对正确定价的理解。另一个困难的问题是财务因素只是财务因素,并不代表隐藏价值,这些隐藏的价值可能是涉及品牌形象或管理技巧的问题。这些突然的损失可能不会立即反映在比率上。最初,盈利可能会持续,但随着品牌形象的侵蚀,我们可以安全地假设市场份额可能会丧失,这会导致销售额下降,因此收益和现金流量低于预期。

基本面决策需要确定投资方法,如成长投资或价值投资。成长投资可能会选择更多的 PEG 分析方法,价值投资可能会在低市净率和市盈率分析中选择更多指标,基本面分析方法基于折现现金流量或比较对等组分析,或两者兼而有之。

融合决策

在融合分析中,我们将基本面权重和技术权重结合起来,从而产生融合决策。表 16.2 显示了五个因素:短期收益、市净率、市盈率、企业 EBITDA(即价格/自筹资金),然后是混合技术评级。

我选择这些指标是因为它们以各种方法进行了很好的回溯测试,此外,我在整个投资生涯中都以各种形式使用了这些内容。就技术而言,我说是混合的,因为技术评级是我们前面讨论的各种技术指标的加权平均值,在表 16.2 中,技术指标汇总为一个评级,例如股票的技术评级为 2。该技术评级可以是若干技术因素及其权重的结果的加权平均值。

我们必须确定这些因素的敏感性。例如,1.1 和 1.15 的市净率可能被认为彼此太接近,所以不足以产生序数差异。

现在 1.0 与 2.0 的市净率足够大,足以表明一只股票比另一只股票更有吸引力,因为 1 倍的账面价值肯定比 2 倍的账面价值更有吸引力,但是,如何决定敏感性呢?一种方法是检查过去的历史,以查验极端或不合理的情况。

表 16.2　　　　　　　　　　　XYZ 投资组合估值评级

组合评级名称	持有 2010年4月17日价格	组合持有比率	评级变化	评级	分值	短期回报	市净率	XYZ 投资组合估值评级 市盈率	价格/自筹资金	技术评级
股票#1	49.20	3.1	2	买入并持有	1.58	1.5	3	1	1	2
股票#2	36.53	5.3	2	卖出	4.30	5.0	5	5	4	2
股票#3	4.38	0.6	2	卖出	4.40	5.0	1	5	5	4
股票#4	8.90	0.0	1	卖出	4.60	5.0	1	5	5	5
XYZ 投资组合(加权平均)	26.72	100.0	1	持有	2.900	4.0	4	2	2	2

然后,我们可以回溯测试敏感性,看看对评级的影响是否会为定价决策增加价值。1.25 倍市净率比 1.0 倍更有价值吗? 等等,这可能是一个具有挑战性的过程,因为我们必须回溯测试所有因素的敏感性,然后确定敏感性是否是导致估值的原因,或者是否有其他因素与市盈率无关。例如,上市公司可能是进入了商业周期的某个阶段,而且市净率没有商品价格对销售额的影响那么重要。银行和材料生产商可能具有相同的 1.5 倍的市净率,但是,如果商品价格开始上涨,这将有助于商品生产者超过银行,因为银行受到其资金成本与其资金贷款利率之间的利差影响可能更大。

人们通常可以很容易地知道,低市净率和低市盈率的股票往往比相应指标高的股票(长期)要好,这是可能的,因为情绪等因素会导致估值偏高或偏低。投资者可以根据市场的乐观程度将市盈率提高至高位,而不是基于市盈率的潜在增长。那么我们是否应该用一些看涨和看跌的行业情绪衡量指标,而不是市盈率或市净率? 著名经济学家尤金·法玛(Eugene Fama)和肯尼斯·弗兰奇(Kenneth French)似乎在他们的研究中指出,导致高市盈率的投资者的乐观情绪会导致投资绩效表现不佳,而不是由悲观主义导致的低市盈率。[1] 所以,在使用高/低市净率和市盈率技术指标时,是否需要对技术分析进行双重考虑(更多用于量化思考的食粮),无论如何,我们必须决定敏感性范围。

表 16.3 显示了每个因素的权重和基于因素敏感性的评级标准。因此,对于市净率来说,最受欢迎的股票是那些低于 1.5 倍的股票,最不理想的是那些高于

---

[1] Eugene F. Fama and Kenneth R. French,"The Anatomy of Value and Growth Stock Returns," *Financial Analysts Journal* 63, no.6(2007).

3倍的股票(我们可以改变序数,现在1是最有吸引力的序数,5是最没有吸引力的,我们可以创建任何我们想要的得分系统,这就是关键,它是否有效就是另一回事了)！市净率权重为10%,这可能是因为投资组合更关注成长,因此市净率没有意义。

表 16.3　　　　　　　　　　　　权重和评级标准

类别	权重(%)	评级 1	2	3	4	5
短期回报	35	＞30	＞10	＞0	＞－10	＞－20
市净率	10	＜1.5	＜2	＜2.5	＜3	＞3
市盈率	25	＜1.25	＜1.5	＜1.75	＜2	＞2
价格/自筹资金	10	＜10	＜1.5	＜2	＜2.5	＞2.5
技术评级	20	1	2	3	4	5

使用融合分析的基金经理对技术评级赋予20%的权重,这种低权重可能是因为投资组合处理小盘股时更注重长期投资。在长期投资小盘股时,基本面研究可能非常有价值,因为这些股票没有得到很好的研究或跟踪,另一方面,拥有分析师跟踪其基本面的大盘股,可能无法让分析师发现某些因素,从而获得更好的估值;所有这些都是已知的。因此,有人可能会得出结论,大盘股最好使用技术分析,而小盘股最好使用基本面分析。

请参考表16.2并注意股票1、2、3和4有卖出、持有或买入/持有决定,因此,在30只股票的投资组合中,权重可以是0或者较低的数字。我们还可以通过对个别股票评级进行加权平均来对整个投资组合评级,这是投资组合为100%且评级为"持有"的图表的底线,然后,我们可以看到哪些指标对这一决定有影响。

表16.2显示了股票2的短期回报率被拉低为4,而技术指标等其他指标的评级为2,短期评级代表我们时间范围内的目标价格,如果在这种模式下有一年的时间,我们预计从现在开始的一年后的股票价格并不具有吸引力,这可能是因为我们使用了每股收益估算值,并使用市盈率计算价格。所以如果盈利预测是1美元,我们给它15倍的市盈率,那么我们得到15美元的价格目标。如果价格现在是15美元,那么回报为零,评分系统会给它一个3的评分。由于评级为4,

根据预测的所有证券的价格,我们的投资组合看起来似乎有小幅的负回报。

让我们继续进行下一步。想象一下,如果客户给你一大笔钱,但你目前组合为满仓持有状态,客户等待价格下跌会让他们获得更好的回报,此时,我们就会有行为陷阱。如果我们提高盈利预测,短期回报就会变得有吸引力,投资组合现在成为买入/持有,我们认为可以真诚地拿走这笔钱。我们是这么做的,但我们这么做是为了客户的利益还是我们的利益?聪明的客户希望至少每周看到这些结果,看看我们是否以某种方式操作系统。话又说回来,无知是福,我们也可以开始偷偷做一些事情,比如只提高投资组合中较大权重的收益,因为这可能足以提升投资组合评级。

同样,如果客户来检查,我们是否会回到相同的问题?我们应该解释投资过程并忠于它,基金管理应该忠于自己的纪律,并提前通知客户重大变化,如果客户需要一些制衡,而不是仅仅依赖经理的话,评级系统无疑是一个好的开始。

我们将基本面权重与技术权重结合起来以获得融合分析决策。虽然这可以每天在线运行,但对于某些投资者(如小盘股基金经理)来说,更实际的做法是每周一次,节省成本且更为实用,此外,这么做还可以缓和市场波动。

回答所有这些之后的问题,我们是继续使用量化模型还是开始预测它并做出例外的事,特别是如果业绩在短期内落后指数的情况下。然后,我们可能会展示锚定效应,我们开始改变量化模型的标准,以便根据当前的市场趋势获得期望的结果。因此,如果科技股表现良好,我们可以放松市盈率约束并降低市净率的权重,这将使量化模型中的科技股更具吸引力。

通过使用融合分析标准(包括基本面和技术分析)对投资组合中的每只股票进行估值,我们可以对整个投资组合进行估值。放松标准可能只是为了满足锚定目标而使大盘股改变投资组合排名所需的额外推动力。

在表16.2中,投资组合被评为"持有"(注意左上部分),该评级来源于投资组合中每只股票美元价值的加权平均值(见底线),所以如果一只股票占10万美元投资组合的2%,那么其在投资组合中的美元价值就是2 000美元。与另一只占比只有1%的股票相比,这只股票对投资组合的最终评级的影响是其两倍。如果我们的投资组合中有三只股票,有两只股票被评为卖出,且在投资组合中占比均为1%,但第三只在投资组合中占比为98%,且为买入评级,则该投资组合将被评为买入,尽管大部分股票都是卖出。(当然,这种投资组合很难用审慎多

融合分析

元化的角度来解释，但这个例子是用来说明问题的。)投资组合是一个加权平均组合，不是等权组合，因为较大的头寸对投资组合评级的影响较大，因此，我们可以通过调整几个大的持股来操纵系统，以获得我们真正想要的结果。

我们也可以这一方法进行归因分析，即通过回顾分析去观察评级在准确性方面的表现。归因分析用于衡量基金经理的技能，以了解谁和哪些因素对投资组合结果做出了贡献，这意味着我们可以看到每个因素(如市盈率)如何促成决策的最终成功。想想一支足球队：进攻、防守还是教练能够在球队的成败中发挥重要作用？

例如，一只股票如被评级为持有，可能不会被买入，但如果它缺乏流动性，则可以低于正常权重被持有。所以，如果正常权重是 3%，我们可以以 0.5% 的权重买入。然后我们可以看到一年后，在风险调整基础上的股票表现。

然而，在我们仅以上述 15 美元的例子来看绝对收益之前，应该考虑短期的风险调整收益。所以，使用 CAPM，假设贝塔高于 1，股票的回报率应该是 20%。它将被评为持有。然后，我们将完全避免买入此股票，投资组合中的权重为零，这可能意味着它在融合过程中并不具有吸引力，但由于该股票不是全面卖出，我们仍然可以申请少量买入。如果我们有很强的流动性标准，可以买入少量股票，因为其很难买入：如果大盘股上涨，那么可以买入。从长期看，这将是一种更为谨慎的做法，因为基金经理希望过段时间基本面转向，从短期看，这是不谨慎的。

我们可以进一步对融合分析进程的所有因素进行回溯测试，以查看导致误差的原因。或许短期收益估计为负值，因为分析师估计收益太低，所以估计股价过低。事后看来，我们可能会看到盈余是否被正确估计，因为该公司报告的实际收益远高于分析师的水平，短期总回报的评级会很高，该股票应该是买入评级。(如果有足够多这样的失误，可以解雇分析师。)我们可以通过计算机编程来选择市盈率，但增加的价值和短期回报是分析师的责任。

也可能是由于技术分析师使用了错误的技术因素，基本面分析师可能做得很好，但技术分析师表现不佳。也许技术分析师应该更多地使用移动平均线，而不是快速随机指数，也许权重是错误的，短期回报在股票评级中应该有更大的权重，如此一来，就是量化分析师的责任。我们也可能会发现分析师是正确的，应买入股票，但不是把 3% 的股票投入投资组合，基金经理只投入 0.5%。然后，基金经理应该受到指责。如果这些失误足够多，就应该替换基金经理。

我们可以看到，归因分析有很多变化。在上述分析中，关键是市场时机的选择，有可能这些股票的评级是正确的，但基金经理在上行市场持有太多现金，导致业绩滞后。一些投资组合总是满仓投资，因为某基金经理可能是资产配置策略的一部分，还有其他基金经理决定市场时机和资产配置，因此，如果他们变得悲观，就会从股票投资组合中撤出资金，并将其投入现金或一些固定收益基金。因为这不仅是可能的，而且极有可能在小盘股基金中出现，因此对基金经理的评估将更多地取决于第二个主要因素，即板块或行业选择。那么，如果科技股表现良好，投资组合中的科技股是否利用这一结果而超配？可能会对行业投注设置产生一些限制，因为可能不允许大笔投注，或者甚至可能不谨慎。

我们现在准备好审查股票选择。通常，自下而上的基金倾向于将重点放在归因分析过程中的选股技巧部分，有些公司可能会为坚持要求提供归因报告的客户准备归因报告，因为客户自己也想知道基金是如何运作的。

基金经理评估分析师的一个挑战是时间跨度。如果一只基金试图表现出交易成本低且换手率低，基金将选择较长期的期限，而不是几天甚至几周。如果在股票流动性不强的情况下管理大量资金，那么为避免交易成本，以一年为期限可能是明智的。对于许多分析师来说，对未来一年的全年展望颇具挑战性，因为他们倾向于通过后视镜或短期内分析股票。一名经验丰富的分析师可能擅长忽略短期内影响股价的即时消息，以期获得良好的长期结果。初级分析师经常说，"看，股票涨了一点左右"，但当然，当它回到原来的甚至更低的价格时，我们再没有听到他们的消息。还有分析师希望根据短期消息交易，但最终导致超出分析师技能范围的交易策略。

我们简单的融合分析规则可能会受更多的钟声和嗡嗡声干扰。例如，我们可以添加投资者类型标准，如果股票不是由机构持有的，或者只有少数基金拥有，而且他们的交易纪录出色，这将有助于这一过程，因为股票将受益于忽视概念或聪明资金抱团的概念。但我们不想让机构拥有它并支持它吗？直到一个人有了头寸，然后你想让大量资金冲进来推高价格。同样，这可能需要时间，不仅是因为要买入流动性不足的股票，还要掩饰意图，以免被其他可能嗅出我们正在购买的人识破。所以，我们回到算法交易策略。

我们如何知道基金的好坏？基金的持仓通常会在多个报告文件中显示，例如 SEC 13-d 文件甚至在雅虎上公布（尽管存在一些滞后）。如果它是共同基金，其记录可以在晨星或理柏中看到,一名职业基金经理也可以通过名字了解到这只基金好坏。

我们也可以创造性地增加可能会影响投资组合排名的因素。例如,我们如何衡量诸如"良好管理"等因素?愤世嫉俗的人可能会说,如果股价上涨,管理就是好的;如果它下降,管理就是不好的。我们希望能够从数据库中获得更多的客观标准。

例如,我们可能会认为多年的经验是一个标准,因此拥有在重要的岗位工作十年经验的人会比只工作三年的人获得更高的报酬。我们可能根据学位筛选,顶尖学校毕业的管理者的管理水平可能会比那些从差一些学校获得学位的人更好,该基金经理过去在其他公司有成功经验吗?如果是这样,那可能会导致更高的评级。

我们也可能希望有一个治理评级,这些评级越来越流行。人们发现,治理评级较差的公司股票的情况比那些治理评级较高的公司差一些。

我们还讨论了其他重要主题,如品牌形象。我们必须对这个项目做出客观的决定,因为我们可以很容易地看到一只正在上涨的股票似乎具有良好的品牌形象。我们可以考虑过去辉煌的股票,如施乐和柯达,它们具有良好的品牌形象,但在竞争削弱其市场份额后股价处于较低水平时似乎失去了品牌。

总的来说,可能有更多的因素,但人们可能想知道它们是否真的比几个关键的因素增加更多的价值,再者,回溯测试可能会提供帮助。从我的角度来看,我试图让事情变得简单,保持简单可能比设计一些复杂的算法更加有效,这些算法只会混淆真正的问题。

平衡融合因素

图16.1中的流程图说明了平衡前几章讨论的各种问题的方法。

首先,我们在基本面分析和技术分析上使用融合分析量化标准,这给了我们一个价格合适的、可以现在或者在将来某个时间购买的股票列表,这些股票未来都有机会走牛。

然后我们有一个定性过滤器,即使量化分析表现不错,也可以接受或拒绝一些股票。例如,我们不会购买缺乏品牌形象的"我也是"之类的股票;我们没有兴

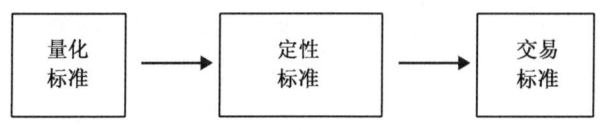

图 16.1 平衡融合因素

趣购买罗德岛的第 7 家地区银行,因为它很便宜,每个公司都必须是独一无二的,或者是市场上独一无二或主要的领导者,这样,品牌形象进入了后门;我们也拒绝任何管理混乱或者似乎违反了股东治理的公司。

为此,我还想加上任何在财务数据中还不可见但可能影响未来业务的因素,这可能是诉讼、环境问题或产品质量问题,可能导致产品召回和品牌的最终侵蚀。回想一下我们对经济收入的分析,任何可能对量化标准产生疑问的问题都会立即通过这种定性分析在方程中过滤掉。

现在我们可能会增加流动性问题(当我为机构投入大笔资金时,我看到的只是预约交易的股票,或者我必须在坏消息和好消息交替时买入,现在我管理的金额少了很多,流动性不是问题)。

再次强调,通过好的市场和坏的市场,以一种有纪律的方式来做这件事是关键。破例和不断重做量化分析是危险的,它只会导致你追逐昨天的新闻。当然,在一开始,你仍然不知道你的定量和定性标准是否有效。

第十七章　融合分析过程和史蒂夫·马登制鞋案例研究

我们以史蒂夫·马登(Steve Madden,代码：SHOO)为例展示融合分析过程。SHOO 为十几岁到二十几岁的女性制鞋,其设计师史蒂夫·马登(Steve Madden)成功创立,并将这家公司从纽约的一家门店扩展到全国 100 多家门店,并尝试在海外分销。SHOO 还开发了老年人系列鞋,此外,他还通过开发服装和配饰获得了授权费。

鞋业的竞争非常激烈,但他已经开发出了一种价格低廉的成功品牌,吸引了学生和首次就业者。此外,他还以时尚闻名,使 SHOO 成为许多年轻购物者的目标商店。虽然鞋子的质量不高,但它们确实经济实惠。据 *ShopSmart* 杂志消费者报告全国研究中心(Consumer Reports National Research Center)2007 年的调查显示,女性平均拥有 19 双鞋子(不包括运动鞋),其中 15% 的女性拥有 30 双或以上的鞋子。她们经常穿四双鞋,一般女性一年购买四双鞋。她们四分之一的鞋子只穿一次,2005 年销售了 14 亿双女鞋,价值 420 亿美元。[1]

每双 SHOO 的价位高于 30 美元,大多在 75 美元至 150 美元,因此,其价格比起步价 600 美元的香奈儿(Chanel)鞋或可能以 300 美元起步的吉米楚(Jimmy Choo)鞋低。时尚达人的高端鞋一般是曼罗·伯拉尼克(Manolo Blahnik)和克里斯提·鲁布

---

[1] Belinda Goldsmith, "Most Women Own 19 Pairs of Shoes-Some Secretly," *Reuters.com*, September 10, 2007.

托(Christian Louboutin)的鞋子，它们的价格也可以超过每双500美元，并且实际价格还可能要高得多。SHOO满足了精打细算的女性的需求，她们追求性价比，但可能对鞋子的使用寿命不感兴趣。因此，在SHOO的财务报表中，捕捉女性的时尚和价值需求的能力并没有被考虑，这使它成为一个有趣的品牌。

SHOO一个令人震惊的事件是，其首席设计师和主要股东(近20%)史蒂夫于2002年因证券欺诈而被定罪并入狱几年。作为一名非金融人士可能会减轻他的罪行，但他不幸受到儿时好友的影响，后者与人合伙创办了一家肆无忌惮的证券公司斯特拉顿·奥克蒙特(Stratton Oakmont)。斯特拉顿·奥克蒙特在1993年为SHOO保荐公开上市(IPO)，因此，他不能担任公司的高管，但他拥有长期的创意顾问合同。出狱后，史蒂夫的创造力显然并没有减弱，其他管理层负责SHOO的日常运营，但史蒂夫被认为是公司成功的关键。

SHOO没有任何工厂，因为它将生产外包给中国和其他国家。因此，它具有杠杆运营的优势。SHOO成功的一个原因是其设计师史蒂夫有能力在不到两个月的时间内看到时尚趋势并在商店中获得测试样品，有时甚至更早。因此，如果样品很受欢迎，他可以将其扩展到其他商店，并且这种快速周转给公司带来营销优势。在SHOO的网站上有女演员、模特和名人买了哪种鞋子及在哪家店购买等信息，显示了品牌的吸引力。

该股票一直处于波动状态，但也创下了良好的(盈利增长)纪录，并产生了大量用于回购股票并派发特别股息的现金。

图17.1中的顶部图表代表了SHOO在2009年12月之前的长期股票交易状态。正如我们所看到的，该股票从公开发行交易早期的几美元上涨到2009年大约30美元。我在这段时间结束图表，以说明围绕该时间表的实际类别案例。实际上，该股票随后每3股送2股，图中应该调整为每股17美元左右的价格，而不是26美元的价格。2011年10月底，股价进一步走高，在拆股调整的基础上摸高每股37美元，这将大幅增加下文所讨论的收益，在有波动的时期，有机会通过低买和高卖来利用估值分析。不过，如果我们刚刚在1993年的IPO期间买入，其股价在15年后保持在30美元的水平，那么我们将获得16.6%的年复合回报率。回想一下我们关于股票分拆的讨论以及关于更新和更高股票价格的评论。

现在，通过一个简单的比较(未对风险进行调整以及使用小盘股的适当指数)，我们可以将股票与常用的标准普尔500指数基准比较，并看到它在20世纪

资料来源：Stockcharts.com 授权使用。

图 17.1　纳斯达克上市的史蒂夫·马登有限公司

90 年代低买高卖是有利可图的，因为该股基本上跟踪了该指数（见图 17.1 中的下部）。后来，该股在较短时间内大幅跑赢或表现不佳，但总体表现优于大盘。相对于小盘股指数罗素 2000 指数也是如此（见图 17.1 中的中间图）。所以买入和持有的投资者做得很好，但主要是在后几年的表现。那些善于估值的投资者本应该利用高估和低估的机会交易股票，从而获得更好的回报。请注意 2000 年后互联网泡沫破灭后的市场暴跌；股价从 2000 年的 9 美元左右下跌到 6 个月后的略高于 2 美元，一年后股价暴涨至 8 美元以上。

因此，基于估值进行投机交易当然可以改善基金经理的表现，我们可以使用我的融合分析系统进行评估。

第十七章
融合分析和史蒂夫·马登制鞋案例研究

这是我在纽约金融学院(NYIF)的股票投资组合课程中使用的一项股票研究。[1] 我花一些时间对某些财务指标做出估计，就好像我们有2009年年度报告一样，尽管2009年的实际财务数据直到2010年年初才会被报道，我在2009年11月底分析了该股票。使用拟议的评分系统，我们将确定评级，但是由于保密原因，我的实际专有系统可能与图示不同。

对于2009年的基数(第0年)，我预测未来的现金流量。出于分析目的，我四舍五入，使用37美元的价格。请注意，这是在每3股送2股之前，因为那时我没有拆分的消息。(由于我显示的图表是拆分前的，37美元实际上是24.67美元。)

回到基本面分析，我们可以回顾2009年11月下旬的股票价格，而2009年12月31日的财务数据初步估计为：

市净率＝37/14.85＝2.5

市盈率(远期)＝37/49 950 000/18 100 000＝13.4

股票价格/股权价值[2]＝37/41.15＝0.9

短期回报(一年)＝11.2%

现在进入评分系统，我们可以将比率转换为评分（见表17.1）。市净率是2.5倍，因此得分为3，因为它介于2.0倍到2.5倍之间。(除非屏障被破坏，否则我们可以插入四舍五入到最近的数字或使用较低的数字。)

表 17.1　　　　　　　　　类别、权重和评分

类别	权重(%)	评分 1	2	3	4	5
短期回报	35	＞30	＞10	＞0	－10	＜－20
市净率	10	＜1.5	＜2	＜2.5	＜3	＞3
市盈率	25	＜1.25	＜1.5	＜1.75	＜2	＞2
股价/自筹资金	10	＜1	＜1.5	＜2	＜2.5	＞2.5
技术评级	20	1	2	3	4	5

市盈率为13.4倍，而标准普尔500指数预期市盈率为14.1倍(1 085/77)。

---

[1] 描述的案例在2009年12月9日完成，因此我使用了实际数据。
[2] 股票价值，其实是现金流的价格，一般可以用折现现金流体现。

所以相对市盈率为 13.4 / 14.1 或 0.95。这低于 1.25,因此得分是 1。

短期回报率为 11.2%,得分为 2。(一般来说,小盘股在很长一段时间内每年回报 12%,所以我对小盘股的评级也考虑到了这一点。)

价格—现金流量比率为 0.9 倍,它小于 1.0,得 1 分。

对于技术评级,我们将使用图 4.20 中得出的实际数字。我们得在本章后面讨论技术问题。

我选择了市净率和市盈率,因为它们在学术文献中得到了很好的检验,以确定超额回报。短期回报没有得到很好的测试,因为管理层倾向于有更好的估计。因此,我们需要一名优秀的分析师自信地使用这一指标,现金流量部分在某种程度上与盈利预测相同。

所以把所有因素放在一起:

市净率得分×权重=3.0×0.10=0.30

市盈率得分×权重=1.0×0.25=0.25

短期回报得分×权重=2.0×0.35=0.70

价格/现金流评分×权重=1.0×0.10=0.10

技术评分×权重=2.35×0.20=0.47

总评分×1.00=1.82

因此,参考表 17.2,评分为 1.82 会导致买入并持有的决定。再一次明确,1 是最好的评分,或者是买入,5 是最差的评分,或者卖出。投资决策表如表 17.2 所示。

表 17.2　　　　　　　　　评级与分数

评级	分数
买入	1.5
买入/持有	1.50~2.25
持有	2.25~3.75
卖出/持有	3.75~4.25
卖出	4.25

如果评分低于 1.5,那么买入股票,我们将在组合中超配,因此,如果正常权重为 3%,那么可以将股票权重调整到 5%(因为超出可能会承担过多的特定风险)。如果评分为 1.5 或更高但低于 2.25,我们可以将股票评分为买入并持有。

然后，我们可以买入股票，超配一点，但不买太多。因此，如果3%是正常权重，我们就可能会配置3.5%至4.0%。

范围的大小可以基于价差，也可以基于正态分布。请注意，买入为1.5分，买入并持有为0.75分。持有为1.5分，但卖出/持有为0.50分，卖出为超过0.50分。因此，我们的决策表似乎接近正态分布类型。因此，评分的大部分围绕中性徘徊。只有超过这个正常范围(比如说2.25分或者更大，但是小于3.75分)，我们才会得到各种强烈的买入和卖出建议。

因此，3.75分或更高，但低于4.25分，是卖出/持有，4.25分或更高是卖出评分。卖出决定意味着我们会出售部分或全部股票。如果股票不在投资组合中，则不会购买股票。因此，应该回溯测试范围本身，看看我们希望投资决策有多敏感。(请注意，如果股票继续保持中性，我们应该进行指数化，因为通过添加没有买入评级的股票将不会增加投资组合的价值)。

运用现代投资组合理论

可以使用现代投资组合理论(MPT)优化我们的投资组合。然而，投资组合理论仅在假设对每只股票的预期收益、标准差和与指数的相关性都正确的情况下才起作用。

现代投资组合理论由马柯维茨(Markowitz)和夏普(Sharpe)等知名学者在20世纪50年代和60年代提出，旨在显示股票等资产组合的最佳构造。通过估计它们的回报、标准差和相互之间的相关性，可以在投资组合中正确加权，从而实现最高的风险调整回报，如夏普比率。然后，可以通过删除一只股票并添加另一只股票来做"假设"，以查看夏普比率是增加还是减少。如果它增加，那么股票是可取的，我们会替代另一个。

现代投资组合理论遵循一些基本假设，例如标准差的正态分布和投资者有共同的时间范围等。投资组合收益仅仅是所有证券的加权平均值。(这与在学校的成绩相似，其中最终成绩是学期论文、期中测试、测验和期末考试的加权平均值，通常情况下，期末考试比测验更重要。)

在两资产投资组合或只有两只股票或一个指数和一只股票的投资组合中，数学相当复杂，但仍然是基本的；对于两种以上的资产，我们开始使用更复杂的矩阵代数计算。这在 Excel 中很容易实现,但是这很难正确估计每项资产的回报、标准差和与所有其他资产的相关性。

$$E(R_{port}) = w_1 E(R_1) + w_2 E(R_2)$$

$$\sigma_{port} = \sqrt{w_1^2 \sigma_1^2 + w_2^2 \sigma_2^2 + 2 w_1 w_2 Cov_{12}}$$

$$\sigma_{port} = \sqrt{w_1^2 \sigma_1^2 + w_2^2 \sigma_2^2 + 2 w_1 w_2 r_{12} \sigma_1 \sigma_2}$$

其中:$E(R_1), E(R_2)$ = 资产 1 和 2 的预期回报率

w_1, w_2 = 资产 1 和 2 的组合权重

σ_1, σ_2 = 资产 1 和 2 的标准差

$Cov_{1,2}$ = 资产 1 和 2 之间的协方差

r_{12} = 资产 1 和 2 之间的相关性

该等式显示了获取投资组合收益的数学方法和两种资产的风险(标准差)。注:标准差公式显示为协方差和相关性。

我们看到回报是加权平均数。标准差也是相同的,但我们将其相关性的影响与两项资产组合中的另一项资产相加。所以如果它们一起浮动,我们不会得到同样的好处,就好像它们在相反方向浮动一样(负相关)。

例如,假设投资者为了达到投资目标,可以在两种资产或证券之间选择:股票 GEGC 和标准普尔 500 指数(见表 17.3)。什么是最好的风险/回报组合?考虑到投资者的回报和风险限制,最佳组合是什么?这个例子也会引入一些风险指标。

表 17.3　　　　　资产分配分析:风险和回报

	预期回报	标准差	相关系数	协方差
GEGC	0.168 7	0.138	0.71	0.007 838 4
标准普尔 500 指数	0.113 5	0.08		
国库券	0.012 5	0		

风险/回报/相关曲线见图 17.3。

由于 GEGC 和标准普尔 500 指数之间具有高度相关性,有效前沿(由我们之前的回报/风险模型创建)几乎是线性的,其中 GEGC 是拟议股票的虚拟名称。最高夏普比率 1.305 44 显示最佳投资组合,其分配给 GEGC 的比例为 20%,标准普尔 500 指数为 80%,其显示了接受高回报和高风险的最佳权衡。从

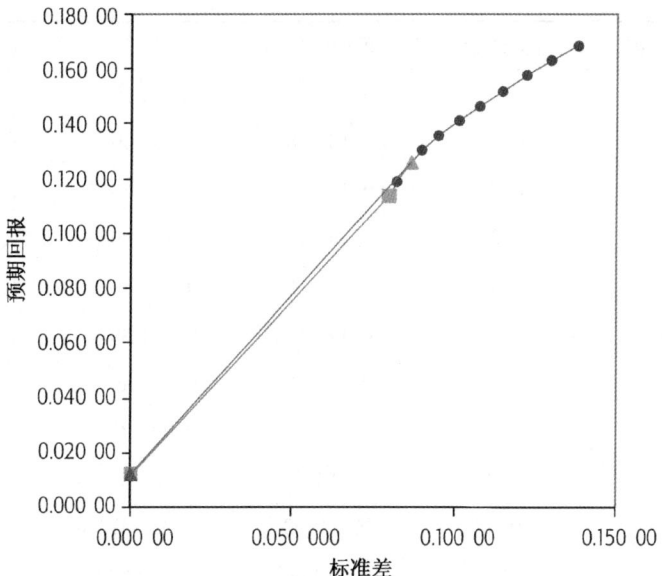

图 17.2 GEGC 和标准普尔 500 指数的机会集(1)

表 17.4 所示的时间表来看,最佳投资组合的回报率为 12.5%,标准差为 8.6%。

表 17.4　　　　　　　收益、标准差和夏普比率的回报

(A)

证券1权重	证券2权重	预期回报	标准差	夏普比率
1	0	0.168 70	0.138 00	1.131 88
0.9	0.1	0.163 18	0.120 40	1.251 50
0.8	0.2	0.157 66	0.103 33	1.404 78
0.7	0.3	0.152 14	0.087 12	1.602 92
0.6	0.4	0.146 62	0.072 32	1.854 53
0.5	0.5	0.141 10	0.060 01	2.143 04
0.4	0.6	0.135 58	0.051 98	2.368 04
0.3	0.7	0.130 06	0.050 31	2.336 50
0.2	0.8	0.124 54	0.055 60	2.015 11
0.1	0.9	0.119 02	0.066 19	1.609 36
0	1	0.113 50	0.080 00	1.262 50

(B)

证券1权重	证券2权重	预期回报	标准差	夏普比率
1	0	0.168 70	0.138 00	1.131 88
0.9	0.1	0.163 18	0.130 00	1.159 06
0.8	0.2	0.157 66	0.122 28	1.187 11
0.7	0.3	0.152 14	0.114 89	1.215 42
0.6	0.4	0.146 62	0.107 90	1.243 01
0.5	0.5	0.141 10	0.101 39	1.268 35
0.4	0.6	0.135 58	0.095 46	1.289 27
0.3	0.7	0.130 06	0.090 23	1.302 84
0.2	0.8	0.124 54	0.085 83	1.305 44
0.1	0.9	0.119 02	0.082 37	1.293 14
0	1	0.113 50	0.080 00	1.262 50

如果同时拥有两种证券并且都值得买入,它们的相关系数不是0.71,而是-0.5,夏普比率会更好。

请注意,由于GEGC与标准普尔500指数在图17.3中的正相关性和负相关性较低,因此有效前沿形成了回旋标形。

夏普比率显示最佳投资组合为GEGC约40%,标准普尔500指数为60%。与前一个例子1.305 44相比,它现在更高,读数为2.368 04。请注意,最佳投资组合的回报率为13.6%,标准差为5.2%,而原始回报率为12.5%,标准差为8.6%,所以,投资者获得了更多的风险调整回报,因此,第二次投资更佳。

因此,在融合分析过程中,我们可以开始决定将哪些股票添加到投资组合以及这些股票的权重。当输入预期收益、标准偏差和相关性时,我们可能会受到过去结果的影响,但我们必须意识到过去可能不会继续,这些输入的大的变化肯定会搅乱结果。

现代投资组合理论的批评者指出,如果标准差不是对称的或者是偏斜的,那么结果可能会失去确定投资组合的有效性。现在,偏斜的结果可能意味着行为偏差在下行方面表现出更多的恐惧,或者回报最终更多地分布在左侧尾部,如图17.4所示。

随着更多的杠杆运用,投资回报可能对左尾更敏感,因此我们会对左尾进行

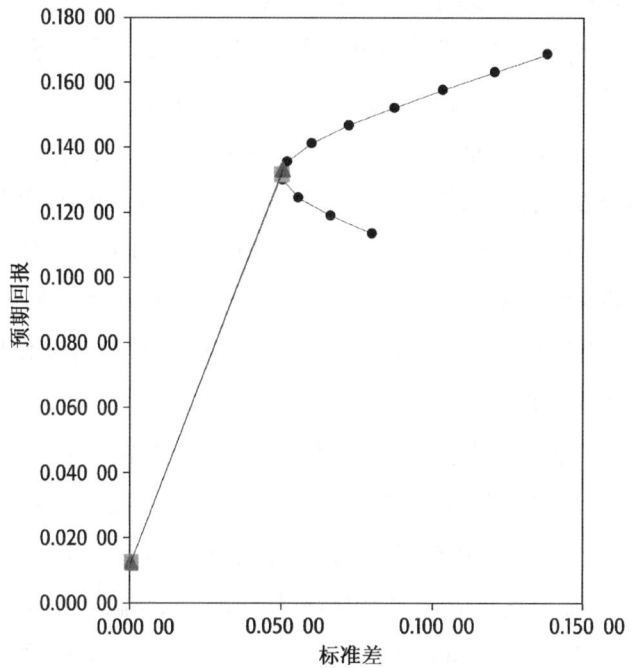

图 17.3　GEGC 和标准普尔 500 指数机会集(2)

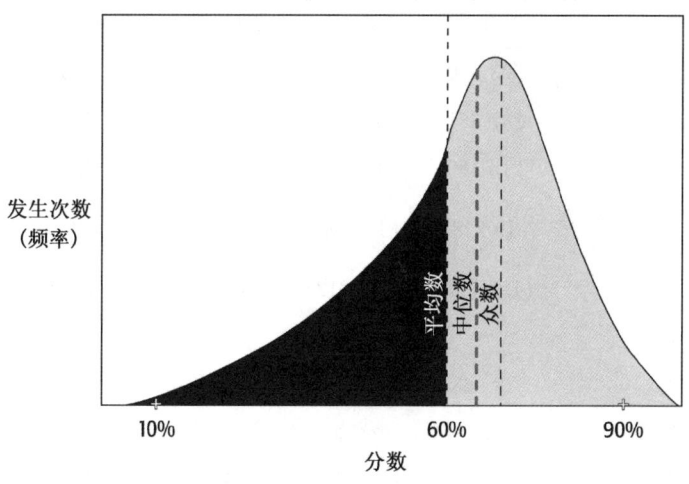

图 17.4　偏态标准差

压力测试。即使赔钱的可能性很小,但损失也会变得非常大,几乎将我们的本金抹去,因此,拥有更保守的效用曲线的投资者会回避这些投资,实施这些投资的

融合分析

可能是一些具有高杠杆的抵押贷款和对冲基金。

让我们回到 SHOO 股票。2010 年年初，该公司发布了 10-K 财务数据，再次，我对最终收益和账面价值的现金流进行了估计，但数据与年底的实际结果相当接近，所以我的数据可能与 2009 年仅稍微有点不同。例如，2009 年为基年 0，我估计销售额为 5 亿美元，但实际销售额为 5.03 亿美元，我估计净收入为 4 500 万美元，但它的表现好于预期，年底为 5 010 万美元。SHOO 没有真正的债务，但我包含了假设的 1 000 万美元，所以我的学生可以看到如何计算加权平均资本成本。（为了简单起见，我没有每年计算一个新的加权平均资本成本，也没有为预期的债务水平调整贝塔。）

SHOO 在广告上花费了 700 多万美元，但这与销售额 5 亿美元相比相对较低，我们必须承认它的品牌形象实力。如果这种情况恶化，那么我们可以认为现金流量被高估了，然后 SHOO 必须重新定位其品牌，这可能导致广告费用超过销售额的 1.5%。在这种情况下，如果觉得广告太低，我们会质疑管理层的广告预算和计划，并降低任何实际的现金流量。回想一下我们对经济会计的评论。表 17.5 中的数据来源于我们经审计的合并财务报表。

表 17.5　截至 12 月 31 日的年度损益表数据（除每股数据外，单位为千美元）

	2009 年	2008 年	2007 年	2006 年	2005 年
净销售额	503 550	457 046	431 050	475 163	375 786
销售成本	287 361	270 222	257 646	276 734	236 631
毛利润	216 189	186 824	173 404	198 429	139 155
佣金和品牌授权费净收入	19 928	14 294	18 351	14 246	7 119
营业费用	(157 149)	(156 212)	(138 841)	(134 377)	(114 185)
商誉减值	—	—	—	—	(519)
营业收入	78 968	44 906	52 914	78 298	31 570
利息收益	2 096	2 620	3 876	3 703	2 554
利息支出	(93)	(207)	(65)	(100)	(164)
有价证券买卖损失	(182)	(1 013)	(589)	(967)	(500)
税前收入	80 789	46 306	56 136	80 934	33 460
预估所得税	30 682	18 330	20 446	34 684	14 260

续表

	2009 年	2008 年	2007 年	2006 年	2005 年
净收入	50 107	27 976	35 690	46 250	19 200
每股基本收益	2.78	1.53	1.73	2.21	0.95
推销后每股收益	2.73	1.51	1.68	2.09	0.92
普通股的基本加权平均股份	18 045	18 325	20 647	20 906	20 112
行使期权对普通股潜在股份的影响	278	194	645	1 195	806
已发行普通股的摊销后加权平均股份	18 323	18 519	21 292	22 101	20 918
每股支付的普通股股息	0.00	0.00	0.00	1.00	0.67
总资产	326 859	284 693	266 521	251 392	211 728
营运资本	139 007	122 086	121 138	151 711	114 066
非短期负债	6 710	5 801	3 470	3 136	2 757
所有者权益	267 787	206 242	215 334	211 924	182 065

SHOO 在 2009 年 11 月 27 日的走势看起来如图 17.5(记得拆分比例为 3∶2),因为我们还没有拆分前股票走势。我们必须选择和注释因子来确定技术评分。图 17.6 是我们可以使用的带注释的图表,技术评分基于表 17.6 中的决策。

那么我们如何在 SHOO 上获得买入并持有评级?最大的权重是移动平均线,其权重为 35%。其股价仍处于 200 日移动平均线上方,并出现黄金十字,50 日移动平均线仍高于 200 日移动平均线。相对短期持有者而言,这对长期投资者更重要,因为短期持有者可能会更重视 MACD 等其他指标,这是负面的(注:股票对于长期持有者可能显得有吸引力,但对交易者不具吸引力)。

市场相对强弱指标显示股票表现低于标准普尔 500 指数。它已经变成下跌趋势,但也打破了 10 月和 11 月的支撑位,因此,市场相对强弱得分为 4。

能量潮大致处于中性,横盘整理并且仍然保持在 9 月和 10 月的阻力位之上。能量潮因此得到 3 分。

斐波那契回撤位在接近 50%的重要支撑位。在这个水平上,有 8 月的 35 日的阻力价格和 9 月和 10 月的 35 日的新近支撑位的支撑,这意味着买入的好时机,因为股价已经过度上涨至 45 美元,因为它远远超过 200 日移动平均线,但现

资料来源：Stockcharts.com 授权使用。

图 17.5　2009 年 11 月 27 日 SHOO 股价走势

第十七章
融合分析和史蒂夫·马登制鞋案例研究

资料来源：Stockcharts.com 授权使用。

图17.6　2009年11月27日SHOO股价走势（带注释）

表 17.6　　　　　　　　　技术分析评分决策

	1 是看涨,5 是看跌		
	评分	权重	结果
移动平均线(MA)	1	0.35	0.35
支撑/压力	2	0.15	0.3
平滑异同移动平均线(MACD)	4	0.1	0.4
能量潮(OBV)	3	0.2	0.6
市场相对强弱	4	0.1	0.4
斐波那契	3	0.1	0.3
合计		1.00	2.35
2.35 是买入并持有评分			
买入并持有股票 SHOO			

在它已经退却,接近有吸引力的支持区域,并可以准备买入。所以支持/阻力获得 2 分。斐波那契得到 3 分,因为在 62% 的位置获得支持并接近 37 美元的水平(这有点令人失望)。

然后我们对技术因素进行加权平均,得到 2.35 分。实际上 2.35 分是中性评级,但接近截止点。根据我们对交易的讨论,由于 SHOO 流动性不强,可以将其视为买入并持有,并用一些算法买入。由于 2.35 更接近 2,我们将其评为买入并持有,我们也可以四舍五入并将其视为 2。

现金流量评级

回到基本面分析,让我们仔细看看现金流量评级(我们将使用贴现现金流量进行现金流量分析)。

表 17.7 显示了简单而简略的贴现现金流量分析,销售额加总在一起,但分析师会将销售分为各种类别,如产品线、许可费用和销售渠道,我们需要估算利润率、成长率、营运资本需求和 CAPX 等主要投入。我使用了基于收入的终值,但有些可能使用了 EBITDA 或两者的组合。我们还必须得到加权平均资本成本,以便贴现需要调整的现金流量。

融合分析和史蒂夫·马登制鞋案例研究

表 17.7　　　　　　　　　　　现金流量分析

估值									
公司投入				第0年	%增长率1	第1年	%增长率	第2年	总价值（第二年）
股价	37								
股价	18.1		销售额	500.0	0.08	540	0.11	599.4	
	第1年	第2年	净利润	0.09		0.0925		0.1	
增长率	0.08	0.11	净利润	45		49.95		59.94	
净利润	0.0925	0.1	非现金费用	10		10		11	
移动平均债务	10		税后利息	0.1		0.2		0.2	
移动平均股权	669.7		加权平均成本	8		12		15	
贝塔	1.3		－CAPX	12		10		15	
税前债务	0.06		自由现金流量（FCF）	35.1		38.15		41.14	839.16
CAPM算出的权益资本成本	0.1065		PV CF			34.51		720.29	
税率	0.35								
超额现金	0		现值、自由现金流量之和	754.80					
非经营性现金	0		＋超额现金	0					
			＋非经营性现金	0					
加权平均资本成本	0.105507		企业价值	754.80					
市场输入			－债务	10					
无风险收益	0.035								
市场组合收益	0.055		权益价值（EV）	744.80					
			每股权益价值	41.15					
			预期收益（%）	11.2					
计算									
		R_f	贝塔（EMR）		MVd（MVd MVe）	$Kd(1-t)$	$MVe/MVd\,Mve$	Ke	
CAPM算出的权益资本成本	0.1065	0.035	0.0715	加权平均资本成本	0.015	0.039	0.985	0.1065	
TV	市盈率	NI							
839.16	14	59.94							

　　基于此,我们看到买入信号,因为预期回报率为 11.2%。现在我们也可以通过使用的价值线数据库来进行可比较的分析,以了解与同类公司的差异。同样,我们必须意识到,并非所有的数据库都会根据个人喜好调整数据。

检验结果——结果尚可

　　图 17.7 是从 2010 年 4 月中旬后 SHOO 股票走势。它很快将以 3∶2 的比例分拆。正如你所看到的,股价涨幅甚至超过了预期,买入并持有信号是正确

的,但非常保守,股价从 36.18 美元上涨到 52.95 美元,涨幅为 46.4%。

资料来源:Stockcharts.com 授权使用。

图 17.7　2010 年 4 月 16 日 SHOO 股价走势

那么现在怎么办？即使在2010年11月的一周年之前,我们也可以看到股价已经大幅上涨。因此,我们将运用融合分析了解股票是否仍然具有吸引力。

意识到现在会有更新的基本面和技术细节,因此输入因子以及相应的评分可能会改变。总的来说,我会每周评估投资组合中的所有股票,这可以通过获取数据反馈甚至是编程技术规则来高度自动化,但是在获得实时数据和使用计算能力方面可能会变得昂贵,相反,我们可能希望对数据做合理的快捷操作,以降低成本。然后,所有股票的交易决定可以自动100%完成,股票由电脑买卖(在一定的金额限制内)。或者我们可以使用一些判断,只有75%的决定是通过电脑完成的,情绪会再一次引发对结果的猜测吗？

此外,我们必须认识到,并非所有的数据都值得调整。过度分析太多的数据是没有用的,可能会导致基金经理错过股票的基本决断力,可能只受到几个因素的影响。通常,正确估计销售额可能是推动股价的关键因素,消息越来越好,买股票就越来越难了。因此,最初对股票流动性因素的决定得到了回报。

分析瘫痪

太多的数据会导致所谓的"分析瘫痪"。海阔天空的分析师应该能够做出这个决定,初级分析师可能会在深夜分析各种真正意义不大的数据。我记得有一名初级分析师加班到很晚,研究如何转账,所以我问为什么这对制造商很重要。该分析师通过了解资金清算银行的方式,或许可以实现更好的应收账款流动,从而增加营运资本。事实上,分析未来材料成本的时间本来会更好。基金经理或高级分析师必须关注初级分析师,有些人甚至不会雇用他们,而只是雇用资深分析师,因为这需要太多的时间来培养。但是,老手可能会因循守旧,失去创造力的火花。生活并不容易！

投资者是否应该退后一步,确定是否有基本面的标准被泡沫所笼罩,从而导致基本面权重会被低估？这是1999年的一次批评,当时互联网泡沫导致像市盈率这样的因素升到极高的水平。然后投资者可能会认为财务因素相当紧张并且没有特别的用处,并且他可能被价格高估的股票森林里相对便宜的股票所吸引。然而,其他便宜的股票也可能被高估。因此,一只科技股市盈率可能只有30倍,但市场平均市盈率为40倍,所以科技股的价格会更高。然后人们可以说基本面权重应该从80%降低到只有30%,因为技术面因素似乎是更好的指标。

这是解决这一困境的可能办法,但我不赞成这样做。首先,这意味着我们已经知道这个价格已经很高。是的,它比以前高,但它可以高得多;反之亦然。最好保持一致的纪律,并保持 80/20 的比例或通常有效的比率。如果我们在过滤指标上使用足够的灵敏度,技术分析师将允许一些昂贵股票的进一步上涨,并允许在底部购买价格下降的股票。我们可能不会陷入低谷或高位,但投资者不应该担心这一点,因为随着时间的推移,阿尔法将会产生并击败竞争对手。试图制定精确的顶部/底部策略可能会危及这一点,因为我们可能会很快兑现并且不会投资于上涨的市场。

这让人想起量化投资的行为问题。例如,期望理论(夸大真实的事件概率)是否会影响最终的量化结果?例如,根据蒙蒂尔(Montier)的研究,"他们高估了标的股票的价格与期权价格相交叉的小概率[在期权中],并低估了标的股票价格与执行价格保持一致的概率"。如果超过量化结果?改变基本面/技术或其他比率的 80/20 混合可能意味着在奉行期望理论。

我们可以将衍生品估值的有效使用与技术工具结合起来。

例如,头肩形态测量目标可能导致使用衍生品保护损失的有效方法。比较技术价格目标并将其与衍生品的成本可以权衡衍生品的成本,实施技术决策。因此,虽然衍生品可能允许以较低的成本微调投资组合,但它很可能导致另一种形式的期望理论。例如,假设技术分析师声称股票或投资组合价格过高,但基本面仍显示出良好的价值,这最有可能发生在顶部附近,因为投资组合分析师团队会对他们的股票感到乐观,并继续看涨(再次进行行为分析)。那么我们可能会试图增加技术面的权重,或者我们可能会更加看好,并会降低技术面权重。这是不明智的,因为我们要研究市场时机和期望理论,那为什么还要研究量化分析呢?

然后,我们可能会开始购买股票或投资组合的看跌期权,并可能会寻求更接近 1 的德尔塔以更好地对冲下跌。实际上,这与混合技术/基本面比率相同。虽然投资组合的成本可能相对较低,但如果我们一直坚持这种做法,那么成本会变得相当大。随着我们不断买入看涨期权,保险费用开始累加。然后将这些成本与投资组合的实际上下移动比较,因此当市场走向相反方向时,可能会侵蚀机会收益或产生不必要的保险成本。我们可以看到,不断变化的组合可能会产生损害收益的拉锯战,因此可以不断使用衍生品策略。最好使用提供买入和卖出的敏感过滤指标,偶尔使用衍生品增强投资组合的成长性。

在这一点上，我们准备进行一项融合分析，扫描搜索新的想法，而不是只评估投资组合中的现有资产。该方法是相同的，但为了获得更多的想法，可能会有更宽松的过滤指标，然后也可能在定性特征上拒绝。我们的目标是获得一个有前景的投资清单，这些投资可以产生风险调整后的超额收益并超过指数投资方法。再一次强调，我们将尝试创建一个包含 35 种股票的多元化投资组合，这样的融合分析过程就会开始创造一个良好的命中率，同时减少白噪声。该学科的主旨应该是预期投资组合 α 的基础。

第十八章　融合分析演示：
新理念和必要的投资新知识

到目前为止，我们已经详细讨论了如何在当前投资组合中使用融合分析流程，我们现在将从选择投资机会的角度着眼于融合分析方法。我们从哪里开始？融合分析模式的研究是一个好的开始。我们还可以在公司的商业刊物上阅读一篇文章，参加股东会，甚至从亲戚那里获得消息（合法）。然后，我们可以通过融合分析过程运用这些创意，使用技术分析、基本面分析。我个人每周都会运行这些模型。接下来，我们评估技术指标，并结合重要的行为问题。正如我们对当前投资组合所做的那样，我们现在创建一个评分系统，以便生成买入和卖出机会列表。然后确定并实施适当的交易系统，评估衍生品的潜在用途，这一点非常重要。然后，我们重新评估这个流程，权衡速度、细节和成本，从各种数据库中，我们可以开始一个非常简单的筛选过程。

假设我们是长期投资者，我们从基本面入手，并使用之前流程中看到的权重，其中技术因素占最终得分的20%（注意：短期交易者很可能从技术开始，然后将其权重远远超过到得分的50%）。基本上，我们可以选择一种流行的方法，如股价合理增长（GARP），鉴于过去的良好记录和盈利机会，小盘股可能成为投资者的目标中心。我们的模式可能如下所示：(1)市值低于10亿美元的股票；(2)过去三年的经营利润增长率至少达到10%；(3)市盈率小于22（或者说不超过标准普尔500指数市盈率1.25倍);(4)市净率在3.5倍以下;(5)债务/资本低于50%;(6)过去一年净资产收益率达到15%以上。

交易者可能会寻求即将公布收益、收益增长势头强劲、与新闻事件有关的股票。

表18.1是晨星公司的筛选的结果。[1]基本面标准将帮助我们集中于34只精选股票(从超过5 000的起始数字开始)。左边的列表示通过每个筛选过滤器的股票的数量。

表18.1　　　　　　　　晨星筛选结果

5 162	市值(百万美元≤1 000)
2 399	市盈率≤22
1 955	第一到第二年经营收益增长率(%)≥15
2 213	第二到第三年经营收益增长率(%)≥10
1 627	过去12月股权回报率(%)≥15
4 415	当前市净率≤3.5
2 910	过去3个月与标准普尔500指数相对强弱≥0

资料来源:晨星。

表18.2是前几个股票名称的部分清单(按照字母顺序),我们可以点击名称以获取更多详细信息。从技术上讲,我们可以选择表现良好趋势、背离等的以下指标:50日和200日移动平均线,相对强弱表现,OBV指标,MACD和RSI。

表18.2　　　　　　　　晨星筛选结果——股票

股票名称	晨星分析报告	晨星评级	板块	行业	市值(百万美元)	股息收益率(%)
亚当斯资源＆.能源(Adams Resources & Energy)			能源	石油/天然气	165	0.95

---

[1] 我使用晨星是因为普通投资者买它比较实惠。

续表

股票名称	晨星分析报告	晨星评级	板块	行业	市值(百万美元)	股息收益率(%)
艾丽斯-查尔莫斯能源(Alis-Chalmers Energy)			商业服务	安全服务	291	0
美国医师服务集团(American Physicians Service Gr)			金融服务	保险(地产)	45	0
阿凡达控股(Avatar Holdings)			金融服务	房地产	522	0
商业服务(Business Service)			商业服务	商业支持	267	0

资料来源：晨星。

请注意，交易者可能会在牛市中寻找股票，使用快速随机指标等振荡指标，寻求通道交易和/或将测量规则应用于形态。在行为上，如果使用事件驱动策略，则应分析主要持股者的交易模式。如果交易者准备抄底，可以选择从12个月高点下跌50%的股票，如果寻求做空，可以选择超过50日移动平均线50%的任何股票，并具有负的RSI背离。

我们现在可以从基本面选取并创建股票图表。图18.1是阿凡达控股的走势图。（请注意，某些技术因素已经被基金经理选中并进行了编程。）阿凡达的一些积极特征是它的交易价格高于200日移动平均线，脱离了之前的5月阻力位和上涨的OBV。因此，阿凡达将成为进一步分析的候选对象，因为基本面和技术分析的结果都不错。

然后，我们将根据量化因素决定是否购买阿凡达。例如，阿凡达是一家房地产公司，因此会计可能需要调整以更好地反映行业，我们也可能会添加诸如管理质量等主观判断，流动性考虑也很重要。纯量化分析人员可能会忽略这一点，或者将其转换为量化扫描，也可以考虑行为因素。我们可能希望知道以下问题的答案：谁是大股东？这是聪明还是愚蠢的钱？他们会成为长期持有者还是跟踪行为变化的交易者？（总而言之，建立和解释量化因素既是一门科学，也是一门艺术。）

资料来源：Stockcharts.com 授权使用。

图 18.1 2005 年 11 月至 2006 年 10 月阿凡达控股股价走势

表 18.3 列出了阿凡达控股的主要机构持有者，我们也可能想要获得主要共同基金持有人清单。由于基金同时管理机构和共同基金的资金，因此它们往往接近相同。阿凡达的基金持有人似乎是长期价值投资者或指数基金，例如三维基金顾问公司(Dimensional Fund Advisors INC.)，我们可以从雅虎获得这些数据。另外，我们可以扫描证券交易委员会最近的报告以确定是否有内幕交易。然后，我们可以研究活跃基金经理人的记录，以确定持有人是愚蠢的还是聪明的。

表 18.3　　　　　　　　　　　阿瓦达公司的主要机构投资者

持有人	份额	占流通份额比例(%)	价值(美元)	报告日
第三大道管理公司 (Third Avenue Management, LLC)	735 990	8.98	41 929 350	2006 年 6 月 30 日
三维基金顾问公司	408 038	4.98	23 245 924	2006 年 6 月 30 日
优秀资本管理公司 (Sterling Capital Management Company)	277 365	3.39	15 801 484	2006 年 6 月 30 日
巴克莱全球投资者英国控股公司 (Barclays Global Investors UK Holdings Ltd.)	249 567	3.05	14 217 831	2006 年 6 月 30 日
私人资本管理公司 (Private Capital Management, INC.)	1 861 680	22.72	106 059 909	2006 年 6 月 30 日
AXA	207 163	2.53	11 802 076	2006 年 6 月 30 日
第一曼哈顿公司 (First Manhattan Company)	190 093	2.32	11 226 892	2006 年 6 月 30 日
顾问研究公司 (Advisory Research, INC.)	1 386 094	16.92	78 965 775	2006 年 6 月 30 日
先锋集团 [Vanguard Group, INC. (THE)]	121 885	1.49	6 943 788	2006 年 6 月 30 日
惠灵顿管理公司 (Wellington Management Company, LLP)	96 996	1.18	5 524 153	2006 年 6 月 30 日

由于基本面和技术分析从不涉及确定性和概率，因此我们应该构建一个涵盖多个行业的约 35 种股票的多元化投资组合。我们应该重新审视一些我们先前提出的交易理念，以降低交易成本。

交易者可能会使用杠杆。因此，将赌注压在两三只股票上是不明智的，特别是交易成本可能很高，产生的资产组合应根据适当的基准衡量，并使用适当的绩效报告，需要讨论诸如夏普比等风险指标。

你可能想知道什么时候实施这些行为。在行为上，人们只有在看多的时候才会寻求投资新的想法。回想一下，近期市场到顶时每个人都有选股权，在底部，投资者可能损失过大，或者害怕寻找新的想法，因此，在正确的时间筛选会有在顶部买入的风险。

投资者应密切关注，定期检查所持有股票的前景，通过这种方式，投资者更有可能在适当的时候或接近适当时间买卖，当证券真正被错误估值的时候，而不是当我们"感觉"它们被错误估值时，就会发生这种情况。

超越市场表现并不容易，我们已经讨论了市场的有效性问题。新手和专业人士都非常"厌倦"遵守投资纪律，因此应该认真考虑指数投资，主动管理增加了投资组合可能表现不佳的风险，因此，在计算费用后，结果会更糟糕，同时成本更高。

尽管如此，还是有一些人有高超的投资技巧，我们可以假设那些知识较多的人会比天真的投资者有优势。另外，正如本书所示，一种守纪律的投资方法也会有所帮助。

但愿融合分析将提供优势，以实现卓越的表现。

知识基础和教育

如何捕捉这些知识？知识分为两部分：信息和运用。换句话说，一个人必须获得知识，然后有技巧和悟性来利用它。由于投资既是艺术也是科学，它不同于有明确最终结果的自然科学。例如，H_2O是水，但在投资时，H_2O可以是泥土、黄金或水。换句话说，人们可以在物理学中遵循适当的程序，混合元素并得到水，但投资并非如此。我们可以做贴现现金流分析并获得估值，但结果大错特错，因此，当学生问我他们的答案是否适合公司金融案例时，我只能回答这个程序看起来是正确的，因为只有市场才会给出最终答案。数据可能被误解，而其他输入可能被忽略，从而影响了估值。在物理学中，我们可以多次进行实验并获得相同的结果。在投资中，我们有一种倾向，也就是说，低市盈率股票可能导致相对于高市盈率股票表现优异，但并非总是如此。事实上，市盈率对于某些公司可能并不重要。例如，服务公司会受到市盈率估值的影响可能大于银行，银行可能更多地受市盈率影响。

人们还推测未来的数据可能不像过去的历史，如果确实如此，那么预测估值就更容易了，但如果不是，那么结果可能完全不同并且非常令人惊讶。此外，还必须考虑到最初并未出现在财务数据中，但将来可能会出现的定性因素，如品牌形象的变化或环境成本。

直觉与评估方法的比较

因此,有人会说,应该更多地根据概念或直觉购买股票。这可能不是一个坏方法,因为正确预测生活方式和技术的变化可能是人们成功的必要条件。所以,如果有人说因为有一个新的行业,即汽车,马蹄铁即将消失,要避免即将大批倒闭的马蹄铁公司的损失,然后投资正在开始赚取巨额利润的新的汽车公司。有人可能会说这是买苹果公司股票的方式,与这家公司待在一起,直到它垮掉,但只要它是产品的领导者,股票就会走高。如前所述,在过去,基于这个概念,我们看到了曾经辉煌的股票的价格最终下跌,如施乐和宝丽来。因此,那些具有敏锐的洞察力和良好判断力的老前辈可能会有良好的投资感觉。

对于某些人来说,这种方法看起来太简单了,并且在低买高卖的方面没有用处,特别是如果在对业绩进行监控的时间越来越短的情况下。我们需要更精确的估值模型。当然,苹果公司是伟大的,但它可能会被高估,因此你不会得到阿尔法。这当然是有道理的,但是我们最终陷入了"先有鸡,还是先有蛋"的游戏。收益的变化是由于股票消费者态度的变化,还仅仅是因为市盈率太高?要么是投资者太低估收益,因为投资者的情绪尚未发生不利变化,或者如果它仍然与先前一样,投资者就会疯狂买入并不停将这只股票的股价拉到新高。

所以,大多数情况下,专业投资者都有基于数据输入的估值模型,这些数据是根据会计和公司财务等科目输入的。直觉和猜测并不是基金投资的主流方法,或者至少它们没有被宣传为这样。你会看到向投资者介绍的一些投资纪律,并且假定必须学习一些正确的知识才能投资。

正规训练

为了正确学习投资的科学部分,比如会计和公司财务,然后投资者应该转向哪里呢?换句话说,随着时间的推移,你能自己掌握这些信息吗,或者你需要正规的学习方法吗?当然,随着时间的推移,这些信息可能会被某些人发现,但也有可能不会被发现。因此,你可能希望看到这样的证据,在开始委托资金给分析师投资前,分析师已经知道了形式化的知识。基金本身没有一整天的时间去试验每一个声称自己知道如何低买高卖的疯子,而且他们还必须确保对客户资金进行适当的尽职调查。因此，我们应该正式或非正式地设定标准，使整个过程更加科学。例如，可能需要通过考试或获得某些学位，更不用说这是监管要求了。此外，虽然没有任何机构或政府规章可以适用于某些投资要求，但该行业可以通过要求某些标准来自我监督。

我们看到的是两种资格：法规和行业标准。监管可能包括有时通过考试，如系列 7 和 63，处理交易和征询指令。这些考试由金融业监管机构或 FINRA（前身为全国证券交易商协会）管理。还有其他必要的考试，如 86/87 系列，即研究分析师资格考试，它旨在确保纽约证券交易所和纳斯达克成员所的研究分析师表现出一些基本的能力来完成他们的工作。这是一个旨在表明分析师具备一定技能并且不仅仅是在互联网泡沫中流行的经纪人的考试。（经纪人总是看涨，以招揽生意，但这可能不是很好的分析师。）

知识主体包括商业主题，如使用生态经济数据和制定评估模型。如果申请人通过了特许金融分析师（CFA）考试（下文讨论）的Ⅰ级和Ⅱ级，可以要求豁免第一部分（86 系列），即研究分析师资格考试的分析部分。这同样适用于在技术分析中通过 CMT 认证考试（也讨论过）的一级和二级，其他条件也是必需的，如作为一名执业研究分析师。除其他监管考试外，其他国家可能对其投资专业人员有考试要求，一些国际投资者也可能参加美国考试。

虽然一般的监管考试是必需的，但投资公司可能会更加精挑细选，挑选最优秀的人。在这里，他们可能会招聘拥有高等学位、来自最好的商学院的投资专业人士，他们也可能要求分析师通过 CFA 考试。对于那些希望学习基础知识的人来说，要想在领先的基金和投资公司找到工作，最好是获得 MBA 学位并成为特许金融分析师。

一些 MBA 课程可能会降低课程要求以符合学生的技能，因此学位并不那么难拿。更多不受欢迎的学校可能会让失意的学生陷入困境，因为学费贷款没有被预期的额外收入所弥补，但是选择学校可能会有签约奖金来支付学校贷款。

获得 CFA 认证是另一个在一流投资公司获得好工作的途径。并非所有的公司都需要这种认证，但越来越多的公司需要。此外，在客户寻找投资公司时，他们越来越希望该公司拥有一定数量的 CFA 特许持有人。除了一个良好的金融学科核心之外，CFA 课程还重视道德问题。一些客户认为，CFA 特许持有人将遵守道德规范，从而避免法规和道德规范中的问题。因此，没有适当的资金或甚至缺乏 CFA 特许持有人可能导致基金公司被调查。几乎所有投资问卷都出现了一个问题,那就是经理是否遵守了 CFA 协会的投资绩效标准 GIPS。

CFA 的称号在全球范围内得到认可,是特许人在投资管理和研究分析领域严格而全面的学习计划中取得成功的证明。[1] 这是 1942 年本杰明·格雷厄姆愿景的一部分,从而导致创立 CFA 协会,其目的是使投资管理流程成为一个专业。第一个许可证书是在 1963 年颁发的,近年来,特别是来自国外的入学人数急剧增加,现在有超过 10 万名候选人参加了 CFA 考试。截至 2008 年,CFA 特许持有人达 87 600 名。

获得使用 CFA 指定的权利需要通过三个级别的考试,包括道德、定量方法、经济学、财务报告和分析、公司财务、投资组合管理、股票和固定收益分析、衍生工具和其他投资等主题。在三个级别中,道德通常占考试的 10% 至 15%,被强调为该课程的一个优势。第一级考试的最近通过率一直在 35% 至 40%。不用说,通过所有三门考试都是很好的成绩。

CFA 头衔有什么价值吗?如果市场是有效的,如果有 CFA 特许持有人管理自己的资金,它是否会有所作为?很明显,CFA 不能保证获得阿尔法,因为一些基金有 CFA 特许人并没有产生阿尔法。一些研究表明,CFA 特许持有人增加了价值。例如,与没有获得特许金融分析师资格的人相比,特许金融分析师能提供更好的盈利预测。[2] 因此,这意味着估值模型更准确,这可能是由于 CFA 计划的课程培训以及需要分析师合理谨慎并向客户公平表述的道德要求。

另一项研究表明,作为 CFA 特许持有人的卖方分析师比非特许持有人预测得更及时,然而,精确度的结果显示好坏参半。对于分析师的子样本,特许持有人在收到他们的 CFA 证书后会提高其及时性,所以这支持了获得 CFA 资格的努力。此外,在较小的公司,客户更可能受到推荐的影响,因为它是由有资格的人员完成的。[3]

对于技术分析师而言,如前所述,可以通过学习成为特许市场技术分析师(CMT)。CMT 计划由市场技术分析师协会管理,该协会于 1973 年成立。它在

---

[1] *CFA Program Curriculum*, Vol. 1, 2010, CFA Institute, p. 105.

[2] Richard Fortin and Stewart Michelson, "The Earnings Forecast Accuracy of Analysts Who Are CFA Charterholders," *Journal of Investing* (Fall 2006): 19—24.

[3] Gus De Franco and Yibin Zhou, "The Performance of Analysts with a CFA Designation: The Role of Human-Capital and Signaling Theories," *The Accounting Review* 84, no. 2(2009): 383—404.

全球70多个国家拥有3 000名市场分析专业人员,[1]约有63%的成员在美国,其余的在海外,加拿大、瑞士和印度成员最多,CMT成员现有817名。

CMT还有三个级别的考试,涵盖了大量的技术分析主题。第一级包含120道选择题,用时两小时,成本是500美元,包括测试和注册,会员还必须支付每年300美元的费用。一级合格率约为70%,其他级别合格率较低。不过,在最近的考试中,第一级的通过率一直在下降。

由于技术分析一直受到商学院和投资公司的抵制,因此其成长速度比CFA计划慢。然而,随着对主题投资和行为金融的兴趣越来越大,其入学人数一直在增加。2009年,700名考生参加了考试。虽然一些技术分析实践已经在学术期刊上进行了研究,但据我所知,没有关于类似于CFA计划的CMT增加值的功效研究。由于全世界有许多技术分析用户,因此对正式课程有明确的兴趣。许多投资公司要求正式的技术分析课程,一些大学开设技术分析课程。

正如人们所看到的,证券投资的知识体系相当大,并且不容易掌握。雇用没有正式技能的人员可能会让人感到不安,因为其中一些人在业绩表现方面毫无用处。因此,这是一个平衡的行为,其中一些基础知识是行业的标准,更好的公司可以在最佳候选人中选择。如果这种形式化的知识是一个进入门槛,其实很多人不能在投资中表现出专业水平,更不用说产生阿尔法。融合分析将需要训练有素的专业人士,因为很少有人能够在短时间内掌握所有这些知识并取得丰硕成果。因此,人们应该再次认真考虑采用指数投资,而不是为主动管理付费。

---

[1] www.mta.org.

结论:未来和金蝴蝶

我们是否需要运用融合分析方法来预测未来？那些保持平常生活的人是不需要这本书的。那些希望利用他们有限的财务资源进而获得更好生活的人则将会阅读这本书。尽管融合是一种投资方法，但用投资方法进行预测自然会产生好的或不好的结果。结果可能是错误或正确了一段时间，然后逆转。类似于篮球比赛，得分可以保持变化并且偏向一方或另一方。与篮球比赛不同，没有哨子或游戏结束的信号。那么未来是什么意思呢？一周、一年、十年？股市可能会从现在一年下跌，但在十年内急剧反弹，正如我们在美国看到的大盘股一样，它也可能会下跌十年。

通常在预测过程中，规则是预测价格的水平，而不是价格水平将达到的日期，或者相反，预测日期而不是价格水平。通过这种方式，人们有足够的时间做出决定，或者投资者可能早已忘记了预测是什么。因此，一个人的声誉可以是完好无损的，并没有受到损害，因此，预测在市场未来几年涨势喜人，是利用预测规则的好方法。

因为市场具有无限的生命(如果采用通货膨胀的理论，市场的寿命是很长的)，短期看来好的可能在长期看来不好；反之亦然。因此，可能遵循价格水平和时间范围预测规则的预测者也可能会提出警告，例如，虽然未来几年市场将会很好地上涨，但投资者应该注意会有几次回调。因此，任何市场抛售都可能符合一个人的预测。通过这种方式，人们可以在预测中保持清醒，尽管这样做是无用的。出于这个原因，人们崇拜那些做出正确的具体重大市场趋势判断的人，这里的问题是，即使是最优秀的人也会犯错。在投资组合管理方面，这可能并不令人反感，因为在风险调整的基础上有望胜过指数。所以，即使是伟大的球员也会击出臭球，但他们往往比其他球员做得更好，从而获得更高的薪酬并帮助创建优胜的队伍。

解决预测问题的另一种方法是使用"如果"术语进行预测。例如，如果美联储放松银根，市场会上涨，但如果收紧银根，市场会下跌。如果我有足够的"条件"和预测结果，我可以开始预测一些正确的可能性。

还有另外一种方法可以回避这个问题，这种方法曾被用在现场电视节目上。读这些话时很幽默，但如果说得很快并且面无表情，他们似乎是一个严肃的预测。

人们可以做出一些概括性的预测，这些预测没有任何意义，但在这些商业展会上看起来不错。通过这种方式做预测的结果从来没有被解释过，因为它从一开始就没有预测到任何真正的结果。我列出了从各种商业论坛上收集到的一些预测，包括以前访谈负责人的陈述（它们是供你消遣用的），我们开始吧。

例如，下面是我对这个问题最喜欢的一些含糊的回答："你认为市场走势如何，你的投资策略是什么？"

(1)"我的研究表明，除非我们突破旧的高点，否则我们不能创造新高。"

(2)"除非开始上涨趋势，否则下跌趋势不会结束。"

(3)"我只专注于购买上涨的股票。"

(4)"当黄金上涨时，它不再下跌。"

(5)"价格上涨只意味着一件事，而这一点很重要，图表左侧的价格低于图表右侧的价格。"

(6)"我们的公司在投资方式上有所不同。我们只选择那些有吸引力、管理良好、最重要的是便宜的股票。"

在这一点上，你现在可能会问我对市场未来的看法以及市场中是否有融合的空间。

我们的金融史上经历了许多具有挑战性的经济时期。我们近几年来一直处于不利地位，但是，从过去的经验看，我们的金融市场可能会出现反弹和赚钱的良机。

以未来十年为时限，我认为大多数投资者应该对其资产配置和投资进行指数化。但是，如果你认为主动管理可以增加价值，那么我肯定会建议使用融合分析，因为它结合运用了最好的投资方法，它利用了投资心理学的重复性，而不是被恐惧和贪婪的情绪带节奏。

在本书中，作为融合分析的副产品，有人指出可能会出现两个基本趋势，即投资者可以在未来几年受益：更高的通货膨胀率和小盘股投资的吸引力，尤其是作为阿尔法来源。我预计通货膨胀率至少是发达国家历史长期利率的两倍，大约超过6%，这应该是由于现在的一些巨额债务货币化的结果。然而，这将是具有欺骗性的，因为理想事物的实际通货膨胀率将超过6%，可取的东西可能是医疗保健、普林斯顿大学的学费、百达翡丽手表等奢侈品以及上四分位数的所得税税率。这种通货膨胀的发展将扩大贫富阶层之间的差距，这会造成社会不安，并会给上流社会带来更高的税费。[1] 我在几年前就预测了这种趋势，并且引发了我关于便携式财富投资的课程。有人会说这是缩小差距的唯一途径。我不同意，为了克服这种通货膨胀前景，我将继续通过战略性买入金属，特别是黄金来实现投资组合的多元化。

此外，这种多样化还应包括对全球小盘成长股的良好配置。我觉得小公司会像过去一样创新新产品和服务，它们有潜力创造新的就业机会和更大的税基。它们也将成为明显上涨的通货膨胀水平的良好对冲，它们可以获得经营杠杆，创造效率并提高价格，从而提高股价和利润。

长期以来，小盘股表现优于大盘股。近期对近十年的分析表明，美国和全球的小盘股表现都比大盘股要高出近2倍，而且它们也提供了令人满意的回报，全球小盘股呈现年化两位数回报。[2]

尽管随着这本书的出版，市场将出现回旋，但十年来已经表明态度可能会有所改变。债券可能会随着低利率的上升而调整，随着通货膨胀率的上升，利率可能会更高。小盘股已经表现良好，预计在通货膨胀时间较长时表现良好，因为它们将会在更好地传递价格上涨和利用营运杠杆方面处于更有利的地位。

未来成长型公司

我们还需要创建投资激励措施，以便人们在未来创办成长型公司。我们需

---

[1] 当我在2008年写这篇文章时，还没有看到GCC国家的愤怒之日，当然也没有看到占领华尔街抗议。我认为这些抗议将持续且会升级。

[2] 截至2011年10月14日，根据罗素投资（Russell Investments）的数据，全球小盘股的年回报率为10.1%，而全球大盘股的年回报率为5.4%。罗素投资网站的数据（截至2011年9月30日）显示，美国最近10年小盘股（罗素2000指数）的年回报率为6.1%，而大盘股（罗素1000指数）的年总回报率为3.3%。

要更多联邦快递、微软和苹果。这些公司既需要高智商的员工,也需要掌握基本技能的员工。政府帮助企业摆脱困境,让这些公司发展起来,政府也应该采用融合方法。政府当然需要一些宽泛的量化标准来维持金融秩序,比如资本要求,一些技术官僚是好的,但之后他们需要退出市场,并停止猜测投资者情绪。他们不需要在每次孩子哭的时候都带尿布,它需要让老树死去,让新的树生长。如果不这样做,我们的森林将会缩小。因此,政府的融合分析过程将意味着美联储发挥更小的作用,其货币供应目标更加量化;从选择企业的情感支持中获得较低的税率;一种由不那么情绪化的法令和更客观的衡量标准支持的货币,如黄金。

今天,这意味着政府必须避免提高税收,或将税收优惠用于所谓有需要的地区,以刺激需求(例如我们看到的住房),然后避免创造更多容易浪费、低效和腐败的官僚机构。我们已经讨论过美联储熨平经济周期方面令人可疑的技巧,人们会怀疑财政政策是否更好。让企业在广泛和健康的边界内呼吸和成长。政府需要停止支出补贴来拯救夕阳公司,并且仍然期望后代承担债务,这可能导致政府债务不得不进行合理化调查。无论是在行为上还是在技术上,这是一个确定性的行动,不能仅靠印钞来改变。灾难是恐惧和贪婪的结果,克服这个周期只会使其变得更糟,类似于美联储在20世纪30年代初的行动,因为即将死亡的树木不能用木制夹板支撑,它们仍然会死亡。

通过更多的货币化和合理化的政策克服债务负担,这是一个更好的选择,而不是通过紧缩措施压制中产阶级和穷人,并让银行家在救助情况下收取奖金。让我们不要把增长钉在债务十字架上!有人会指出,世界的某些地区可能会更好地提供这种增长,例如,相比于美国,中国被认为是未来增长的机遇。这很可能,但是这个论点忽略了一些问题:不断成长的公司可能在一个国家设有总部,但总部可以很容易地移动,其生产和销售也可以变得更加全球化。因此,苹果真的是一家"美国"公司吗?例如,全球销售的癌症药物实际上不是一个国家的资产,因此,我们需要摆脱资本管制和货币思维。我们应该实现物品以全球价格出售,因为它们有需求,而不是因为用美元或欧元购买它们。这些货币交易都是实事求是的,因为价格是根据市场的承受力而定的。普林斯顿大学学费可以用黄金或美元支付。但美元的升值是为了满足市场需求。这意味着,货币需要与黄金、大宗商品和实际收益资产挂钩,而不是与政府承诺挂钩。这再次吸引了所有货币中表现最强劲的小盘成长股,以及希望它们不断增长的现金流。不确定?

你愿意10年后买苹果股票,还是政府债券?

金蝴蝶的时代

我把未来的十年称为金蝴蝶(Golden Butterfly)的潜在时代,这些将有助于减轻黑天鹅的威胁。因为事故是允许的,尿布是不能提供的。通过贝叶斯统计,一个人会得到更好的失败概率,从而变得更加具有防御性。金蝴蝶中的"金"是因为黄金可以对冲不断上涨的价格水平,蝴蝶是因为许多行业和国家的经济将从它们的丑陋中得到重生,结果就是新公司如雨后春笋般涌现。这应该会导致美丽的蝴蝶冉冉升起。当然,它们不会长生不老,但当旧的死去或消失时,它们会有机会更新池子。这些蝴蝶将包括朝阳公司——鼓励发展的小公司,它们将创造就业机会,提高许多人的生活水平。

通过这种投资方式,我因此预测全球小盘股公司每年回报为超过无风险利率约10个百分点。历史上,美国小盘股在过去几十年的年收益率为每年12%左右,官方通货膨胀率每年约为3%。这比国库券收益率高出约9%。如果我们使用美国政府长期债券(比如10年)作为无风险利率,那么年收益率就会达到5.5%左右。展望未来,如果将债务货币化,它可能不得不提供更多,因此,小盘股每年的溢价约为6.5%。我预计长期政府债券的溢价为10%。目前,历史数据显示股票尤其是小盘股的估值偏低,这一低基数将为未来的成长提供良好的跳板。投资者的情绪处于悲观的一面,他们正在美国政府债券中寻求避险,这些因素表明潜在的即将从债务转向股票的变化。由于某些类型的债务货币化策略,这些债券的利率应该会上涨,因此我们可以估计再增加3%的政府债券利率,以获得8.5%的利率。然后再增加10%的溢价,以在未来十年内获得18.5%的名义回报率。是的,这些就是金蝴蝶![1]

投资者很难获得阿尔法,因为获得和分析所需的数据使得这些决策非常具有挑战性。朝阳公司的不确定数据或隐藏数据将难以做到这一点,利用新公司的数据分析其潜力很难。谁将成为下一个苹果?

我们会提前选择一些定量标准,因为这些可能会产生下一个苹果。那些显

---

〔1〕 因此,这对投资者来说将是一个巨大的机会。过去10年全球小盘股的年回报率约为10%。这意味着我预测的未来10年年回报率18.5%,几乎比全球小盘股回报率翻了一番。

而易见的著名公司将会吸引投资者和政府政策的兴趣。从某种意义上说,尾巴会对狗产生冲击,因为知名企业的弱点会影响公司和政府的政策,特别是如果它们像银行业那样密切相关的话,这将导致我们讨论的重复循环。

因此,我们将寻求新的算法来寻找成长型公司。这将是具有挑战性的,因为我们需要对数据进行创造性判断。我已经展示了我在职业生涯中使用的一些标准,但还会有更好的标准来自更有经验的投资者。大型组织如政府和美联储等机构不太可能做到这一点。最有可能的是,舒适区域将是图表的图录部分,其中存在大量的数据和常规路径分析。在行为上,我们将尝试将这些数据和分析放入预期的方形和圆形孔。这将导致技术分析和行为金融继续蓬勃发展,因为它们以确定的方式重复周期和过去的行为。

因此在融合分析中,我们可以用量化标准捕捉蝴蝶,这将是一个量子网。例如,可以使用较高的净资产收益率和较低的市盈率以及良好的市场相对强弱的技术指标作为关键输入。这种量化方法可能是挑选未来成长型公司和避免炒作的一种更好的方式,而不仅仅是玩预感或逻辑的情感诉求。可以创建更具感知力的过滤指标来扫描未来十年的前景,例如使用管理学的智能背景,这将包括过去的记录和教育水平,这通常有助于预测未来的成功,这可能会给出转向金蝴蝶公司的选择清单。

我们还可以购买罗素 2000 指数或 MDY 的 ETF,以获得一些好的,但也有一些不好的中小盘股票。一个增强的量化过滤器将有希望找到更好的公司。因此,当还我在保诚基金公司时,我们通过挑选一些赢家以及避免一些被炒作但最终失败的"讲故事"股票而获得了良好的投资结果。

未来十年充满了希望,但只限于某些领域。因此,我会购买黄金和小盘成长股。如果我的假设年增长率为 18.5% 是正确的,那么在接下来的十年里,目前为 712 点(2011 年 10 月 14 日)的罗素 2000 指数在 10 年内可能升至 3 500 点以上(并且不计算股息收益率为 1%)。

也许该停止担忧了。相反,现在是时候回到正题上,通过使用融合分析的方法,我们可以满怀希望地享受金蝴蝶的到来。

附录一

早在20世纪70年代,当我向个人推荐股票时,我撰写并发布了一些基本的投资报告,其中包括一份展示了支持投资决策的基本面和技术方法的建议报告。是的,现在我们可以在报告中感受到学习收益率曲线的挑战。高兴的是随着年龄的增长,我们会变得更聪明。

两份投资报告的例子是FCA国际有限公司和迈特公司。这些报告最终到了一些华尔街经纪人手中,他们知道了我的名字和方法。他们是美邦的阿尼·厄森瑟(Arnie Ursaner)和彼得·斯科尔茨(Peter Scholtz)。从那以后,他们创立了自己的公司。我非常感谢他们,因为他们最终把我推荐给了保诚保险公司(Prudential Insurance Company)的一名主要基金经理,他最终还是聘请我帮助制定小盘股投资方法与流程。这些股票出现在保诚的投资组合中,因为良好的基本面和最终的收购导致价格上涨,因此赚了不少钱。

SITUATION REPORT ON: October 3, 1977
(An Advisory Service
 of John Palicka)

               MITE CORPORATION: Second Quarter Earnings
               (ASE: MTE)

Dividend: $.28   Recent Price: 8 1/4
P/E :   5.4X   1977 Price Range: 7 1/8-10 1/4

Recommendation

    We reinforce our buy recommendation for the long-term investor. Despite a weak stock market, we are upgrading our short-term opinion from hold to a mild buy. Our opinion stems from the good operating performance of the company, its recent dividend increase, overall good market prospects for its products, increasing downside protection, and slightly better technical features of its stock.

    Second quarter earnings showed net income of $1,176,000 ($.50) on sales of $11,016,000 versus $1,068,000 ($.32) on sales of $9,747,000. The recent quarter had a gain from a tax settlement of about $.04 a share, and of course there was the extra interest expense of some $150,000 arising from the issue of debentures into which 1-million shares were tendered late last fiscal year. Therefore, there were some 2.2-million shares in the current quarter versus 3.3-million last year.

    Second quarter earnings (netting out the tax settlement) were above our forecast by about $.04 a share, and a real operating margin of 11% (not giving effect to the additional interest expense) is the company's best showing in recent history. The excellent profit margin is due to further improvements in the company's operating leverage (as explained in our 6/2/77 report). More important is the catapulting effect of the company's financial leverage. Much credit must go to the Mite financial team, especially to Mr. Marcel Lamy, for correctly seizing the opportunity to enhance their book value and earnings per share with the adoption of the recent financial tender. Management has indicated that there is no evidence of inventory build-up by its customers. Mr. Robert Blinken, Chairman, indicated that Mite's record first half ($2,066,000 or $.88 a share) resulted from improved business conditions in Mite's market and "based on present indications we expect a continuation of strong operating results in the balance of our fiscal year." We continue to expect $1.75 for the year, plus on minus 3%. Foreign imports are not having an adverse effect on Mite's sales.

    Mite also increased the dividend to $.07 a share and this increases the yield to 3.4%. We continue to feel that the dividend will have to be increased to bring the yield more in line with that of the industry: approximately 5.2% (Common Stock Reporter, 9/26/77, page A-5). On the other hand, Mite's P/E is below the industry average of 7.3. Given the fact that its 5-year growth rate is about 2.5 times the industry norm of 11%, that its return on equity and profit margins are at the better end of the industry, the common stock is undervalued strictly on a P/E basis. Therefore, we look forward to an expansion of the multiple.

General Motors stated that 1978 will be a record year of unit sales for the automotive and truck industry at 15.5-million. This should bode well for Mite's fastners as even a fairly good year should give the company adequate financial reserves to weather the next downturn in this cyclical industry. Mite has about $8,000,000 in cash and equivalents and this amount should build up to over $11,000,000 by the fiscal date. Consequently, its heavy cash reserve of say $4-5.00 a share also makes it an attractive acquisition candidate. We expect that in a severe recession that produces automative sales as low as the previous one, Mite should earn about $1.00 a share. With a P/E of at least 7 (P/Es are normally low at the peak and high in the valley of a cyclical stock), Mite's cash reserve would certainly make a tender offer attractive. Thus we feel that on the downside there is limited risk.

Technically, Mite has reversed a downward field and is currently in a neutral position with an OBV of +800. The 200-day trend line continues in an upward direction and since mid-August the stock price has stabilized at 7 1/2, a higher level than 7 1/8 in mid-April. Mite has pierced its 200-day trend line on the downside at 8 in August but is now ready to pierce it on the upside at 8 3/8. Because of the upward direction of the 200-day trend line, we do not see any serious technical deterioration at the present time. The stock appears to be in a neutral to slightly bullish position. An overall negative aspect is that some technicians feel that the market has run its course in the bull phase and that we are now in a bear market. It should be noted that the weakness of Dow Jones Industrial Index has not been as strongly manifested in the broad-based averages of the market.

John Palicka

Special Note:

It is about one year that we first began to recommend and accumulate Mite in the high 4's and low 5's. Our basis for purchasing Mite was that it had a strong cash position, and in reading the 10-K, the company had a successful history of investing in itself (buying its own common etc.) We continue to feel that Mite is undervalued and that these factors will continue to play a role in increasing Mite's common stock to a realistic level. In view of today's spirit of acquisitions, we especially feel that Mite rests in an attractive financial position.

Situation Report On: February 7, 1978
(An Advisory Service
 of John Palicka)

FCA INTERNATIONAL LTD. - 2nd Quarter Results

Dividend: $.12　　　　　　　Price As of 1/11/78 Recommendation: $1.95
Yield   : 5.6%　　　　　　　　　　　　　　　　Recent Price: $2.15
Current P/E: 5.8X　　　　　　　　　　　　　 1977 Price Range: $1.40-$2.00
Estimated 1978 P/E: 5.2X　　　　　 1972-1977 Price Range: $1.25-$15.00

Note: Since our 1/11/78 BUY Recommendation, the price of
FCA's common stock has increased from $1.95 to $2.15
— some 10%; during this period, the Dow Jones
Industrial Average declined from 773 to 764 — some 1%.

Recommendation

We continue our BUY recommendation as operations are progressing according to
expectations, FCA'S financial position continues to invite an external or
internal tender, and the stock is trading in a more favorable technical position.

Basis For Recommendation

An excellent second quarter has established a strong base which is expected to
support the optimism for the fiscal year ending 6/30/78, especially since FCA's
second half is usually supposed to be stronger than the first half of its
fiscal year. Management in its shareholder's report has stated "We are looking
forward with much confidence to a strong second half. All signs seem to
indicate excellent results for the year ending 6/30/78." (Although, for what it
is worth, notice the slightly more positive tone in the French "Nous prévoyons
avec beaucoup de confiance un duxième semestre tres positif. Tout semble
indiquer que nous obtiendrons d' excellents résultats pour l' année se terminant
le 30 juin 1978"). For the fiscal year we are forecasting aroung $.41 a share.
In the second quarter ended 12/31/77, EAT increased by 24% (despite a higher tax
rate) and the EBT and EAT margins showed healthy gains, as did revenues as a
percent of accounts for collection (from 6.6% to 7.2%).

(In 000's of Canadian Dollars)

	First Quarter 1976	First Quarter 1977	Second Quarter 1976	Second Quarter 1977
Accounts For Collection	56,000	68,000	58,000	61,000
Revenue	3,756	4,220	3,841	4,383
EBT	519	589	478	633
EAT	256	286	261	324
EPS	.06	.07	.06	.07
Tax Rate:	50.7%	51.4%	45.4%	48.8%

Although operating cost figures were not disclosed, they were not expected to show an adverse level. Again, a weakening Canadian dollar has contributed to FX earnings. All in all, as discussed in our 1/11/78 opinion, FCA has utilized its various measures of profitability to generate the above results. FCA's cash position is now $3,200,000 and is expected to reach $3,800,000 ($.88 a share) by 6/30/78.

Technical

Since our 1/11/78 report, the stock has not traded below $2.00, thereby confirming the surmountation of the near-term resistance level of $2.00 which has not been exceed in 18 months. Consequently, our advice for traders has been correct so far. The real test will now be at $2.30, which if exceeded, should signal a major "break-out". Since 1/11/78, the OBV is +7,900; however, due to the short time period and the low level of the OBV per share outstanding, we cannot attach significance to this measure at this time, although it is positive. A drawback to our technical analysis is the lack of a detailed chart with which we can analyze the 50-and 200-day trend line.

- John Palicka -

* * * * *

This opinion is based upon sources which we consider reliable, although accuracy cannot be guaranteed. The investor is requested to refer to the company's financial statements for full details, as the opinion is abbreviated. Also, considerations to country risk and foreign exchange fluctuations should be given. Prior to the publication of this opinion, select clients were verbally notified, in an immediate manner, of the opinion so as to be in a position of being able to act quickly in an everchanging market. We carry a postion in the common stock and have "made" the market at a price in excess of $2.00.

附录二

在世界资本市场史上,"游戏驿站(Gamestop)"股票应当会名垂青史。2021年1月22日至2月5日的约两个星期里,美国市场上的一阵"股疯",让大量美国上市的股票经历着不寻常的股价"地震"。导火索是无数散户对机构投资者的"仇恨",人们厌倦了金融机构操纵股价的把戏,希望团结起来让机构们"吃一次苦头"。

美国证券交易委员会(SEC)在2021年10月18日发布了题为《关于2021年年初股票和期权市场结构状况的员工报告》相关调查,详述了美国的证券市场机制和监管机制,向大众"科普"了一番机构通过暗池交易"割韭菜"的方法。

美国证券交易委员会报告称,当时有超过100只股票经历了暴涨暴跌,其中最为知名的股票是"游戏驿站"。当时在Reddit网站上,有人释放了这么一则消息:游戏驿站的沽空比例达到惊人的140%!这说明,现有股东(以金融机构为主)释放了大量的"空单",以压制这只股票的股价,甚至有人"裸卖空"。有股民号召:冲上去!让我们的买多力量"打爆"空头(也就是"轧空"现象)!游戏驿站"狂潮"在2021年1月22日爆发。美国证券交易委员会报告披露说,当时每天的交易量大约比2020年日均水平多出14倍,股价也在1月28日达到巅峰的每股483美元，这比1月8日的日内最低价足足涨了2 700%。更戏剧性的是，在2月的第一个星期里，该股股价出现了"排山倒海"般的大崩塌，到2月4日收盘时已经跌到53.5美元，较1月28日最高价跌去了86%。在这场"散户大战空头"的过程中，既有一夜暴富的散户，也有被"打爆"的对冲基金。梅尔文资本（Melvin Capital Management）、香橼研究（Citron Research）"惨遭"打爆，有市场消息称，包括这两家公司在内，扮演"空头"的对冲基金在1月26日之前就损失了50.5亿美元。

美国证券交易委员会报告的结论指出："在2021年年初的动荡局势中，人们需要进一步了解，他们的股票订单到底是怎么被执行的，他们的经纪交易商在执行这些订单时都受到了什么样的激励。"美国证券交易委员会主席加里·根斯勒指出："如果你是散户，你下单的股票其实并非流向透明的交易所，而是流向了'暗池'。""暗池市场"，是指既非纽交所、纳斯达克那样的全国性交易所，也非经过美国证券交易委员会批准成立的"另类交易系统"（Alternative Trading System），交易所和另类交易系统都是"阳光市场"，但"暗池市场"是躲在"暗处"的，暗池市场里遍布做市商和经纪商。根据美国证券交易委员会报告，在"游戏驿站大战"中，这个暗池主要在以电子化交易商Robinhood、Webull，以及做市商Citadel、Virtu Americas之间形成。美国证券交易委员会披露，2021年1月，有80%的游戏驿站股票都在"暗池"市场上成交，大多数的散户订单通过互联网经纪商，流向了暗池市场里的做市商，这些做市商是批发交易的，换言之，散户的订单最后并没有以最优价格执行。Citadel在内的三家做市商包揽了1月份高达88%的成交量（按金额计算），而全球散户当时最爱的Robinhood和Webull交易平台事实上在和这些做市商做生意。如果做市商和经纪商想要赚钱，最好的方法就是不断推高成交量。

加里·根斯勒在2021年4月走马上任成为美国证券交易委员会的新任主席。这位前高盛银行家曾经力推美国国会通过《多得-弗兰克法案》加强衍生品监管，他的调查报告非常有针对性。

延伸阅读

下面的书单提供了关于本书讨论的许多主题的进一步知识。文中提到了其中一些作品。[1]

技术分析

Edwards, Robert D., and John Magee, *Technical Analysis of Stock Trends*. Snowball Publishing, 2010.

这是一本经典的技术分析作品,从20世纪30年代到50年代有许多说明性的图表,远远早于衍生工具影响图表。这本书已更新为新版。

Frost, A. J., and Robert R. Prechter, *Elliott Wave Principle：Key To Market Behavior*, 10th ed., Gainesville, GA：New Classics Library：2005.

这本书为投资管理的专门技术方法提供了良好的基础。

Kirkpatrick, Charles D., and Julie R. Dahlquist, *Technical Analysis：The Complete Resource for Financial Market Technicians*, 2nd ed., (Upper SaddleRiver, NJ：Pearson Education, 2010).

---

[1] 由于许多书籍并未被翻译成中文,故书单都用英文原文。——译者注

作者讨论了许多技术方法,并检查其有效性的证据。就学术讨论而言,这本书是最好的书之一。

Murphy, John J., *Technical Analysis of the Financial Markets: A Comprehensive Guide to Trading Methods and Applications* (New York: New York Institute of Finance, 1999).

——, Intermarket Analysis: Profiting from Global Market Relationships, (Hoboken, NJ: John Wiley & Sons, 2004).

这些书为技术分析和市场间交易策略的使用奠定了基础。作者简洁的写作风格对初学者应该特别有用。

Pring, Martin J., *Technical Analysis Explained: The Successful Investor's Guide to Spotting Investment Trends and Turning Points*, 4th ed., New York: McGraw-Hill, 2002).

作者清楚地解释了技术分析的基础知识,并介绍了一些他自己的专有投资工具(我特别喜欢他的情绪分析部分)。

StockCharts.com, http://stockcharts.com, 2011.

这个实惠而丰富的制图服务网站也有很棒的教程。

基本面分析

有关投资和投资组合理论的基础书籍相当多。我会尝试任何一本主要商学院要求的书作为开始。

Bodie, Zvi, Alex Kane, and Alan Marcus, *Investments*, 9th ed., New York: McGraw-Hill/Irwin, 2010.

主要商学院将本书用于一般金融理论教学。

Ross, Stephen, Randolph Westerfield, and Bradford D. Jordan, *Fundamentals of Corporate Finance Standard Edition*, 9th ed. New York: McGraw-Hill/Irwin, 2009.

主要商学院将本书用于一般公司融资主题。

Sundem, Gary L., John A. Elliott, Donna R. Philbrick, and Charles T. Horngren, *Introduction to Financial Accounting*, 9th ed., New York: Pearson

Education, 2008.

本教材涵盖会计的核心基础科目。

行为金融分析

Montier, James, *Behavioural Finance: Insights into Irrational Minds and Markets*, Hoboken, NJ: John Wiley & Sons, 2002.

这本书是从专业研究基金经理的职业生涯中收集的行为主题。

Shefrin, Hersh, *Beyond Greed and Fear: Understanding Behavioral Finance and the Psychology of Investing*, New York: Oxford University Press, 2007.

本书为金融从业人员提供了良好的行为金融分析案例。

量化与人工智能

量化和人工智能的主题非常广泛。高等数学和统计学科是必修科目,因此首先要阅读任何有关数学科目的大学基础教材,如统计学。

译者简介

　　益智,博士,教授,博士生导师,浙江财经大学校学术委员会委员、证券期货发展研究中心主任,现任致公党中央经济委员会委员,曾经获评优秀教师,浙江省高校中青年学科带头人。中国社会科学院财经战略研究院博士后。2016年起,获聘为上海证券交易所博士后工作站博士导师,翻译系列金融经典著作近200万字,其中美国前财政部部长盖特纳的《压力测试:对金融危机的反思》再版7次,《量价秘密》再版5次,撰写财经专栏近100万字。主持国家的省部级以及横向课题数十项,目前正在主持浙江省和杭州市关于科技金融、金融科技以及数字经济的战略研究,获浙江省和杭州市软科学重点资助。相关研究成果获中央领导及省部级以上领导多次关注。

　　益岱珺,女,2021年获伦敦大学学院管理学硕士学位,上海外国语大学商务英语专业本科。曾经获得2019年复旦大学荣昶学者称号、2018年励志奖学金、国家留学基金委奖学金,公派留学哥伦比亚大学巴纳德学院,参加维也纳外交学院荣昶学者全球训练营项目。曾在汇添富基金、中信出版集团、瑞士凯勒嘉律师事务所和欧莱雅中国总部等单位实习。